陈旭麓文集 ⑪

近代史两种

陈旭麓 —— 著

上海教育出版社

目 录

辛亥革命

- 003　第一章　资产阶级民主革命派的渐次形成
- 004　　一、19世纪末年的中国
- 009　　二、民主革命的先行者孙中山与兴中会
- 015　　三、资产阶级、小资产阶级革命团体的继起及革命思想的传播

- 020　第二章　同盟会的成立及其斗争
- 021　　一、革命形势发展的1905年
- 025　　二、同盟会成立的经过及其政治纲领
- 032　　三、革命派与改良派的论战
- 036　　四、1906—1908年的武装起义

- 043　第三章　辛亥革命前夜社会矛盾的尖锐化
- 044　　一、清朝政府对抗革命的伪立宪
- 053　　二、资本主义的初步发展与遭遇到的困难
- 057　　三、群众暴动与武装斗争的扩大
- 060　　四、铁路风潮的兴起

068　第四章　辛亥革命的迅速胜利
069　　一、武昌起义与湖北军政府的成立
076　　二、各省响应革命
084　　三、清朝政府的最后挣扎
087　　四、中华民国临时政府的成立

092　第五章　反革命的进攻与革命的取消
093　　一、袁世凯对革命的"打"和"拉"
096　　二、革命向反革命妥协的南北和议
099　　三、袁世凯的逼宫与清帝退位
104　　四、争都、颁布约法与临时政府北迁

109　结论

117　后记

近代中国社会的新陈代谢

121　第一章　漫长的封建社会
121　　一、漫长的盘旋

123 　二、土地的私有和买卖
127 　三、官僚政治
131 　四、宗族和行会
135 　五、儒学定于一尊

141 第二章　东方与西方
141 　一、东西对视,隔雾看花
146 　二、郑和下西洋与地理大发现
150 　三、强韧持久的进取与保守防范的抵拒

158 第三章　由盛转衰的清王朝
158 　一、盛世已经过去
165 　二、人口、移民、会党
169 　三、"洋货"与"洋害"

174 第四章　炮口下的震撼
175 　一、开眼看世界
179 　二、官、民、夷
181 　三、条约制度下的社会变化

187　第五章　天国的悲喜剧
187　　一、白莲教、天地会和拜上帝会
193　　二、洪秀全的思想
200　　三、天国的悲剧
207　　四、留给历史的余响

209　第六章　十二年之后
209　　一、"不战不和不守,不死不降不走"
215　　二、"庚申之变"
218　　三、地主阶级的分化
221　　四、革新思潮的萌发

226　第七章　近代化一小步
228　　一、洋务衙门
230　　二、自强与求富
234　　三、近代文化教育事业的开始
236　　四、"中体西用"
241　　五、"决理易,靖嚣难"

247 第八章 城乡社会在演变
248 　　一、新的社会力量
258 　　二、农村的社会变化
262 　　三、教会与会党

267 第九章 日本冲来了
267 　　一、日本的崛起和迫来
270 　　二、从外交到战争
276 　　三、民族精神的亟变
280 　　四、强敌成为榜样
284 　　五、三个方面的反思

288 第十章 变与不变的哲学
289 　　一、变的哲学
298 　　二、不变的哲学
302 　　三、思想文化中的新潮涌荡

305 第十一章 庚子与辛丑
305 　　一、三种力量
308 　　二、义和团的社会相

322	三、庚子事变的最后一幕
328	四、半殖民地的深化
337	**第十二章 欧风美雨驰而东**
338	一、"莽莽欧风卷亚雨"
344	二、哲学、电影、戏曲、小说
350	三、复杂的社会心态
353	**第十三章 假维新中的真改革**
353	一、残局与变法
358	二、"新政"五面观
375	三、两点历史思考
381	**第十四章 "中等社会"**
381	一、一个复杂的社会实体
391	二、"破坏上等社会"与"提挈下等社会"
398	三、"中等社会革命"：承先启后的历史环节
402	**第十五章 变革中的两大动力**
402	一、相互交替的两个历史阶段

407　二、共和与立宪：两种模式的争夺
415　三、不同一性中的同一性

421　第十六章　民变与革命
421　一、乱世众生相
431　二、民变与革命的交互激荡
433　三、民主革命的基石

436　第十七章　"揖美追欧，旧邦新造"
437　一、从国歌说起
440　二、"皇帝倒了，辫子割了"
448　三、社会习尚的改革
456　四、实业的推进
462　五、南孙北袁之间

469　第十八章　山重水复
470　一、还是"乱党"
477　二、两种复辟势力
483　三、军阀割据在形成
489　四、孔教会和灵学会

496　　五、民国初年的社会危机

501　第十九章　新文化运动
502　　一、观念形态的革命
510　　二、中西文化的冲突与论战
516　　三、科学和民主
524　　四、各色各样的"主义"

526　第二十章　历史的选择
526　　一、社会主义思潮的涌来和中国人的选择
532　　二、历史的矛盾和马克思主义的中国化
534　　三、曲折的历史轨迹

索引

543　人名索引
559　书名、报刊名索引

Catalogue

The 1911 Revolution

003	Chapter 1	Formation of the Bourgeoisie Democratic Revolutionaries
020	Chapter 2	The Founding of Tong Men Hui (The United League of China) and Its Struggle
043	Chapter 3	Sharp Social Conflicts on the Eve of the 1911 Revolution
068	Chapter 4	A Quick Victory of the 1911 Revolution
092	Chapter 5	Counter-Revolutionary Attack and Abortion of the Revolution
109	Conclusion	
117	Epilogue	

The Evolution of Chinese Modern Society

121	Chapter 1	Long Feudal Society of China
141	Chapter 2	The East and the West
158	Chapter 3	Qing Dynasty, from Prosperity to Decline
174	Chapter 4	The Shock of Artillery from Britain
187	Chapter 5	The Tragicomedy of the Taiping Heavenly Kindom

209	Chapter 6	Twelve Years Later
226	Chapter 7	A Small Step of Modernization
247	Chapter 8	Changes in Urban and Rural Societies
267	Chapter 9	Japan's Shock to China
288	Chapter 10	The Philosophy of Changed and Permanence
305	Chapter 11	1900 and 1901
337	Chapter 12	The Influences of Western Culture and Civilization on China
353	Chapter 13	True Improvements in a False Reform
381	Chapter 14	"Middle Society"
402	Chapter 15	Two Driving Forces in Social Reform
421	Chapter 16	Mass Uprising and Revolution
436	Chapter 17	To Catch up with the Western World and to Build a New State on the Old Base
469	Chapter 18	The Complicated Situation in Early Republican China
501	Chapter 19	New Culture Movement
526	Chapter 20	The Choice of History

Indexes

543 Names
559 Books, Newspapers and Periodicals

辛亥革命

第一章　资产阶级民主革命派的渐次形成

　　过去一百多年,中国的历史是帝国主义和封建势力压迫中国人民的历史,也是中国人民反抗帝国主义反抗封建势力的斗争的历史。鸦片战争后十年,有太平天国反封建反侵略的农民革命;甲午中日战争后,在列强瓜分中国的风潮中,有资产阶级的政治改良运动——戊戌维新;稍后,有义和团群众的反帝斗争;八国联军和日俄战争后,资产阶级的民主革命运动就日益扩大,终于掀起了1911年的资产阶级革命——辛亥革命。上述过程,正标志着中国旧民主主义革命运动发展的三个时期。这些革命运动虽然都失败了,但它们表现了中国人民反侵略反压迫的英勇奋斗的精神,也推进了中国近代的历史。

　　辛亥革命是中国旧民主主义革命运动的高潮,是中国近代历史上具有比较完全意义的资产阶级革命。它是由资产阶级、小资产阶级的民主革命派组织和领导的,有比较明确的民主革命的政治纲领——而这是前所未有的。

　　资产阶级、小资产阶级的民主革命派在19世纪末年就已逐渐形成,这与中国资本主义的成长是分不开的,同时也是中国人民要求从帝国主义和封建势力的压迫下解放出来的必然趋势。

辛亥革命爆发于20世纪初,但革命的酝酿在19世纪末年就已开始,经过将近20年的不断斗争,终于推翻了清朝专制皇朝,结束了两千多年的封建帝制。由于没有把人民群众的力量广泛地发动和组织起来,这个革命终告流产,但它却大大提高了中国人民的觉悟,把近代中国的民主革命向前推进了一步,在历史上有其重大意义。

一、19世纪末年的中国

19世纪末年,世界资本主义开始进入垄断资本主义阶段——帝国主义阶段。1894—1895年甲午中日战争和《马关条约》的签订,就正是处在这一时期。《马关条约》使中国蒙受了前所未有的损失。随着瓜分世界斗争的激化,列强以这个条约为起点,对中国展开了剧烈的争夺。

(一)《马关条约》引起俄、德、法三国对日本割取辽东的干涉,最后日本同意清朝政府以3 000万两赎回辽东。三国借口还辽有"功",德国首先强租胶州湾,接着俄租旅顺、大连,法租广州湾,同时英国也租借了威海卫。它们通过"租借地"进而划分"势力范围",在中国一定的地区内制造垄断地位,造成"瓜分"的形势。帝国主义者在压迫清朝政府签订这些"租借地"的卖身契外,并在相互争夺中进行协商,1896年成立《英法协定》,相约云南四川两省的权利由英法享受;1898年成立《英德协定》,相约天津到山东南境的铁路、山东南境到镇江的铁路,分别由德英两国兴建;1899年成立《英俄协定》,相约长江流域为英国势力范围,长城以北为俄国势力范围。美帝国主义经美西战争取得关岛和菲律宾作为殖民地后,回顾中国已无势力范围可划,即于1899年提出了对中国的"门户开放"政策,以缓和帝国主义之间相互竞争的矛盾,而为美国对中国进行独占性侵略开辟道路。

（二）《马关条约》规定中国赔偿日本战费2万万两，再加上辽东赎款3 000万两及日本驻威海卫军费每年500万两（两年）。清朝政府为了偿付这笔空前巨大的赔款，只有大量举借外债。1895年向俄法借款4万万佛郎，1896年向英德借款1 600万英镑，1898年向英德又借1 600万英镑，三次大借款合银3万万两，加上利息一共是6万万多两。当时帝国主义以政治贷款作为资本输出手段之一，所以英、俄、德、法等国为了贷款曾展开剧烈的竞争。英公使在总署竟"咆哮恣肆,为借款也"[1]，俄公使则声称"若中国不借俄而借英，伊国必问罪"[2]。它们通过这些借款，完全控制了中国的海关，又以借款为条件，强迫清朝政府承认它们划定的势力范围，如1898年清朝政府向英德借款，就曾答应英国不将扬子江流域割让与他国。

（三）《马关条约》规定日本臣民得在中国通商口岸从事各项工艺制造，并得将各项机器装运进口，只交所定进口税。从此帝国主义在中国开设工厂便"合法化"了，各帝国主义国家的工厂陆续出现于中国。1895年，就出现了怡和、老公茂（英）、鸿源（美）、瑞记（德）、东华（日本）等外国资本的纱厂，英国资本经营的增裕面粉公司也于1896年在中国创立。帝国主义除了在中国投资设厂外，并投资建筑铁路、开矿以及设立银行，一步一步地控制了中国的经济命脉。

在甲午中日战争中军阀、官僚搞了三十余年"船坚炮利"的洋务，是那样的不堪一击。而《马关条约》订立后，帝国主义的侵略接踵而来，更严重地震撼了中国社会，引起中国人民强烈的反应。康有为在

---

[1]　《翁同龢日记》。
[2]　《翁同龢日记》。

1898年4月就曾说过："两月以来，失地失权之事已二十见，来日方长，何以卒岁！"因此，甲午中日战争以后，挽救危亡成为摆在中国人民面前最迫切的问题。从19世纪70年代起即已酝酿的改良主义思想——学习"西学"，改革国内政治，以争取中国的独立富强，到此通过康有为、梁启超、谭嗣同等人的积极活动，迅速地发展为改良主义的政治运动——戊戌维新。在资产阶级革命势力尚未成熟前，他们代表了新兴的工商业资产阶级及向资产阶级转化的地主的要求，想改良政治，实行资本主义制度。和这种改良主义的政治运动相适应，在当时的思想界也出现了反对旧学的"新学"。康有为的《新学伪经考》《孔子改制考》，动摇了儒家经学的传统，为变法维新立下理论的根据；梁启超的《变法通议》和其他政治性质的论文，给予封建专制政治以有力的抨击；谭嗣同的《仁学》，更具有唯物论的倾向，表现了冲决封建罗网的勇敢精神。严复在此时翻译了赫胥黎的《天演论》、亚丹斯密的《原富》等书，介绍了生物进化与政治、社会的学说。这些著译与封建主义文化是对立的，所以在当时的思想界引起了波动。

改良主义政治运动的展开，是与中国民族资本主义的成长分不开的。早在19世纪70年代，军阀、官僚开始倡办洋务的时候，国内就已有人将旧式作坊，略加扩充，改造为小型工厂。1861年(最近有人考证是1875年)，福州开办了3个机器制茶厂；1862年，上海洪盛米号开始用机器碾米；1880年，广东已有了机器缫丝厂。随后，少数商人、地主陆续投资于新式企业。1882年，上海就有私商设立机器造纸厂；1883年，上海商人祝大椿集资10万元设立源昌机器五金工厂。自1885年中法战争后，这种新兴的民族工商业已略具规模。1895年《马关条约》签订后，帝国主义者纷纷在中国的通商口岸投资开设工厂，阻碍了中国资本主义工商业的发展。然而甲午中日战争后，企业的官办制度已完全宣告失败,清朝政府至此以准许民营工商业代替了先前对民营工商业的限制;同时,"在外国企业的刺激下,中国的资本主义工商业开始了较快的发展"。列宁说:"资本的输出,在所输到的那些国家中,是要影响到那里的资本主义的发展,且异常加速这种发展的。"[1]因此这时私营企业便纷纷出现。1895—1898年建立了好些纺织厂,上海有大纯、裕源等纱厂及瑞纶、信昌、纶华三丝厂,宁波有通久源纱厂,无锡有业勤纱厂,苏州有苏纶织厂,杭州有通益公纺织厂,常熟有裕泰纱厂,南通有大生纱厂。此外汉口的燮昌、长沙的和丰两大火柴公司,上海的商务印书馆,均于1897年开办;上海的阜丰机器面粉公司,天津的北洋硝皮厂也在1898年成立;广州、天津、北京等地,1899年且有人募集商股设置电话。

这些企业虽然为数不多,却是当时中国社会新的生产方式的萌芽,中国资产阶级也随着新的生产方式的出现而逐渐成长。因此在改良主义政治运动高涨的同时,资产阶级、小资产阶级的民主革命派也开始以新的姿态展开活动,这就是兴中会的成立。正如刘少奇同志所说:"1894年中国的失败,激起了广大的人民运动。同康有为一派改良变法运动的同时,以孙中山为首的革命派和其他几个革命派的运动发展起来了。"[2]

经过长期酝酿的资产阶级改良主义政治运动,主要要求解决两个问题:一是中国独立自主,一是实现资本主义制度。但是1898年戊戌维新的失败,证明了要以改良主义的办法来改变中国半殖民地半封建社会的面貌,是行不通的。民主革命派在这时虽已出现,却还

---

[1] 列宁:《帝国主义是资本主义的最高阶段》,第70页。
[2] 《中华人民共和国宪法》,人民出版社1954年版,第39页。

没有成为成熟的力量，因此也就不可能掀起足以推翻清朝政权的革命斗争。

由于帝国主义侵略势力日渐深入，反侵略的群众运动，就在全国各地普遍展开了。如自天津教案发生后，长江流域各省不断爆发反对外国教士和教会的运动；1895年，台湾人民为了反对清朝政府把台湾割与日本，展开了英勇的斗争；1897年，帝国主义侵略中国重要据点的上海租界内，发生了小车夫（独轮车夫）抗议加捐的暴动；1898年，江苏、安徽的北部以及河南部分地区，都发生大刀会、小刀会等秘密结社的起义；四川余栋臣（反动统治者称他"余蛮子"）曾起义于大足、荣昌等地，并于1898年号召四川人"修我矛戟"，以"驱异域之犬羊"。在这一时期内，由于法国侵略者在云南积极进行侵略活动，由于德国侵略者强占胶州湾并将侵略势力伸入山东，云南和山东人民反抗帝国主义侵略的情绪也十分高涨。故自1895年台湾人民的抗日斗争起，当时国内舆论也指出"我君可欺，而我民不可欺，我官可玩，而我民不可玩"[1]。这种情况，在改良派的眼中，就是"乱机遍伏，即无强邻之逼，揭竿斩木已可忧危"（1897年康有为上皇帝书）。1899—1900年，义和团更在山东、河北、山西甚至在清朝京城——北京，展开了轰轰烈烈的反帝斗争，打破了帝国主义"像窃贼一样鬼鬼祟祟地瓜分"[2]中国的阴谋，深刻地暴露了清朝政府的黑暗腐朽，并加速了它的崩溃。

总之，19世纪末年中国的历史，一面是帝国主义者更狠毒地摧残和侵略中国，从划分势力范围进到联合进攻，清朝政府已完全沦为它

---

[1]《申报》，1895年7月15日。
[2]《列宁斯大林论中国》，第17页。

们的"附庸"了;而另一面是中国人民坚决要求独立自主,展开了英勇的反帝武装斗争,而资产阶级的民主革命派也开始组织自己的力量,准备进行反清的民主革命。故梁启超曾于1901年说:"十九世纪与二十世纪交点之一刹那,实中国两异性相搏相射,短兵紧接而新陈代谢之时。"

二、民主革命的先行者孙中山与兴中会

毛泽东同志在《青年运动的方向》一文中说:"中国反帝反封建的资产阶级民主革命,正规地说起来,是从孙中山先生开始的。"[1] 孙中山的开始走向革命,是经历过一段曲折道路的。

孙中山的家乡是广东香山县(今中山县),这是与外国资本主义势力接触较早的地方。他生于1866年,正是太平天国革命失败后的第三年,当他"早年还是贫农家里的贫儿的时候"[2],常听"太平遗兵"谈太平天国革命的故事,后来他讲到洪秀全时,常"称为反清第一英雄",显然他从童年起就受到了太平天国反清革命的启示。

他在13岁的那年,到檀香山去读书,因为他的哥哥德彰在檀香山经营农场,是个富有的华侨。后来继续就学于香港的皇家学校、广州博济医院及改良主义者何启在香港创办的西医书院,一直接受资产阶级教育。就当时的中国人来说,能受到这种新式教育的还不多,这就使他比洪秀全、康有为"向西方寻找真理"具备了较充分的条件。

"当孙先生在檀香山的时候,夏威夷还是一个独立的小国,没有被美国并吞……那时美国常常想把夏威夷群岛合并,夏威夷群岛的

---

[1]《毛泽东选集》第2卷,第551页。
[2] 宋庆龄:《为新中国奋斗》,第5页。

人民就天天在那里反抗,侨民看惯这种事情,当然更大受这种影响,尤其抱有革命思想的孙先生。"[1]当时中国的遭遇也与夏威夷一样,因此这种现象激起了他"复兴中华"的要求。据他自己说:"予自乙酉(1885年)中法战争之年,始决倾覆清廷,创建民国之志。"虽然他在早年就有了革命的志愿,可是他也怀着与他同时代的改良主义者一样的愿望,他在檀香山"就傅西校,见其教法之善……而改良祖国拯救同群之愿,于是乎生"[2]。他与当时著名的改良主义者何启、王韬、郑观应等都有密切的关系,并受了他们的影响。郑观应的《盛世危言》中《农功》一篇和另外不知名目的一篇,相传就是孙中山写的。1894年6、7月,他同陆皓东北至天津,请见李鸿章,李当时正忙于应付已经爆发的甲午中日战争,所以孙中山没有被接见,只得到"打仗完了以后再见吧"[3]的答复,因留陈了那封9 000余字的《上李鸿章书》。这书的中心内容是反复地说明下面几句话:"深维欧洲富强之本,不尽在于船坚炮利,垒固兵强,而在于人能尽其才,地能尽其利,物能尽其用,货能畅其流。"这种上书活动及书中内容,都是从改良主义者的政治立场出发的,他希望通过洋务派中最有权势的李鸿章,来模仿西方资产阶级国家,革新中国的政治、社会,以实现中国独立富强的理想。但是这封政治意见书不知李鸿章是否看过,当然更谈不上发生什么作用。

在1894年以前,孙中山显然具有资产阶级改良主义和民主革命两方面的思想。他生长于两次鸦片战争后,亲眼看到中法战争与帝国主义者纷至沓来的侵略,深感清朝统治者不但不能挽救中国,而且

---

[1] 陈少白:《兴中会革命史要》。
[2] 罗香林:《国父之大学时代》。
[3] 陈少白:《兴中会革命史要》。

越来越腐败。1923年,他在香港大学的演讲中回忆他的少年时代说:"吾有一次返乡,遂提倡由我个人发起,亲自洒扫街道,为清道夫,在村内有多数少年赞助,如此做去,极有进步。后见香山县解明来意,欲仿效香港整顿地方,知县亦喜,且云极愿帮忙。不幸放假完满,再要返港,迨第二次返乡,再欲求县官帮忙,始悉县官已离任多时,其缺已为新到任者用五万元购买之。此等腐败情形,激发我革命思想。"[1]后来他到天津投书请见李鸿章没有得到什么结果,同时经这次北上"一探虚实"之后,有政治敏感的孙中山,在现实政治环境的教育和启发下,逐渐知道改良主义的路是走不通的,于是民主革命的思想就逐渐成为他思想的主要方面,也就是他自己所说的"积渐而知和平之手段不得不稍易以强迫"[2]。所以甲午中日战争时期,正是孙中山改良主义与民主革命两种思想互相搏斗,而民主革命的思想终于取得了胜利的时期。这就是他的出走檀香山组织兴中会的背景。

甲午中日战争爆发以后,清军节节溃败,孙中山于此时从国内到檀香山,联合了20多个经营小商店、小农场的华侨,于1894年11月组成了中国最初的资产阶级革命团体——兴中会;订立章程,要"切实讲求富国强兵之学",以达到"振兴中华"和"维持国体"的目的。

1894年年底,孙中山回到香港,集合旧友陆皓东、郑士良、陈少白等合并杨衢云所设的辅仁文社,于1895年2月间成立兴中会总会,设乾亨行为掩护机关,又以农学会的名义设分会于广州。分头募集同志,重新发布宣言,指出民族危机的严重:"中国一旦为人分裂,则

---

[1] 罗香林:《国父之大学时代》。
[2] 吴拯寰:《中山全书·伦敦蒙难记》。

子子孙孙世为奴隶,身家性命且不保。"又指出了清朝政府的黑暗和人民的痛苦:"朝廷则鬻爵卖官,公行贿赂;官府则剥民刮地,暴过虎狼,盗贼横行,饥馑交集,哀鸿遍野,民不聊生,呜呼惨哉!"这个宣言着重"讲求富强之学,以振兴中华",尚带有若干改良主义的色彩。所谓"盗贼横行",正显示出他们与人民群众之间的距离。事后孙中山在《伦敦蒙难记》中追述说:"中国睡梦至此,维新之机,苟非发之自上,殆无可望,此兴中会之所由设也。"《革命逸史》的作者冯自由亦说:"总理之组织农学会于广州,其目的在于交结官绅以进行革命工作。"这时他们要挽救当时中国的危局,已不是采取"补苴罅漏"的改良主义办法,兴中会宣言中虽然没有明确地提出反清的政治纲领,会员入会的誓词中却已提出"驱除鞑虏,恢复中华,创立合众政府",即不仅要推翻清朝的反动统治,而且要建立资产阶级的民主共和国,所以兴中会的成立,就使民主革命者开始有了自己的政党。

兴中会最初在檀香山成立的时候,入会者仅20余人,其后在横滨、台湾、旧金山等地设立分会,会员逐渐增加。可考的会员有286人,其中小商人占122人,工人占54人,会党分子占34人,其他则为留学生、公务员、传教士、教员、学生等。从这些会员的成分来看,兴中会会员是以资产阶级小资产阶级为主,工人人数很少,还不是作为一个觉悟了的独立的阶级来参加的。兴中会经常联系和争取的力量,在国外是华侨与留学生,孙中山为要联络华侨曾加入"洪门";在国内是三合会、哥老会等会党。兴中会的发起人之一、孙中山的同学郑士良,就是三合会的首领。此外"孙中山在广东方面,又派人到内地去运动,联络绿林、营勇,其中如郑金部下的安勇,广东北江的绿林,城外三元里有名的乡团,香山顺德的绿林,这些都是我们预备起事的基本队伍了"[1]。兴中会既要"驱逐鞑虏",就必须具备武装力量,所以反清的会党、绿林以及与清朝统治势力有矛盾的营勇,都成为兴中会可能和必须争取的力量。

兴中会经过大半年的筹备——募集经费,购备枪械,联络会众、营勇之后,乘全国人民对丧权失地的《马关条约》十分愤慨之际,决定于1895年(旧历重九日)起义于广州。事先发布了除暴安良的口号,制定了青天白日旗帜,并草拟了讨满檄文、安民布告及对外宣言,只待到期动手,夺取广州。但因机密为人泄露,未及举发即被官厅破获,党人陆皓东等多人死难,这次武装起义就在中途遭到镇压,未能实现,然而它是辛亥革命的先声。

广州举义既被破获,清朝政府悬赏缉拿革命党人。孙中山、陈少白、郑士良等都被迫出亡日本,设兴中会分会于横滨。后来陈少白继续留居日本,郑士良回国,孙中山则转赴檀香山、美国、英国等地,向华侨宣传革命。1896年10月,孙中山在伦敦被清朝政府驻英公使馆诱执,将监送回国治罪,由于得到英人康德黎(孙中山在西医书院时的教师)的援救,英国政府也表示要出面干涉,才得以释放。他继续居留欧洲,"两年之中,所见所闻,殊多心得,始知徒致国家富强,民权发达,如欧洲列强者,犹未能登斯民于极乐之乡也,是以欧洲志士犹有社会革命运动也"[2]。当时欧洲工人运动的发展和社会主义思想给了孙中山不少影响,使他意识到资本主义社会的矛盾。因此他后来提出了较进步的民主革命政治纲领。此时在思想上便开始有了"三民主义"的雏形。

---

[1] 陈少白:《兴中会革命史要》。
[2] 吴拯寰:《中山全书·中国革命史》。

自广州举义和伦敦蒙难两事发生以后,孙中山"名声大噪",清朝政府认为他是可怕的"叛逆犯",在公文和报刊中讲到孙文,都要把"文"字加上三点,作"汶",形容他为"草寇乱贼"。1898年,孙中山从欧洲到了日本,谋就近推动国内的革命活动。其时康有为、梁启超因戊戌维新失败,已先逃亡至日本,日本朋友平山周、宫崎寅藏从中活动,拉拢孙中山、陈少白与康有为、梁启超谈合作。当时康有为还希望将来重新为清廷所赏识,不敢与孙中山相见。梁启超则佯与孙中山谈合作,诡称自己"名为保皇,实则革命"。当时孙中山没有认识到革命与改良的根本不同,当梁启超去檀香山时,还为梁启超作书介绍同志,梁到檀香山后大肆活动,组织保皇会,以致檀香山的兴中会会员,大多受了他的迷惑,有许多人变节。孙中山因受改良派的欺蒙,使兴中会的力量遭受损失。后来他发觉了改良派反对革命、反对共和的真面目,就严厉地指出,"革命与保皇,理不相容,势不两立",宣布要"划清界线,不使混淆"。这时革命派对改良派开始展开了斗争。孙中山针对康、梁的"保皇"思想指出:"必先驱逐客帝,复我政权,使能免其今日签一约割山东,明日押一约卖两广也。"这样就初步揭露了改良主义者的反动本质。

1900年,北方展开了义和团运动,英美帝国主义者欲乘机分裂中国,同时它们为了防止法国势力在两广发展,曾谋策动当时任两广总督的李鸿章据两广"独立",以兴中会为辅。兴中会竟也通过英籍华人香港谘议局议员何启联名上书香港总督,历数清朝政府的罪恶,请求英国政府赞助,这种行动显示出他们对帝国主义的认识还很幼稚。由于李鸿章对外主要是依靠帝俄,所以开始他还敷衍英国政府,后来就拒绝了香港总督这个据两广独立的建议。7月间,他奉清朝政府的命令,北上代表清朝政府向八国联军投降,离开了广东。

1898年后,兴中会又做第二次起义的准备,当义和团运动展开时,兴中会的准备更积极起来。在英国策动两广独立的阴谋失败后不久,10月(闰八月)间,兴中会以郑士良率三合会会众600人起义于惠州的三洲田山寨,数度击败来攻的清军,聚众至2万人。事前日本大仓财阀有一批军火售与菲律宾的起义军,但遭到美国反对,兴中会就买下了这批军火备作惠州起义之用。但付款后,发觉这是一些不能使用的劣械废弹,同时日本政府恰巧在这个紧要关头禁止武器出口,破坏了兴中会由日本购运军械接济起义军的计划。郑士良受弹械接济中断的影响,不能坚持战斗,只好解散起义军,退回香港。当郑士良战斗于惠州时,革命党人史坚如屡谋在广州响应,曾以炸药轰两广督署,清总督德寿未死,史坚如被捕就义。

这一年全国革命起义纷纷爆发,北方有义和团反帝运动,中部有唐才常率领的自立军起事于汉口,南方有兴中会在惠州的反清武装斗争。由于没有工人阶级的领导,资产阶级又没有力量把这些革命群众组织起来,因此,这些革命运动结果都被清朝统治者镇压下去了。

三、 资产阶级、小资产阶级革命团体的继起及革命思想的传播

甲午中日战争和戊戌维新后,国内闭塞的风气渐开,到外国留学的青年日多。1898年冬,北洋学堂、南洋公学、新方言馆及湖北武备学堂开始派留学生去日本。日本距中国近,留学费用较少,因此去日本留学的更形踊跃。自1901年起的几年中,留学日本的中国学生从几百人骤增至几千人,国内也逐渐以学校代替了科举。清朝政府且以举人、进士等头衔赐给留学生,想以此来笼络他们。但是这些青年

知识分子,看到帝国主义横行中国,而清朝政府又腐败无能,所以都同情国内日益高涨的民主革命运动。辛亥革命时期,留学生纷纷发动爱国运动,他们从国外到国内展开了反满斗争,传播了西方资产阶级革命时期的思想与文化。

1902年,是南明永历皇帝(桂王)被清军俘虏、明朝灭亡的第242年。是年四月,章炳麟等在日本举行"中夏亡国二百四十二年纪念会",以激发反清革命的爱国情感,清朝政府驻日公使蔡钧请求日本警察总监禁止,因此纪念会没有开成。留日学生乃组织青年会,寓少年中国之意,宣称"以民族主义为宗旨,以破坏主义为目的",这是留日学生最早组织的革命团体,在此之前,虽有励志会与广东独立协会的组织,但它们都缺乏革命色彩。继青年会之后,复有拒俄义勇队(因帝俄出兵占东三省)及军国民教育会等组织出现,留学生由于爱国思想的激发已逐渐采取革命行动了。

同年,旅居上海的知识分子蔡元培、黄炎培及从日本回国的章炳麟等,发起组织中国教育会,由蔡元培任会长,以教育为掩护,进行革命活动。当时清朝政府驻日公使蔡钧慑于留日学生日益澎湃的革命思潮,电请清朝政府停派留学生,并照会日政府请禁止中国学生学陆军。国内外志士闻讯异常愤激,中国教育会谋集资自设学校;恰巧设于上海徐家汇的南洋公学,因学校压制言论自由,不许学生谈革命,激成学潮,百余名学生毅然退学,中国教育会遂为他们创办爱国学社。未几,南京陆师学堂也闹学潮,学生章行严(士钊)等加入爱国学社。此后爱国学社的师生们常假张园举行演说会,鼓吹革命。

1903年冬,一部分自日本归国的江浙留学生与中国教育会、爱国学社的人,在上海成立光复会,以蔡元培为会长。光复会通过会员陶成章联络江浙一带的会党,反满的方向更加明确,比起青年会、中国教育会来跃进了一步,是继兴中会在长江下游活动的革命团体。1904年春为组织会党势力成立龙华会,宗旨在赶跑"满洲鞑子皇家",并且提出"要把田地改作大家公有财产,也不准豪富民霸占",显然反映了农民反对封建土地制度的要求。

当光复会在上海成立的时候,留日的湖南学生黄兴、杨笃生、陈天华等也先后归国活动。1904年年初,正式组织华兴会于湖南,以"推翻清朝,复兴中华"为宗旨。入会的同志达数百人,并设同仇会专门联络会党,哥老会头目马福益聚会众10万人相从。他们准备夺取湖南号召各省起义,定于是年旧历十月初十趁西太后做寿的那天,分长沙、岳州、常德、衡州、宝庆五路举兵。尚未到期,事被大劣绅王先谦侦悉,告发于巡抚陆元鼎,因此举兵计划泄露。黄兴等逃上海,设秘密机关,准备再举。时有万福华其人,愤前广西巡抚王之春勾结法帝国主义镇压广西人民,并且有勾结帝俄侵略东三省的嫌疑,乃乘机枪击王之春于上海,因此事的牵涉,黄兴等均下狱,后来黄兴被保释出狱逃往日本。

当华兴会在湖南展开活动时,湖北的爱国青年已先以科学补习所的名义秘密集结革命力量,主其事者为吕大森、胡瑛、曹亚伯等,事闻于湖广总督张之洞,致遭破坏。1905年遂改假武昌圣公会的阅报室日知会创立革命机关,湖北军、学两界参加的人不少,每逢星期日,公开演讲,阐述世界大势、中国危机以及如何挽救危亡的道理。所以日知会也成了此时较有力量的革命团体之一。

从兴中会、光复会、华兴会的名称及其宗旨来看,它们都有一个共同的政治目标——反满。在它们的活动下,广东、两湖及长江下游形成了三个革命中心地区。这三个地区都是工商业较发达,而且与外界接触频繁的省份,到外国留学的青年也比他省多;从戊戌维新以来,这些地区新旧思想的斗争甚为尖锐,又有"反清复明"的会党的广泛的基础,而会党正是资产阶级向农民寻找革命力量的现成组织。

在各个革命团体相继出现的同时,宣传民族革命和民主思想的书刊也纷纷出现。这些书刊对革命团体起着"催生"的作用,同时又是革命团体组成后的重要活动之一。这些书刊包括下列几个方面:一是重印原有反满或带有民主色彩的著作,如《扬州十日记》《嘉定屠城纪略》,王船山的《黄书》,黄宗羲的《明夷待访录》中的《原君》《原臣》等,这些书刊行得较早,均在兴中会成立的前后;二是具有革命思想的青年自己编写的书,这些书以暴露清朝黑暗和激发反满革命为目的,如邹容的《革命军》、章炳麟的《驳康有为论革命书》、陈去病的《陆沉丛书》与《清秘史》、刘光汉的《中国民族志》与《攘书》、陈天华的《猛回头》与《警世钟》,以及作者不详的《黄帝魂》等;三是介绍西方资产阶级革命和民主思想的书籍,如《译书汇编》译述卢梭、孟德斯鸠、斯宾塞等的学说和介绍华盛顿、罗伯斯庇尔等的事迹,还有马君武编写的《法国革命战史》等。此外各省的留日学生还创办了《湖北学生界》《江苏》《新湖南》《浙江潮》等刊物。上述书刊以1903—1904年出版得最多,地点主要是日本和上海。因为日本是留学生集中的地区,而上海是知识分子活动的中心,又有租界可以避免清朝政府的直接干涉。

这些书刊中,影响最大的是陈天华的《猛回头》、邹容的《革命军》、章炳麟的《驳康有为论革命书》。《猛回头》的作者流露了高度的爱国热情,他说:"改条约,复政权,完全独立;雪仇耻,驱外族,复我冠裳;到那时,齐叫道:中华万岁!"提出了半殖民地国家的基本要求。《革命军》不仅号召"革命必剖清人种"以反满,并主张"凡为国人,男女一律平等,无上下贵贱之分";"生命自由及一切利益之事,皆属天赋之权利",有似法国资产阶级革命时的《人权宣言》。《驳康有为论革命书》斥"载湉小丑,不辨菽麦",他相信"以合众共和结人心者,事成之后必为民主"。而《猛回头》与《革命军》两部小册子,作者以丰富的革命感情,用通俗的文字写出,遍传长江流域各省,宣传效果尤大。

革命派在思想战线上对清朝统治者展开攻势,清朝统治者就以"文字狱"的高压手段来加以镇压,因此1903年发生了有名的"《苏报》案"。《苏报》是一个因教案落职的县官陈范所办,陈范开始主张变法维新,后来也倾向革命。中国教育会、爱国学社借《苏报》为宣传机关,邹容、章炳麟等均为撰稿人。《革命军》在上海刊行后,《苏报》发表《读〈革命军〉》《介绍〈革命军〉》两文揄扬,又刊载了《驳康有为论革命书》。清朝政府通过公共租界工部局查封《苏报》,并逮捕邹容、章炳麟。后来,邹容死于狱中,章炳麟被判徒刑3年。清朝政府又列举所谓"悖逆"书刊多种,下令严行查禁,他们想使这些书刊"内地无销售之路,士林无购阅之人",但这种企图绞杀革命言论的卑鄙手段是徒然的。在《苏报》被查封后不久,革命党人又办起比《苏报》规模更大的《国民日日报》来,两江总督魏光焘于1903年7月下"禁报"令说:"业将《苏报》馆办事人等按名拿办,并将该报馆封闭在案。乃又有人创办《国民日日报》,依然妄肆萤语,昌言无忌,实属执迷不悟,可恨已极。"1904年后,宣传革命的书刊就更多了。如宋教仁参加华兴会策动在湖南起义失败后,随黄兴逃日本,创《二十世纪之支那》杂志,即为此时鼓吹革命的重要刊物之一。这些书刊对当时革命思想的鼓吹与传播,起了一定的积极作用。

第二章　同盟会的成立及其斗争

1905年日俄战争在中国境内爆发,后来《日俄媾和条约》在美国签订,中国蒙受了极大的损失;这时,俄国民主革命也爆发了,它唤起了亚洲和中国人民的觉醒;此外,国内抵制美货运动与抗捐运动也日渐兴起。前者进一步暴露了帝国主义者并吞中国的野心和清朝政府的腐败无能,后两者鼓舞和促进了中国民主革命运动的前进。

领导辛亥革命的资产阶级政党——同盟会,经过相当时期的酝酿和准备,就在1905年的新形势下正式成立于日本,宣布了它的政治纲领,给民主革命创造了条件。因此,就具有世界意义的俄国革命来说,1905年是20世纪开始后不平凡的一年;由于同盟会的成立,1905年也是中国民主革命运动重要发展的一年。

同盟会成立以后,一面展开反对改良主义思想的论战,一面在中国南部和长江流域各省发动武装起义。前者击垮了改良主义者在言论界的影响,资产阶级的民主革命思想从而取得了优势;后者动摇了清朝的统治地位,反满革命的爱国思想在国内各地高涨起来。这些都说明自义和团运动以来,自发的农民革命已步步推向自觉的民主革命,从兴中会到同盟会的成立和同盟会成立后领导的斗争,都表现了新的变化。

一、革命形势发展的 1905 年

日本的大陆政策,要从朝鲜进占东三省;俄国的东进计划,要由西伯利亚伸入东三省。所以中日甲午战争中,日本割取了辽东半岛,俄国就联合德法出面干涉。此后帝俄一意经营东方,首筑中东铁路,继租旅顺、大连,复乘八国联军进攻中国,大举出兵占尽东三省。这种形势,日本当然不愿坐视,英国也害怕帝俄势力在远东扩大,英日遂于 1902 年订立了攻守同盟,以对付帝俄。帝俄被迫和清朝政府订立了《交收东三省条约》,规定帝俄在满洲的军队于 18 个月内分三期撤退。帝俄第一期如约撤兵,但到第二期就不肯撤兵了,反向清朝政府提出要求。日本乃直接与帝俄进行谈判,谈判进行了一年没有获得协议,1904 年 2 月,就爆发了争夺中国领土的日俄战争。日俄战争的进行,既不在日本也不在俄国,而是在中国境内,清朝政府置数千万人民的生命财产于不顾,竟无耻地表示"局外中立",连抗议也不敢提出。当"日俄战争逼近吉林,凡有外兵经过、占据之处,民不聊生,颠沛流离,哀鸿遍野"[1],给中国人民造成了极大的灾难。后来日本得到英美帝国主义的帮助,打败了帝俄。1905 年美国以"和事佬"的姿态出面调停,日俄在美国朴茨茅斯签订了《日俄媾和条约》,条约规定帝俄对旅顺、大连的租借权及在长春以南的筑路开矿权都让给日本。从此日本势力侵入了满洲南部,帝俄则经营长春以北,因而有"南满""北满"之称。自如火如荼的义和团反帝斗争以来,帝国主义者虽然停止了公开地瓜分中国的计划,但是日俄战争后,帝俄加深了

---

[1]《德宗景皇帝实录》第 547 卷。

对蒙古、新疆及北满的侵略；日本的侵略魔爪伸入满洲；美帝国主义则想借帮助日本的关系插足满洲；英帝国主义侵入了西藏，"瓜分"的危机正在明争暗斗中进行。因此日俄战争更加激怒了许多爱国知识分子，例如蔡元培于1903年在上海编刊的《俄事警闻》，日俄战争发生后就改为《警钟日报》，以"警钟"来唤起国人的注意。又如当时在日本学习的鲁迅先生，由于有一次在电影上看见一个被欺骗的中国人在日俄战争中替俄国做侦探，正要被日本人砍下头来示众，围观的一群中国人，竟无动于衷。鲁迅先生立刻感觉到以文学唤起中国人的觉悟，比以医术医治虚弱的肉体更重要，否则中国人就"只能做毫无意义的示众的材料和看客"，因此就放弃学医，改攻文学。同时庞大的帝俄被后起的小国日本打败，两相对照，也使有些人开始感到专制政体的腐朽无能。

在日俄战争时期，俄国社会民主工党领导工农群众反对沙皇政府的斗争高涨起来，爆发了1905年俄国的民主革命。这个号称"北极熊"的专制帝国与清朝政府最早建立外交关系，也是西太后与李鸿章多年所勾结和依靠的帝国主义，如今人民起来反抗沙皇的专制制度，对中国自然起了很大的影响。首先是立宪派感到震惊，梁启超在其《俄国革命之影响》一文中说："全地球唯一之专制国遂不免于大革命！"他威吓地要清朝政府"其必瞠然而有所鉴也"，把俄国革命当作他们向清朝政府争取"立宪"的根据，所以当时在上海出刊的《时报》说："今日俄国立宪风潮，其影响及于东亚，则闻戴侍郎（户部侍郎戴鸿慈）条请臣工议政矣。"他们硬把俄国革命当作"立宪"，使它符合自己的要求。然而这一革命更重要的是推动了中国民主革命运动的发展，同盟会的成立就是紧接在俄国革命之后的。当时《民报》曾陆续发表了《一千九百零五年露（俄）国之革命》《俄国革命之日报》等文,他们认为俄国革命的方法,"用于中土,奏效神速,必较之斩木揭竿为胜"[1]。当整个世界处于垄断资本主义的黑暗统治下,俄国民主革命运动的兴起,是给亚洲带来了新的曙光的。列宁在《亚洲的觉醒》一文中指出:"随着1905年的俄国运动,民主革命席卷了整个亚洲——土耳其、波斯、中国。"[2] 又说:"世界资本主义与1905年的俄国运动最后唤醒了亚洲。几万万被压抑的、沉睡在中世纪停滞状态中的人民觉悟过来,要求新的生活,为争取人底初步权利、为争取民主而斗争。"[3]

美国南北战争后,为了向西部发展,曾大批招募华工赴美筑路开矿。但是当美国西部开发成功之后,美国的资本家就想一脚踢开为他们创造了亿万财富的华工,订立了许多排斥华工的苛例,限制华工赴美,这些苛例由15款到1903年竟增至61款,在美的华工也备受虐待,诗人黄遵宪曾为此作《逐客篇》说:"岂谓人非人,竟作异类虐","但是黄面人,无罪亦笃掠"。梁启超在《新大陆游记》中附有《记华工禁约》,说道:"旧金山所谓唐人埠者,遂为暴民横行之地,抛砖掷石,干唾热骂,殴辱频甚,劫持相续。"可见美国压迫华工的卑鄙行为。1904年,《华工禁约》期满(原约定十年为期),美国竟强迫清朝政府另订更苛刻的新约,这就引起了中国人民极大的愤慨,从而掀起了抵制美货运动。1905年5月10日,上海各帮商董首先召开商务总会,决议五项抵制办法:不购用美货,不用美船运货,不应聘美国商行,劝令美人住宅所雇用的仆役停工,中国人子弟不入美国学校读书。并议决:"以两月为期,如美国不允将苛例改善,而强我续约,则我华

---

[1] 《民报》第24号。
[2] 《列宁斯大林论中国》,第39页。
[3] 《列宁斯大林论中国》,第40页。

人当合全国不运销美货,以为抵制。"接着沿海从广州到青岛、沿江从南京到重庆等商业发达的都市,均起而响应,香港、新加坡、檀香山、旧金山等地华侨也响应了这一运动。这一运动的展开,他们主张是"不可仰鼻息于政府,惟我民以自力抵制之"(檀香山《新中国报》语)的群众反美斗争,工人、学生及城市小资产阶级都是参加这一运动的积极分子,妇女也踊跃参加。民族资产阶级则是运动的领导阶级,因为抵制洋货是符合他们的利益的。但是他们的抵制是有限度的,运动发起人之一闽帮商董曾铸,后来就以"内以纾政府牵动交涉之忧,外以杜美人借端恫吓之口"为理由,取消抵制办法,只保留下"相戒不用美货"的空洞口号。买办阶级更丧心病狂地破坏这一伟大的爱国运动,"以为以后美货不复能来,即发电定货过于往年"[1]。但是这一运动毕竟打击了美国的经济侵略势力,1906 年美国输入中国的商品如棉布、煤油等项,有的减少了三分之一,有的减少一半以上;而民族工业的纺织、纸烟、肥皂、洋烛等项,产量都有增长。

此外自《辛丑条约》订立之后,清朝政府为了偿付帝国主义的赔款,每年要增派全国税捐两千数百万两,最贫瘠的贵州也要摊到 20 万两,而各省单独的赔款尚不在内(义和团运动影响到全国的许多省份,事后帝国主义勒迫这些省份赔款)。本来"民力日益凋敝,加以各省摊派赔款,益复不支,剜肉补疮,生计日蹙"[2],而其中"官吏之抑勒,差役之骚扰,劣绅讼棍之播弄"[3],加在人民头上的负担必然还要大大地超过赔款的数字。各地人民因而展开了抗捐运动,1905 年前后,抗捐运动几乎遍及全国。

---

[1]《汪穰卿笔记》第 3 卷。
[2]《德宗景皇帝实录》第 536 卷。
[3]《德宗景皇帝实录》第 536 卷。

二、同盟会成立的经过及其政治纲领

兴中会成立后的十年内,连续发生了戊戌维新和义和团运动,剧烈地震动了中国社会,当时中国实际上已经处于革命风暴的前夜。1904年,孙中山在美国报纸上发表了《中国问题真解》一文,就曾说道:"全国之革命已熟","满洲政府之推翻,不过时日之问题而已"。

1905年春,孙中山由美至欧,在留学生中进行活动。他先在比利时首都布鲁塞尔发起组织革命团体,当时就有30多人参加。参加者要亲自写一张誓书,盖上指印,誓书上写明:"当天发誓,驱逐鞑虏,恢复中华,创立民国,平均地权。矢信矢忠,有始有卒,倘有食言,任众处罚。"誓书上沿用会党的"天运"纪年,誓词内容比兴中会的宗旨已经完整一些了,特别是它针对中国社会所存在的严重问题提出了"平均地权"的口号,在具体做法上,则确定从运动新军和改良会党入手。后来孙中山又到柏林去活动,参加的有20多人,到伦敦,只获得1人参加,转道到巴黎,又获得10余人参加。由于留欧学生少,参加的人数虽不多,但从此欧洲也有了中国的革命团体。在筹划中的这个革命团体此时尚无确定的名称,只通称为"革命党"。事毕,孙中山将离欧去日,乃有参加革命党的留法学生王法科等数人,初则以加入革命党为荣,继而怕归国不能在清朝政府做官,更怕事发受害,竟潜入中山寓所,刨破皮箱,盗出所有盟书,向清朝驻法公使孙宝琦告发。孙宝琦鉴于1896年英政府干涉清使馆逮捕孙中山的事,不欲遽兴大狱,乃一面发还盟书,一面电告清朝政府。当盟书被窃的消息传出后,在比利时的留学生就举行集会,淘汰了一部分意志不坚的人,重立誓书,并定名为公民党。后来同盟会在东京成立,他们始陆续由公民党转入同盟会。

1905年初秋，孙中山由欧洲到日本，与留在日本的革命党人黄兴、宋教仁等就商进取大计，针对过去革命团体分散，行动不一致，以致"此一省起事，彼一省亦欲起事，不相联络，各自号召"[1]的情况，提出此后应当"互相联络"[2]，并且议定以兴中会、华兴会为基础，联络光复会，合并组织一个统一的革命政党。这是革命力量日益成长的表现。

　　约在7月下旬，孙中山、黄兴等集会于东京，讨论成立统一的革命政党，定名为中国革命同盟会，为避免"革命"两字的注目，简称中国同盟会。当日与会者60余人（一说70余人），内地十八省除甘肃因无留学生外，其他十七省均有人参加，并且推孙中山为总理。8月13日，留日学生假东京麹町区富士楼召开大会欢迎孙中山，到会的达1300余人，座无虚席。这是自兴中会进行革命活动以来的空前盛举。孙中山发表演说，称中国革命"十年二十年之后，不难举西人之文明而尽有之"，满怀实现资本主义理想的信心，以鼓舞大家的革命热情。本来在日本的留学生和逃亡日本的革命党人早已跃跃欲试，经此番鼓动，革命旗帜大张，要求加盟者日众。9月18日，假东京赤坂区一个日本贵族的家里，召开同盟会正式成立大会，参加这次大会的会员有300余人。

　　成立大会通过了《总章》和《军政府宣言》（即《同盟会宣言》），规定了"中华民国"的名称，并决定设领导机关——同盟会总部于东京，分执行、评议、司法三部，除孙中山前已被推为总理外，当日又推选黄兴、马君武、陈天华、宋教仁等分别负责各部工作，而黄兴为执行

---

[1]《宋教仁日记》。
[2]《宋教仁日记》。

部庶务长,居于副总理的地位。为了向国内各省发展革命力量,又先后推定了各省区的主盟人,指定廖仲恺为天津分部负责人,蔡元培为上海分部负责人,其他各省区亦均有专人联系,一变过去局部活动的革命团体为全国范围的革命组织。

同盟会以资产阶级为领导,包括小资产阶级、反清的地主士绅以及少数工农分子,其中小资产阶级知识分子最多,因为他们是接受西方资产阶级民主思想的先锋队,孙中山甚至说:"夫使高等教育之士,遍于国中,自足以建设新政府而有余。"[1] 显然他并没有明确认识到国内广大群众的力量。但是由兴中会发展到同盟会,是一个比较大的进步:(一)国内会员所占的比例比海外华侨会员有较大的增加,小资产阶级知识分子所占的比例也大有增加,前一点加强了革命政党与国内社会的联系,后一点加强了民主革命的气氛,两者都意味着革命势力的扩大;(二)在同盟会成立以前的兴中会、光复会、华兴会以及日知会等革命团体,组织形式上都还带有旧式会党的色彩,地区的局限性很大,同盟会有较完整的领导机构和政治纲领,可以说已具有资产阶级政党的性质和规模。而且会员也很快地增加,同盟会成立后的一年,就有了万余人。孙中山自己也说:"成立同盟会于东京之日,吾始信革命大业,可及身而成。"[2] 所以同盟会的成立,是中国资产阶级革命政党的正式形成。

同盟会成立后,陆续制订了《军政府宣言》《军政府与各国民军之条件》《招军章程》《略地规则》等成套的准备武装起义的文件。《军政府宣言》明确地规定了四项宗旨,这四项宗旨就是他们的政治

---

[1] 孙中山:《中国问题真解》。
[2] 吴拯寰:《中山全书·中国革命史》。

纲领,也就是誓词中会员所要遵守的政治原则,即"驱逐鞑虏,恢复中华,创立民国,平均地权",宣言中把这四项宗旨都分别加以肯定的说明。宣言的前段且着重指出:"我等今日与前代殊,恢复中华之外,国体民生,尚当变更。"这就是说革命的目的不只是反对清朝,还要变更"国体民生",即宣布要在中国进行民族革命、政治革命和所谓社会革命。又提出了法国资产阶级革命时的"自由、平等、博爱"的口号作为同盟会领导革命的"一贯精神"。

1905年11月17日,同盟会以《二十世纪之支那》杂志为基础创办《民报》,作为同盟会的机关刊物,宣传革命思想。孙中山在《〈民报〉发刊词》中正式提出了民族、民权、民生三大主义,作为同盟会领导革命的方向,这也标志着孙中山政治思想的巨大发展。其主要内容如下:

> 余维欧美之进化,凡以三大主义:曰民族,曰民权,曰民生。……今者中国以千年专制之毒而不解,异种残之,外邦逼之。民族主义民权主义,殆不可以须臾缓。而民生主义欧美所虑积重难返者,中国独受病未深,而去之易。是故或于人为既往之陈迹,或于我为方来之大患,要为缮吾群所有事,则不可不并时而弛张之。……近时志士,舌敝唇枯,惟企强中国以比欧美,然而欧美强矣,其民实困。观大同盟罢工与无政府党、社会党之日炽,社会革命,其将不远。吾国纵能媲迹于欧美,犹不能免于第二次革命,而况追逐于人已然之末轨者之终无成耶? 夫欧美社会之祸,伏之数十年,及今而后发觉之,又不能使之遽去。吾国治民生主义者,发达最先,睹其祸害于未萌,诚可举政治革命、社会革命毕其功于一役……

1906年《民报》第三号上又发表了《〈民报〉六大主义》,这"六大主义"实际就是同盟会的六大政治纲领:(一)颠覆现今恶劣政府;

（二）建立共和政体；（三）维持世界的真正和平；（四）土地国有；（五）主张中国、日本两国的国民联合；（六）要求世界列强赞成中国革命。

《军政府宣言》《〈民报〉发刊词》《〈民报〉六大主义》是同盟会三个政治纲领性的重要文件。同盟会的政治纲领是与孙中山的政治思想紧密地相结合的，孙中山的民族、民权、民生三大主义，要通过同盟会这一革命组织的斗争来实现的，所以"三民主义"的思想体系便成了资产阶级民主革命派的思想基础和资产阶级、小资产阶级革命分子的领导思想。20世纪初年，在中国提出民族、民权、民生三个中心问题来，是有重大意义的。因为它不仅要求中国变成一个独立的"民族的国家"和民主的"国民的国家"，而且要求中国变成一个免于贫富悬殊、人人幸福的国家，这不能说不是中国人民的共同愿望。正如列宁所指出的："西方的资产阶级已经腐化了，它面前已经站着它的掘墓人——无产阶级。而在亚洲却还有能够代表真实的、战斗的、彻底的民主主义的资产阶级，它不愧为法国18世纪末叶的伟大宣传家和伟大活动家底同志。"[1]但是，由于中国资产阶级的软弱性及其阶级的局限性，这些纲领有它进步的一面，也有它不够的一面。

第一，就"驱逐鞑虏，恢复中华"的民族主义来说：解除满洲贵族的民族压迫，是中国人民多年来斗争的目标，是中国民族革命必须解决的问题。孙中山强调指出民族主义并不是种族复仇主义，认为关键在于"政权"问题，因此民族革命的目的是在推翻压迫全国人民的清朝政府，这比起以前"种族革命"的主张来是进了一步。但是从鸦片战争到《辛丑条约》这一时期内，帝国主义给予中国人民的压迫，一

---

[1]《列宁斯大林论中国》，第26页。

天天加重,如果不摧毁帝国主义的枷锁,中国民族就不可能得到解放。虽然孙中山和同盟会中许多人对这一点也有一些模糊的认识,可是他们不仅没有正面提出反帝的要求,还幻想"世界列强赞成中国革命",同盟会在《对外宣言》中,甚至还表示承认帝国主义在中国所取得的一切特权及清政府对它们的借款赔款。由于中国资产阶级想依托国际资本主义谋生存,他们与改良主义者有个共同的想法,以为只要中国能"自强",帝国主义者就不会来侵略了,他们没有看到,不摧毁帝国主义的枷锁,半殖民地半封建的中国根本就不能"自强"。同盟会的有些会员还主张同盟会应为"对满同盟会",把民族主义限制于反满的狭隘范围内,所以后来辛亥革命爆发,清朝政府被推翻,他们就错误地认为民族革命已经"成功"。后来孙中山则在失败的教训中,逐渐认识到帝国主义的扶植反动势力、破坏革命的罪行。

第二,就"创立民国"的民权主义来说:孙中山的"民权"思想与反满民族思想是一致的,早在兴中会的誓书上就表明了这一点。1905年,他在留日学生的欢迎大会上说:"若单说立宪,此时全国大权,都落在人家手里,与其夺来成立宪国,又何必不夺来成共和国呢!"他认为民族革命,必须也是政治革命,才能建立民主立宪政体,民族革命不仅要推翻清朝统治者,如果是"汉族君主",也一样的要推翻。所以同盟会的政治纲领主张国民皆平等,有参政权,要制定中华民国宪法,并坚决地指出,"敢有帝制自为者,天下共击之",否定了封建专制,也给予了立宪派以沉重的打击。但是在当时公布的《略地办法》中,又规定凡攻取及义民响应之县城皆设安民局,为地方的革命政权组织,其局长局员由革命军派营中人充任或地方绅士充之,顾问员则皆以地方绅士充之,这就表现了与封建地主的妥协。《民报》第四号上甚至说,只要提倡和发扬了民族主义与国民主义(民权主义),

即使是封建军阀如曾国藩、胡林翼这样的人物也会参加革命。即所谓"如此二主义而昌明也,则曾胡之在今日,吾可决其为革命中之一人也"。

第三,就"平均地权"的民生主义来说:孙中山看到欧美资本主义国家贫富悬殊,社会矛盾非常严重,从而注意到要解决中国社会长期不能解决的土地问题,而以"平均地权"作为民生主义的主要内容,这不能说不是抓住了问题的重心。但"平均地权"的具体办法则是"核定天下地价,其现有之地价仍属原主,所有革命后社会改良之增价,则归于国家",即所谓"增价归国"。实际上"增价归国"仅能限制地价的高涨,便利于地权的转移,有利于工商业及农场地皮的供给,可以起推动资本主义发展的作用,却不能满足广大农民"耕者有其田"的要求。虽然后来《民报》在"六大主义"中提出了"土地国有"的口号,但这只是一句空洞的口号,没有具体实行的办法。孙中山当时认为实行"平均地权"或"土地国有",可以预防资产阶级革命以后的另一次革命——社会革命,他在1916年《民报》周年纪念的演讲中说:"我们实行民族革命政治革命的时候,须同时想法子改良社会经济组织,防止未来的社会革命。"他的"改良社会经济组织"的土地纲领,是想用缓和阶级矛盾的消极办法来解决中国的社会矛盾,防止欧洲已经发生而中国尚未发生的社会革命,企图"举政治革命、社会革命毕其功于一役"。而且同盟会中代表地主阶级利益的分子,在确定政纲时就反对"平均地权",后来同盟会的支派共进会怕引起地主阶级的不满,把"平均地权"的口号改为不可理解的"平均人权"的口号;到辛亥革命同盟会公开的时候,"平均地权"已变成了毫无内容的"采用国家社会政策"。

同盟会的三大主义,虽然有许多不够的地方,可是在封建专制尚未推翻的当时的中国,这样的政治纲领,是具有极大战斗意义的,而且这些政治纲领,在同盟会的旗帜下,经孙中山和他的同志多年奋斗,后来也获得了部分实现,对中国社会起了巨大的推动作用。在中国共产党没有出世之前,同盟会是真正企图也是实际地想解决近代中国政治、社会的诸重大问题的。

三、革命派与改良派的论战

改良主义者康有为与梁启超,在戊戌政变后逃亡海外,他们没有从失败中吸取教训,仍然继续坚持他们的改良主义的错误路线,在革命势力迅速发展的形势下,他们主张君主立宪,成为拥护封建反对革命的顽固势力。原来那些倾向维新的士大夫和受维新思想影响的"缙绅之士",都做了他们的应声虫,构成为立宪派。1902年,梁启超主编的《新民丛报》在日本发行,他的明白晓畅而笔锋常带感情的文字,对国内外知识青年有极大的蛊惑作用。孙中山虽曾指出他们"为虎作伥",但改良派的反动本质此时还没有被大家所认识,所以他们的言论在国内外依然有一定的市场。

在兴中会时期,革命派曾创办《中国报》于香港,与改良派在广州的《岭海报》、香港的《商报》对抗;1904年,革命派又在檀香山创办《民生日报》,与改良派在当地的《新中国报》对抗;而革命派在上海的《苏报》以及在上海和日本所出版传播革命思想的书刊,逐渐在思想战线上对改良派展开了斗争。这时改良主义者——保皇派,虽然已没有政治实力作为凭借,但是他们过去进行过改良主义的政治斗争,所以博得了一些人的同情。他们捧着他们的"今上"(光绪帝)宣传立宪,主张"君民同治",主张"满汉不分",反对反满,反对革命,为革命运动造成了极大阻力。显然改良主义者的康有为、梁启超,这时已堕落为革命的敌人。年轻而有革命热情的苏曼殊,想为国除蠹,曾准备以手枪击康有为,被陈少白所阻止。

同盟会成立后,资产阶级民主革命派联合了反对清朝封建王朝的各派势力,与清朝封建王朝和改良派尖锐地对立起来。至此成为封建地主阶级代言人的改良派,更加仇恨革命。而革命派也理解到:要把民主革命推向前进,就必须从思想战线上摧毁改良派的谬论,揭露他们的反动本质。所以在同盟会成立的前夜,孙中山即于留日学生的欢迎大会上,驳斥了"由野蛮而专制,由专制而立宪,由立宪而共和"的庸俗进化论观点,并指出"世界立宪,亦必流血得之,方能称为真立宪",也就指责了改良主义的虚伪性质。1905年后,国内外如广州、上海、天津、香港、新加坡、暹罗、日本等地,均有革命派与改良派的报刊发行,革命派的《民报》与改良派的《新民丛报》展开了激烈的论战。是年12月《民报》举行创刊周年纪念会,到会的达6 000人,章炳麟读祝词,阐扬"扫除腥膻,建立民国"的旨意,孙中山演说三民主义的政治原则,《新民丛报》大肆抨击,自此论战更烈。论战的内容包括下列几方面:

第一,关于拥满与反满的民族问题的论战。改良派不赞成"伪临朝"(指西太后临朝听政),想拥护光绪帝复政,继续维持清朝的统治。认为满汉两族在同一国家内有共同的利害关系,否认国内民族矛盾,他们并拾取西方反动的"国家主义"作为表示"爱国"的幌子。革命派在《民族的国民》《论满政府虽欲立宪而不能》《排满平议》等文中,揭露了满洲贵族的反动统治以及国内的民族压迫,同时指出满洲贵族的"宁赠友邦,勿与家奴"的一贯对外投降政策,所以改良派的所谓"爱国",实际是爱清朝政府,实际也就是仰外国资产阶级的鼻息的"洋奴"。

第二,关于在中国实现民主制度的论战。改良派要维持清朝的政权,主张"君主立宪",诬蔑中国人民没有进行民主革命的能力,更没有实行共和的资格,只能首先实行"开明专制",来培养人民的"自治秩序"和"公益心"。革命派在《论中国宜改创民主政体》《论支那立宪必先以革命》等文中驳斥了这些谬论,认为中国必须进行改变专制政体的政治革命,要立宪也必须经过流血革命,所以说"泛观各国,未有国民不革命,而政府自能立宪者"(《再驳〈新民丛报〉之政治革命论》)。更指出民主革命是民权发达的结果,是基于中国人民要求自由、平等、博爱的精神。改良派的要求立宪,只不过是稳定已经动摇了的清朝反动政权,欺骗和麻痹人民群众,所以他们是"中国之蟊贼,国民之公敌"。

第三,关于"土地国有"的社会民生问题的论战。革命派指出"平均地权"和"土地国有"政策为民生主义的中心内容,要使"地主强权,将绝迹于支那大陆"。代表向资产阶级转化的地主阶级改良派,反对这一进步的土地纲领,认为如果同时进行"社会革命",必引起"下等社会"的骚动,必然造成"富族畏避,贫民专政",结果政治革命也要破产,中国就会亡国。《民报》发表了《土地国有与财政》《驳〈新民丛报〉之非难土地国有政策》等文,尤其是代表革命派急进分子的朱执信,在《论社会革命当与政治革命并行》一文中主张动员"贫无担石储者"参加革命,有力地打击了改良派。他认为中国既然有"贫富不均"的现象存在,社会革命是不可避免的,趁中国的大生产事业还没有发达以前,取消造成这种不平等现象的社会制度,以防止将来"资本跋扈",也是完全必要的。他与孙中山在《〈民报〉发刊词》上所表示的意见完全一样。

第四,关于革命引起"瓜分"与"内乱"的论战。改良派认为革命是不必要的，主张"稍加补苴之力"来引导社会经济。他们更制造一套谬论来破坏革命，称革命会引起"天下大乱"和外国干涉，必至于亡国。康有为曾说如果"举国皆言革命，则至今内乱起，外强入寇"，幸而有他来反对革命，否则"中国又亡之久矣"。梁启超就说革命会破坏"社会秩序"，造成"乱无已时"，必至于不可收拾。他们把下层社会的骚动看成最危险的事，正显露出他们的反动本质。革命派针对这两个问题，在《民报》上发表《驳革命可以召瓜分说》《驳革命可以召内乱说》，指出帝国主义没有实行瓜分中国，是由于"中国民族之大未可猝言瓜分"，同时是它们的"均势问题为难解决"；更透彻地说，"瓜分之祸，已见于中国，革命党因惧瓜分而起革命，非起革命以召瓜分也"，推翻清朝封建专制统治，正是把中国从瓜分危局中挽救出来的前提。至于召起内乱说，革命派认为中国此次革命不同于过去的农民暴动和争夺帝位的战争，其目的在建立一个民主共和的新国家，所以可以有"秩序"地进行革命战争；而且指出革命的目的在于救国，杀人流血是不可避免的。

由于资产阶级、小资产阶级革命思想的局限性，他们在这次论战中表现了对某些重大问题认识模糊或采取了回避态度。首先，在民族问题上，他们没有正面提出反帝的要求来，对革命曾引起瓜分这一问题的答复，也只说到中国此次革命是民主革命，所以欧洲"民主国家"是不会干涉的，这说明他们对帝国主义压迫殖民地、半殖民地的本质是没有认识的。正如毛泽东同志所说："中国的民族资产阶级，即使在革命时，也不愿意同帝国主义完全分裂。"[1]其次，他们没有正面答复改良派所提出的革命会引起人民群众的暴动的问题，只是

---

[1]《毛泽东选集》第2卷，第667页。

说通过宣传,革命可以有秩序地进行。他们虽然不反对群众起来进行革命,但也没有发动群众的意愿和勇气,这正是因为他们与劳动人民之间仍有相当的距离。资产阶级、小资产阶级的民主革命派不能解决这两个问题,这一事实就决定了他们不能领导中国的民主革命走向胜利。

从1905年到1909年,在四年的论战中,革命派虽有自己的弱点,但是他们反对清朝统治、反对君主立宪的态度是坚决的,因而在这两方面也就发生了较大的作用。从1906年6月贵州学政朱福铣的奏书中即可看出,他说:"学术多歧,士气不端,醉心欧化者,多为法兰西之自由学派,逆情悖理,习为固然。"[1] 偏远的贵州如此,沿海沿江交通、文化发达的省份便可想而知了。本来留日学生中有不少人表同情于康、梁,经过这番论战,情况就发生了很大变化。例如1907年,梁启超在日本组织政闻社,召集党徒200人开大会,而革命派到了1000多人,梁启超刚站在讲台要宣传"立宪",就遭到革命派的斥责,只好走避,革命党人即登台演说,于是这个改良派的政闻社成立会,一变而成为革命派的宣传大会。梁启超只有哀声叹息"数年以来,革命论盛行于国中"了。此后海外有些改良派分子竟登报声明与康、梁脱离关系,转到革命的旗帜下来。所以这次论战,暴露了改良派的反动本质,揭穿了改良派对革命的歪曲宣传和欺骗,澄清了改良派的思想影响,使革命的实际斗争随着革命思想的提高有了进一步的发展。

四、1906—1908年的武装起义

1905年以前,革命党人虽也发动过广州、惠州及长沙等三次武装

---

[1]《德宗景皇帝实录》第559卷。

起义,但都是旋起旋败,而且三次起义的时间距离又远——一次是1895年,一次是1900年,一次是1904年,所以对国内的影响不大。1906年到1908年的三年中,革命党人接二连三地发动过多次反清的武装斗争,使清朝政府处于朝不保夕的恐怖状态之下。这些武装起义的经过如下:

湖南自1904年华兴会领导会党群众起义失败后,哥老会首领马福益仍暗谋发展,1905年冬,他由广西潜回湖南,欲在浏阳大举,事泄被清朝巡抚端方所杀,以此湖南的会党群众对清朝政府更加仇恨。1906年,湖南、江西闹饥荒,萍乡、醴陵、浏阳灾情更加严重,当地曾受马福益指挥的会党首领萧克昌、龚春台等与同盟会会员刘道一、蔡绍南等取得联系,乘机运动在饥饿线上挣扎的萍乡安源矿工起义,矿工6 000人成为这次起义的主力,这是中国工人自发地参加政治斗争的第一声。事起,群众纷纷响应,多至数万人,传递檄文,列举清朝政府罪恶,且提出"社会问题,尤当研究新法,使地权与民平均,不致富者愈富,成不平等之社会"[1]。但是这次起义缺乏统一的领导,龚春台所部称"奉中华民国政府令",另一部却称"新中华大帝国南部起义恢复军",一称"民国",一称"帝国",就是由于缺乏统一领导和革命指导思想不明确的表现。同盟会总部于起义后得报,党人大为兴奋,纷请回国加入战斗,乃派多人分赴湘、鄂、苏、皖各省联络会党与军队,谋扩大起义范围。时清朝政府已调集湖南、江西、湖北等省的兵力进行围攻,萧克昌、龚春台战死,起义军失败,同盟会刘道一、宁调元、禹之谟等多人被捕杀。清军大举清乡,残杀当地平民一万数千人,是为萍浏醴起义。

---

[1] 邹鲁:《中国国民党史稿》。

萍浏醴起义失败后,革命党人在长江下游继续活动,清朝政府大为嫉视,密探四出,侦察革命党人,因发生"南京大党狱"与"湖北大党狱",被捕被杀者多人。从这些革命活动中,清朝政府知道革命的总机关在日本,因请求日本政府驱逐在日本的革命党人。1907年1月,孙中山、胡汉民等被迫离日,在安南设立总机关,就近策动两广的革命工作,布置在惠州、潮州及钦州、廉州等同时起事。事先因许雪秋联络潮州的三合会已有准备,是年5月22日遂先发难于潮州黄岗,掳杀官吏数人,当地清兵均被缴械,起义军遂占领黄岗,即日传递檄文,宣布同盟会的革命宗旨,附近官吏闻风潜逃。起义一周后,清援兵大至,因势力悬殊,起义军不得已宣布解散。是为潮州黄岗起义。

潮州黄岗起义后十日(6月2日),孙中山派邓之瑜会同会党起义于惠州七女湖(距惠州城20里),数度打退来攻的清军,附近各地会党群起响应,惠州震动。因清吏严查,断绝了起义军的军火接济,而击败黄岗起义的清军又来增援,起义军见形势不利,只得宣布暂时解散。是为惠州七女湖起义。

钦州的那黎、那彭、那思(亦称"三那")三地人民多种蔗为业,因粮捐过重,1907年春曾推代表数十人,请求官府减免,清吏扣押代表,引起人民的愤怒,集众抗官,称"万人会",钦州人民亦相率参加。同盟会以此为起义的大好机会,派人与抗捐群众首领刘思裕联络,遂于8月举事于钦州的王光山,大破当地清军,一度攻占防城。起义军正欲乘胜攻取南宁,清朝政府调集广西、广东两省兵力围攻,但清军中的防营郭人漳、新军赵声与革命党人素有关系,已约好乘机率军反正。谁知郭人漳是一个投机小人,他看到起义军声势不够强大,为自全计,反添兵袭击,赵声也意存观望,加之由日本购买军火的计划,因革命党人内部发生纠纷被破坏。起义军见势不支,遂退入十万大山。是为钦、廉防城起义。

钦、廉防城的起义受挫,孙中山和黄兴计划从安南袭取镇南关(今睦南关),以进攻广西。并令黄明堂会集在安南的同志,联络镇南关附近素有战斗力的游勇集团。1907年11月,起义军攻占镇南关的镇南、镇中、镇北三炮台,谋合十万大山的队伍攻龙州、南宁等重镇,后以路远,这一计划未能实现。孙中山、黄兴亲率百数十人据守炮台,与清军陆荣廷所部数千人相持七昼夜,毙清兵60余人。陆驰函约降,孙中山决定派人联络,而清朝政府从广东调龙济光率军4 000人增援,迫于形势,孙中山等乃弃关退入安南。是为镇南关起义。

镇南关起义失败,清朝政府勾结法国殖民政府勒令孙中山离开安南。孙中山在离开安南前,一面派黄兴再入钦、廉活动,一面派黄明堂沿滇越铁路自安南入云南境谋攻河口,欲据云南、两广为根据地。黄兴率200人转战钦州、廉州、上思等地数月,大小数十战,前后遇战的清军达2万人,后以无援退出,黄兴名声因而大著。黄明堂则于1908年4月29日攻占河口,杀清边防督办,收降卒5 000人(一说3 000人),进占蛮耗。孙中山闻讯要黄兴前往指挥,黄兴行至中途被法警扣留于安南,不能及时到达。而清云贵总督锡良派重兵镇压,河口遂不守,黄明堂率600余人退入安南,被法军压迫解除武装,勒令出境。河口起义虽失败,却给了清朝政府一个很大的震动,西太后曾对袁世凯说:"滇匪虽靖,孙逆未擒,仍是可虑事。"是为钦、廉、上思及河口等地的起义。

当同盟会接连起义于广东、广西、云南等地的同时,光复会的徐锡麟、熊成基等也先后举事安庆,对长江下游革命形势的推进起了很大作用。即孙中山所指"慕义之士,闻风兴起,独树一帜以建义者"。

光复会本来是同盟会的组成部分,蔡元培曾以会长身份加入同盟会而为同盟会上海分部主盟人。但负责国内实际工作的首领徐锡麟并没有参加同盟会。光复会"以种族革命为务",与"民生主义之说稍殊",徐锡麟的主张也始终着重于反满,与孙中山的全部革命宗旨有歧异处,所以光复会一直保持了单独行动。

徐锡麟,浙江绍兴人,对江浙一带会党素有联络,1903年曾去日本参观大坂博览会,归国后因陶成章的关系而入光复会,并纳资捐官,得任安徽巡警处会办兼巡警学堂监督。他去安徽时向同志说:"法国革命八十年始成,其间不知流过多少热血,我国在初创的革命阶段,亦当不惜流血……我这次到安徽去,就是预备流血的。"[1]他到任后,为安徽巡抚恩铭所赏识,借为掩护,潜谋起事,因此革命党人纷纷"潜入安徽省城,密图大举"。1907年7月,正当同盟会在惠州、钦州、廉州等地起义,而清两江总督端方屡电恩铭,要他严查党人活动,徐锡麟恐日久生变,乘安徽巡警学堂举行毕业典礼,当场枪杀恩铭,夺军械局举事,激战不胜,他与同志多人被捕就义。

女革命党人秋瑾,从封建官僚的夫家挣扎出来,1904年去日本留学,同盟会成立时即加入为会员,且被推为浙江主盟人。当她因日本学校所订取缔中国留学生规则愤而归国时,曾写信给朋友说:"我自庚子以来,已置生命于不顾,即不获成功而死,亦吾所不悔也。"[2]回国后由徐锡麟介绍入光复会,在上海创办《中国女报》以唤醒中国妇女界。不久又回到浙江绍兴主持大通学校(徐锡麟创办),组织体育会,招纳会党操练,使女学生都习军事操练,编为女

---

[1] 中国科学院历史研究所:《近代史资料》1954年第1期,第105页。
[2] 《天义报》(1907年留日学生编印的刊物)。

国民军，并暗中联络浙江会党，与徐锡麟在安徽的活动互通声气，密约举义时秋瑾在浙江遥为响应。及安庆事发，被捕遇害于绍兴轩亭口。

原驻安徽的新军中早有岳王会的革命组织，由炮兵队长熊成基（光复会会员）主持。徐锡麟举事安庆时，岳王会以事起仓促，来不及响应。1908年11月，光绪帝与西太后相继去世，熊成基乘机起事，率众进攻安庆，巡抚朱家宝事先知道新军不稳，多方防制，事起，在城内的清军与江心的兵舰发炮夹击，起义军士与学生被捕杀的不下300人。熊成基逃日本，继又潜入东三省，谋刺从欧洲考察海军回国的满族亲贵载洵，后因奸人告发遇害。

此外，四川同盟会会员谢持、黄复生、熊克武、吴玉章等，也在四川境内先后策动武装起义。1906年掀起江油起义；1907年准备于成都、重庆、泸州等地同时并举，事泄失败；1909年又有广安、嘉定的起义。这些起义虽都失败，但是它们动摇了清朝政府在长江上游的统治。

从1906年到1908年的三年内，湖南、广东、广西、云南以及四川等地展开了10次以上的武装起义，这些武装起义大多数都是同盟会直接领导的。他们在反满民主革命的目标下，进行不屈不挠的斗争，掷头颅、洒热血，表现了要求解放中华民族的革命精神。这些起义鼓舞了、动员了无数人民群众投入推翻清朝统治的斗争，并给中国人民指出了一条道路，即只有武装革命才能推翻清朝的反动统治，任何要求清朝政府在政治上的改良都是错误的。但是这几次起义主要都是依靠会党的力量，以后也曾依靠发动防营和新军，甚至侥幸于收买清军取得某些胜利。两广起事时，孙中山写信给他的同志说："现时陆（荣廷）军已有约降之意，则内地一二月内可无须恶战……倘能得款二十万或十余万,则大事之成已在把握中。"[1]他们以为"无须恶战",用金钱"约降"就可成"大事"。由于他们没有广大群众的基础,不能坚持据点,建立革命的武装,以致这些武装起义,就成为一次又一次的军事冒险行动。

在连绵不断的武装起义之后,有一部分革命党人表现了小资产阶级的革命狂热情绪,密谋暗杀清朝的亲贵大臣,以为这样就可以取得革命的胜利。从 1900 年史坚如谋刺两广总督德寿起,到 1911 年彭家珍刺杀良弼止,前后达数十起。孙中山说:在 1907 年到 1908 年,同盟会直接领导的几次起义失败后,"汪精卫颇为失望,遂约集同志数人入北京,与虏酋拼命"。1910 年广州新军起义失败(详第三章),革命党人竟组织"支那暗杀团"于香港;北方的革命团体——共和会的组织机构中亦专设暗杀股[2];黄兴主张"革命与暗杀,两者相辅而行"[3],他们把暗杀当作革命手段的一部分,甚至是重要的一部分。虽然如史坚如、吴樾(详第三章)等充满了自我牺牲的勇敢精神,可是暗杀统治集团的个别人物,并不能取消反动统治的制度。每当武装起义失败后,这种暗杀的倾向就更严重,这正是对革命丧失信心,不知道依靠群众的过急表现。

---

[1] 《孙中山先生二十年来手札》第 2 卷。
[2] 参阅胡鄂公:《辛亥革命北方实录》。
[3] 《革命先烈文艺集》第 1 集。

第三章　辛亥革命前夜社会矛盾的尖锐化

自1905年到1911年的几年中,中国社会的矛盾更加尖锐起来。

义和团运动后,清朝政府为了缓和革命情绪,宣布要搞什么"新政",想以"新政"为幌子来掩饰自己腐朽、反动的统治;1905年,在革命形势的迅速发展下,清朝政府又宣布准备"立宪";1908年后,民主革命已届成熟的阶段,清朝政府为了挽救自己的危亡,便在立宪派的怂恿下,积极进行"立宪"活动。所以,从1901年到1911年这十年中的国内政治,一面是民主革命势力逐渐高涨,另一面是清朝政府为了抵制革命而实行"立宪",形成了革命与反革命的尖锐对立。

20世纪初年,中国的资本主义有了初步发展,由于帝国主义和封建势力的重重压迫,它的发展受到很大限制。它为了获得进一步发展,就要求打破现状,所以在这一时期发生的抵制美货、收回权利运动,就是中国人民反抗压迫与民族资本谋求出路的共同行动。

《辛丑条约》签订后,清朝政府强迫人民分摊巨额的赔款,又假借举办"新政"的名义征收苛捐杂税,横征暴敛,使当时发生的灾荒更加严重,因而激起了连绵十年的抗粮抗捐运动和普遍的饥民暴动。到了辛亥革命的前一年,到处已燃烧着群众暴动的革命火焰,使清朝政府处于"朝不保夕"的恐怖状态中。可是当时领导和推动资产阶级民主革命运动的同盟会,主要是运动新军与会党起事,而没有很好地去组织这些已经起来的、遍布全国的群众革命力量,因此这些群众运动都停留于自发的阶段而没有发展为有全面影响的政治斗争。同盟会在这一时期内,虽然继续在广州发动武装起义,有了较大的影响,但是它没有与这些群众斗争结合起来,所以仍与过去的起义一样遭到了失败。

帝国主义对中国进行大量投资,矿产与路权是它们掠夺的主要对象,清朝政府也以出卖这些权利作为勾结帝国主义以自肥的重要手段;中国人民要求收回这些权利,因此展开了激烈的斗争。

由于铁路不仅是帝国主义垂涎的投资对象,也是它们借以向中国内地伸展其经济、政治、军事侵略势力的触角。帝国主义者劫夺铁路所造成的灾害,深入到中国社会的各个阶层,因此中国人民为了收回权利和卖国的清朝统治者展开了坚决的斗争,这种斗争逐渐汇合成为广大群众参加的铁路风潮,它直接引起武昌起义,揭开了1911年资产阶级革命的序幕。

一、清朝政府对抗革命的伪立宪

1900年帝国主义者联合进攻中国,义和团运动被国内外反动派镇压下去了,清朝政府卖国的滔天罪行又一次暴露出来。被八国联军赶出北京逃亡到西安的清朝政府,想平息全国人民的愤激情绪,除下"罪己诏"之外,还宣布要举办"新政"。1901年,设立了督办政务处(后改会议政务处),以奕劻及王文韶、鹿传霖等为督办大臣,两江总督刘坤一、湖广总督张之洞遥为参与,顽固派也在变戏法了。从1901年至1905年的几年间,他们举办的所谓"新政",即按照刘坤一、张之洞会奏的要"整顿中法以行西法"的主张,想学一点西方资本主义的皮毛,以缓和国内日益高涨的维新要求,稳定清朝封建专制统治。"新政"的内容主要有下列数项:

(一)废科举,设学堂,派遣留学生,举行经济特科。

(二)裁撤云南、湖北、广东三省的巡抚衙门,归并詹事府于翰林院;增设商部、学部、巡警部及财政处等新机构。

(三)裁去一些绿营和防勇,增设练兵处募练新军,又命各省设武备学堂。

新政的这些内容虽然与戊戌维新时改良派所提出的大同小异,但戊戌维新是有进步意义的,是经过一定程度斗争的政治改良运动,"而1901年清朝政府所颁行的'新政',只是敷衍人民、缓和革命的官样文章"。"新政"颁行后,清朝政府宣布政务处、财政处、练兵处等机关,都归满族大员奕劻掌管,这样就更便利了皇族独揽大权。孙中山揭其真相说:"人人以为满族政府得此时机(义和团运动后),或遂更纪国政,然徒见夫朝旨旁午,屡言变革,而不知仅为玩弄之具文,聊以欺元之视听耳。"[1] "新政"施行后,实际上除了废科举、设学堂、派遣留学生等几项有少许社会影响外,其他正如洋务派官僚周馥所领会到的,是"官派如故,兵派如故,秀才派如故,书吏派如故"。不过设学堂、派遣留学生及编练新军,倒使民主革命思想的传播和武装起义得到了不少便利。

1905年,革命方面已由反满联合战线的酝酿进到同盟会正式成立,清朝政府方面一些倾向维新的官僚,认为"日俄之胜负,立宪专制

---

[1] 孙中山:《中国问题真解决》。

之胜负也"[1],宣传立宪为图强的不二法门,就是那些冥顽的士大夫也不能不因为这种论调而感到彷徨。至此君主立宪已不是几年前的"禁词"了,驻法公使孙宝琦首先奏请立宪,湖广总督张之洞、两江总督周馥、直隶总督袁世凯、两广总督岑春煊等相继奏请立宪。清朝政府感到立宪的形势已无可避免,问题只是在于如何用"立宪"来欺骗人民,而不是禁止立宪了。所以这年9月,清朝政府就派载泽、戴鸿慈、徐世昌、绍英、端方等五大臣赴日本及欧美各国考察宪政。革命党人吴樾认为中国要想独立富强,必须实行"民族建国主义",要先行"破坏",才能建设;他认为清朝政府的"立宪",是"假文明之名,行野蛮之实"。乘五大臣启程时,他就在北京火车站向他们投了一颗炸弹,载泽、绍英受了轻伤,这是对"非驴非马之立宪"[2]活动表示严重抗议。徐世昌、绍英被吓倒了,清朝政府改派李盛铎、尚其亨补充前往,并下令要会议政务处筹议所谓宪法大纲,又设立考察政治馆。

  1906年,出洋考察宪政的五大臣走马看花地在外国游历了一番就回国了。他们在美国对华侨"随时接见劝谕,戒以勿染习气,立党入会"[3];回国前又请住在日本的梁启超和杨度替他们写了考察报告,然后回到北京,相率条陈仿行宪政。所谓仿行宪政,依照端方的意见,就是模仿日本的维新,载泽更明白地说:"欲防革命,舍立宪无他。"9月1日,清朝政府下诏"预备立宪",他们的"立宪"要求是"大权统之朝廷,庶政公诸舆论,以立国家万年有道之基",想用"立宪"的招牌来维护"朝廷大权"和立"万年之基";还要"各省将军督抚晓谕士庶人等,发愤为学,各明忠君爱国之义",无异说中国人民仍然要

---

[1]　张謇与袁世凯书,转引自李剑农:《最近三十年中国政治史》。
[2]　《吴樾炸五大臣意见书》,转引自《满夷猾夏始末记》第7编。
[3]　《德宗景皇帝实录》第556卷。

做忠于清朝的奴隶。他们"立宪"是出于不得已,同时又深怕"立宪"会影响自己的封建统治权力,于是借口"目前官制未备,民智未开",要先从"厘定官制"入手,用"预备立宪"来拖延时间以观局势。

清朝统治者又想借改革官制,大大削减总督、巡抚的权力,直隶总督袁世凯首先就不答应,清朝政府乃改为先议中央后议地方,"中央"本来就只是一个侍候皇室的庞杂机构,如果要改革,许多人的地位和饭碗就会发生问题,因此又定下"五不议",即军机处事不议,内务府事不议,八旗事不议,翰林院事不议,太监事不议。到11月,清朝政府才下了一道改革官制的"上谕",作了如下的这些所谓改革:

(一)改变机构名称:如将户部改为度支部(掌财政),刑部改为法部,巡警部改为民政部,理藩院改为理藩部,大理寺改为大理院。

(二)合并机构:如将兵部改为陆军部,并将练兵处、太仆寺(管马政)并入陆军部;太常(管祭祀礼乐)、光禄(管飨祭宴劳酒醴膳馐等事)、鸿胪(管朝会宾客吉凶仪礼等事)三寺并入礼部;工部、商部合并为农工商部。

(三)新设部门:设邮传部管理轮船、铁路、电线、邮政等业务。

经过这种换汤不换药的改革,原来的六部陆续扩大成为十一部(外务、吏、学、民政、度支、礼、陆军、法、农工商、邮传、理藩),压榨人民的机构更加庞大了。军机处和各部的"大臣""尚书"中,满洲贵族占十分之七八,他们以为这样就可以保持满洲贵族统治的"万世之基"。

1907年6月,又宣布改革外官制。将各省按察使改为提法使(学政已于先年改为提学使),增设巡警劝业道,裁撤分巡分守各道,又分设审判厅,增易佐治员。这项办法先由东三省开始实行,直隶、江苏两省择地试办,其余各省分年分地推行。于是将东三省易为行省制,改盛京将军为东三省总督,吉林、黑龙江将军为巡抚,表示取消满洲的特殊地位,以与内地一致。然而这也与中央的官制改革一样,只是一些名称的更动罢了。

清政府改革官制的目的,是欲削弱总督、巡抚的权力,而主要是削弱汉族总督、巡抚的权力以加强满洲贵族的中央集权。当时总督、巡抚中权势最大的是张之洞与袁世凯,尤其是袁世凯,他原来握有新军六镇(每镇合一师),清朝统治者对他最不放心。1907年8月,清政府以调虎离山的办法,把张、袁调京为军机大臣,名义是晋官,实际却是削权;并要袁世凯让出四镇归铁良(陆军部尚书)节制。所以清朝政府的借"预备立宪"以"改革官制",实际上是满洲贵族与汉族地主军阀权力的倾轧,清朝统治者想借此达到排汉的目的。

与"改革官制"同时,清朝政府又改考察政治馆为宪政编查馆,研究利用那种最有利的"宪政"形式,来保持满洲贵族的专制统治。1907年,清朝政府又派达寿往日、汪大燮往英、于式枚往德"考察宪政",因日、英、德三国为君主立宪制国家。同时宣称将设立资政院,作为中央议会的基础,并命各省筹备设立谘议局,作为地方议会的基础,随后又颁布了各省谘议局章程与议员选举章程。而作为议会的资政院和谘议局却是以"钦命"来决定的,这也就可以想见它与政府机关只是名称不同罢了。

从1905年到1908年,同盟会不断地发动革命起义,清朝政府为了应付这一日益严重的革命形势,所以采取了上述种种"预备立宪"的姿态来缓和人民革命情绪。

当清朝政府"预备立宪"的诏书颁布之后,康有为在1907年就宣布将保皇会改为国民宪政会,他看到清朝政府的伪立宪,竟高兴地说,"数年以来,吾党政治,多见施行",并且准备回国做清王朝的立宪大臣。梁启超也在日本成立了政闻社,发表宣言向清朝政府剖白自己的心迹道:"政闻社所执之方法,当以秩序的行动为正常之要求;其对于皇室,绝无干犯尊严之心;其对于国家,绝无扰紊治安之举。"他们以为以立宪效忠清室的机会到了,政闻社的许多社员都回国活动,搞了一些上书请愿和政治演说的把戏。但是清朝政府并不赏识他们对皇室的"忠心耿耿",反而认为他们是"聚众要挟",严令禁止他们"干预政治"和开会演说,并查禁政闻社,谕令缉捕政闻社社员不让漏网。活动不久的政闻社,就在清朝政府的禁令下消失了。

政闻社的活动虽然被禁止了,但是国内的开明官绅、富商和向资产阶级转化的地主,都与政闻社暗通声气,他们想从"立宪"的幌子下争取自己的地位;各省先后所出现的立宪团体,就是这一批人搞起来的。如江浙有张謇、汤寿潜等组织的预备立宪公会,湖北有汤化龙等组织的宪政筹备会,湖南有谭延闿等组织的宪政公会,广东有自治会,其中以江浙的预备立宪公会为最有代表性。成立立宪组织的这几个省份,自戊戌维新以来,政治活动都较强烈,投资资本主义工商业的地主、富商也较多,他们具有改良主义者的政治愿望,热衷于君主立宪,所以在清朝政府宣布"预备立宪"后,就仰承鼻息而积极活动。

1908年7、8月,预备立宪公会会同各省的立宪组织及豫、皖、直、鲁、川、黔等省的立宪派,选派代表齐集北京,向都察院(监察机关)递呈《请愿速开国会书》。清朝政府此时害怕革命,正想假借"立宪"来缓和革命形势;同时在西太后看来,他们不是反对"后权"拥护"帝权"的康、梁,更不是可怕的革命党,也不便对他们施以高压手段。恰好宪政编查馆这时编呈《宪法大纲》,于是清朝政府就顺水推舟,答应了立宪派的请求,颁布了这个"君权至上"、大清皇帝"万世一系"的

《宪法大纲》。这个宪法大纲是模仿日本宪法起草的,共23条,其中"君上大权"占14条,比日本天皇的权力还大得多。《宪法大纲》上看不到"人民"或"国民"的字样,只有"臣民"的义务和权力9条。"臣民"有当兵、纳税、服从清朝政府统治的义务;所谓"权利",不过是在法律范围以内的言论、出版、集会、结社的"自由",法律是清朝皇帝制定的,那末所谓"自由",也就限于皇帝的恩赐了。正如当时《民报》所指出的:"至于宪法,定君主之大权,专制之淫威,有宪法条文为之掩护,无所施而不可。"清朝政府在公布《宪法大纲》时又宣布九年后立宪,开设议院。把"预备立宪"的时间延长至九年,这就完全证明了他们"立宪"只是缓和革命的欺骗伎俩。

《宪法大纲》颁发后两个月,光绪帝和西太后在11月间相继死去,3岁的乳臭儿溥仪继承了皇位,他的父亲醇亲王载沣(光绪帝的亲弟)摄政,明年改元"宣统"。载沣握政之后,为了笼络人心,下诏表示"决行立宪",于1909年10月,令各省成立谘议局,中央的资政院也于1910年10月成立,并派他的亲弟载泽为编纂宪法大臣。又先后把奏阻立宪的陕甘总督升允开缺,把玩忽宪政的甘肃布政使毛庆蕃革职,他这样做好像真要打破阻力,准备"立宪"了。但是谘议局和资政院的性质到底是怎样呢?谘议局的议员,要由地方绅衿、中学毕业生、举贡生员、曾任实缺之文武官吏及资产在5 000元以上者选举,这就决定了谘议局只能是缙绅、地主、豪富、名流的捧场机构。资政院的议员200名,规定"钦选"与"民选"各一半。"钦选"议员包括王公世爵、各部院衙门官吏、硕学通儒及纳税多者,由皇帝圈定;所谓"民选"议员就是由各省谘议局互选的议员,实际上谘议局还是御用的机构,"民选"等于"钦选"。但是谘议局成立,使各省的立宪派有了合法活动的机构,后来还成为他们攫取革命果实的工具。

革命派认定"不革命决不能立宪",因此清朝政府的"立宪"骗局,并不能蒙骗革命派,就是立宪派对这种"立宪"也感到不满足。1909年12月,江苏谘议局议长张謇,便以"外侮益剧,部臣失策,国势日危,民不聊生,救亡要举,惟在速开国会,组织责任内阁"等语,通电各省谘议局,还派人到各省游说,很快就得到了各省立宪派的同意。苏、浙、皖、赣、湘、鄂、闽、粤、桂、豫、鲁、直、晋、奉、黑、吉16个省的谘议局,各派代表3人到上海组织国会请愿同志会,约定1910年2月齐集北京请愿。张謇在其《送十六省议员诣阙上书序》中说明了他们的态度:"设不得请,而至于三至于四至于无尽,诚不已则请亦不已,未见朝廷之必忍负我人民也。"[1]他们对摇摇欲坠的清朝政府就是这样满怀着希望。他们到了北京,又联合各省政团、商会及海外侨商,扩大为"国会请愿代表团",先后经过三次磕头下跪式的请愿,清朝政府才允将"预备立宪"期限缩短,定于1913年(宣统五年)召集国会。预备立宪公会的立宪分子,以为请愿目的已经达到了,欣然回省听候立宪。其中有些省份的代表还想作第四次请愿,争取早日立宪,清朝政府就不答应了,一面把他们押解回籍,甚至送去充军;一面令各省督抚严拿查办,禁止他们活动。至此立宪派虽想"请亦不已",已不可得。

在"立宪"的名义下,清朝政府一步步地实现了皇族掌握兵权的意图,载沣以监国摄政王代行大元帅亲统禁卫军,他的弟弟载泽任海军大臣,另一个弟弟载涛充军谘大臣(相当于参谋总长),陆军则由满洲贵族荫昌指挥。到1911年4月,载沣要继续他的"立宪"骗局,建立内阁官制,于是挂起内阁的招牌来,以奕劻为总理大臣,组成了"皇

---

[1] 张孝若:《南通张季直先生传记》。

族内阁"。清朝政府的这些举措,无非是为了稳定满洲贵族的统治政权;立宪派本来想通过立宪从清朝统治政权中得到一席地位,而"皇族内阁"的成立恰与立宪派的要求相抵触,因此立宪派又以谘议局联合会的名义奏称:"以皇族组织内阁,不合君主立宪公例,请另简大员,组织内阁。"清朝政府斥以"黜陟百司,系君上大权,议员不得妄行干涉"。这说明了他们两者之间尚有距离,然而这个距离是异常微小的,立宪派实际上是清朝政府的应声虫,《民报》上有一段话刻画出了他们的嘴脸:

> 试观今日出没于京、津、上海之间,日以组织政党发行机关报号于众,喔喔作鸡鸣之声者,非此曹也耶?聚狐狸豺狼为一群,终日于宪政编查馆中,迎合民贼之意旨,制定种种拥护强权戕贼人道之法律者,非此曹也耶?贪缘于各省谘议局之选举,冀得一当,以便其鱼肉乡民之私者,非此曹也耶?此曹之鸦声,使人耳为之茧,此曹之媚态,使人目为之眩,故闻见所及,几若今日朝野皆嚣嚣然以立宪为一问题者;按其实,则立宪之动机,非发于国民,而发于在朝之民贼,与在野之民蠹,岂惟与平民痛痒不相关,直利害相反也。

当立宪派怀着"未见朝廷之必忍负我人民"的幻想磕头请愿时,清朝政府在湘西的"边防军把防务布置周密妥当后,就分头派人下乡去捉人,捉来的人只问一句两句话,就牵出城外去砍掉……每天必杀一百左右"[1]。其他如"广东惠州府知州陈兆棠,莅任一月,所杀逾千人,水师提督李准,尝于猪头山一日戮四百人,其所杀者,率被以强盗之名。所谓就地正法者也"(《民报》)。立宪派恰充当了清朝政府屠杀中国人民的帮凶。

---

[1]《从文自传》。

清朝统治者在革命形势的逼迫下,勉强答应了立宪派的要求宣布"立宪",企图以"立宪"来对抗革命,并企图借"立宪"前"改革官制"的机会削弱督抚的实权,达到排挤汉人以巩固满洲贵族统治的目的。然而革命形势日益发展,不但不容许他们专政,事实上也已不容许他们施行"立宪"骗术了。立宪派虽然要求政治上的改良,以便利于资本主义的发展,但是他们不敢也不能从根本上去动摇封建统治,所以他们反对革命,主张君主立宪,用磕头下跪的办法向清朝统治者请求立宪。后来他们看到清朝政府对历次请愿都采取拖延的态度,而革命声势又日益增大,便决定投机,倒向革命。等到武昌起义爆发,他们便以各省的谘议局作为地盘,勾结封建军阀,以"响应革命"的名义来腐蚀革命。

二、资本主义的初步发展与遭遇到的困难

自甲午中日战争后,中国的资本主义经济在帝国主义和封建势力的双重压迫下挣扎着向前发展,逐渐有了一些基础。经过义和团运动,中国人民感到落后的生产技术不能抵抗帝国主义的经济侵略,不能不幡然变计。日俄战争中,由于主权丧失,让别人在自己的土地上厮杀,更大大刺激了中国人民,因而拒外债、废成约、收回权利、自办铁路的呼声日高。清朝政府为了"立宪",不能不举办一些所谓"渐致富强"的"新政"来点缀,于是在那个总的封建统治机构中,在原有的工部外设立了商部(1906年并为农工商部),开办了实业学堂,还颁布了准许商民经营实业的《铁路章程》与《华商办理实业章程》,并规定投资于企业在一千万元以上者给男爵,两千万元以上者给子爵。此外,又在天津、南京、武昌等地举办"劝业奖进会"或"劝业博览会"之类,鼓励发展工商业。这些举措,客观上给国人投资工

商业减少了一点阻力。因此一部分地主、官僚、商业资本家与高利贷资本家,学得了资本主义聚集财富的方式,渐次投资于各种新式企业,逐渐形成了半殖民地中国的新兴资产阶级,其中如经营大生纱厂的张謇就是众所周知的。所以从1905年到辛亥革命,中国的资本主义经济在前一时期的基础上,已有某种程度的发展。毛泽东同志说:"还在十九世纪的下半期……就开始有一部分商人、地主和官僚投资于新式工业。到了同世纪末年和二十世纪初年,……中国民族资本主义便开始了初步的发展。"[1]

20世纪初年,中国新式企业的发展可以从下列数字看出来:1903—1908年,向清朝政府商部和农工商部注册的新式企业,凡127家,资本共3 219万9 800元又1 071万7 000两[2],到1911年又增加了50家。这些新式企业包括各种日常用品的制造业,以纺织、制丝、面粉三业为例:纺织工业1895年有221 744枚纱锭,至1905年增为484 416枚,至1908年增为651 676枚,至1911年全国有纱厂32家,纱锭则增至83万余枚;制丝工场,以上海为例,1890年仅有5场,1897年就有了25场,到1911年则增至48场;面粉工业兴起较晚,从1898年到1911年陆续开办的16家中,14家是1905年后开办的,而且都集中在东北、上海、武汉三地,这表示都市人口骤增,食品工业获得了相应的发展。此外,国人经营的矿业也有了一些发展,从1901年到1910年的十年中,开办了26家煤矿,除官办两处、官商合办一处外,其余都是商办的[3]。但这些矿业不是为外资经营的矿业所排挤,就是被封建官僚所腐蚀,因此成绩不大。

---

[1] 《毛泽东选集》第2卷,第621页。
[2] 参阅龚骏:《中国新工业发展史大纲》。
[3] 参阅《近代史资料》1954年第2期,第146页。

上述新式企业的数字，标志着中国资本主义在20世纪初年的初步发展，如果与帝国主义的商品输入及它们在中国的投资比较起来，这些数字就显得非常有限了。例如煤油输入从1891年的4 000多万加仑增加到1905年的1亿5 000万加仑，美国的美孚、德士古和英国的亚细亚等煤油公司，垄断了中国的煤油市场。纸烟除英美烟公司在中国设厂制造外，1905年的输入超过66万英镑。中国丝在国际市场上受日本丝的排挤，茶叶输出从1886年的2亿6 000万镑减到1905年的1亿8 000万镑。以1905年的织物为例，输出价值只13 562 905两，输入价值竟达122 674 499两[1]，输入超过了输出10倍。外国商品这样狂潮般地输入中国市场，压得中国自己的工业抬不起头来。至于帝国主义对中国的各项投资，包括政治贷款、铁路、航运、金融、工矿等，如果在1902年是相当于8亿美元，到辛亥革命前夜就增至15亿美元以上，不到十年增加了一倍。这是国际资本主义转入帝国主义阶段以资本输出为主的结果。而且帝国主义对中国的投资，大部分并非来自其本国，其中一部分是由对中国原始掠夺（如战争赔款、土地占有等）而来，一部分则为在华企业利润的累积。前者如日本由于《马关条约》勒索了大笔赔款，便进而在中国设厂制造；后者如英国的亚细亚煤油公司，1907年初创于上海时，只在九江路租了一间写字间，只有几个职工，雇人拖着手车，像小贩一样在街头摇铃叫卖，由于超额利润的累积，不到几年，便营业扩大，深入各地。

帝国主义的商品与投资，像洪水一样地冲击着民族资本的每一条堤防；清朝政府出卖国家权利的行为和政治上的腐败、黑暗，又到

---

[1] 参阅《最近之五十年》。

处腐蚀着新的生机。中国人民和新兴的资产阶级要求从帝国主义和封建势力的束缚下解放出来,在政治方面和经济方面展开了激烈的斗争。政治方面,从 1905 年同盟会成立后,就展开了反对改良主义的论战和反满武装起义,推进了革命形势的发展。经济方面,1904—1905 年发动了抵制美货运动,继抵制美货运动后,更广泛展开了收回权利运动。例如 1907 年,山西商民集资 275 万两,将英国福公司在山西所有矿权完全赎回;同年,官商集资 120 万两(官占 50 万两),组织滦州矿务局,以与落入英帝国主义手中的开平煤矿竞争;而井陉煤矿亦另设井陉矿务局,以与中德合办而实为德国操纵的矿局对峙;山东的中兴煤矿公司,华商以德股未集,乘机先招华股,改称商办山东峄县中兴煤矿有限公司,得为华商所经营;此外,如陕西收回延长石油矿的声浪也很高,但未成功。这些斗争,正表现了幼弱的中国资产阶级想极力寻找自己的出路。

  帝国主义在 19 世纪末年和 20 世纪初年,为了向中国投资展开了激烈的竞争。由于修筑铁路不仅是投资的手段,而且可以借铁路伸展侵略势力于铁路通过的地区,便利它们对中国的军事控制和掠夺沿线的矿产,所以它们争夺铁路就显得异常剧烈。夺取的方式,一种是直接投资,如俄国的经营中东铁路,德国的经营胶济铁路,法国的经营滇越铁路,英国的经营九龙铁路;另一种是通过借款来控制,如比利时的经营京汉、汴洛两铁路,俄国的经营正太铁路,英国的经营京奉、道清、沪宁等铁路,美国的经营粤汉铁路。美国为了插足东北,且于 1909 年联合英国向清朝政府取得修筑瑷珲铁路的权利;同年 1 月,又向俄、日、英、法、德、中六国提出所谓"满洲铁路中立计划"。帝国主义这样疯狂地掠夺铁路权,使中国此时竟不可能有自办的铁路;它们握着中国的铁路与矿山,就和握着中国人民的生命一样。因而中国人民收回路权的爱国运动也就随着这种形势而高涨起来,中国的资产阶级迫切地要求自办铁路,1904—1905年,即有"浙江铁路归浙人自办"的呼声,粤汉铁路也于此时由于两湖人民的力争得从美帝的魔掌中收回。然而清朝政府却想利用广大人民和资产阶级的要求,从而夺取收回的铁路作为皇族、官僚、买办的资产,便利它们进一步勾结和投靠帝国主义,这样就引起了日后以争夺湖广铁路为中心的铁路风潮。

三、群众暴动与武装斗争的扩大

在这时期中,全国范围内还不断地展开两种群众斗争。一种是抗捐抗税运动,自《辛丑条约》订立后,清朝政府将巨额赔款转嫁给人民,此外又借举办"新政"为名添税加捐。以湖南为例,自1905年起,每年为赎路、练新军、派遣留学生、办学堂及新设机构等项支出,计达一百六七十万元,"新政"实际是"苛政",所以抗捐抗税运动就越来越扩大。另一种是饥民暴动,由于官厅的税捐和地主的剥削加重了水旱灾害,人民更加生活不下去了,于是纷纷暴动。自1907年到1910年这三年中,长江下游与两湖一带所发生的"抢米"事件,就有八九十次之多。事实上,"抢米"已成为贫民向官僚、地主、奸商展开斗争的手段。1910年,这种斗争发展到了高潮,如长沙群众的"抢米"风潮和山东莱阳群众的抗捐抗税斗争,就是其中最有名的两次。

1909年,靠近洞庭湖的各县发生水灾,而衡山、宝庆等地又闹旱灾,大批灾民逃向长沙等大城市就食。地主、奸商及外商洋行却乘机购囤粮食,劣绅叶德辉竟囤米至万余石。到第二年春天,以"米市"著名的长沙"米荒"就非常严重,平常米价不到二千文一石,此时竟高涨至八九千文一石,人民求生不得。4月12日,一个穷寡妇携带儿女到米店买米,用70文钱还买不着1升米,归而自杀。乡民闻讯都气愤不平,同时感到自己也实在无法生活,因此一哄而集者一二百人。他们捣毁了那家米店,并到鳌山庙巡警分局,请求举办平粜救济饥民。官厅不但没有确实答复,巡抚岑春蓂且诬群众为"痞徒聚众",表示一定要"严行拿办"。13日晨,捕走木匠刘永福一名,群众大愤,数千人聚集鳌山庙巡警分局,要求释放刘木匠和减低米价。巡警道赖承裕前往镇压,群众怀着仇恨与反抗的情绪,把这个官僚痛殴了一顿,复拥到巡抚衙门,愈聚愈众,一时达万余人。岑春蓂如临大敌,一面急调城外常备军入城,一面命卫队出来弹压,当场打伤乡民数十人,杀死3人,更燃起了群众的怒火。就在当天的晚上,群众把全市百余家米店"抢"空,这时暴动的群众已扩大到2万人,事态还在继续发展中。14日,群众开始放火焚烧巡抚衙门、巡警局、税关、大清银行等压榨人民的机关。他们又认为"当初洋人未来到中国之前,我们大家有饭吃,后来他们吸血吸髓,把我们吸穷了"[1],于是又分头焚烧教堂、洋行、日本领事馆及洋学堂。从反抗官厅发展到反抗洋人的群众运动,重重地打击了封建统治者与帝国主义侵略势力。后来,清朝政府从长沙以外调集了水陆大军,帝国主义者也从上海、汉口、厦门调来军舰进行镇压,暴动的群众才被迫解散。

长沙"抢米"风潮的紧张风声还没有平息,是年5月间,山东莱阳又爆发了抗捐抗税的群众大暴动。

莱阳县县令赃官朱槐之,借与"新政"筹办"自治"为名,多方聚敛。他串通地主劣绅包揽税收,不但增征正税,更巧立名目征收苛捐杂税,如契纸捐、户口捐、学捐、油房捐、戏捐、铺捐、草房捐、骡马捐等

---

[1] 陶菊隐:《新语林》。

不下数十种。1910年春天,莱阳又遭霜灾,农民缺食的十有八九。本来山东农村中有农民自卫武装的联庄会组织,是年曲诗文(一作曲思文)联合联庄会,倡抗不纳捐之议,村民都拥护他。5月21日,各社农民数千人,拥入县城,要向贪官劣绅清算积谷(因他们侵吞了积谷),追回各项捐款,县令闻讯潜逃,农民捉获劣绅宋某,逼着他当众叩头认罪,打击了地主阶级的威风。此事发生后,莱阳的农民、手工业者、小商人以至小地主都加入斗争。6月12日,各乡群众再次进城围攻县署,后来地主阶级分子以谈判来对起义农民进行欺骗,起义农民才退出城外。此后群众聚集城郊各乡,参加战斗行列的多至数万人,与清朝政府从山东各地调来的大军一直相持到7月间,才被迫解散。

长沙与莱阳的群众斗争,只是当时无数次斗争中规模较大也较突出的两次,它们显示出辛亥革命前夜中国社会矛盾的严重性。

1906—1908年,同盟会领导多次武装起义失败后,到1910年,又在国内高涨的群众运动的影响下,进一步行动起来。

同盟会过去发动的多次武装起义,主要是依靠会党的力量。1908年后,同盟会更加强了鼓动新军的活动,有不少革命青年因此投身到新军中去。1910年2月,广州新军与巡警发生冲突,革命党人倪映典乘机率领新军起义。但因事前组织不密,参加起义的只有部分新军,势力孤单,倪映典在战斗中牺牲,发难的新军逐被击溃,这就是广州新军起义。

孙中山鉴于过去谋划不周,力量不够,以致多次起义都遭失败,乃召集党人会商于槟榔屿,谋发动一次大规模的武装起义。经过近一年的准备,设统筹部于香港,由黄兴负责指挥,定于1911年4月13日首先在广州起头,然后分军出湖南和江西北进。起事前,在广州设立秘密机关数十处,组织力量,运藏军火。但将近起事日期,海外募款以及向日本、安南订购的枪械均未到,而温生才刺杀清广州将军孚琦的事件又发生,省会戒严特甚,乃改于4月27日下午发动。届时,黄兴率部众分路冲杀,攻入总督衙门,总督张鸣岐逃跑。但因起义军领导方面多次变动命令,原定十路同时举事,到时只有四路出击,而清军闻风已先有准备,因此许多党人在激战中牺牲或被捕殉难,黄兴受伤,宋教仁、胡汉民等逃脱,长期筹划的广州起义又遭失败。死难烈士遗骸由慈善家收葬于黄花岗者72人,世称"黄花岗七十二烈士",实际不止72人。这次起义虽然失败,但却震动了全国以至海外,为武昌起义以及各省响应准备了条件。所以孙中山说:"此次失败之因,必生出他日成功之果。"

四、铁路风潮的兴起

1911年的铁路风潮,是1903年以来收回权利运动和群众斗争的更高发展,资产阶级、小资产阶级的民主革命派也卷入了这一激烈的斗争,这一斗争可以说是20世纪初年国内各种斗争的综合表现。

湖广铁路是粤汉、川汉两铁路线的合称。粤汉铁路从广东穿过湖南进入湖北与京汉铁路接轨,横贯南北;川汉铁路通往西南,是开发西南的重要路线。以此两路均为帝国主义者所垂涎。铁路风潮是由于帝国主义争夺湖广铁路和清朝政府出卖湖广铁路而引起的。

1896年,美国国会议员倡议创立合兴公司,以掠夺中国铁路为目的。1898年,美国以狡诈的手段取得了粤汉铁路的借款、修筑与经营权,是年合兴公司和清朝政府签订了《粤汉铁路借款合同》,1900年又签订了续约,约中规定"不能将此合同转与他国及他国之人",这样,粤汉铁路就成了美国的特权。续约订后,义和团运动兴起,合兴公司观望局势,没有依约积极进行兴筑(至 1904 年还只修成广州到三水的数十里),且又违约将股票三分之二售给比国银团。在收回权利的呼声中,湘粤等省的绅商力请废约,自行承办。湖广总督张之洞与帝国主义的关系,是亲英日、防俄法,铁路的大部分股票既落入比国银团,而比是依附俄法的,所以他也主张废约。

废约问题初起,美国帝国主义意图狡赖,大买办盛宣怀本来就提出"此路借款断以美国为宜",至此更为美国辩护说"约不易废"。但废约已为粤湘人民公开的要求,广东绅商表示"粤民万众一心,有进无退",湖南绅商也说"倘不力争,湘人民早晚为黑奴之续……移山倒海,至死靡他"。留日学生更组织了三省铁路联合会,通电力争废约自办,留美学生也有类似的组织与意见。由于各地坚持对废约进行不懈的斗争,同时抵制美货运动也蓬勃展开,美帝国主义对废约一事始表示让步,但要索"偿费"675 万美元。张之洞虽知它"浮索太多",但慑于帝国主义的淫威,又害怕旷日持久,三省人民的废约运动扩大,影响到自己在两湖地区的统治,所以全部答应了,向英国借款偿付。张之洞对英国驻汉口总领事说:"将来粤汉路修造之款,除中国自行筹集外,如须向外洋借款,当先向英国询商开价。"这种"借债还债"的办法,又给了英帝国主义掠夺粤汉铁路的便利。

粤汉铁路路权赎回后,清朝政府的官僚和三省绅商筹备自办,但由于绅商和官僚之间屡起争执而财力又很薄弱,因此"集议年余,尚无切实办法",这说明了新起的中国资产阶级在封建势力的纠缠下,缺乏经营的力量,而这样,正是帝国主义所希望的,英、法、德遂出面组织银团,多方兜揽湖广铁路的经营。1909 年 6 月,张之洞(时已调任军机大臣兼充督办粤汉川铁路大臣)与它们取得了湖广铁路借款的初步协议。美帝国主义一直没有放弃对湖广铁路的掠夺,日俄战争后，它企图插足东三省投资于铁路，为日本所拒，因此更想在中国中部扩展它们的经济侵略势力，于是一面活动打入三国银团，一面威胁清朝政府。1910年，美国正式加入银团，组成了英、美、德、法四国银团，四国以同样的照会通知清朝政府，要挟清朝政府提早签订正式契约。

湖广铁路借款谈判日近成熟，爱国人民和资产阶级看到刚从帝国主义手中争回的筑路权又要被出卖，湘、粤、鄂三省人民在自己的土地上谋发展的机会又将被断送，于是又展开了拒绝借款运动。本来清朝政府害怕人民知道向外借款，借款活动是秘密地进行的；但借款消息经常从外国报上透露出来。首先，在日本的湖北留学生组织了留日湖北铁路会，推派代表回国宣传；湖北的谘议局开会支持，并成立湖北铁路商办协会。代表们晋京向邮传部（1909年，张之洞死后，湖广铁路归邮传部负责）请愿，慷慨激昂，痛骂卖国政府，一连好几天坐在邮传部尚书徐世昌的门口，不饮不食，誓死要达目的。1910年3月，湖北旅京人士召开拒款大会，于湖广会馆声援请愿代表，清朝政府只好批准他们"集股自办"的请求。在湖北人民展开拒款斗争的同时，湖南人民也同样地起来反对借款，指出："湘中商民，为赎路修路，先后已实输现款五百万元，除赎路保息外，实可岁修二百余里。公司成局如彼，前途如此，实在完全可以自办，与三年前迥不相同，断不必再借外债。"[1] 如果清朝政府不横加阻挠，根据当时的实际情况，湖广铁路是可以用自力及时兴建的，事实上粤汉铁路早已开始修筑，川汉铁路宜昌—万县一段也已兴工。

铁路由人民集股自办，对满洲贵族与官僚买办来说，是失去了一

---

[1]《张文襄公全集》第62卷。

种从中取利和勾结帝国主义的机会。1911年1月,盛宣怀任邮传部尚书("皇族内阁"成立后称邮传大臣),他伙同度支部尚书载泽迎合摄政王载沣、总理大臣奕劻铺张"新政"的意旨,建议假"利用外资开发实业"的名义,大借外债。于是,是年3月,由邮传部与日本正金银行订立铁道借款1000万英镑的合同;4月,度支部与英、美、德、法四国银行团订立币制实业借款1000万英镑的合同;5月,邮传部与英、美、德、法四国银行团订立粤、汉、川铁道借款600万英镑的合同。这些巨额外债的后面,就是中国权利的丧失和大买办盛宣怀、亲贵载泽等横殖私财的勾当。

这一伙人,一面进行借款,一面计划抢夺商民兴筑铁道的权利;盛宣怀建议以借款为资本,实行铁道国有政策。5月9日,清朝政府颁布上谕说:"干路均归国有,定为政策。所有宣统三年以前各省分设公司集股商办之干路……应由国家收回……其从前批准干路各案,一律取消。"并威胁人民"如有不顾大体,故意扰乱路政,煽惑抵抗,则照违制论"。所谓收归国有,其实就是便利他们把筑路权卖给帝国主义者,正如四省绅商所说:"不啻夺我生命财产,付诸外人。"同日,另一上谕又说,粤汉、川汉铁路"借款正式合同签字势难久延",命将邮传部前案取消。18日,清朝政府派端方充"督办粤汉、川汉铁路大臣",去强行接收四省铁路公司。20日,就和英、美、德、法四国签订了"湖北、湖南两省境内粤汉铁路、湖北省境内川汉铁路合同"。一边从人民手里夺过来,一边就出卖给帝国主义。

湖广铁路收归自办时,曾成立了铁路公司,向四川、湖北、湖南、广东四省募集民股,又由官厅在租税项下附加租股、米捐股、盐捐股及房捐股等。例如四川经数年的征股,集资至一千四百余万两,其中"实收租股九百五十余万两,官民购股二百六十余万两,土药盐茶商一百二十余万两"[1]。因此绅、商、地主与农民均为执有湖广铁路股票的人,他们希望铁路早日修成获得利益。铁路国有的办法,剥夺了四省人民投资铁路的权利,而且这种出卖路权的勾当更激怒了广大的爱国人民,因此反抗清朝政府卖国罪行的斗争就相继在四省展开,这也意味着中国人民及资产阶级向封建势力的进攻。

湖南绅商首先起来反对,聚集谘议局开会,散发传单抨击政府,并通过谘议局呈称"湘路力能自办,不甘借债",且责骂清朝政府说:"乃遽于人心踊跃死力争回商办之路线,急谋夺取,而必欲借外债筑之,使陷入奇险而后快",学生并罢课抗议。巡抚杨文鼎怕事态扩大,奏请照前办理,以平民愤,清朝政府竟加以申斥,要他严厉惩处。

湖北绅商会为收回粤汉路权进行尖锐的斗争,至此群情愤激,继起反抗。革命党人詹大悲以《大乱者救中国之药石也》为题,发表论文于《大江报》,鼓动革命。湖广总督瑞澂逮捕詹大悲,查封《大江报》,于是绅商各界数千人齐集谘议局开会反抗,到会的商人和士兵,有的竟至断指痛哭,大呼救国!当场公推密昌墀、张伯烈等为代表晋京请愿,要求收回成命。他们到了北京,守住邮传部大门,绝食三日三夜,表示抗争的决心,然无结果。

6月10日,广东也召开粤汉铁路股东会议,一致要求维持原案力争商办,总督张鸣岐出示取消股东会议案,粤人大愤,争持纸币挤兑以示反抗。官厅采取高压手段,禁止广州各报刊载反对言论,因此股东们被迫逃到香港组织保路会,与会者万余人,向各方通电力争,并推派代表请愿,会员举行哀送会,张鸣岐勒令解散。当时同盟会陈少白所主办的《中国日报》及其他港报,刊载反对言论,声援粤汉铁路股

---

[1] 《东方杂志》第8卷第8号。

东,清朝政府遂禁止港报入境。

留日学生主张"路存与存,路亡与亡";旅美粤侨尤愤激地说:"粤路股银,皆人民血汗,当执定成案,有劫夺路权者,格杀勿论。"清朝政府曾谕令对各省集会反抗"铁路国有"的人"格杀勿论",华侨声言要以"格杀勿论"来和执行"铁路国有"办法的人相对抗。

四川人民的反抗就更为激烈了。6月间,川汉铁路股东在成都开会,他们演讲"反对卖国奴盛宣怀,反对卖国机关邮传部"[1],当场组织了保路同志会。成都以外的各县也纷纷成立保路同志会,参加的多至数十万人,便利了革命党人及哥老会的活动,他们每次集会演说,都慷慨激昂。署理川督王人文在群众的压力下,奏请暂缓接收铁路,也与湖南巡抚杨文鼎一样遭到申斥,因此落职,清朝政府调有名的"屠户"赵尔丰继任川督准备镇压。同时,川汉铁路宜昌分公司总理李稷勋与邮传部私订接收办法,又由邮传部电四川总督,要川汉铁路公司继续开工,一切开支仍用川款,这是在夺路之外又劫股款。这种倒行逆施的举措,引起了四川人民的更大反抗。

保路同志会的蒲殿俊、罗纶、邓孝可、颜楷等人,都是立宪派绅士,蒲殿俊、罗纶是四川谘议局的正副议长,他们为了自己的利益,想"据理力争"来达到收回路权的目的,并从光绪帝的上谕中摘下"庶政公诸舆论,铁路准归商办"两句话作为口号。这正代表了向资产阶级转化的地主阶级的政治与经济要求。他们为了表示自己不是蓄意反抗朝廷,又要市民一律在门口供奉"大清德宗皇帝之神位",将上引的两句口号写在神位的两边。由于他们的影响,成都的每条街上都扎了"圣位台"。可是当群众斗争情绪继续高涨,发展到罢市、罢课

---

[1] 郭沫若:《少年时代》。

时,立宪派绅士就深怕事情闹大破坏了封建秩序,连夜发布制止罢市示威的公启:(一)不得在街上聚众演说;(二)勿暴动;(三)不得打教堂;(四)不侮辱官府;(五)油盐柴米一切饮食商店照常交易。这时,由于四川人民的怒火已经燃烧起来,革命党人从中进行活动,很快就把这一斗争推向立宪派绅士预期以外的高峰。

9月7日,赵尔丰派人至铁路公司,诡称北京来电有好消息,请保路同志会的重要人员前赴督署磋商,遂陆续拘禁了蒲殿俊、罗纶、颜楷、张澜、邓孝可等人,并封闭了铁路公司。成都人民因此更加愤不可遏,一时前往督署示威的群众竟达数万人。赵尔丰命令军警开枪,又命骑兵冲突人丛,当场被击毙的有32人,被践踏重伤的更多。赵尔丰进行这种血腥镇压,人民并没有屈服,而掀起了更大的反抗,全市商店罢市,学校罢课,反对铁路国有的运动最后更扩大成为抗粮抗捐的斗争。

在四川铁路风潮中,革命党人与哥老会做了许多工作,等到成都惨案发生,他们在保路同志会的名义下,立刻发动四川各地已经组织起来了的群众举行武装起义。革命党人龙鸣剑、王天杰起兵荣县,突入资州境,向成都挺进;哥老会首领秦载赓、侯宝斋也分率所部由华阳、新津赶抵成都附近;而邻近各州县的农民军,更从四面八方云集而来,对成都采取了大包围的形势。湖广总督瑞澂会电奏清朝政府说:"四川省城外,聚有乱党数万人,四面围攻,势甚危急。成都电报,已数日不通,附近各府州县,亦复有乱党煽惑鼓动,川省大局,岌岌可危。"从这一极端诬蔑起义军的电文里,可以看出反动统治阶级当时慌张的情形。起义军虽然没有把成都一鼓攻下,却已动摇了清朝政府在四川及长江中游的统治地位。起义军在成都外围与清军激战后,继续转入双流、新津、嘉定各地战斗,此时回四川工作的同盟会的吴玉章,也在荣县发动群众响应,并一度在荣县成立革命政府。

　　四川铁路风潮日益扩大,清朝政府感到手忙脚乱了,一面起用曾经做过四川总督的岑春煊为四川宣抚使,一面要端方由湖北统帅新军前往四川"剿办"。可是岑春煊只打了一个肉麻的电报给"吾蜀父老子弟",就逗留武汉不敢前进;至于端方带着新军刚跑到重庆,武昌起义的炮声已响,他想再回头去"剿灭"革命,结果自己反被在革命党策动下的新军处死于资州。

第四章　辛亥革命的迅速胜利

1911年(辛亥年),是中国人民反抗清朝统治者的斗争进入决战的一年。首先,4月27日爆发的广州起义,震撼了全国。5月以后,接着广东、湖南、湖北、四川等省又爆发铁路风潮,尤其是四川人民群众更展开了大规模的武装斗争;而多年来延绵不断的抗捐抗税运动和饥民暴动,仍在各个不同的地区陆续发生,不同程度地打击了清朝统治者。9月间,福建人民又发动反抗"轿捐"的斗争,聚众打毁审判厅,焚毁巡警道署,使得清朝政府天天惊愕于"伏莽遍地",不可终日。

革命党人在各地发动的多次武装起义以及全国各地风起云涌的群众武装斗争,扩大了革命影响,为辛亥革命创造了条件。1911年10月10日,在两湖革命党人的策动下,倾向革命的士兵终于胜利地在武昌发动了起义。

从武昌起义到中华民国临时政府成立,为时不到百天,由于各省的急起响应,革命的胜利出于意外的迅速。领导辛亥革命的同盟会,当时并没有跟上客观革命形势的发展。当武昌起义的炮声一响,革命很快获得胜利,清朝政府固然惊惶失措,革命党人却也是仓促应付,遂为别有用心的反革命势力从容布置,乘隙夺取革命果实。所以辛亥革命后清朝政府虽然被推翻,但帝国主义和封建势力依然统治着中国人民,中国半殖民地半封建社会的性质丝毫没有得到改变。辛亥革命迅速胜利,同时也是迅速失败。

一、武昌起义与湖北军政府的成立

1911年10月10日晚上爆发的武昌起义,虽然使人有突然的感觉,但是这并不是偶发的,而是革命党人在两湖地区长期活动和全国革命形势发展的结果。

早在1904年,武汉就出现了革命的小团体,即前面已经说到的科学补习所和日知会等。日知会会员多为湘、鄂两省的革命党人,同盟会成立后,他们纷纷加入,所以后来日知会成了同盟会在湘、鄂活动的机关。当萍浏醴起义时,日知会亦在联络军界,准备行动。1906年12月,因风声泄漏,密探追踪党人,致遭破获,张之洞遂出示严禁日知会,会员中的中坚分子如刘静庵(敬安)、胡瑛、季雨霖、李亚东、张难先等皆被捕入狱,刘静庵后瘐死狱中。经此大变,湘、鄂间的革命活动一时沉寂下来,到了1908年7月,革命党人开始组织军队同盟会于武昌,想在军队中进行活动,以动摇清朝政府在"武汉腹地"的统治,会员发展到400余人。同年11月,又改组为群治学社,宗旨在"研究学识,讲求自治,促睡狮之猛醒,挽狂澜之既倒",刊行《商务报》,为汉口报界主张革命的急先锋。1910年,群治学社社员参与长沙米潮,风声传播,湖广总督瑞澂严厉侦查,为避免暴露目标,因于是年8月易名为振武学社,并扩大组织,以请求武学相号召。到1911年初,复以原有组织为基础成立文学社,以研究文学为掩护,主要活动分子有蒋翊武、詹大悲等,他们积极向新军的士兵中发展组织,是年7月社员就达5 000余人。湖北新军,创自张之洞,开始时只设四营,继添募为八营,义和团运动后编成一镇又一混成协,张彪为第八镇统制(张彪是由张之洞的亲信提拔起来的),黎元洪为混成协的协统。此时文学社社员散布于湖北新军的各标各营16 000人中,他们又发行《大江报》鼓吹革命。所以文学社是在武汉最早(从它的前身算起)而有较大力量的革命团体,从科学补习所到文学社,随着当时中国社会矛盾的发展,它的力量也日益增强,是武昌起义的基本队伍。

湘鄂间另一革命团体为共进会。共进会成立于1907年,是同盟会部分会员组织起来的;为了减少活动的阻力,他们把同盟会"平均地权"的口号改为"平均人权",其他政纲都仍然与同盟会相同。共进会以湘鄂为活动中心,联络长江各省会党,由孙武、焦达峰等领导。焦达峰是一位年轻的革命活动家,从小就和会党有密切联系,在湖南有较广泛的群众基础。他在日本留学时参加了同盟会,以"同盟会举趾舒缓,故以是(指共进会)赴急"[1]。

1910年冬,同盟会会员谭人凤、宋教仁等邀集十一省同盟会分会主持人在东京开会,以过去屡次起义于南部的偏远省份,收效甚微,因主张在长江流域举行起义。1911年2月,谭人凤到南京、九江、武汉等地调查革命力量。4月27日广州起义失败后,同盟会更积极策划在长江流域发动革命,由宋教仁、谭人凤、陈其美等设同盟会中部总部于上海,在南京、安徽、湖北、湖南等地设分会,并发表宣言,称过去"有共同之宗旨,而无共同之计划,有切实之人才,而无切实之组织也"。此后同盟会中部总部通过共进会向武汉方面积极活动,他们逐渐知道文学社是武汉有力的革命团体,乃策动共进会与文学社合作,

---

[1] 章炳麟:《焦达峰传》。

先后多次集议,意见逐步接近。当四川铁路风潮大起,文学社与共进会也感到联合革命力量共图大举的时机已成熟,因于8月组织了共同领导的机构,推蒋翊武为临时总指挥,孙武为参谋长,在武昌小朝街85号设立临时总司令部,筹划一切,准备起义。他们为了尊重和争取同盟会的领导,曾推派代表赴上海,约请黄兴、宋教仁、谭人凤来武汉主持大计。唯黄兴此时尚在香港,对发动武汉的起义工作没有足够的认识,他虽然知道"近以蜀路风潮激烈,各主动人主张急进办法,现殆有弦满欲发之势"[1],但是以"各主动人"的策划起义为"急进办法",因抱迟延不进的观望态度,要他们等到10月底看形势,再作决定。

8月底到9月初,四川铁路风潮继续扩大,已由请愿示威发展为武装暴动;清朝政府派端方率领湖北一部分新军入川镇压。当时湖广总督瑞澂侦知新军中有大批革命党,新军调走,他暗暗庆幸以为可以省事了;然而军队调川,武汉空虚,恰给革命党人以可乘的机会。而革命党人又恐新军陆续调走,分散了革命力量,因谋从速起事,革命的爆发一步步逼近。所以武昌起义,是在文学社等革命团体长期活动和各地连续不断的武装暴动的影响下,以铁路风潮为导火线而爆发的。

9月24日,革命党人孙武、刘尧澂、彭楚藩、杨宏胜、熊秉坤、蔡济民、胡祖舜、邓玉麟等30余人,在原设武昌胭脂巷的革命分机关开会,商讨发难事宜。时蒋翊武去岳州活动未返,共推孙武为主席。当时以革命形势日迫,议定以中秋休假(阳历10月16日)为首义日期,并制定武昌城内外各标、营新军同时举兵计划。会后下午一时,南湖

---

[1] 《辛亥八月十四日黄克强致冯自由书》,见冯自由:《革命逸史》初集。

炮队中少数党人首先发难,革命机关部各同志以其事出预定计划外,缺乏准备,因予制止。唯此时武汉街头巷尾已遍传"中秋杀鞑子"的故事;清朝政府外务部密电瑞澂,也说革命党人约期阴历八月十五六日聚鄂起事,风声愈传愈紧。瑞澂已不自安,设置行辕于楚同兵舰,夜间常往留宿,以作临事时逃跑的打算。并下令检查行人,禁止学生出校,军队兵器多收置楚望台军械局,派工程营驻守;又向汉口德国领事接洽,要他们多派兵船来武汉,以便镇压革命党人。

当时革命党人以准备工作尚未做好,更改原定起义日期,决定推迟十天发动。谁知 10 月 9 日(阴历八月十八日)上午 8 时发生意外事故,孙武等在汉口俄租界宝善里制造炸弹,其中一人吸烟不慎,火屑飘入药内,浓烟顿起,孙武头面受伤,即时护救潜送日人同仁医院。俄巡捕赶至,该处机关破获,所有准备起义的旗帜、符号、文告、印信等物,均为搜去。革命党人刘公的寓所紧邻出事房屋(一说制弹处即刘公寓所),刘的家人与亲友数人因而被捕,起义事迹暴露,于是武汉三镇军警四出,到处搜查。武昌小朝街总部迫不及待,当日下午 5 时,蒋翊武(已由岳州回武汉)以总司令名义发出紧急命令,决定即晚 12 时举事,并指示各标、营军队进攻目标。命令尚未传达各处,总部与其他机关又陆续被破获,彭楚藩、刘尧澂、杨宏胜等数十人遭逮捕。这一晚形势空前紧张,瑞澂下令用酷刑杀害勇敢不屈的彭、刘、杨三人。又分调军警布防,紧闭城门,禁止出入,按所获名册依次搜索,并令各标、营封锁营门,不准兵士出入,不准交头接耳,饬各标、营长官轮流巡查。一时人心惶惶,讹言四起,革命党人莫不自危,即平日与革命党人略有交往的人亦不自安,摆在大家面前的只有起而暴动的一条路了。

10 月 10 日(阴历八月十九日),瑞澂、铁忠、张彪等继续搜捕革命党人，满以为名册在手，革命党人绝难漏网，扬言要将革命党人斩草除根。有些寡廉鲜耻的坏蛋，借此逢迎，捏造是非，报称某处有革命党人，某为革命党人，武汉三镇完全笼罩在恐怖的气氛中。当晚7时，更严重的事件毕竟发生了：驻在武昌城内黄土坡的第八镇所属工程第八营后队，内中革命党人熊秉坤、金兆龙等为了对付这个危急万分的形势，准备首先反抗。该营排长陶启胜对此已有所觉察，想用强力压制即将起来"造反"的人们，厉声斥金兆龙道："你要造反吗！"命令左右绑金。金兆龙应声称："今日之事，乃我为政，今日之人，俱我同胞，谁也不能绑我！"[1]大呼："同志动手！"程正瀛在后即用枪柄猛击陶启胜头，陶登时头破倒地。全队蜂拥下楼，排长张文涛握手枪阻止，被当场击毙。大家齐集操场，行动起来，该营代理管带阮荣发、队官黄坤荣等出来弹压，起义士兵又把他们枪杀了。其他军官见势不佳，纷纷逃避，士兵把营内军械夺取一空，即由熊秉坤率领首义同志与士兵40余人直趋城内楚望台军械局。

设在楚望台的军械局，储藏历年汉阳枪炮厂所制造的枪炮子弹及向外国购置的枪支。是夜防守军械局者为工程营左队队官吴兆麟，吴兆麟曾为日知会会员，日知会破案后脱离革命活动。当时左队工兵开枪响应，吴弃队逃匿，熊秉坤等遂占领军械局，工程营士兵纷纷起义，开军械库发放枪弹，不但加强了起义士兵的勇气和战斗力，也截断了武昌城内清朝军队武器的供给并动摇了他们的军心。

占领军械局后，熊秉坤分路派人接援各处起义队伍，各标各营埋伏的革命党人亦均奔赴楚望台。大家聚集后，正不知下一步如何做法，适三十标代表张鹏程建议进攻督署，先把瑞澂杀了再说。起义官

---

[1] 曹亚伯：《武昌革命真史》。

兵一致赞同前往,但部队纷乱,缺乏指挥,初攻不胜。这时响应起义的士兵愈聚愈多,起义的范围也愈扩愈大,不仅城内外各标、营的队伍已纷集,测绘学堂的青年学生也已加入战斗行列。熊秉坤深感调度困难,队伍颇形紊乱,这时一个士兵找到了吴兆麟,吴平日颇为士兵所信服,大家就推吴兆麟为临时总指挥。吴兆麟立即说明城内外清军位置,并申明行动纪律,10时30分下令割断电线,重新部署进攻督署。时已夜深,瑞澂听到炮火猛烈,枪子从屋瓦飞过,遂率兵一排,打破后墙,逃登楚豫兵舰,满洲官员铁忠、联甲也追踪逃登兵舰。第八镇统制张彪闻变,由家急趋他的司令部,出动机关枪示威,连放不发,因枪内撞针事先已被革命党人拆卸。张彪见大势已去,勉强撑持到天明,逃往汉口刘家庙。经10日晚上的战斗及11日上午对残余清军的肃清,武昌就全为起义士兵所占领。

武昌起义的第二天(10月11日)午后1时余,首义革命党人、谘议局议员及绅商代表,齐集谘议局开会,讨论组织革命军政府,会议决定了下列各事:

(一)宣布中国为"中华民国",它是属于汉、满、蒙、回、藏五族人民的国家。

(二)宣布以红、黄、蓝、白、黑五种颜色的旗帜为国旗。

(三)废除清朝皇帝的年号,改宣统三年(1911年)为黄帝纪元四千六百〇九年。

(四)发表檄文,申讨清朝政府,号召各省起义。

(五)照会外国驻汉口领事,声明尊重各国在中国的一切既得利益和特权。

(六)成立湖北军政府,军政府暂设参谋、军务、政务、外交四部。以黎元洪为都督,汤化龙为民政总长。

湖北军政府的成立，象征着革命政权的建立。然而居于湖北革命政权军、政领导地位的首要人物——黎元洪、汤化龙，却一个是清朝政府的旧军官，一个是拥护君主立宪的政客。革命党人以为他们具有"声望"，就把革命的军、政领导权交给了他们，使得这个新生的革命政权缺乏真正的革命领导。也由于当时革命党中的主要人员不在武昌，如预定的都督刘公隔绝在汉口（尚未克复），孙武因制炸弹受伤，蒋翊武已出亡，詹大悲等人尚系狱中，黄兴、谭人凤、宋教仁等又远在沪、港两地，恰给这些与革命无关的旧人以因利乘便的机会。当时军政府还设立了招贤馆（后改为集贤馆），"饶汉祥及皖抚朱家宝之秘探孙发绪亦初至而入集贤馆，凡与黎元洪有因缘者，亦络绎不绝，麇集于是"[1]。

黎元洪是北洋水师学堂的学生，服务于北洋舰队，甲午中日战争失败后，投靠张之洞，为张之洞编练的所谓"自强军"的管带（营长），因此步步擢升至湖北新军二十一混成协协统。他过去残杀过革命党人，就在武昌起义的那一晚上，还曾手刃送信的革命士兵；后来看到革命已成燎原之势，当夜逃匿于黄土坡一个幕友家里。次日，革命党人发觉他还留在武昌城里，便把他拉出来举为都督，欲借他的"资望"作号召。黎于10月20日写给萨镇冰的亲笔信，说是党军"合围搜索，洪换便衣，避匿室后，当被索执，责以大义，洪只得权为应允"，这个"权为应允"，表示他随时仍可以逃回反革命的队伍。所以当他被拥为都督时，革命党人要他在安民布告上签字，他还瑟缩地说："勿害我！勿害我！"革命党人不耐烦地以枪瞄准他说"死亦任汝"，他才不敢作声了。以后的三天，他在忧虑中被看守着，不发一言，不画一策。10月14日，革命党人强迫剪去他的辫子，他还为这条割掉的辫子流

---

[1] 张难先：《湖北革命知之录》。

泪。武昌起立的第三天汉阳光复,第四天汉口光复,到10月17日,驻汉口的各国领事都宣告"中立"了,革命军又在汉口打了胜仗,他看到革命政权渐趋稳定,始宣布就都督职。

至于汤化龙,他是湖北谘议局的议长,武昌起义发生,被推为民政总长时,他即席发表演说,表示"事已定局,自当尽死效命,共图勋名"。他的话代表一般立宪党人的思想,革命流血的结果,竟成为他们"图勋名"发展个人野心的机会。革命政权既为这些与革命无关或向革命投机的人所盘踞,因此革命政权一步步褪色,以致为反动势力利用而与反动势力合流。

武昌起义后的第四天(10月13日),军政府在武昌附近招募新兵。农民、工人及退伍士兵皆踊跃参加,五天就招满了四协(四旅),应募者还是源源不断,军政府只好出示宣布停募。10月17日至19日,当革命军与清军战斗于汉口附近的刘家庙时,士兵和附近老百姓一齐喊杀,老百姓拿了锄头扁担追上前去,杀得清兵大败溃逃。群众的革命情绪这样高涨,而领导革命的资产阶级跟不上革命群众的要求,甚至让群众自发地战斗。10月25日黎元洪给萨镇冰的信上说:"即就昨日陆战而论,兵士各自为战,虽无指挥,亦可奋力突进,汉族同胞徒手助战,持刀协击,毁损铁路者,指不胜屈。甚有妇孺馈面包茶水入阵者。"这种"无指挥"的战斗,正反映了领导落在群众后面的现象。所以人民的奋起,加速和决定了事变的迅速发展,而资产阶级领导的软弱,又使革命不可能获得真正胜利。

二、各省响应革命

武昌起义后十二日,湖南首先响应,各省也相继起事,使清朝政府迅速陷于土崩瓦解的局面。

在华兴会成立时期,湘、鄂两省的革命青年就已采取了共同行动;其后共进会与文学社等组织,实际上就是湘、鄂两省革命势力的结合。广州黄花岗之役失败后,焦达峰便和湖北革命党人孙武等计划分别在湘、鄂发难,并相互约定,无论武汉或长沙哪一方面首先举事,他方应在十天之内立即响应。10月22日,正是武昌起义的十余日后,焦达峰和陈作新率领会党,联络新军起义,夺取长沙,枪杀抗拒革命的清防营统领黄忠浩及其他官吏数人,巡抚余诚格闻变逃走。起义党人与士兵组织了湖南军政府,推焦达峰与陈作新任正副都督,革命政权建立起来了,并派遣军队出援湖北。湖南的首先响应,不仅稳定了武汉的后方,使武汉得到有力的支援,也推动了其他省份的独立,焦、陈的功绩是巨大的。立宪党人就在此时向这一新生的政权进攻,援引武昌的例子,说:"湖北以汤化龙为政务部长,今不举谭延闿任政务,其事必偾。"革命党人怕引起分裂,遂举"世家子"、湖南谘议局议长谭延闿为民政部长,让他取得与焦都督对等的地位,这叫作"军民分治"。焦达峰为了加强革命武装力量,大募民军,农民、手工业者以及无业游民均纷纷到省投效。立宪党人又阴谋夺取军权,进一步组织参议院,规定都督府的一切措施都要经参议院许可,这个参议院的议长又是谭延闿。焦、陈一再让步,并没有满足立宪党人的要求,相反地更助长了他们的野心。当焦、陈发现大权旁落,想解散这个不合理的参议院时,立宪党人就煽动兵变,竟于10月31日残杀焦、陈;谭延闿做了都督,湖南的革命政权就这样为立宪派绅士所窃据。武昌方面虽知道杀焦都督者,必继任之都督,却没有表示明确的态度,实际是默认。黎元洪且说"吾辈但贺新都督,不问旧都督"[1]。

---

[1] 曹亚伯:《武昌革命真史》。

就在湖南响应武昌起义的同一天,陕西亦举兵反清,影响及于西北各省。先是同盟会会员景梅九、李仲持、井勿幕等在陕西进行革命活动,联络会党与新军,而熊成基起义安庆失败后,士兵多转入陕西新军中(因皖人王毓江调充陕西新军协统的关系),所以革命力量发展甚速。当四川铁路风潮发生时,革命党人即跃跃欲试。及武昌起义消息传来,陕西革命党人即于 10 月 22 日发难,起义军与清军激战,清将军文瑞自杀,巡抚钱能训以下官员逃走一空(巡抚恩寿去北京,由藩台钱能训护理陕西巡抚)。西安光复,成立军政府,推张凤翙为大统领(后改称都督),张云山为副。张凤翙原是日知会会员,时任陕西新军参谋官;张云山系哥老会首领,1900 年唐才常起事武汉时,曾约他同时发动。据张奚若《辛亥革命回忆录》说,陕西独立后,"所有要位都在不识字的哥老会手上",可见会党是光复陕西的重要力量。由于清军分由甘肃与河南进攻,加上防营构乱,起义后的陕西一度陷入混乱状态,到南北和议在上海举行时,战事才平息下来。

武昌起义,长江流域受到震动。10 月 23 日,驻防九江的新军五十三标军士拥标统马毓宝起义,成立中华民国驻浔军政分府,并攻下沿江的湖口、马当两要塞,阻击清军从长江下游的接济与增援,对武昌革命形势的发展有很大帮助。九江举事后八天(10 月 31 日),南昌新军继起,所有城守巡防水师各军,概悬白旗,手扎白布,示不反抗,南昌就是这样不经战斗地"和平"光复了。他们推举巡抚冯汝骙为都督,冯穿着清朝公服到会以死辞,乃改推新军协统余介璋为都督。复有彭程万其人,伪称孙文、黄兴已在海外开会,委他为江西都督,余因解职,彭于 11 月 12 日接事。马毓宝电省诘责,彭不能自安,至 21 日以辞职了事,于是马毓宝做了江西全省的都督。一直到同盟会会员李烈钧自安徽率兵返省就都督职,江西的政局才算稳定下来。

山西与陕西接壤,陕西光复后,山西巡抚陆锺琦决将新军调驻潼关,以免革命势力波及山西。当时发给子弹粮饷,准备开拔,军中革命党人乘机鼓动。10月29日,组织敢死队500人,以50名攻巡抚衙门,以450名攻防营,杀陆锺琦等官吏,推新军协统阎锡山为山西都督。此后山西人民就被这个恶魔统治了数十年。

云南方面,自1908年河口之役后,革命党人相继入滇活动,在新军中早有基础。10月27日,同盟会会员张文光起义腾越,克复永昌、龙陵等地。清云贵总督李经羲虑省城新军不稳,欲以先发制人的手段,下令收回新军枪械,并将调走不可靠的新军军官。同盟会会员李根源时任讲武堂监督,早与新军协统蔡锷(松坡)、标统罗佩金以及各营统带唐继尧等有所联系,遂于10月30日举义昆明。由蔡锷、李根源率领起义军分向预定目标进攻,经当晚和31日上午的激烈战斗,占领总督衙门、军械局等重要机关,昆明克复,成立军政府,推蔡锷为都督。戊戌维新时,蔡锷在长沙时务学堂学习,因与梁启超为师生关系,这是他与改良派的渊源。旋留学日本士官学校,曾为日知会会员,参加过华兴会的活动,他是辛亥革命后重要人物之一。昆明起义之夜,李经羲逃匿,"次日蔡、李与谘议局议长张惟聪、段宇清等往见之,时三人跪地,抱头大哭,乃入居谘议局,步行过市,锷参左手,根参右手,经羲面上泪痕未干,人民观者如堵……经羲存同庆丰银四万余两(滇民脂膏——引者),临行,政府批准交经羲带回,作养老资。政府另送银五千元,全眷车费,均由公备,乃至河口,不经政府允许,又由副督办许九畹处,携取公款三千元"[1]。革命党人对封建官僚这样的优遇,正说明他们与封建势力有不可分割的关系。

---

[1] 孙种因:《重九战记》。

上海是革命党人活动最早、展开革命宣传最力的地区,也是同盟会中部总部的所在地,当武昌起义时,革命党人即驰往江、浙所属各地策动响应,均主张以上海先发动为宜。11月3日,李燮和、陈其美等组织同志,联合部分军警起事,进攻制造局、警察局等军事性机关,次日占领上海,陈其美任沪军都督,李平书为民政长。上海起事的同日,吴淞军、警、商、学各界集议,决定独立,4日即悬白旗,吴淞遂告光复,成立军政府分府,以光复会的李燮和为都督。上海起事的消息迅速传到了苏州,苏州绅商害怕发生革命战争,影响他们的商业和财产,因由民团绅董、商会总理晋见江苏巡抚程德全,请他保全"地方治安"。苏州即于4日宣布独立,程德全由江苏巡抚一变而为江苏都督,张謇任民政长,他们希望"上下无不洽之情",以继续稳定自己在江苏的统治地位。11月6日,松江宣布独立,钮永建为军政长。11月7日,林述庆据镇江独立为都督。此外靖江光复后,以蒋雁行为江北都督。江苏境内虽在11月初都已纷纷起事,出现了不少的都督,可是南京仍被清两江总督张人骏、江宁将军铁良、提督张勋盘踞。

　　浙江方面,由于光复会的活动,革命势力酝酿甚早,但自徐锡麟、秋瑾事败后,浙江革命力量的发展遭受重大打击而中止。1909年,吕公望积极进行活动,联络旧日革命党人朱瑞等,并加强对新军策动的工作。及上海于11月3日起义,即派敢死队至杭州,革命党人遂于11月4日发动新军起义,逮捕浙江巡抚增韫(后赠路费5 000元,遣送上海),围攻满营,协议缴械,成立浙江军政府,推立宪党人汤寿潜为都督。

　　革命党人原在贵州组织了自治会,创办《西南日报》,宣传革命。所以贵州虽地处偏远,而武昌起义的消息传到后,革命党人张百麟、黄泽霖即于11月4日会同新军与陆军学生起事于贵阳,以新军教练官杨荩诚为都督。唯立宪党人任可澄原与自治学会为敌,此时招兴义县团绅刘显世带领团练(地主武装)入省。不久,刘煽动巡防队作乱,赶走张百麟、黄泽霖,都督杨荩诚辞职,刘显世又杀继任都督赵纯诚(原副都督),夺取都督职位,此后刘显世成为西南重要军阀之一。

安庆新军也于10月30日起事,后因巡抚朱家宝实行镇压,被缴械遣散,朱家宝并杀革命党人吴春阳。11月5日,革命党人与被遣散的新军聚集皖北起事,光复寿州。11月8日,整个形势发生激变,安庆谘议局也宣布独立,强请朱家宝为都督。纷扰月余,朱不支离皖,乃由同盟会孙毓筠、柏文蔚相继为都督。

广西在湖南和云南先后起事的影响下,11月6日始由谘议局议决与清朝政府脱离关系,"恭请沈都督(巡抚沈秉堃)宣布独立",布政使王芝祥、提督陆荣廷为副都督。仅十余日,陆荣廷撵走沈秉堃,自任都督,此后陆逐渐取得两广军阀首脑的地位。

自黄花岗之役失败,群集广州的党人纷赴港、澳与内地,以此革命势力最活跃的广州,此时反较沉寂。到11月8、9两日,广东绅商始相继集于总商会与谘议局,宣布独立,悬旗成立新政府,以两广总督张鸣岐为都督,龙济光为副都督。他们"下令各警局各营队,遇有真正革党,如非扰民,不许妄拿"[1],实际上是禁止革命党人活动。可是南海、顺德、三水、番禺各县革命党人已发动,东江等地的革命军并向广州推进,张鸣岐乃卷款逃往香港。胡汉民由港返省为都督。

11月初,福建革命党人已议立新政府,致书闽督松寿和将军朴寿,要他们交回政权,解除旗兵武装。朴寿不纳,严整军备以待。同盟会许崇智(新军协统)因任革命军总司令,11月9日进攻清营,松

---

[1] 曹亚伯:《武昌革命真史》。

寿自尽,11月10日再战,朴寿被杀,福州克复,推新军第十镇统制孙道仁为都督。

在各省群起响应革命的影响下,山东革命党人与绅商商议独立。11月11日,在济南设保安会,以巡抚孙宝琦为都督。孙与袁世凯暗通,当革命军在武汉受挫时,他又取消独立的名义。但是烟台已于此时起义,革命党人于济南取消独立后又纷向省城外各县活动,续有宣布独立的。

四川的争路风潮本来闹得最激烈,而宣布独立却比他省晚。因为保路同志会的立宪党人反对铁路国有,也反对革命。在他们的挟持下,已发展为武装斗争的铁路风潮,却没有扩大为席卷四川的独立运动。直到武昌起义后40余日(11月22日),同盟会张培爵、杨沧白、石青阳、谢持等始联络新军夏之时起事重庆,成立蜀军军政府,推张培爵、夏之时为正副都督。11月27日,成都宣布独立,拥谘议局议长蒲殿俊、新军统制朱庆澜为正副都督。他们下令准许新旧各军自由活动10天,沿街抢劫,酿成兵变;蒲、朱走避,陆军小学总办尹昌衡起兵镇压,夺都督位,并于12月23日杀赵尔丰于成都。

清朝政府原派提督萨镇冰调集兵舰于武汉,自九江、上海、镇江等地相继举义,沿江重镇皆为革命军所有,海军遂陆续归附革命。

从10月10日到11月底,为时仅一个多月,全国绝大多数省份都宣布与清朝政府脱离关系,就是东三省也以保安会的名义宣布脱离清朝政府,只有河北、河南、甘肃等省尚为清朝政府所控制,而河北滦州、河南开封在11月间也发生过起义的事。事变发展是这样的迅速,当然全国沸腾的革命高潮是主要因素,然而新军起义与立宪党人附和革命,也是促使事变迅速发展的原因。

各省新军多数来自破产的农民与手工业者,他们本来就有反抗封建统治的要求，同时投入新军的革命党人向他们秘密宣传革命，因此新军成为武昌起义和各省响应的基本队伍。清朝政府知道新军随时可能发生问题，想竭力防止，防止的手段是不发给枪械子弹，并企图加以解散。但到武昌起义爆发，各省纷纷响应，那些总督、巡抚们为了镇压革命，不能不出动军队，又不能不发给他们枪械子弹，于是新军便乘机起事，如山西、陕西就是如此。有的省份想以"曲突徙薪"的办法把新军调赴外县解散，就更促使这些新军提前发难，如湖南、安徽、云南等省就是如此。清朝政府编练新军原想用来巩固自己的统治，至此大部分新军却成了面对面的敌人。新军的起义无疑是加速了清朝政府的崩溃，然而革命党没有自己的武装，只是依靠运动新军起义来取得胜利，这样就不可能具有坚强的持久的革命战斗力量。

革命爆发，各地的立宪党人与绅商害怕激烈的持久的革命斗争，眼见清朝政府的颠覆已成为事实，便见风转舵地附和革命，而且抢先一步向革命投机，如江苏、贵州、广西、广东的独立，都是谘议局和督抚会商进行的。江苏只在巡抚衙门换上军政府的招牌，连居民皆未知悉，就算是革了命；贵州官界除巡抚沈瑜庆外，一律仍旧。鲁迅写光复后的绍兴说："满眼是白旗。然而貌虽如此，内骨子是依旧的，因而还有几个旧乡绅所组织的军政府，什么铁路股东是行政司长，钱店掌柜是军械司长……"[1]当时革命党人把这种协议分赃的形式看成是使革命成功的捷径，实际上做了立宪党人与封建官僚的尾巴。

由于这些事实造成的廉价胜利，各省独立后的政权也就与武昌一样，军政府的都督不是原来的巡抚、统制、协统，就是立宪派的谘议局议长，旧人物掌握新政权，他们要维持社会秩序，害怕社会的剧烈

---

[1]《鲁迅全集》(2)，第423页。

变革。毛泽东同志说:"国民革命需要一个大的农村变动。辛亥革命没有这个变动,所以失败了。"[1]

三、清朝政府的最后挣扎

当武昌起义的消息传到北京,清朝政府满想调动大军扑灭这已经燃烧起来的革命火焰,希望"弭患于初萌,定乱于俄顷",但他们也知道"此次革党、叛兵互相勾结,意图大举,殊非寻常草寇可比"[2]。一面宣旨"瑞澂着即革职,仍留署鄂督,责成迅将省城克复",要他"带罪图功";一面派陆军大臣荫昌率北洋军两镇乘京汉铁路火车南下,并命令海军和长江水师赴援,河南巡抚宝棻也派豫军出动了。

武昌起义后,汉阳、汉口相继克复,清朝政府越发震惊,而北洋军的将领多为袁世凯的爪牙,荫昌指挥不动,清朝政府只好起用曾经免职的袁世凯,10月14日发表他为湖广总督,又发表岑春煊为四川总督,要他们"督办剿抚事宜",当日又命所有在湖北的军队及各路援军,均归袁世凯调遣。可是袁想乘机攫取更大的权位,以"足疾未痊"为辞,当北洋军将领之一的冯国璋出发,路过彰德向袁世凯请示时,袁要他"慢慢走,等等看"。就在10月16日,革命军与张彪残余部队及豫军激战于汉口附近的刘家庙,大败清军,击翻刚从京汉铁路开到所载援兵的火车一列,清军溃退至京汉铁路三道桥,此后多日两军相持于三道桥的两端。

当武汉形势紧张时,瑞澂约请各国领事调兵船至武汉,倘革命党起事,即开炮轰击,德、英、日等国领事都答应了。武昌起义的晚上,

---

[1] 《毛泽东选集》第1卷,第17页。
[2] 《近代史资料》1954年第1期,第57页。

各国领事开会将实行武装干涉,因帝国主义间的矛盾,俄、法领事反对而被搁置,他们观望了一个星期,到了10月17日,驻汉口的英、俄、法、德、日领事团派英人盘恩照会武昌军政府,表示他们"严守中立"。因为帝国主义者看到清朝政府前途暗淡,正别有用心地打算扶植适合它们要求的另一反动势力。

窃国大盗袁世凯就是帝国主义所要扶植起来,以代表封建地主和买办资产阶级的反动头子。他凭借小站练兵搞起来的"新建陆军"作资本,以出卖戊戌维新和镇压义和团赢得了国内外反动派的青睐和倚重。李鸿章临死前向西太后保荐他为自己的接替人,说是"环顾宇内人才,无出袁世凯右者"。西太后死后,他虽然一时被载沣挤下了台,可是他的反动地位和手段,仍是国内外反动派所注目的,特别是他与北洋军队的关系支持了他。当武昌的炮火震撼得清王朝摇摇欲坠时,帝国主义就大肆吹嘘"非袁不能收拾","皇族内阁"的总理奕劻写信要他出来"挽回危局",徐世昌(内阁协理大臣)、荫昌更亲到彰德劝驾,显然要袁世凯出来指挥北洋军绞杀革命,已成为国内外反动派的共同阴谋。袁世凯为了拿稳和扩大自己的权势,借此向清朝政府提出了六项重要条件:(一)明年即开国会;(二)组织责任内阁;(三)宽容参与此次事变之人;(四)解除党禁;(五)须委以水陆各军及关于军队编制的全权;(六)须予以十分充足之军费。这些条件的用意是很明显的,前四项是麻痹革命党人、拉拢立宪党人的伎俩,后两项是向清朝政府抓住军权、财权以建立自己的基础,当然所谓组织"责任内阁"也是他向清室夺取政权的手段。载沣对这些转移皇室权力的条件尚在踌躇中,而湖南、陕西及九江相继起义,革命火焰扩大了,迟至10月27日只好下令召回荫昌,派袁世凯为钦差大臣,节制各军,以袁的两个重要爪牙冯国璋指挥第一军,段祺瑞指挥第二军。

就在授袁为钦差大臣的同一天,资政院的立宪党人提出取消亲贵内阁的上奏案来,驻在滦州的新军第二十镇统制张绍曾、协统蓝天蔚等人,又于10月28日提出"于本年内召集国会"等十二条要求来,并约同驻保定新军第六镇统制吴禄贞做军事行动的准备。吴禄贞是同盟会会员,曾留学日本学习军事,因有机会参加军队的工作,成为北方新军的重要革命力量。就在10月28日,山西也宣布独立了,清朝统治者已处于风声鹤唳中,他们的巢穴随时有被颠覆的可能,因此想通过向立宪党人与袁世凯的再让步来对付革命。即日下谕取消现行内阁章程,解除党禁,释放汪精卫等人,下"罪己诏",说些"政地多用亲贵则显戾宪章,路事朦于金壬则动违舆论"自打嘴巴的话。以奕劻领头的"皇族内阁"于11月1日辞职了,次日即任命袁世凯为内阁总理大臣。颁布了《宪法十九信条》,承认"皇帝之权以宪法所规定者为限",承认国会有制宪、改宪、选举内阁总理大臣、宣战、媾和及决定财政等大权,消减了钦定《宪法大纲》中的皇权,他们的目的,是想使用这种"以退为进"的手段来保全他们"万世一系之皇基"。

在"皇族内阁"取消、内阁总理大臣的任命发表后,清朝政府满足了袁世凯的要求,袁世凯就加紧在京汉铁路沿线部署反革命的军事,想重重地打击革命以取得清朝皇族的信任。此时听说载沣将带着儿皇帝逃跑,他又怕失掉了一个向革命讨价的工具,立电严切谏阻,要清朝皇族以镇静的态度来镇压革命。11月13日,他率领卫队北上,11月16日履任内阁总理大臣,内阁名单除了他的亲信外,还摆上了立宪党人张謇(农商部大臣)、梁启超(法部副大臣)两人充作花瓶,但他们没有到任。至此清朝政府在华北的政权事实上已成为袁世凯的政权,他希望"各党爱国者牺牲其政策,扶助我(袁)之目的",他的目的是什么？就是以帝国主义为靠山，以立宪派与清朝皇室作工具，来造成他窃取革命果实的条件。

四、中华民国临时政府的成立

当武昌起义和各省迅速响应后，11月初，全国三分之二以上的地区已从清朝的统治下分裂出来，客观形势要求有一个统一领导的机构，作为革命的领导中心，事实上当时已出现了两个中心：一是所谓首义地区的武汉，一是同盟会中部总部所在地的上海。两地都在酝酿组织中央政府，争夺领导权。武昌方面于11月9日由黎元洪发出通电，请已经宣布独立的各省速派代表至鄂会商组织临时中央政府；上海方面也于11月11日由汤寿潜、程德全发起，征得陈其美的同意，联电独立各省，请派代表集议上海，提出各省代表由旧谘议局与现时都督府各派代表一人的意见。并提集会讨论大纲三条：（一）公认外交代表；（二）对于军事进行之联络方法；（三）对于清朝皇室之处置。11月15日，聚集上海的各省代表开会，定名为各省都督代表联合会，会所设上海，推曾经担任过清朝政府外交官吏的伍廷芳、温宗尧两人为外交代表，承认武昌军政府为民国中央政府，以鄂军都督执行中央政务。上海比武昌抢先了一步，武昌表示不满，认为既承认武昌军政府为中央政府，代表会就应在武昌召开，因派陶凤集等赴沪力争。11月24日，聚会上海的代表决议接受武昌方面的意见，各省代表一人留沪保持对外联络，组织临时政府问题改在武昌开会讨论。上海与武昌的争议虽然暂时获得了协议，但是一部分代表留上海，一部分到达武昌，还是保持着两个集团的形式。

在此时期内，革命军大败清兵于刘家庙，两军相持多日，至11月初在汉口展开了激烈的争夺战，北洋军不断增援，而袁世凯相继被任为钦差大臣和内阁总理大臣后,他命令北洋军以全力打击革命。革命军多为新募队伍,缺乏战斗经验,死伤甚大,11月12日汉口全陷入北洋军的烧杀抢劫中,造成人民财产的重大损失。革命军遂被迫退至汉阳,沿襄河布防,战斗至11月27日,汉阳又被攻陷,武昌全城在北洋军炮火的袭击下。由于各省的纷纷响应支持了武昌,由上海到达武昌的代表们乃改在汉口英租界的顺昌洋行开会,推谭人凤为议长。

从11月30日到12月4日的五天内,代表会议制定了《中华民国临时政府组织大纲》二十一条。代表们没有讨论如何调集力量来消灭正在猖狂进攻的反革命力量,更不讨论如何进一步明确革命的策略与任务,只斤斤计较大总统、参议院及行政部门的组织,显出他们那种"见猎心喜"的情绪。而且这个组织大纲中规定参议院以各省都督所派参议员组织,这样就使得组织大纲的本身和后来依据组织大纲所产生的临时政府,没有群众基础。此外他们还议决,如袁世凯反正,当公推为大总统。这样就更暴露出了这些代表的封建性和买办性,也同样说明了资产阶级的行径是与封建阶级、买办阶级相结合的。

当各省代表在汉口开会而武昌正处于北洋军猛攻的危急形势中,苏浙联军于12月2日攻克南京。武昌起义时,驻南京的第九镇统制徐绍桢以全镇新兵(约万人)起而响应,为张勋击溃。其时浙江已光复,徐电浙乞援,浙江军政府由朱瑞、吕公望组织援军3 000余人,于11月12日开拔赴援,成为苏浙联军,以徐绍桢为总司令。南京的克复,吕公望策划浙军的战绩最大,把坚决反抗革命的张勋、铁良赶走了,同时摧毁了清军在长江下游最后的一个重要据点。这个胜利消息传到武汉,代表们决议以南京为临时政府所在地,并定于一周之内赴南京开会,俟有十省代表到齐即选举临时大总统。当武昌危急、南京光复的时候,陈其美即于12月4日会同汤寿潜、程德全邀集各省留沪的联络代表举行会议,认为武汉代表会已失去了组织临时政府的条件,为使上海方面取得领导地位,当场决定以南京为临时政府所在地,举黄兴为大元帅,黎元洪为副元帅,由大元帅组织临时政府。黎元洪及代表武汉方面的人员表示反对,只承认以南京为临时政府所在地。12月10日,沪、鄂两地的代表均达南京,定16日开会选举临时大总统。浙江代表陈毅忽传来武昌的消息,说是袁世凯的代表唐绍仪到武昌晤黎元洪,已表示赞同共和。于是决定缓举大总统,虚位以待袁的反正,暂时承认沪方所举的大元帅与副元帅。并议决于临时政府组织大纲中追加一条:临时大总统未举定以前,其职权由大元帅暂领。苏浙联军总司令徐绍桢新克南京有功,指责黄兴指挥武汉战事的失败,代表们又改推黎元洪为大元帅,黄副之。时黎尚在武汉,黄坚持不愿就职。由于沪、鄂两方争执权位,而黎、黄两人声势又不相上下,因此临时政府一时陷于难产。

  12月25日,孙中山从海外回到上海,这带给了大家一阵兴奋,组织中央政府的僵局随着打开。12月29日在南京开临时大总统选举会,到17省代表,每省1票,奔走革命多年的孙中山以16票当选为临时大总统。宣布改用阳历,即以1912年为民国元年。元旦的那天,孙中山由上海到南京宣誓就临时大总统职,宣誓"以忠于国,为众服务"。1月3日,复推黎元洪为副总统。1月28日,并将各省代表会议改为临时参议院,由各省都督府所派代表组成,每省3人。于是资产阶级、小资产阶级的革命派以及军阀、官僚、立宪党人联合组织的民国政府告成。这个政府中,资产阶级、小资产阶级革命派的代表人物虽居于领导地位,但是旧军人、旧官僚如黎元洪、程德全(内政总长)和立宪党人张謇(实业总长)、汤寿潜(交通总长)等,都充当重要角色。而作为这个政府立法机关的参议院,是由各省都督府指派的代表组成的,大都不是官僚政客就是立宪党人,因此大大削弱了这个革命政权的战斗性。

南京临时政府的成立,是二十年来反抗清朝封建专制的资产阶级民主革命斗争的成果。因为这个政权的自身摆脱不了封建势力、帝国主义的束缚,所以一开始就处于极不稳定的地位。这首先表现于财政上的枯竭,各省赋税归各省把持,解到南京的很少,孙中山想统一财政,但为地方势力所反对,南方各省的海关收入又全为帝国主义所扣留,以表示它们的"中立"。参议院曾议决发行公债 1 亿元,才募得 600 万元,立宪党人就公开叫嚣"勿扰商"。这一事实说明封建势力与帝国主义联合打击革命的一面,而由于资产阶级领导的南京政府本身的软弱,决定了资产阶级领导的民主革命不能取得胜利。它没有发动群众通过社会斗争来对付封建势力,自己反被封建势力所包围。1 月 5 日临时政府发布的对外宣言,又承认清朝政府对帝国主义的借款、赔款以及帝国主义在中国取得的一切特权,企图以妥协的态度求得帝国主义的"中立"。事实上在汉口、汉阳的争夺战中,帝国主义者始终没有放弃对清军的实际支援。参与反革命战事的欧阳萼于 11 月 20 日写给袁世凯的信中说:"幸遇旧识之德员延兴阿君,先借现银五万两,暂资开办,向相识之瑞记洋行定购煤一千吨、米二万包、面粉四万包,马料柴草俱全。并租小艇四艘、拖驳四只,常川转运。遴派洋员,以资侦探,倩丹国人另设电局,借通消息,此 15 日前所筹办之事也。"[1]他们对所谓"持中立之态"的帝国主义,根本缺乏

---

[1] 《近代史资料》1954 年第 1 期,第 78 页。

认识，还曾寄希望于向外国借款来解决财政上的困难，结果是一次也没有借到。这些都显示着资产阶级领导的南京临时政府对帝国主义的依赖性，缺乏独立自主斗争的基础和勇气。

南京临时政府虽然有许多缺点，虽然一开始就处于不稳定的状态，可是它是中国历史上第一个资产阶级共和国的政府，不仅给独立各省树立了共同的旗帜，也宣布了封建帝王专制制度的死刑，使留恋北京皇宫的清朝皇帝只有退位的一条路，这是南京临时政府成立的伟大历史作用。

第五章　反革命的进攻与革命的取消

南京临时政府成立后,立宪派与投机分子伪装革命从内部破坏革命,帝国主义扶植下的封建军阀则从外面进攻革命,软弱的革命政权在内外敌人的夹击下,一步一步丧失了革命的战斗力,向反革命妥协。

辛亥革命时期的两个代表人物,一个是资产阶级、小资产阶级民主革命派的领导者——孙中山,一个是大军阀、大买办的代理人——袁世凯。在革命与反革命的激烈斗争中,前者为实现资产阶级的民主革命作了多方面的努力,但终于抵挡不住反动势力的包围;后者积累了丰富的反动政治经验,以恶毒的手腕玩弄和欺骗革命。这是在恶势力笼罩下的旧中国的阶级力量对比的反映。

因此,清朝政府虽然倒下去,革命政权也并没有建立起来,而是帝国主义以偷天换日的手法支持另一反动势力代替了清朝,窃取了革命果实。当清朝儿皇帝在北京逊位后,孙中山便在南京辞临时大总统职,清朝王朝与革命政权同时终结,大军阀的独裁政权"统一"了南北。

如果说中国的政治面貌在辛亥革命后与辛亥革命前有所不同的

话,那就是除了清朝封建统治已由军阀的反动统治代替以外,还挂着一块若存若亡的"民国"招牌。

一、袁世凯对革命的"打"和"拉"

当清朝政府要起用袁世凯的时候,袁一面向清朝政府要挟,以期达到"取而代之"的目的;一面派人四处活动,破坏革命。武昌方面听到袁世凯已接受钦差大臣的任命,竟忘记了他是出卖戊戌维新运动的罪魁,仅从袁是汉人的狭隘观念出发,以湖北人民的名义写信给他,要他"回旗北向,犁廷扫庬"[1],甚至说"汉族之华盛顿,惟阁下之是望"。狡猾的袁世凯,从这封信里已意识到自己此时所处的地位,不唯是清朝政府的"重臣",也成了革命争取的对象。他依靠帝国主义撑腰,而以地主和买办阶级为基础,针对革命的弱点,以"打"和"拉"的方式向革命进攻,"打"使革命让步,"拉"以松懈革命的斗志。

10月下旬,袁世凯命令冯国璋指挥北洋军猛攻汉口,连日大胜,10月29日,袁世凯又通过幕僚刘承恩到武汉活动。刘以乡谊写信给黎元洪,申述清朝政府已宣布:(一)下"罪己诏";(二)"实行立宪";(三)赦党人;(四)皇族不问政事。希望"和平了结"。又伪装同情革命的口吻说:"且看政府行为如何,可则竭力整顿,否则再行设策以谋之。"此时清朝政府正想软化革命,要袁世凯所统各军,停止进攻。到11月10日,袁世凯又派刘承恩、蔡承干为代表,经汉口英国领事出面介绍,渡江至武昌试探和谈。武昌军政府人员对此持两种态度:一种主张不妨一谈,一种反对与之谈判。11日下午,军政府首要人员终于接见了他们;他们说"按中国国情",只有"实行君主立

---

[1] 杨敦颐:《满夷猾夏始末记》第8编。

宪",要求武昌方面放弃革命,"两军即可息战"。革命党人虽然拒绝了这种和谈,要他们转请袁世凯"返旗北向",可是黎元洪和一部分人已认袁世凯为"最有声望,最有能力之人……系汉族及中国之存亡"[1]。就在这个和平攻势中,北洋军于11日晚窜入汉口市,纵火焚烧,第二天就占据了已光复将一月的汉口。同时这一和平攻势,对革命内部也起了离间和涣散的作用,而且波及其他起义省区。黄兴为此向军中提出警告说:"现袁已派心腹多名,分道驰往各省,发布传单,演说惑众,冀离间我同胞之心,涣散我已成之势……"[2]

袁世凯在进行"和平了结"骗局的同时,更加紧武力进攻,集中兵力3万人,配合机枪重炮,于11月27日攻陷汉阳后,架炮龟山轰击武昌城,武昌人心惶惶,纷纷迁徙。革命军总司令黄兴以汉口、汉阳相继败退,意气沮丧,主张放弃武昌,集兵攻进南京,然后组织精军北伐;武昌起义人主张死守待援,反对放弃,黄兴遂负气离鄂去沪。黎元洪则已先期在离武昌90里的葛店布置,准备逃跑,为坚主保守武昌的党人所阻。延至12月1日,汉阳敌炮直射都督府,黎元洪潜出宾阳门,止于王家店,革命党人恐动摇军心,请他回城,黎坚不允可,想往葛店,被党人监视。武汉战役,黄兴不能坚持战斗,致使革命内部处于瘫痪的状态,恰恰便利了反革命的进攻。

北洋军虽然在武汉获得了胜利,但是全国的革命形势继续发展,特别是南京已被革命军占领。此时袁世凯知道虽可以用武力压迫革命军妥协,但不可能用武力消灭革命,而且再要把革命军打败的话,就会影响到自己进一步向清朝政府夺取政权的有利形势。因此连发

---

[1] 《黎元洪致袁世凯书》,转引自杨敦颐:《满夷猾夏始末记》第8编。
[2] 《辛亥革命武昌首义记》。

急电七通要冯国璋停止进攻,甚至怕冯国璋贪功坏了他的好事,又派另一个爪牙段芝贵到湖北代替冯国璋负责。帝国主义者亦以提携袁世凯压迫革命党妥协的时机已成熟,早在11月15日,英国外相给驻华公使朱尔典的复电说:"我们对袁世凯已发生了极友好的感情和崇敬。我们愿意看到一个足够有力的政府可以不偏地处理对外关系,维持国内秩序及革命后在华贸易的有利环境。这样的政府将要得到我们所能给予的一切外交援助。"至此,朱尔典便公开要求驻汉口英领事葛福联络德、美、俄、法等国领事出面干涉,绞杀革命。12月1日,英领事馆派英商盘恩至武昌洪山司令部,建议停战三日,军政府孙武、蒋翊武、吴兆麟等将领同意了这个建议。自12月3日起,武汉地区局部停战成立,黎元洪在王家店听到停战的消息,竟"喜出望外"。三日期满,续停战三日,袁世凯又提出续停战十五日的条件。因此革命战争在12月初旬,就成为基本结束的形势。

由于革命方面内部不稳定,没有形成统一领导的力量,有些人迷信袁世凯的地位与武力,害怕长期斗争,只想采取和平的妥协的方法迅速取得胜利,因此他们就没有看到袁世凯所处环境不利的一面。例如当时北洋军集中京汉线,而驻扎北京外围滦州的新军第二十镇统制张绍曾、协统蓝天蔚,在10月末提出了强硬的立宪要求,并与第六镇统制吴禄贞取得联系,准备起义,这种情形,早已威胁着清朝政府的巢穴和袁世凯的地盘;11月2日,南京光复,革命军已握北进的有利形势,而且北洋军兵饷已发生严重困难。所以停战谈判就完全便利了袁世凯抽调兵力防制和镇压北方的革命力量,以保持清朝政府在华北的地盘,而华北正是他据以反抗革命的基地。袁世凯害怕革命势力动摇他的基地,在向武汉展开武力与和平攻势的同时,又剥夺吴禄贞驻保定第六镇的兵柄,要他出任已经起义的山西的巡抚。

吴进抵石家庄,谋起事益急,为袁预先布置的凶手暗杀。所以"数月之间,我北方同志,被其暗杀、暗戮的不知凡几"[1],吴禄贞只是其中最著的一个。利用革命党对付清朝政府,又留着清朝政府对付革命党,这是袁世凯两面开弓两面拉拢的妙用。他给冯国璋的电文曾说:"不得汉阳,不足以夺革命之气;不失南京,不足以寒清廷之胆。"[2]对革命一"打"一"拉",就是袁世凯窃取革命果实的狡猾手段,也由于革命党人不坚强,他的"打"和"拉"才能发生作用。

二、革命向反革命妥协的南北和议

在停战的日子里,革命逐渐向反革命妥协,帝国主义干涉下的南北和议正式开始。

12月11日,代表清朝政府(实际代表袁世凯)的唐绍仪到了汉口。经幕后人英国领事的串通,过江至武昌见了从城外逃亡回来的黎元洪,接洽谈判。各国领事希望在上海开议,有便于他们的操纵;同时官僚、买办、投机政客都麇集上海,沪、鄂双方共认的外交代表伍廷芳也一时不能到武汉来,所以和谈地点改在上海。

12月18日,唐绍仪与伍廷芳开始进行谈判。伍廷芳代表宣布独立的各省,提出和议条件四项:(一)废除清朝政府;(二)建立共和政府;(三)优给清帝岁俸;(四)以人道主义待满人。另外议定只要袁世凯协同推翻清朝,即举他为大总统。唐绍仪表面上主张君主立宪,实际他的使命是用和谈为手段,以大总统的权位为交换条件,使袁世凯逼清帝退位;至于君主立宪与民主共和的争执,只是形式上的

---

[1] 胡鄂公:《辛亥革命北方实录》。
[2] 《黎黄陂轶事》。

问题罢了。这个重大的形式问题,他们究竟不能处决,最后(12月30日)协商由各省代表组织国民会议来解决。约定国民会议的选举办法,每省及蒙古、西藏各为一处,每处选派代表三人,到齐四分之三以上代表即行开议;独立各省代表由南京临时政府召集,直隶、山东、河南、东三省、甘肃、新疆由清朝政府召集,实际是由袁世凯召集。谈判中,英国代表会同法、德、日、俄四国代表,访晤唐绍仪与伍廷芳,提出意见称:"英国政府认为中国目前斗争之继续存在,不惟足使中国本身抑且足使外人生命财产遭受严重之危险……认为有义务非正式唤起双方代表注意尽速建立和解,停止现行冲突之必要。"他们就是这样对谈判施展压力,促使革命方面赶快妥协。

大势已去的清朝政府,接到上述协商的决议后,经过御前会议的一番争论,不能不同意把自己的命运付之于不可知的国民会议。

这时,南京临时政府已经在组织中。虽然孙中山表示他是"暂时承乏,虚位以待之心,终可大白于将来",但袁世凯害怕这样的诺言不能兑现,遂借口唐绍仪越权,不承认和谈中的决议,声言"南北协约,以君主立宪为前提,而唐、伍两全权擅用共和政体,逾其职权。南人先组政府,公选大总统,有悖协约本旨"。唐绍仪因而辞职,并宣布加入同盟会。袁世凯还怕这个声明不能给革命党人以重大的压力,就在孙中山就任大总统的那天,嗾使北洋将校段祺瑞、冯国璋、段芝贵等40余人,联名通电主张维持君主立宪,宣称"若以少数意见采用共和政体,必誓死反抗"。

公开和谈决裂后,袁世凯与伍廷芳相互电争,一个要袁南下亲来谈判,一个要伍北上当面解决,当然袁绝不会南下,伍也没有北上。以后双方转入文电往来的交涉和幕后的秘密谈判,袁的亲信杨度和潜伏革命党中的叛徒汪精卫极力从中周旋。汪精卫于1910年在北京谋刺摄政王下狱,在南北停战议和声中获释,出狱后,深感清廷不杀之恩,并为袁世凯所收买,与其长子袁克定结为兄弟。此时他们的幕后谈判,抛弃了国民会议的问题,集中于清帝退位后的优待条件以及孙中山辞职袁世凯继任大总统的政治买卖上。1912年1月初,这些问题都已达成了协议。

当孙中山初从海外回到上海的时候,大不以和议为然,表示"革命的目的不达,无和议之可言"。可是他立刻被封建、买办势力所包围,一切旧势力还制造出一种"非袁莫属"的论调来打击他。帝国主义者更以实际行动来支持袁世凯,不但在政治上对革命党施以压力,而且"在中国有高等地位的欧洲人的文章,发表于本国报章的,都含有恶意,重袁轻孙"[1]。

革命党人本身的涣散,恰又给予反革命以进攻的便利。参加南北和谈的清朝官员许鼎霖北归时,报告南方不振,易于平定。事实上作为革命领导力量的同盟会,此时虽然还有些人主张以坚决态度对付袁世凯,认为"能用最多之铁血,方能解决最后之问题";可是同盟会此时已处于分化状态。早在1907年,陶成章等即与同盟会立异,成立光复会于南洋,遥戴章炳麟为首领。他们先后向孙中山进行了人身攻击,孙中山谈到这件事情说:"陶之志犹在巨款不得,乃行反噬。而章之欲,不过在数千不得,乃以罪人……以《民报》之编辑,为彼一人万世一系之帝统,故供应不周,则为莫大之罪,《民报》复刊,不以彼为编辑,则为伪《民报》……际此胡氛黑暗,党有内哄,诚为至艰危困苦之时代。"[2] 1910年春,光复会总部于东京成立,以章炳麟、陶

---

[1] 康德黎:《孙逸仙与新中国》。
[2] 《总理全集》。

成章为正副会长。孙中山虽呼吁大家"同心协力,以达共同之目的",终没有恢复合作的关系,然在国内的反满斗争中,尚能互相依恃。到武昌起义,光复会人叫嚣"革命军起,革命党消",章炳麟在1912年1月就正式宣布脱离同盟会,搞了一个中华革命联合会与同盟会公开对立。此外同盟会中部总部的王宠惠、马君武、于右任等,又与长江下游的预备立宪公会张謇组成了一个共和统一党。他们的宣言说:"法兰西阅世兴戎,美利坚八年血战,此可行之于曩世纪,不得通用于今日也。"又以"久乱不治斯干涉继之矣"的危言以阻挠革命的继续开展。同盟会另一部分会员与共进会、文学社的一些人及立宪党人,以湖北为中心组织民社,拥黎元洪为首领,进行争地盘争权势的活动。黎元洪在1912年2月给南京临时政府及各机关的电报说:"共和国立,革命军消。盖以破坏易而建设难,不如此,不足以致全国之俊杰而共救时艰。"[1]同盟会的组织本来就是资产阶级小资产阶级的急进派、资产阶级自由派和地主阶级反满派的松懈联盟,而武昌首义后的几个月中,一面是旧日同盟会逐渐分化,一面又有大批立宪党人和封建官僚渗透进来,他们被袁世凯的威力所迷惑,害怕扩大与延长武装斗争,希望从速"统一",以达到他们升官发财的愿望。

同盟会既处于帝国主义和封建军阀的威胁下,自身又趋于分解的危局,资产阶级、小资产阶级的革命派,不能发动广大群众坚持斗争,最后就只有牺牲革命的目的以成立"和局"。

三、袁世凯的逼宫与清帝退位

袁世凯把内阁总理大臣当作达到大总统的位置的跳板(后来又

---

[1] 曹亚伯:《武昌革命真史》。

以大总统当作到皇帝宝座的跳板），他主张君主立宪，只是他挟持清朝以抗革命的暂时行为，等到他从革命方面抓牢了大总统的位置，原来挟持的清朝皇室就已失去了作用。所以他在武昌起义时，要攫取清朝政府内阁总理大臣的位置；到南北和议时，他就坚辞清朝政府给他的侯爵，声明"与其孛恩于日后，何如沥陈于事先"[1]。当政府谈判的买卖已接近，袁世凯就进一步考虑如何实现逼宫的问题了。孙中山希望通过袁世凯的逼宫，以"不劳战争达到国民之志愿"；但事实的发展证明，这种侥幸的廉价胜利，不是"达成国民之志愿"，而是一步步达成了野心家袁世凯的志愿。

袁世凯在1912年1月间逐步推进他的逼宫预谋。首先把与南方交涉中提出的清室退位条件向奕劻透露。1月17、18日清室召集了两次御前会议，讨论退位问题，争执不下，没有结果。1月19日开第三次御前会议，袁世凯称病请假，派亲信赵秉钧、胡惟德、梁士诒三人参加。当那些王公大臣正在面面相觑中，赵秉钧代表袁世凯威吓说："革命声势甚强，各省响应，北方不足恃，袁总理欲设临时政府于天津，与彼开议，或和或战，再定办法。"[2]这个意见是欲使北京和南京政府同时取消，设立临时政府于天津以制造袁党的天下。满洲贵族看出了袁世凯的野心，他们声色俱厉地提出要维持君主立宪的体制，就是奕劻也变了腔调。尽管胡惟德说"北方无饷无械，孤危已甚"，梁士诒说"恐外国人责难"，满洲贵族们都不接受。以后几日的御前会议虽没有停止，但仍是在争吵和悲叹声中混过。

南京临时政府得到消息后，孙中山窥破袁氏的阴谋是"实欲使北

---

[1] 《宣统政纪》第69卷。
[2] 《清室让国始末记》，载《大公报·史学周刊》第12期。

京政府、民国政府并行解散,俾得以一人而独揽大权也"[1]。因由伍廷芳电袁提出四事表明态度:(一)清帝退位,放弃一切主权;(二)清帝不得干预临时政府组织之事;(三)临时政府地点须在南京;(四)袁世凯在孙总统解职以前,不得干预临时政府一切之事。

1月22日,孙中山又电告北京称:"文前此所云于清帝退位时,即辞临时大总统之职者,以袁世凯断绝清朝政府一切关系,而为中华民国之国民,斯乃可举袁为大总统也……袁若能与清政府断绝关系,为民国之国民,文当履行前言。"又附提五条具体办法:(一)清帝退位;(二)袁世凯宣布绝对赞成共和主义;(三)中山接到外交团或领事团通知清帝退位之后,即行辞职;(四)向参议院举袁为临时总统;(五)袁须誓守参议院所定之宪法,始能接受事权。在与袁世凯一脉相通的立宪党人、官僚政客以及革命党中动摇分子的包围下,孙中山不能挽回以和议终结革命的已成形势,就只有向袁世凯妥协。他怕袁世凯不相信他的诺言,将上述意见与条件又公开发表于报上。这样,袁世凯便可以摇身一变,由清朝的大臣而成为民国的大总统。

袁世凯看到了这些条件后,犹如吃了一颗定心丸,只要逼迫清帝退位,他自己就可"取而代之"。可是由于条件公布出来,满洲贵族如良弼、铁良等以袁不忠于清室,对袁都愤愤不平,前已酝酿的宗社党,至此活动起来,想迫袁世凯辞职另组内阁,准备对革命党作最后的一拼。良弼还没有拼,就给革命党人彭家珍炸死了,彭也因此牺牲。宗社党人吓破了胆,纷纷作鸟兽散,他们收拾平日掠获的财物逃出北京,投向天津、大连、青岛等地,托庇于帝国主义的势力下。这颗炸弹

---

[1] 白蕉:《袁世凯与中华民国》。

却给袁世凯的逼宫造成了条件,他乘着北京极端恐怖的气氛,即于1月27日指使他的喽罗——二十多天前誓死拥护君主立宪的段祺瑞等40余人,表示主张立采共和政体"以维大局",并声称要"带队入京"。1月29日,清室再召集御前会议,知大势已无可挽回,没有人再敢说硬话,准备"逊位全终,犹得优待"。袁世凯逼宫的预谋已招招实现,只待清帝最后退位了。

南北和议久已协议的清室优待条件,2月5日经南京临时参议院正式通过,主要项目如下:

  一、清帝逊位之后,其尊号仍存不废,以待遇外国君主之礼相待;

  二、清帝逊位之后,其岁用四百万元,由中华民国给付;

  三、清帝逊位之后,暂居宫禁,日后移居颐和园,侍卫照常留用;

  四、清帝逊位之后,其宗庙陵寝永远奉祀,由中华民国酌设卫队保护;

  五、对于清族的优待——王公世爵概仍其旧,免兵役之义务。

对满洲贵族这样的优待,正表现了革命派向封建势力无原则的妥协。南京临时政府把优待条件连同张謇起草的《清帝退位诏书》,电达袁世凯。2月12日,清室下诏退位。从满洲贵族统治中国的那天起,中国人民就开始了反满斗争,至此才结束了满洲贵族在中国268年的专制统治,也基本上推翻了两千余年来的封建帝制,这是辛亥革命最大的功绩。这一伟大功绩不是轻易获得的,是经过革命志士多年流血牺牲和人民群众不断斗争获得的;而孙中山和他的同志多年的不懈奋斗,与辛亥革命的这一伟大历史功绩是完全分不开的。然而在帝国主义和封建势力的扶植下,大军阀袁世凯窃取政权的有利形势已经造成,他在清帝退位诏书中加上:"袁世凯曾经资政院选举为总理大臣,当兹新旧代谢之际,宜有统一南北之方,即由袁世凯以全权组织临时共和政府与民国协商统一办法。"作为他日后组织政府"统一南北"的把柄,也无异说他的地位是得之于清帝的"禅让",而不必受革命的约束。

清帝退位的当天,袁世凯即以"临时政府首领"名义与各国公使建立外交关系。次日电告南京称"大清皇帝既明诏辞位,业经世凯署名,则宣布之日,为帝政之终局,即民国之始基",暗示这个"始基"无异是他一手造成的。又说"永不使君主政体,再行于中国"。他此时为欲取得大总统的地位,不能不表示此权宜的态度。

南京临时政府的首领们,得到清帝退位的消息,就当作是大功告成。2月13日,孙中山为履行前言,向参议院提出辞职,并称"此次清帝退位,南北统一,袁君之力实多;其发表政见,更为绝对赞同共和,举为总统,必能尽忠民国。且袁君富于经验,民国统一,赖有建设之才"。这是南京临时政府的一些上层人物和都督们的共同看法,孙中山在势之所趋的情况下,不能不举袁以代,当时同盟会内部甚至有人认为孙中山对袁世凯的一些防范是"恋栈"。2月15日,南京总统府举行庆贺南北统一、共和成立的典礼,参议院举行了临时大总统选举会,把共和政府交给了袁世凯。当天的选举,到17省代表,每省1票,袁世凯以17票当选为临时大总统,比孙中山当选时还多1票。参议院将选举结果通告各省,并向袁世凯报喜:"本日开临时大总统选举会,满场一致选定先生为临时大总统。查世界历史,选举大总统满场一致者,只华盛顿一人,公为再见。同人深幸公为世界之第二华盛顿,我中华民国之第一华盛顿。"2月20日,改选副总统,黎元洪连任。南北军阀合流,伟大的革命家孙中山被排斥了。不承认南京临时政府的美国,至此(2月29日)参众两院通过庆贺中国共和政府成立,为反革命的袁世凯撑腰。

四、争都、颁布约法与临时政府北迁

事态的发展,革命政权逐步向反革命手中转移。在袁世凯未正式就任大总统,孙中山仍执行大总统职务的短时期内,孙中山想确定南京为"民国"的首都,并制定约法作为"民国"的根本法。他以为将袁世凯调离老巢,加上约法的约束,就可以制服这个"野性难驯"的军阀了。可是袁世凯在借革命势力达到逼宫的目的,而大总统的名位又已确定后,就在计划如何夺取南方的政权,完成自己的"统一"了。

争都问题,在2月13日袁世凯电告清帝退位时,即已隐约地提出,他说"世凯极愿南行,畅领大教,共谋进行之法。只因北方秩序,不易维持,军旅如林,须加部署。而东北人心,未尽一致,稍一动摇,牵涉全国",为日后拒绝南下作根据。孙中山针对这一事实,在向参议院请辞临时大总统的咨文后面,即附提条件三项:

一、临时政府地点设于南京,为各省代表议定,不能更改;

二、辞职后,俟参议院举定新总统亲到南京受任之时,大总统及国务各员乃行辞职;

三、临时政府约法(时由参议院起草中)为参议院所制定,新总统必须遵守,颁布之一切法律章程,非经参议院改订,仍继续有效。

那批参议院议员竟为袁世凯不愿南下所制造的理由打动,本来他们之间的思想是一脉相通的。2月14日,他们开会讨论,提出"前经各省代表指定临时政府地点于南京,系因当时大江以北,尚在清军范围……今情势既异,自应因时制宜"。竟以20票对8票的多数,决定临时政府设于北京。由于孙中山的解释和坚持,2月15日开会复议,经过激烈争论,又以19票对7票的多数,决定临时政府仍设南京。孙中山、黄兴电促袁世凯南下就职,明白指出要他不要依清室的委任自重。袁世凯的复电,一面以"现在北方各省军队暨全蒙代表,皆以函电推举为临时大总统,清帝委任一层,无足再论";一面以他凭借的北洋军和帝国主义势力来威胁,说是"北方军民意见尚有纷驰,隐忧实繁……北京外交团向以凯离此为虑"。他看到南京临时政府的一些人和各省都督已成了他的应声虫,最后就要挟地说"与其孙大总统辞职,不如世凯退居"。

孙中山把袁世凯是否南下就职,看作一场严重的政治斗争,不顾袁的坚拒,仍派蔡元培、宋教仁、汪精卫、钮永建、魏宸组等为专使,前往北京迎袁南下。2月26、27日,蔡元培等到了北京,袁令开正阳门欢迎,前清惯例,非皇帝出入不得开正阳门。可是,袁世凯这时已在北京造成了一种"不愿袁南下"的紧张空气。专使们会见袁世凯,表示"临时政府在天津、北京均可,唯诣南京就职"。这种软弱的退让,并不能动摇袁世凯坚不南下的意志。他在表面上虽不拒绝,甚至与专使们交谈南下的路线,暗中却在布置军事阴谋。就在2月29日的晚上,北京城里突然发生兵变,放火行劫,通宵达旦,被祸商民达数千家。专使蔡元培等的寓舍也被侵入,几至遇害。这时驻扎北京城里的军队就是袁世凯亲信曹锟的第三镇。次日,通州、保定、天津的驻军也照样行动。北京外交团借口兵变,决议调集军队"保护",日本首先将山海关及南满驻军分调一千数百人来北京。国内外反动势力配合行动,造成了时局的严重性。当时南京临时政府陆军总长黄兴电请各省出兵靖难,袁世凯借口恐引起各国驻军的误会,阻止进行。段祺瑞、姜桂题、冯国璋等北洋军阀们又发出通电,主张"临时政府必应设于北京,大总统受任必难暂离京一步"。袁世凯却装模作样,说先请副总统黎元洪代表到南就职,半年后自己再南下。

在反革命软硬兼施的攻势下,专使蔡元培等入了袁的圈套,原以

"袁公当莅南京就临时大总统职,为法理上不可破灭之条件",至此竟以"机关就个人",赞成"个人凌驾机关之行动"。3月2日电达南京说:"速建统一政府,为今日最要问题,余尽可迁就,以定大局。"临时政府没有办法,电请黎元洪去南京,想移政府于武昌,黎没有去。事实上当时好些都督包括黎元洪在内,都是支持袁世凯的,所以孙中山、黄兴此时在南京政府内已趋于孤立。3月4日专使团开会,决定向南京建议,确定临时政府地点于北京,并推定宋教仁等和袁世凯指定的唐在礼、范源濂两人一同南下,商讨迁都、组阁等具体问题。南京参议院的资产阶级的政治代表们害怕分裂,害怕外国干涉,于3月6日作了如下的决议:允许袁世凯在北京就职,袁电参议院宣誓,宣誓电到后,即为授职告成,通告全国。北京是袁世凯的实力所在地,也是军阀官僚的巢穴,袁世凯和他的喽罗自然要以全力来保持他们的实力和巢穴。同时帝国主义者既决心支持袁世凯,也是保持它们从《辛丑条约》中所获得在京津一带驻军的特权,更不愿意放弃这种易于控制中国政府的地位。南京政府没有反抗他们的勇气和决心,就只有招招退让处处妥协。

辛亥革命退兵后的一战——争都,还是失败了。孙中山及与之站在一起的革命派仍寄希望于法律,想通过"伦比宪法"的《临时约法》来建立民国的法治基础。从2月7日到3月8日,以资产阶级立法、行政、司法三权分立的原则,参议院制定了七章五十六条的《临时约法》。这个《临时约法》具有资产阶级共和国宪法的性质,是有进步意义的。它规定了"中华民国之主权,属于国民全体"(第二条),也规定了人民有言论、出版、集会、结社、信教等自由(第六条),标志着辛亥革命推翻封建帝制的清朝政府后,正式以法律的形式规定国家政权的性质,从此使民主共和国的观念深入人心。同时这个《临时约法》,是在击退清朝政府的伪立宪和君主立宪派的条件下出现的,为了防制袁世凯专横,《临时约法》还设定"内阁制",想以内阁总理来牵制总统,是具有一定斗争意义的产物。然而辛亥革命是软弱的资产阶级革命,这个《临时约法》也就表现了资产阶级的软弱性格,它没有触动帝国主义、封建主义在中国的基础。所谓国家"属于国民全体",其中"国民"实际是有资产阶级文化程度的"国民",《众议院议员选举法》就规定人民的选举权与被选举权,都有资产、文化程度的种种限制。而在约法的第十五条中规定:"所载人民之权利,有认为增进公益,维持治安,或非常紧急必要时,得依法律限制之。"这样就成了剥夺人民权利的借口,后来北洋军阀和国民党的反动宪法都从这里找到依据。

在袁世凯看来,首都问题是他保持实力的关键,是必须争到底的。至于约法,为要早日登上大总统的座位,他可以暂时表示"谨守",因为实力是随时可以摧毁这一白纸写黑字的约法的。后来,他就任大总统不久,就抛弃了约法,当然他并不能摧毁和约法一同产生的民主共和国的观念。

1912年3月10日,袁世凯"胜利"地在北京就临时大总统职,电达南京参议院宣誓。声称"世凯深愿竭其能力,发扬共和之精神,涤荡专制之瑕秽,谨守宪法"。参议院复电说:"本院代表全国,欢呼迎祝而致之词曰:共和肇基,群治待理,仰公才望,畀以太阿。"授窃国大盗以"太阿",也就是"民国"的终局。袁世凯就职的当日,就下令前清诸法律,均有效通用。3月11日,孙中山在尚未解职中,正式公布参议院通过的《临时约法》。3月13日,袁世凯任命唐绍仪为国务总理,因唐绍仪为袁之旧谊而又以同盟会的身份出现,此时恰合于南北两方共认的角色。3月25日,唐绍仪至南京会晤孙中山、黄兴商讨组阁。3月30日,正式发表内阁人选:外交陆征祥,内务赵秉钧,财政熊希龄,陆军段祺瑞,海军刘冠雄,司法王宠惠,教育蔡元培,农林宋教仁,工商陈其美,交通由唐绍仪兼任。连同唐绍仪在内的十个阁员中,包括了同盟会、立宪派及袁党人员,同盟会占多数,当时称为"同盟会中心内阁"。但是袁的党羽赵秉钧、段祺瑞、刘冠雄掌握了三个实权的部分。南京本来要黄兴任陆军总长,为袁世凯所坚决拒绝。

4月1日,孙中山解职,以黄兴为南京留守。4月5日,参议院议决临时政府迁于北京,南京临时政府宣告结束,反革命"统一"了南方。帝国主义为要支持袁世凯掌握的反动政权,先后承认了"中华民国"。资产阶级领导的辛亥革命,经过长期努力,建立了南京政府,由于资产阶级的空虚软弱、动摇不定,就这样地屈服于国内外的反动势力而取消了革命,中国的政权从反革命的手里夺过来又转移到了反革命手里。

结　论

武昌起义以及各省急起响应的革命浪潮，确给中国人民带来了一阵兴奋。郭沫若在《少年时代》一书中叙述当时情况时写道："在革命成功了的当时，我们一般的人是怎样的欢欣鼓舞哟！"满洲贵族统治中国时，"据无上之威权，施非礼之抑勒，裁制民权，抗违公意"，使中国民族在"知识上、道德上、生计上种种之进步，坐是迟缓不前"[1]。尤其是鸦片战争以后，帝国主义者对中国进行肆无忌惮的侵略和宰割，清朝政府不但不能抵抗，相反的是残民以媚敌，出卖国家民族的一切权利以讨帝国主义的欢心。因此，推翻清朝政府以挽救中国的危难，促进社会的发展，已成为当时中国人民的共同意志。而当清帝退位和民国成立时，便产生了具有资产阶级民主共和国宪法性质的《临时约法》。这给封建帝制长期统治下的中国人民带来了新的希望。

辛亥革命的意义，首先是使明末遗民、天地会、太平天国以来的反清斗争，得到了结果，把满洲贵族统治下的"民族牢狱"推倒了。特

---

[1]《孙大总统宣告各友邦书》。

别是两千余年来古老的封建专制制度从此结束,传来了"博爱、平等、自由"的新气息。本来中国的"二十四史多至二十四,就是可悲的铁证"[1],辛亥革命终于把这个二十四史的"皇帝家谱"传统砍断了,虽然后来还有人要做"洪宪皇帝"或拥"溥仪复辟",可是袁世凯做了83天的"皇帝梦"就进了棺材,溥仪也只演了13天的"复辟丑剧"就草草终场。正如刘少奇同志所指出的:"辛亥革命使民主共和国的观念从此深入人心,使人们公认,任何违反这个观念的言论和行动都是非法的。"[2]这是辛亥革命最大的功绩。

其次是辛亥革命不仅在政治上标志着资产阶级的民主革命,在经济上也为资本主义的发展带来了有利的因素,因为经过辛亥革命洪流的激荡,资产阶级的自由思想一定程度地冲击了封建传统的樊篱,所以,"今兹共和政体建立,喁喁望治之民,可共此运会设我新社会,以竞胜争存。而所谓产业革命,此其时矣"[3]。这种愿望虽然为辛亥革命后的事实所粉碎,但是在这种普遍要求下,辛亥革命后的中国工业确也有了一些发展。据北京政府农商部的统计,1913年纯系中国人自营而有7个以上工人的工厂,已有21 754家。以国人经营的纺织工业为例,由1913年的83万余纱锭,到1918年就增至147万余纱锭,其他工业也有相当发展。这固然由于当时帝国主义正在准备和进行世界大战,暂时放松了对中国的经济侵略,使中国民族工业得到了发展的机会,而辛亥革命不能不说是促进当时工业发展的因素之一。

再次是辛亥革命在古老的中国展开了民主革命运动,向旧制度

---

[1] 鲁迅:《坟》。
[2] 《中华人民共和国宪法》,第40页。
[3] 《总理全集》。

进行斗争,这对于支持旧制度的帝国主义,也是一个打击。"当着帝国主义不是用战争压迫而是用政治、经济、文化等比较温和的形式进行压迫的时候,半殖民地国家的统治阶级就会向帝国主义投降,两者结成同盟,共同压迫人民大众。这种时候,人民大众往往采取国内战争的形式,去反对帝国主义和封建阶级的同盟。"[1]20 世纪初年,正是帝国主义准备和酝酿世界大战的前夜,也就是帝国主义对中国采取比较温和的侵略形式的阶段。辛亥革命爆发于这个时候,是随着收回权利、抗税抗捐等民族觉醒运动而高涨的,中国人民企图通过国内战争来实现国家的独立自主,因此,这一革命打击了帝国主义,同时也对东方各被压迫民族起了唤醒的作用。1912 年在我国境内的越南侨民,受到辛亥革命的影响,组织了越南独立党,提出了民族解放和建立独立共和国的主张。列宁在 1913 年也指出:爪哇等地兴起的民族运动,"是爪哇和其他群岛上的很多华侨从本国带来了革命运动"[2]的结果。

就革命性质来说,辛亥革命是资产阶级的民主革命,反帝反封建是中国民主革命的两大任务。但是辛亥革命后,帝国主义和封建势力这两座大山依然压在中国人民的头上,而"军阀之专横,列强之侵蚀,日益加厉"[3]。它虽然推翻了清朝政府,但没有实现资产阶级民主革命的任务,所以归根结底仍是失败的。

毛泽东同志曾指出辛亥革命以来民主革命失败的原因说:"中国革命干了几十年,为什么至今尚未达到目的呢?原因在什么地方呢?我以为原因在两个地方:第一是敌人的力量太强;第二是自己的力

---

[1] 《毛泽东选集》第 1 卷,第 309 页。
[2] 《列宁斯大林论中国》,第 39 页。
[3] 《中国国民党第一次全国代表大会宣言》。

量太弱。一个强了,一个弱了,所以革命没有胜利。"[1]

辛亥革命时期力量强大的敌人,首先是帝国主义。自 19 世纪末年以来,经《辛丑条约》的订立,帝国主义势力更加深入,使中国几已沦为各个帝国主义者共同的殖民地:铁路轮船在它们的手里,关税盐税在它们的手里;从都市到乡村,都有英、美、法等国的教堂和教士替各个帝国主义者做情报工作;沿海和内河停泊着各式国旗的兵舰;而北京东交民巷的外交团,就是帝国主义统治中国的联合组织,在这里驻着各帝国主义国家的使馆和军队,四面筑着城墙,架着炮眼,如临大敌。它们相互之间虽然有矛盾,可是它们扶植反动势力破坏中国革命,始终是一致的。如以英国公使朱尔典为首的帝国主义分子共同干涉南北和议;五国银行团以 2 500 万英镑善后大借款作为袁世凯镇压异己收买政客的资本,这些事实都足以说明这一点。其次是革命后掌握各省政权的,不是军阀就是立宪派绅士,实际大部分是北京袁世凯政权的化身。外来压迫者与内在的反动势力联成一气,成为阻碍和绞杀革命的强大敌人。

至于革命力量的弱,可从以下事实来看。自从鸦片战争以后,人民群众运动的发展,有两个不同的方面:一为反清的秘密结社、太平天国、义和团等,属于自发的革命群众力量;一为戊戌维新的资产阶级改良运动。从同盟会成立到辛亥革命,在一定程度上是结合了这两方面的力量,但是和前者的结合非常有限,其结果就使后者的首要分子篡夺了革命果实。同盟会发动的武装斗争与武昌起义以至各省响应,虽然动员了来自农民、手工业者的会党和新军,接触了一些群众,但是终究没有去动员组织广大的人民,就是对当时已经起来的群

---

[1] 《毛泽东选集》第 2 卷,第 552 页。

众斗争——抗捐运动、抵制美货运动及铁路风潮等,也没有给予有力的支持和领导,任其自流。他们对于自己经常联系的会党群众,也只是使用,没有进行教育改造,使他们成为经常性的革命武装。鲁迅的《阿Q正传》说到当时的"革命党不准人民革命",正反映了这个事实,黎元洪就代表民军公开宣布过:"须知为国复仇,并非许民作乱。"所以当官僚、政客、立宪党人以及革命队伍中的动摇分子,一起包围孙中山向袁世凯妥协的时候,孙中山与黄兴因没有群众力量的支持而成为陷入孤立的"少数派"。资产阶级由于自身的软弱和短视,它既不能发动广大人民与反动势力进行不调和的斗争,就只有向反动势力一步步妥协以至屈服,这就是革命力量弱的根本原因,因而也就决定了资产阶级领导的辛亥革命不能完全取得胜利。

对辛亥革命起领导作用的同盟会,没有正面反对帝国主义和彻底反对封建主义的政治纲领,只有推翻满洲贵族的统治这一点是明确的,所以也只有在这一点上取得了胜利。

南京政府北迁,袁世凯窃取了全国政权,这时他的反革命面目,还是没有被资产阶级、小资产阶级的政治活动家认识清楚。由同盟会改组而又合并其他政团而成的国民党(1912年8月),且标榜"新旧势力合作",恰为袁世凯所利用,袁极力拉拢这些人作为他"统一"中国的垫脚石。1912年8月,孙中山在袁的邀请下到了北京,袁举行隆重的仪节表示欢迎,并以"望眼欲穿"的电文催请在南京的黄兴前去。孙、黄在北京期间,他们与袁世凯频频接触,孙中山要袁于10年内练成陆军100万作为国防力量,自任经营铁路20万里的责任,凡中山表示的意见,袁无不随声附和。中山曾诧异地问袁的爪牙梁士诒(袁的秘书长)说:"中国以农立国,倘不能于农民自身求彻底解决,则革新匪易。欲求解决农民自身问题,非耕者有其田不可。我说及此项政见时,竟以为项城(袁世凯)必反对,孰知彼不特不反对,且肯定以为事所当然,此我所不解也。"[1]黄兴还劝袁世凯参加国民党做领袖,袁虽没有参加,但他的特务头子赵秉钧及其他袁党人员,都成了国民党党员。9月,袁世凯宣布孙、黄同意的内政大纲八条,因为孙、黄是国民党的领袖,是当时负社会重望的人物,以此来牢笼革命党人,造成一种南北统一全国团结的现象。孙中山在北京逗留了一月,带着袁世凯政府任命他为"全国铁路总监"的头衔回到上海,满怀着此后决心办实业的愿望。不久,孙中山将去日本,北京政府正在准备成立国会和选举正式大总统,孙中山向友人表示:"我已辞正式大总统候补人,克强(黄兴)亦不干,此席非袁莫属。"[2]这些事实,都表现着以孙中山为代表的革命党人好心地希望中国在革命后建立一个统一的政府,获致和平建设的机会。但不幸他们在帝国主义的干涉下被巨奸大憨所欺骗蒙蔽,竟把自己的武器放下,让大军阀窃据了政权。这正反映了资产阶级、小资产阶级的活动家缺乏政治警觉和斗争经验。1913年2月28日,冯国璋、倪嗣冲给袁世凯的劝进密电中说:"孙、黄失势,已入英雄之彀中。"此时的孙、黄不但放弃了对袁世凯的斗争,而且客观上已成为袁世凯政府的支持者,这也是资产阶级、小资产阶级革命派屈服于帝国主义和封建势力的表征。所以后来《中国国民党第一次全国代表大会宣言》正确地指出:"夫袁世凯者,北洋军阀之首领,时与列强相勾结,一切革命(对象)的专制阶级——为武人、官僚辈,皆依附之以求生存;而革命党人乃以政权让渡于彼,其致失败,又何待言。"

---

[1] 《梁燕孙先生年谱》。
[2] 陶菊隐:《六君子传》。

辛亥革命的动力是工人、农民、小资产阶级与资产阶级,这时的工人还没有作为独立的阶级登上中国历史舞台,资产阶级就成为这一革命运动的领导力量。半殖民地的中国的民族资本主义,在19世纪末年和20世纪初年虽有了初步成长,但由于受到帝国主义的打击和封建势力的束缚,它的发展始终是曲折而有困难的,因此资产阶级为了自身的进一步发展,在一定程度上具有反帝反封建的民主革命的要求,也就是说它和帝国主义封建势力之间有一定程度的矛盾。可是中国资产阶级的发生发展,是在外国资本主义侵略中国取得了某些支配地位之后,所以它始终就不能摆脱对外国资本主义的依赖性。从兴中会开始革命活动起,他们要求国家的独立自主,却没有理解半殖民地的中国要独立自主,必须反对帝国主义的严重意义。所以当武昌起义时,孙中山不是迅速回国领导革命战争,却在国外向美、英、法等帝国主义政府从事"外交活动",想得到支援。同时武昌军政府以及各省独立的文告,没有例外地都有承认前此的对外条件和保护外人(帝国主义分子)的生命财产一项,他们既害怕帝国主义的干涉,也没有认识帝国主义一贯扶持反动势力、破坏革命的恶毒手段,结果清朝政府是倒下去了,而在帝国主义支持封建势力、封建势力勾结帝国主义的形势下,使辛亥革命又迅速失败。这样,就给中国人民带来了深刻的教训。

　　第一,经过辛亥革命后,帝国主义扶植袁世凯及各军阀的面目更加显著,证明了帝国主义只是帮助反动势力压制革命,是中国革命最大的敌人。因此使人们觉悟到:不但不能对帝国主义寄予幻想,而且必须坚决地反对帝国主义。特别是俄国十月革命和五四运动后,孙中山在中国共产党的帮助下,开始认识到中国的革命,"不仅在推倒军阀,尤在推倒军阀赖以生存之帝国主义"。

第二,辛亥革命是中国近代历史上比较具有完全意义的资产阶级革命,辛亥革命的失败,证明软弱的资产阶级不可能领导中国革命获得成功。虽然在辛亥革命后,孙中山仍然努力地建立中华革命党,策动讨袁战争与护法战争,但这已是资产阶级领导革命落幕前的尾声。历史证明只有中国工人阶级跃登历史舞台后,在它自己的政党——中国共产党的领导下,才有可能使民主革命获得彻底胜利。

后 记

写这本小册子的目的,是想为大学同学与社会青年增加一份学习中国近代史的参考读物。原拟着重说明两点:(一)从19世纪末年到20世纪初年,由于中国人民日益觉醒,全国展开了风起云涌的群众斗争,这正是促使清朝政府迅速崩溃的主要力量;(二)通过辛亥革命的历史事实,说明软弱的中国资产阶级不能领导革命获得胜利的根本原因,并适当地肯定这一资产阶级民主革命的历史意义。但因自己历史科学水平的限制和掌握资料不够,并没有达到预期的目的,错误和不妥之处在所难免,希望大家多加批评和指正。

有关资料的来源,一般的不注出处,不习见的则予注明,此外还尽可能吸收了新近出刊有关论著的成就,如黎澍同志的《辛亥革命前后的中国政治》、北京大学哲学系的《中国近代思想史讲授提纲》等,并此说明。

作 者

1955年3月31日于华东师范大学

近代中国社会的新陈代谢

《近代中国社会的新陈代谢》一书系杨国强、周武根据陈旭麓先生讲课记录稿整理而成。

第一章 漫长的封建社会

近代社会是从古代社会发展而来的。历史的分期存在于历史的延续之中,近代社会的变迁只有同古代社会的政治、经济、文化结构以及与此联系的生活、风俗相对比,才能得到认识和说明。按照时下历史研究和历史教学的分类,"古代"一词同时包括了上古和中古,但与近代直接榫接的,毕竟是中世纪封建社会。因此,为了勾勒近代社会嬗递的脉络,不能不对中国封建社会的轮廓作一种概略描述。

一、漫长的盘旋

中国的封建社会是漫长的。漫长,是与西方相比所得的结论。其含义可以归结为两点:

就时间跨度而言。西方的封建社会,从公元476年西罗马灭亡起到1640年英国革命为止,前后一共1164年。在中国,这段历史年限的计算要复杂一些。封建社会的起点,目前至少有三种不同的算法。一种,从春秋战国之交即公元前476年算起;一种,从商鞅辅助秦孝公变法即公元前365年算起;还有一种,从秦始皇统一中国即公元前221年算起。应当说,三者都是言之成理各有依据的。[1] 分别以这三个年份为起点,算到1840年,各自都在2 000年以上,比西方多了一倍。如果按照西周封建说来计算,则还要向前推1 000年,有3 000年之久。

就历史进程而言。在西方,1640年英国革命的胜利,标志着资本主义制度开始取代封建制度,由此,世界历史进入了新的时期。当时的中国,正是明清之际。旧的封建王朝在农民战争的烈火中倒塌了,随之,满洲贵族的铁骑横扫南北,在兵燹的余烬中建立起新的封建王朝,阶级矛盾与民族矛盾的交错重叠留下了斑斑血迹。出自那一代人之手的《虎口余生记》《汴围湿襟录》《扬州十日记》《嘉定屠城纪略》等纪实文字,至今读来,还会使人惊心动魄。但那多半是一种身世家国之变,历史仍在旧圈子里徐徐地盘旋而行。

从1640年到1840年,在这200年中,西方已经进入了这样一个时期:"自然力的征服,机器的采用,化学在工业和农业中的应用,轮船的行驶,铁路的通行,电报的使用,整个整个大陆的开垦,河川的通航,仿佛用法术从地下呼唤出来的大量人口,——过去哪一个世纪能够料想到有这样的生产力潜伏在社会劳动里呢?"[2] 与之相比,同一时间里的中国却景物依旧:成千上万胼手胝足、转辗沟壑的小农背负着一代一代讴歌唐虞盛世,高谈名物考据或性心理义的士人。一面是:

> 布谷屋檐唤早耕,农夫惊起多叹声。
> 瓶储无粟谁负耒,征税煎迫难逃生。

---

[1] 我更赞成第一种意见。因为春秋战国时期,从经济基础到上层建筑的急剧变动最能说明社会形态的新旧交替。
[2] 《马克思恩格斯选集》第1卷,人民出版社1972年版,第256页。

> 商贾握钱列市肆,举债偿息什加四。
> 且救眼前贪入手,半供县官半胥吏。
> 耕场磷磷稻芒垂,共道年丰慰宿期。
> 那知获罢未入屋,已被商贾催纳速。

一面是:

> 长安富人多似昔,九陌三衢马连迹。
> 不为大贾非行商,谒选铨曹新贵客。
> 往来气概终粗豪,衣冠炫人僮仆骄。
> 那须几日相驰逐,金水桥边掣签速。
> 名州太守大邑宰,腐儒小生敢相触。
> 担夫观者弛担惊,多金遂成仕宦名。[1]

旧世界因成熟过度而在慢慢腐烂之中。即使在 1840 年之后,中国也并未进入资本主义,而是进入了一个变态的社会。这个时间表记录了历史的差距。没有社会形态的质变,历史只能在漫长的岁月中盘旋。

从 20 世纪 30 年代起,封建社会的长期延续几度成为吸引众多中国人思考和论争的题目。这个问题,固不妨见仁见智各有一得。但是,归根结底,只有对社会构造既分析又综合,才能说明社会的外观。

二、土地的私有和买卖

在中国封建社会里,土地是最基本的生产资料和主要财富。它同劳动的结合是以不平等的分配为前提的:占人口少数的地主拥有

---

[1] 张应昌编:《清诗铎》,中华书局 1960 年版,第 161、617 页。

最大部分土地；占人口大多数的农民只有少量土地。虽说不同的时期和不同的地域，土地分配的不平等程度会有张有弛，但在一个王朝的休养生息之期过去之后，土地集中日渐月积地成为南北东西的普遍现象。《东华续录》1786 年(乾隆五十一年)记载了毕沅的一件奏折，其中说："豫省连岁不登，凡有恒产之家，往往变卖糊口。近更于青黄不接之时，将转瞬成熟麦地贱价准卖。山西等处富户，闻风赴豫，举放利债，借此准折地亩。贫民已经失业，虽遇丰稔之年，亦无凭借。"[1]地主隔省占田，说明了他们在空间上的膨胀。在另一头，则是"有恒产之家"失去土地的悲哀。这虽是一个例子，但它代表的趋向却是封建社会的常态。这种分配驱使缺乏土地的农民同地主结成租佃关系；而后，佃农和自耕农一起，在零切碎割的土地上耕耘劳作，繁衍不息，组成了小农经济的汪洋大海。土地提供了生存资料，但被割碎了的土地同时又限制着小农的视野、活动和发展。因此，小农经济总是：以一家一户的个体农民为基本的生产单位，这种生产单位同时又是自我消费单位；周而复始的简单再生产；以家庭手工业附属于农业。三者构成了自然经济的内涵和本色，这就是支撑整个社会的基本经济构造。显然，它的稳定性就存在于它的保守性之中。

当然，处在自然经济中的小农并非与商品全然不发生关系。《皇朝续文献通考》说："夫农民之常困于他途者，他途贫，谋口而止。而农民不但谋口而止，一亩之田，耒耜有费，籽种有费，鎡斛有费，雇募有费，祈赛有费，牛力有费；约而有计，率需钱千。"[2]这里提到的种种"有费"正是各类买卖。但在很多场合，这些用途又常常被"糊口"

---

[1] 《东华续录》第 40 卷，乾隆五十一年，第 13 页。
[2] 《皇朝续文献通考》第 72 卷，第 17 页。

节撙掉了。

　　同西欧封授世袭的庄园经济、印度的农村公社相比,中国封建社会经济构造的显著特点就在于土地的私有和买卖。这种特点带来的直接结果是:土地在不断集中的同时又不断地分散。集中,是指地主阶级通过兼并握有越来越多的土地。这一点是易见而又为人熟知的。但是,对这个阶级中的个人来说,土地的集中又是不稳定的。皇室、贵族、官僚、地主,都可以用经济的或非经济的手段造成巨量的土地集中。但是,王朝更替,宦海风波,都会在短时间内引起所有权的大规模转移。顾炎武读《旧唐书》,因此而感叹说:"世变日新,人情弥险,有以富厚之名而反使其后人无立锥之地者,亦不可不虑也。"[1] 更为常见的,则是因土地私有而发生的分家析产。汉代以后,中国在财产继承方面长、幼、嫡、庶之别已趋淡化。《大清律例》中与此相关的条文说:"嫡庶子男,除有官荫袭先尽嫡长子孙;其分析家财田产,不问妻、妾、婢生,止以子数均分。"[2] 多产之家往往多妻妾多子孙,而再多的田产也经不起一析再析,几代之后,集中的土地又会化整为零。这是和土地集中同时存在的另一种趋向。

　　与之相伴随的是:在对立的经济等级之间,其个别成员可以相互对流,即一部分人由贫转富,另一部分人则由富变贫。东汉末年的刘备,"中山靖王之后也,少孤贫,与母以贩履为业"[3]。他从天潢贵胄沦落而为贩夫,如果要划成分,恐怕已不能算是地主。还有富家子弟挥霍致贫的。《太平广记》中提到过一个叫屈突仲任的人,"父卒

---

[1] 顾炎武:《日知录》第13卷,田宅。
[2] 《大清律例》第8卷,户律,户役,"卑幼私擅用财"。
[3] 司马光:《资治通鉴》第60卷,汉纪52,献帝初平二年,中华书局1956年版,第1926—1927页。

时,家僮数十人,资数百万,庄第甚众,而仲任纵赏好色,荒饮博戏,卖易且尽,数年后,唯温县庄存焉,即货易田畴,析卖屋宇,又已尽矣"[1]。相反的例子也有。曾国藩的四世高祖曾应贞,就以业农贫困之人,发家而积聚数千金的田地产业。歙县《济阳江氏族谱》卷六《明处士溥公传》说:"溥公字本洁(明人),宗胜公次子也。家故贫窭,勤于操作,以赤手起家。寓淮西南圩头,致资二十余万,田地万亩,牛羊犬马称是,家奴数十指,富甲一时。"卷九《明处士祥公传》说:"祥公字德征,寿公孙,正祚公子也。家故贫乏,不惮劳苦,早夜经营,年五十,家业始起,累资二十余万金,田连阡陌,富甲一方。"[2]后两个例子中的主人公似乎比曾国藩的先人本领更大。因此,在中国封建社会里,往往是君子之泽,数世而斩。所谓"千年土地八百主"的谚语正是惯见人世沧桑之后的概括。除了曲阜衍圣公之外,很少有数百年不衰之家。这种财富占有权的非连续性,无疑提供了一种弹性,使封建社会能够迟缓地延续下去。

如果从生产者的角度加以比较,那么,在中国封建社会里,劳动力同土地的结合是实现于个体小农的一家一户之中的。一家一户可以完成生产、消费、再生产的循环,因此,中国的小农具有自己独立的经济。相比之下,西欧的农奴只不过是庄园经济的一个部分。固然,小农经济是一种遭受剥削的经济,有它悲惨的一面:

> 春耕夏耘,秋获冬藏,伐薪樵,治官府,给徭役;春不得避风尘,夏不得避暑热,秋不得避阴雨,冬不得避寒冻,四时之间亡日休息;又私自送往迎来,吊死问疾,养孤长幼在其中。勤苦如此,尚复被水旱之

---

[1] 李昉等编:《太平广记》第 100 卷,中华书局 1981 年版,第 668 页。
[2] 转引自张海鹏等编:《明清徽商资料选编》,黄山书社 1985 年版,第 298 页。

灾,急政暴(虐)[赋],赋敛不时,朝令而暮改。[1]

但是,作为一种独立的经济,它又把生产者的收益同自己的劳动联系起来,可以寄托追求,这是另一面。由于这种两面性的存在,遇到政治承平的年份,小农通过自己的劳动而达到丰衣足食并不是不可能的。《宋书》记载说:"自晋氏迁流,迄于太元之世,百许年中,无风尘之警,区域之内,晏如也。……自此以至大明之季,年逾六纪。民户繁育,将曩时一矣。地广野丰,民勤本业,一岁或稔,则数郡忘饥。"[2]这些话当然是要打折扣的,然而透过作史者的谀词,还是可以使人了解到:即使是动乱频仍的南北朝时期,江左稍得域内晏如,小农仍可以有一点田园之乐。至盛唐时期,孟浩然曾这样描写当时的农家:

> 故人具鸡黍,邀我至田家。绿树村边合,青山郭外斜。开轩面场圃,把酒话桑麻。待到重阳日,还来就菊花。[3]

其中不仅有诗人的逸致,也有小农的事业感情和理想境界。个体经济限制了农民,农民又执着地依恋自己的个体经济。就连后来洪秀全建造人间天国的蓝图,也是按照小农经济设计的。问题的这一方面,难道同封建社会的长期延续没有关系吗?

三、官僚政治

在这种小农经济的基础之上,矗立着中央集权的封建君主专制制度。自秦始皇统一六国之后,皇帝就高高踞于权力的顶峰,俯视着尘土中碌碌劳作的黎民。在他的下面,依照品级和人数的反比,是上

---

[1] 班固:《汉书》第24卷上,食货志第4上,中华书局点校本,1962年版,第1132页。
[2] 沈约:《宋书》第54卷,列传第14,中华书局点校本1974年版,第1540页。
[3] 孟浩然:《过故人庄》,见蘅塘退士编:《唐诗三百首》第5卷,中华书局1959年版。

下相承,左右相连的一层一层官僚。这就是中国封建社会的政治构造。王亚南说过,"中国古典官僚政治形态"有三种"性格",即:

(一)延续性——那是指中国官僚政治延续期间的悠久。它几乎悠久到同中国传统文化史相始终。

(二)包容性——那是指中国官僚政治所包摄范围的广阔,即官僚政治的活动,同中国各种社会文化现象如伦理、宗教、法律、财产、艺术……等等方面,发生了异常密切而协调的关系。

(三)贯彻性——那是指中国官僚政治的支配作用有深入的影响,中国人的思想活动乃至他们的整个人生观,都拘囚锢蔽在官僚政治所设定的樊笼中。[1]

他的归纳未必能够代替专门的官制史研究,但却刻画了考据不容易捕捉到的神貌。

自从有了民主政治的理想之后,官僚政治就一直成为人们憎恶和抨击的对象。这是理所当然的。但是,历史地看,官僚政治的出现也有过它的必然性和合理性。在它之前,中国社会实行的是世卿世禄制,即政治权力和物质财富的等级世袭。《礼记·王制》说:"王者之制禄爵,公、侯、伯、子、男,凡五等。"春秋之世,国君"为天子之同姓者十之六,天子之勋戚者十之三,前代之遗留者十之一,国中之卿大夫皆公族也,皆世官也"[2]。秦始皇设职授官,从一面看,是官僚政治的开始,从另一面看却是政治权力等级世袭的中止。这一改变,是春秋战国时期贵族养士、聚徒讲学以及随之而来的处士横议之风逐渐发展的结果。它从政治结构上保证了大一统帝国的存在。

由于设职授官,个人的才干和能力便成为一种不可不论的标准,

---

[1] 王亚南:《中国官僚政治研究》,中国社会科学出版社1981年版,第39页。
[2] 夏曾佑:《中国古代史》,生活·读书·新知三联书店1955年版,第183页。

于是就产生了如何选拔人才的问题。两汉时代实行过察举,由三公九卿、郡国守相任之,"择吏民之贤者",荐于朝廷,这是那个时候选官与入仕的一种主要途径。此外,天子直接聘人做官谓之"征",长官署任僚属叫作"辟"。同时,还可以向政府纳粟若干,自备车马行装到长安听候朝廷选用,时称"赀选"。这些途径为汉代的官僚政治提供过一些有用的人物,但末期则"台阁失选用于上,州郡轻贡举于下。夫选用失于上,则牧守非其人矣;贡举轻于下,则秀孝不得贤矣。故时人语曰:举秀才,不知书。察孝廉,父别居。寒素清白浊如泥,高第良将怯如鸡"。"于时悬爵而卖之,犹列肆也,争津者买之,犹市人也。"[1]于是,作为一种变革,产生了魏晋的九品中正制:"州郡皆置中正以定其选,择州郡之贤有识鉴者为之,区别人物,第其高下。"[2]这种由政府官员和民间人士共同品题以荐举职官的做法,似乎比出于一人之意的察举要少一点随意性。因此,"其始造也,乡邑清议,不拘爵位,褒贬所加,足为劝励,犹有乡论余风"[3]。但后来"其州大中正、主簿、郡中正、功曹,皆取著姓士族为之,以定门胄,品藻人物"[4]。门阀世族控驭了选官制度后,遂使"上品无寒门,下品无势族"[5]。这个过程,几经周折,多所变化,同时又说明了官僚政治未臻完善。一直到隋唐,科举制度产生和确立,才最终使这个问题圆满解决。吕思勉说:

> 科举之善,在能破朋党之私。前此九品中正之制无论矣,即汉世

---

[1] 葛洪:《抱朴子》,外篇,审举卷第15,见《诸子集成》(8),世界书局1935年版,第127页。
[2] 司马光:《资治通鉴》第69卷,魏纪1,文帝黄初元年,第2178页。
[3] 房玄龄:《晋书》第36卷,列传第6,卫瓘,中华书局点校本1974年版,第1058页。
[4] 欧阳修等:《新唐书》第199卷,列传第124,儒学中,柳冲,中华书局点校本1975年版,第5677页。
[5] 房玄龄:《晋书》第45卷,列传第15,刘毅,第1274页。

> 郡国选举得之者,亦多能奔走标榜之人……惟科目听其投牒,而试之以一日之短长,当其初行时,尚无糊名易书之法,主司固得采取誉望,士子亦得托人荐达,或竟自以文字投谒。究之京城距士子之乡土远,试者与所试者关系不深,而辇毂之下,众目昭彰,拔取苟或不公,又可加以复试,亦不敢显然舞弊。前此选举,皆权在举之之人,士有应举之才,而举不之及,夫固无如之何。既可投牒自列,即不得不就而试之,应试者虽不必其皆见取,然终必于其中取出若干人。是不能应试者,有司虽欲徇私举之而不得。苟能应试,终必有若干人可以获举也。此实选举之官徇私舞弊之限制,而亦人人有服官之权之所以兑现于实也。[1]

在当时的条件下,这是一大发明。这种制度提供了布衣可以做宰相,可以为公卿,可以参政的机会。[2] 于是而有政治上社会对流的可能性。由此,官僚政治获得了非常大的弹性。

追索封建社会之所以能漫漫绵延的历史原因,不能不看到,由科举制度所造成的官僚政治可以在社会对流中化解很大一部分社会紧张。但是,话又不能说过头。中国封建社会的政治毕竟是官僚政治而不是平民政治。钱穆说:布衣可以为公卿,公卿亦可为布衣。后一句话其实并不可信。官僚政治取代了世卿世禄制度,但它在某种程度上又保留了后者的一部分变形物。布衣一旦做了公卿,不但握有政治权力,而且具备特殊身份和地位。尽管政治权力已经不能世

---

[1] 吕思勉:《中国制度史》,上海教育出版社1985年版,第731页。
[2] 据《宋朝事实类苑》第13卷,宋真宗时期的宰相张齐贤"为布衣时,伟傥有大度,孤贫落魄,常舍道上逆旅。有群盗十余人,饮食于逆旅之间,居人皆惶恐窜匿,齐贤径前揖之,曰:'贱子贫困,欲就诸大夫求一醉饱,可乎?'盗喜曰:'秀才乃肯自屈,何不可者? 顾吾辈粗疏,恐为秀才笑耳。'即延之坐"。(见上海古籍出版社1981年版,第150页)这一类例子,在历代笔记小说中并不罕见。

袭了,但身份地位却往往可以成为一种"世泽"而传诸儿孙。于是而有地方上的豪绅和望族。陈康祺在《郎潜纪闻》中记述了"昆山徐氏科名之盛""三世四翰林""四世翰林""桐城张氏六代翰林"的故事。[1] 这些科第佳话,正反映了世泽的延续。在这里,前人的精神影响和物质影响都会间接地为后代铺平入仕之途。此外,官僚政治之下,荫子荫孙,子袭父爵的事又是在在有之的。因此,在中国传统社会里,又有突出的世袭观念。

四、宗族和行会

附属于上述政治构造的是各种社会组织。中国封建社会的官僚系统以县令为末秩,但就政制而言,县之下还设置都、图、乡、里、正等南北各地名目不一的乡镇组织。更下面,则是直接渗入老百姓之中的保甲组织。两者都是封建国家最基层的政治组织,但又在某些方面起着社会组织的作用,可以看作一种过渡物。

真正的社会组织,在农村,是家庭体系,即所谓宗法组织。这是封建社会最基本的组织,是中央集权君主专制主义官僚政治的基石。它不属于行政体系,但它所起的作用是行政组织远远不能比拟的。宗族的存在,以血缘为纽带,自成一种社会集体。宗祠、祖茔、族谱、族规、族长,以及场面盛大的祭祀构成了它的物质外壳。其灵魂则是"敬宗收族"。赵翼《陔余丛考》说:"世所传义门,以唐张公艺九世同居为最。然不自张氏始也。《后汉书》:樊重三世共财。缪彤兄弟四人皆同财业。及各娶妻,诸妇遂求分异,彤乃闭户自挞。诸弟及妇闻

---

[1] 参见陈康祺:《郎潜纪闻》(上),中华书局1984年版,第92—93页。

之,悉谢罪。蔡邕与叔父从弟同居,三世不分财,乡党高其义。"[1]历史学家对数世同居共财的人和事枚举而历数之,说明这一类事例即使在封建社会里也不多见。但同姓同宗的村落却遍地皆是。烟火连接,比屋而居,虽家与家分炊,但同一血缘合成了巨大的向心力。一个人的发迹,不仅可以荣宗耀祖,而且可以光彩惠及全族。所以,当赵太爷的儿子进了秀才的时候,阿Q要申明,他同赵太爷原来是本家。这虽然是20世纪文学作品里的人物,但却逼真地反映了传统家族制度下的心态。在相反的情况下,一个人犯罪,也会累及族人和家长。"唐、宋律脱户者家长徒三年,无课役者减二等,明、清律,一户全不附籍,有赋役者家长杖一百,无赋役者杖百十,将他人隐蔽在户不报及相冒合户附籍者同罪。晋时举家逃亡,家长处斩。"[2]因此,家族要对个人负责,个人也要对家族负责。在中国,个人是被家族淹没的。即使参加造反,例如太平天国起义时,也是一族一族而来的。当然,这是非常极端的例子。在更多的情况下,家法是与国法相通的,罪人同时也是逆子。《驳案新编》中有一则例子:

> 刘彩文(因偷窃族长刘章耕牛一只)经族长刘宾断令罚银谢族后,即将刘彩文交刘公允领交刘陈氏(刘彩文之母)收管。彩文回家,欲卖陈氏膳田备酒。陈氏不允,彩文嚷闹,将陈氏推倒。次日,刘宾、刘章、刘大嘴(刘章之子)、刘公允等赴刘陈氏家催索罚银。陈氏声述昨天情事,求帮同送官究治。刘宾云:"做贼不孝,不如埋死,以免族人后累。"陈氏不允。刘宾说:"如不埋死,定将卖膳田办酒示罚。"刘宾即令刘大嘴取出吊狗细练(链)将刘彩文练(链)住,拉牵前走。彩

---

[1] 赵翼:《陔余丛考》第39卷,"累世同居",商务印书馆1957年版,第853页。
[2] 瞿同祖:《中国法律与中国社会》,中华书局1981年版,第26页。

> 文不肯走,刘宾又令刘彩文之大功服兄刘文登在后帮推。陈氏携带稻草唤彩文之弟刘相刘牙同行,刘相中途逃走。刘牙哀哭求饶,刘宾不允,令刘文登挖坑,陈氏将稻草铺垫坑内。刘宾随令刘大嘴将练(链)解放,同刘大嘴将刘彩文推落下坑,刘文登与刘陈氏推土掩埋。[1]

这个过程是血淋淋的。它说明:为了维护封建社会的秩序,族规有时候比刑律更严酷。四书首篇《大学》中有一番道理,常被人概括为一句话,就是"修身齐家治国平天下"。天下之本在国,国之本在家。因此,个人对家族的态度和义务是同他对国家的态度和义务联在一起的。"其为人也孝弟,而好犯上者,鲜矣;不好犯上,而好作乱者,未之有也。"[2] 在二十四史众多的列传里,凡忠臣必然又是孝子。可能其中会有不实之处。但即使是不实之处,也反映传统观念的强大,不难明白,家庭组织的存在,对封建社会的稳定和延续曾经起了多么巨大的作用。

在城市里,行会是主要的社会组织。行会以工商业中的行业为纽带,是买卖人和手工业者的互助组织。《论语》中有"百工居肆,以成其事"的说法。至明代田汝成撰《西湖游览志余》,又有所谓"今三百六十行,各有市语,不相通用,仓猝聆之,竟不知为何等语也"[3]。都说明了工商业内分工之多。城市不同于农村的地方在于"奔走射利,皆五方之民"[4]。这些人离乡背井,"或数年、或数十年,甚者成

---

[1] 瞿同祖:《中国法律与中国社会》,第24—25页。
[2] 《论语·学而第一》,见朱熹:《四书集注》,岳麓书社1985年版,第70页。
[3] 田汝成:《西湖游览志余》第25卷,上海古籍出版社1980年版,第453页。
[4] 谢肇淛:《五杂俎》第3卷,襟霞阁主人1935年版,第87页。

家室,长子孙,往往而有"[1]。他们与自己的宗族已经非常遥远了。当生老病死,天灾人祸,失业破产袭来的时候,他们比宗族关系中的小农更孤独。因此,以"行"为主干的同业内部联合互助就成为一种社会需要。而同业往往是同乡,苏州地区明清碑刻中常可见"切铺均隶浙绍,在长元吴三邑各处,开张浇造烛铺,城乡共一百余家""职等原籍常郡……遵例领帕纳税,开设猪行""身等原籍溧水等邑,在苏开张水灶为业,缘异乡投苏,帮伙甚多"[2]等文句,都说明了同业又同乡在中国是惯见的。所以,行会多以"会馆""公所"名。据《江苏省明清以来碑刻资料选集》所载,其时苏省的全浙会馆、全晋会馆、湖南会馆、江西会馆、两广会馆、云贵会馆、江宁会馆、岭南会馆、潮州会馆、金华会馆,以及浙绍公所、浙南公所、浙台饼业公所、兰溪公所、江镇公所等,都是这一类组织。借此可以助济"业中失业、贫苦、身后无备以及异籍不能回乡,捐资助棺、酌给盘费、置地设冢"[3]等。但是,行会的互助是以限制为前提的。因此,工商业者在接受互助的同时,也接受了控制:

> 苏州金箔作,人少而利厚,收徒只许一人,盖规例如此,不欲广其传也。有董司者,违众独收二徒。同行闻之,使去其一,不听,众怒甚,约期召董议事于公所。董既至,则同行先集者百数十人矣。首事四人,命于众曰:董司败坏行规,宜寸碟以释众怒。即将董裸而缚诸柱,

---

[1]《苏州新修陕西会馆记》。原碑在苏州山塘街陕西会馆。见傅筑夫:《中国经济史论丛》(下),生活・读书・新知三联书店1985年版,第479页。
[2]《苏州府为烛业东越会馆规定各店按月捐款以作春秋祭费准予备案碑》《苏州府为毗陵会馆猪公所规定猪业……照时价碑》《苏州府禁止不安分之徒勾串匪类借端向水炉公所索扰碑》,均见傅筑夫:《中国经济史论丛》(下),第478页。
[3]《苏州府为胡寿康等设局指捐绸缎业善举永禁地匪滋扰各绸庄照议扣捐毋得以多交少碑》,见傅筑夫:《中国经济史论丛》(下),第485页。

命众人各咬其肉,必尽乃已。四人者率众向前,顷刻周遍,自顶至足,血肉模糊,与溃腐朽烂者无异,而呼号犹未绝也。[1]
行会的这个特点,使它长期成为城镇封建秩序的主要维护者。

五、儒学定于一尊

凌驾于社会存在之上的,是相应的意识形态构造。中国传统文化的主要部分,是以孔子为代表的儒学。孔学定于一尊的格局,是历史地形成的。

春秋战国百家争鸣,以儒、墨、法、道为主流,儒、墨并称显学,而后,各家依次登台。秦始皇统一中国,带来了法家的全盛。"史官非秦记皆烧之。非博士官所职,天下敢有藏《诗》《书》、百家语者,悉诣守、尉杂烧之。有敢偶语《诗》《书》者弃市。以古非今者族。吏见知不举者与同罪。令下三十日不烧,黥为城旦。所不去者,医药卜筮种树之书。若欲有学法令,以吏为师。"[2]这些措置全部出于李斯的议请,极富法家辣手造乾坤的气概。但烟云过眼,来去匆匆,"坑灰未冷山东乱,刘项原来不读书"。起而代之的,是西汉初年黄老之学。班固说:"周秦之敝,罔密文峻,而奸轨不胜。汉兴,扫除烦苛,与民休息。至于孝文,加之以恭俭。孝景遵业,五六十载之间,至于移风易俗,黎民醇厚。周云成康,汉言文景,美矣!"[3]无为而治,恰恰是旧王朝有为过头的结果。在这种转化背后,起作用的是历史辩证法。然而,时过而势移,黄老之学也会失效。文景之后,"网疏而民富,役财骄溢,或至兼并豪党之徒,以武断于乡曲。宗室有士公卿大夫以

---

[1] 黄钧宰:《金壶七墨》,《逸墨》第2卷,"金箔作",上海埽叶山房1895年版。
[2] 司马迁:《史记》第6卷,秦始皇本纪第6,中华书局点校本1959年版,第255页。
[3] 班固:《汉书》第5卷,景帝纪第5,第153页。

下,争于奢侈"[1]。于是,历史通过汉武帝把儒学扶上台来。据《汉书》所说,在这个过程里,董仲舒是儒学由衰转盛的一个中介人:"自武帝初立,魏其、武安侯为相而隆儒矣。及仲舒对册,推明孔氏,抑黜百家。立学校之官,州郡举茂材孝廉,皆自仲舒发之。"[2] 从春秋战国之际开始的社会经济变动到这个时候已成为一种新秩序,与之相对应的是政治上前所未有的大一统。因此,中国社会需要一个统一的思想,用以反映、说明和维系这种经济局面和政治局面。而儒学则是最能适应这种需要的观念形态。儒学的政治内容,归结起来,可以列为三点:

(一)天道观念。儒家言天,往往有不同含义。有的时候是指自然之天,而更多时候是指主宰之天。孔夫子碰到倒霉事,就常常自咒"天丧予"。这种主宰并不像基督教的上帝,有一个具体形象。但是它在冥冥之中祸恶福善、安排人世间的一切,它的意志谓之天命。这一点,经过董仲舒羼合阴阳家之言的着意发挥而更为突出:

> 天有五行,木火土金水是也。木生火,火生土,土生金,金生水,水为冬,金为秋,土为季夏,火为夏,木为春。春主生,夏主长,季夏主养,秋主收,冬主藏。藏,冬之所成也。是故父之所生,其子长之;父之所长,其子养之;父之所养,其子成之。[3]

而且:

> 惟人道为可以参天。天常以爱利为意,以养长为事,春秋冬夏皆其用也。王者亦常以爱利天下为意,以安乐一世为事,好恶喜怒而备

---

[1] 司马迁:《史记》第 30 卷,平准书第 8,第 1420 页。
[2] 班固:《汉书》第 56 卷,董仲舒传第 26,第 2525 页。
[3] 董仲舒:《春秋繁露》第 10 卷,五行对第 38,中华书局 1975 年版,第 379—380 页。

用也。然而主好恶喜怒,乃天之春夏秋冬也。[1]

因此,

> 王者不可以不知天。……天意难见也,其道难理。是故明阳阴入出实虚之处,所以观天之志。辨五行之本末顺逆,小大广狭,所以观天道也。[2]

显然,这种人格化了的天带有相当大的神秘性。在这一观念之下,借助于天的权威又树起了皇帝的权威。所谓"王道之三纲,可求于天"[3]。新旧王朝的更替,寄托着天命所归,皇帝的另一称呼是天子,"唯天子受命于天,天下受命于天子"[4],因此,圣旨诏书的开头语,常多"奉天承运"。就这样,皇权在观念上同天道连在一起,在世代承袭的过程中积淀而成传统。中国封建社会里,天道观念的压力是如此沉重而无法脱解,以至于逼上梁山的好汉也不得不举出"替天行道"的旗帜来做打家劫舍的事业,用这一个天来对抗那一个天。

(二) 大一统思想。这一思想在早期儒家中已经存在,但经过董仲舒之手而更能契合专制君权的需要。他说:"春秋大一统者,天地之常经,古今之通谊也。今师异道,人异论,百家殊方,指意不同,是以上亡以持一统;法制数变,下不知所守。"所以,"诸不在六艺之科孔子之术者,皆绝其道,勿使并进。邪辟之说灭息,然后统纪可一而法度可明,民知所从矣"[5]。孔学与"邪辟之说"的对立,不是一个学术问题,而是一个政治问题。因此,大一统的归指是"一统乎天子"[6]。

---

[1] 董仲舒:《春秋繁露》第 11 卷,王道通三第 44,第 403 页。
[2] 董仲舒:《春秋繁露》第 17 卷,天地阴阳第 81,第 600 页。
[3] 董仲舒:《春秋繁露》第 12 卷,基义第 53,第 434 页。
[4] 董仲舒:《春秋繁露》第 11 卷,为人者天第 41,第 386 页。
[5] 班固:《汉书》第 56 卷,董仲舒传第 26,第 2523 页。
[6] 董仲舒:《春秋繁露》第 6 卷,符瑞第 16,第 197 页。

秦始皇实现了大一统,但他并不急于找到一种合适的理论来说明大一统的合理性和必然性。因为他所看到的,只是大一统取代分封的磅礴行进。在他手里,理论是落后于历史的。而汉武帝则不同。发生在景帝时期的吴楚七国之乱,可以说是历历在目。他看到了问题的另一面。因此,历史和理论在他所代表的那个时代里重新获得了统一。儒家的大一统理论,曾经在漫长的封建社会中成为凝固力,反对和制止了可能出现的分裂倾向。但是,大一统总是维护中央集权的专制主义的,它又排斥了一些不应当排斥的东西,并由此而阻碍了社会的发展。

（三）纲常伦理。自两汉以来这就是维系封建制度的精神力量,而经宋明理学激扬之后,纲常伦理遂等同于"天理",尤愈膨胀而愈苛严。后来戴震作《孟子字义疏证》,慨乎宋以来儒者存天理、灭人欲之说,以为

> 人知老庄、释氏异于圣人,闻其无欲之说,犹未之信也;于宋儒,则信以为同于圣人;理欲之分,人人能言之。故今之治人者,视古贤圣体民之情,遂民之欲,多出于鄙细隐曲,不措诸意,不足为怪;而及其责以理也,不难举旷世之高节,著于义而罪之。尊者以理责卑,长者以理责幼,贵者以理责贱,虽失,谓之顺;卑者、幼者、贱者以理争之,虽得,谓之逆。于是下之人不能以天下之同情、天下所同欲达之于上;上以理责其下,而在下之罪,人人不胜指数。人死于法,犹有怜之者;死于理,其谁怜之![1]

虽然他仍然站在儒学的立场,但他对宋儒的愤词正说出了纲常伦理对人性的桎梏之深。

---

[1] 戴震:《孟子字义疏证》,中华书局1982年版,第10页。

从"五四"开始,我们对儒学中的这一部分攻击最多正是势所必至,理所必然。

这三者相互联系,对中国两千年来的社会所造成的影响可谓沦肌浃髓。李卓吾说:"二千年以来无议论,非无议论也,以孔夫子之议论为议论,此其所以无议论也。二千年以来无是非,非无是非也,以孔夫子之是非为是非,此其所以无是非也。"[1]在漫长的封建社会里,儒学并非没有变化。梁任公说:"浸假而孔子变为董江都、何邵公矣,浸假而孔子变为马季长、郑康成矣,浸假而孔子变为韩昌黎、欧阳永叔矣,浸假而孔子变为程伊川、朱晦庵矣,浸假而孔子变为陆象山、王阳明矣,浸假而孔子变为纪晓岚、阮芸台矣。"[2]陶希圣则列过孔子七变。这些变化,说明了儒学的发展和丰富,也说明了儒家学派为维护其精神支柱地位所做的努力。

上列几个方面互相联结和支撑,构成了封建社会的整体。要说明中国封建社会的长期延续,必须综合考察这个整体。执一端论,可能不无理由,但是,真理不会是片面的。

过去描述封建社会的长期性,经常使用"停滞""阻滞""迟滞"三个词。比较起来,后一个词似乎更切当些。封建社会的长期性,并不意味着中国社会停滞,社会总还是在变化的。这种变化,因为微小,仅以前后相接的两个朝代而论可能不太明显,但隔开几个朝代加以比较,是能够看得出来的。可以说:代代相承,变化微渐。但是,在明清之际,中国社会一度出现过比较明显的转变迹象,主要是:

---

[1] 转引自《吴虞集》,四川人民出版社1985年版,第65页。
[2] 梁启超:《保教非所以尊孔论》,载《新民丛报》1902年第2期。

（一）星星点点、互不联系的资本主义萌芽破土而出；（二）徐光启、李之藻、宋应星、李时珍、方以智等人的科学思想的出现；（三）黄宗羲、唐甄的民主思想如流星过夜天。此外，还有后来出现的《癸巳类稿》《镜花缘》《红楼梦》。这些东西给中国社会带来了新气象，产生过明亮的火花。但是，它们在总体上又是微弱的，不能突破封建主义的硬壳。一直到龚自珍，还只能是"药方只贩古时丹"。在中国，新东西的出现只能在鸦片战争之后。

第二章　东方与西方

在很长的时期里,中国把西方叫作泰西,西方把中国叫作远东。泰西和远东实际上代表了欧亚大陆的东西两端。历史地说,西方看东方也好,东方看西方也好,都曾经是遥遥相隔的天涯一端,来自彼地的种种传说中既包含着可靠的真知,也包含着离奇的臆想。

一、东西对视,隔雾看花

如果追溯得远一点,从地下发掘出来的文物可以说明,东方和西方的交往早在新石器时代就已经存在。后来,周穆王出巡至西王母之邦,几"乐而忘归"。"西王母"之名因此而常见诸古籍。《山海经》说:西王母居昆仑之丘,在西海之南,流沙之滨,赤水之后,黑水之前,"其状如人,豹尾虎齿而善啸,蓬发戴胜"[1]。虽说后人多把这种记述看作神话,但其中至少流露着古代中国人对当时被他们视为西方事物者言之津津的兴趣。比较有具体轨迹可寻的,应是汉代以来

---

[1]《山海经》,西山经第2,见《四部丛刊初编》(80),商务印书馆1926年版。

的丝绸之路。它以敦煌为起点,经过新疆,逶迤而达地中海东岸,然后转入罗马各地。这条路是两千多年前中西陆上交通的纽带,曾经对东方和西方经济文化交流起过很大作用,也使古代中国人不断获得中华之外另一个世界的知识。《后汉书·西域传》说:

> 大秦国,一名犂鞬,以在海西,亦云海西国。地方数千里,有四百余城。小国役属者数十。以石为城郭,列置邮亭,皆垩墍之。有松柏诸木百草。人俗力田作,多种树蚕桑。皆髡头而衣文绣,乘辎軿白盖小车,出入击鼓,建旌旗幡帜。
>
> 所居城邑,周圜百余里。城中有五宫,相去各十里。宫室皆以水精为柱,食器亦然。其王日游一宫,听事五日而后遍。常使一人持囊随王车,人有言事者,即以书投囊中,王至宫发省,理其枉直。各有官曹文书。[1]

这是中国史书关于罗马帝国的最早综述。一个半世纪之后《魏书》叙述同一内容,则更见详备:

> 大秦国,一名黎轩,都安都城。从条支西渡海曲一万里,去代三万九千四百里。其海傍出,犹渤海也,而东西与渤海相望,盖自然之理。地方六千里,居两海之间。其地平正,人居星布。其王都城分为五城,各方五里,周六十里。王居中城。城置八臣以主四方,而王城亦置八臣,分主四城。若谋国事及四方有不决者,则四城之臣集议王所,王自听之,然后施行。王三年一出观风化,人有冤枉诣王诉讼者,当方之臣小则让责,大则黜退,令其举贤人以代之。其人端正长大,衣服车旗拟仪中国,故外域谓之大秦。[2]

比较起来,后者对于前者的补充与修正是明显的。这种补充与修正

---

[1] 范晔:《后汉书》第88卷,西域传第78,中华书局点校本1965年版,第2919页。
[2] 魏收:《魏书》第102卷,列传第90,西域,中华书局点校本1974年版,第2275—2276页。

当然是一个半世纪中西交往深入的结果。

以丝绸名东西交通之路,固然说明那个时候东方与西方的交流以中国为主,但交流总不会是单向的。来自西方的器物、工技、艺术、植物、习俗以至意识形态也从同一渠道源源流入中国。唐代的长安,是当时中西交往最重要的大都市。在那里,外来风俗曾经进入民间和宫廷的生活,造成过种种变化。"武德、贞观之时,宫人骑马者,依齐、隋旧制,多着幂䍦。虽发自戎夷,而全身障蔽,不欲途路窥之。王公之家,亦同此制。永徽之后,皆用帷帽,拖裙到颈,渐为浅露。寻下敕禁断,初虽暂息,旋又仍旧。"至"则天之后,帷帽大行,幂䍦渐息。中宗即位,宫禁宽弛,公私妇人,无复幂䍦之制。开元初,从驾宫人骑马者,皆着胡帽,靓妆露面,无复障蔽。士庶之家,又相仿效,帷帽之制,绝不行用。俄又露髻驰骋,或有着丈夫衣服靴衫,而尊卑内外,斯一贯矣"[1]。幂䍦、帷帽、胡帽、靴衫都是从波斯或吐谷浑之类的异族中取来的东西。它们一旦为汉人喜爱和接受,就是帝王的敕旨也无法驱逐。在同一个时期里,出自西胡的䭔䬧、饆饠、搭纳、烧饼、胡饼和葡萄酒、三勒浆、龙膏酒似乎也很对中国人的胃口,不仅多见于长安市中,而且"贵人御馔,尽供胡食"[2]。在衣与食之外,同样的变化又见之于那个时候的艺术。来自异国的龟兹乐、天竺乐、西凉乐、高昌乐与中国传统的雅乐、古乐混融促成了声乐、舞乐、器乐的嬗蜕,令人耳目一新。元稹说:"女为胡妇学胡妆,伎进胡音务胡乐。火凤声沉多咽绝,春莺啭罢长萧索。胡音胡骑与胡妆,五十年来竞纷泊。"[3]是这种情况的留诗立照。胡俗是外来的东西,但中国文化史

---

[1] 刘昫:《旧唐书》第45卷,志第25,舆服,中华书局点校本1975年版,第1957页。
[2] 沈福伟:《中西文化交流史》,上海人民出版社1985年版,第161—162页。
[3] 元稹:《元氏长庆集》第24卷,法曲,文学古籍刊行社1956年版,总第358页。

上曾不止一次地出现过胡俗化为儒雅俗的变化。

丝绸之路是一个美丽而富有诗意的名称,但对躬行于其间的人们来说,它又是一条艰辛而遥远的道路。元代来到东方的著名威尼斯人马可·波罗,于1271年从地中海东岸出发,等他踏进中国敦煌转入上都(今内蒙古多伦西北)的时候,已经是1275年了。这一段路,他辗转跋涉,经历了4年,可见其曲折艰辛。离家的时候,马可·波罗只有17岁。在十多个世纪里,经丝绸之路东来的欧洲人中,他无疑是个年轻者。然而直到21年以后,他才在泉州登上海舶踏入归途。其间,马可在中国"习汉语,旁及蒙古、回鹘、西夏、西藏等文字,(元)世祖甚喜爱之,任官十七年。屡请返国,不许"[1]。这种经历,使他取得了无人可以匹敌的向欧洲介绍中国的资格。

在相当长的时间里,西方人对东方和中国的了解曾是支离而且隔膜的,希腊罗马时代的不里尼乌斯(Caius Plinius Secundus,今译为大普林尼——编按)作《博物志》,以"丝国"称中华。据他描述,丝国人"是以树林中所产的毛(即丝)出名的。他们在树叶上洒上水,然后由妇女们以加倍的工作来整理,并织成线。靠着在那么远的地方,那么繁重的手工,我们的贵妇人才能在公共场所,光耀夺目。丝国人固温良可亲,但不愿与人为伍,一如鸟兽,他们也只等待别人来和他们交易"。7个世纪之后,东罗马历史学家西莫喀达(Toeophylactus Simocata)在《莫利斯皇帝大事记》一书中提到中国,其记闻已稍能近实:"笃伽司脱(Taugast)国主,号曰:'戴山',意为上帝之子。国内宁谧,无乱事,因皇帝乃生而为皇者。人民敬偶像,法律公正,其生活充

---

[1] 方豪:《中西交通史》,中国文化大学出版部1983年版,第518页。

满智慧。国俗禁男子用金饰,其效力与法律同。但其国盛产金银,而又善经商。"这里的"笃伽司脱"本是"大汉"或"大魏"的译音,而"戴山"当由"天子"转音而来。12世纪中叶,西方教士柏郎嘉宾等曾衔命使华。其游记第九章叙中国事类,但观察和记述都不能脱宗教口吻:"其国历史记其祖先事实。国有隐士遁迹山林。有特备屋宇,类吾国之教堂,专供祈祷之用。有圣人甚多,深信世间仅有一真主。亦礼拜崇敬吾教之耶稣基督。又信灵魂不死之说,皆与吾人相同,惟无洗礼。其人亦敬信吾人之圣经,礼爱基督徒。好施舍,以济贫乏。其俗谦让温恭,无须,貌与蒙古人同,而不及其宽。自有言语。工艺之精,世无其匹。地极富饶,盛产五谷、酒、金、银、丝及各种养生之物。"[1]马可·波罗口述的游记,第一次以一个侨居中国17年之久的欧洲人的眼光勾绘了中国社会概貌。它的问世,使西方人知道了中国广阔的国土,"连绵不断的城市和邑镇","幽美的葡萄圃、田野和花园",佛教僧侣的"许多庙宇",大量出产的"织锦和许多精美的塔夫绸",以及"一路上有的是为旅客设置的上好旅馆"。这些描写,最初曾"引起了整个欧洲的怀疑,接着是激起了整个欧洲的想象力",以至于"十五世纪欧洲的传奇,充满着马可·波罗的故事里的名字,如契丹、汗八里之类"[2]。他们从游记中所看到的东方的富庶,又成为驱动西人东来的巨大诱惑。据说,哥伦布就是读其书而有志于东行者。从马可·波罗一个人身上,可以透视这一时期的中西关系。在《马可·波罗游记》之前,取经僧玄奘写过《大唐西域记》,以一个中国人的眼光摄下了种种域外风物。从文化交流史上说,这是两本

---

[1] 方豪:《中西交通史》,第179、365、514页。
[2] [英]赫·乔·韦尔斯:《世界史纲》,人民出版社1982年版,第767、769页。

可以媲美的著作。但在中国,《大唐西域记》从来没有激起过那么多的想象力。自《史记·大宛传》开始,二十四史都设有专门记载外国情况的篇目。应当说,历史上的中国并非闭塞的孤岛,它一直在注视着中国以外的其他国家。但是,直到清初编纂的《明史》,能够明白列举的欧洲国家还只有四个,即佛郎机(指葡萄牙,但有时又兼指西班牙)、吕宋(现在的马尼拉一带,当时此地为西班牙所占,所以实际上是指西班牙)、和兰(荷兰)、意大利。在《明史》的初稿中,意大利是写成欧罗巴的。虽然后来改了过来,但把意大利当成整个欧洲,毕竟反映了知识上的模糊。在漫长的中世纪里,东方和西方之间的空间实在是太大了。生产力的落后决定了交往方式的落后,而落后的交往方式是无法突破空间限制的。中国人称罗马为犁鞬、大秦,而西方人称中国为丝国、支那、契丹。互相对视,但又如隔雾看花,一个世纪接着一个世纪,西方人看东方是神秘的东方,东方人看西方是奇异的西方。

二、郑和下西洋与地理大发现

15世纪,东西方之间好像出现了一场航海竞赛。从1405年到1433年,28年中,郑和7次出使西洋(中国南海以西的海洋及近海各地)。他所率领的舰队弘舸连舳,巨槛接舻,历经30多个国家,航程的最西一端是非洲东海岸。我们今天赞美郑和,因为他七下西洋沟通了中国同西亚诸国之间多方面的联系,而当时出使随员留下的名为《瀛涯胜览》(马欢)、《星槎胜览》(费信)、《西洋番国志》(巩珍)的海外见闻录也为东西文化交流保存了一部分很有价值的历史材料。但是,1435年,随着郑和的死去,中国远航船队的帆影也在海面上消失了。而在西方,半个世纪之后却迭连出现了3个著名人物。1492

年,意大利人哥伦布横渡大西洋发现了美洲新大陆。[1] 1497年,葡萄牙人达·伽马绕过非洲好望角,于第二年到达印度。他是第一个通过海路从西方来到东方的人。1519年,葡萄牙人麦哲伦渡过大西洋,沿美洲大陆向东进入太平洋。虽然他本人在中途被戕杀于菲律宾,但他的船队则继续航行,并于1522年返回欧洲。历3年之久,绕地球一周。这次航行证实了我们居住的大地在构造上是一个球形。三者的事业,从地理上沟通了欧、美、亚、非之间的关系。谓之"地理大发现"是名副其实的。1530年,人文主义者让·斐纳说:"由于我们航海家的勇敢,大洋被横渡了,新岛屿被发现了,印度的一些僻远隐蔽的地方,揭露出来了。西方大洲,即所谓新世界,为我们祖先所不知的,现已大部明了了。在所有这些方面,以及在有关天文学的方面,柏拉图、亚理斯多德和古哲学家们都曾获得进步,而托勒密更大有增益。然而假使这些人当中有一位今天重来的话,他会发现地理已改变得认不出来了。我们时代的航海家给我们一个新地球。"[2] 从此,历史在很大的程度上成为世界的历史,在这个意义上应当说,他们的航程是划时代的。

如果要做比较,其结果是令人深思的。从时间上说,郑和首次出海比哥伦布横渡大西洋要早87年。论船队规模,郑和七下西洋,人数多半在2.7万以上;而哥伦布、达·伽马、麦哲伦所统水手分别是87人、140多人、260多人。同郑和比,是小巫见大巫了。而且,当时中国的海船大者可载物千吨以上,"长四十四丈四尺,阔一十八丈",

---

[1] 使用"发现"一词并不意味着在哥伦布之前没有人到过美洲,而是强调正是由于他的发现,美洲大陆才首先吸引了世界的注意。
[2] 〔英〕贝尔纳:《历史上的科学》,科学出版社1981年版,第230页。

"蓬帆锚舵,非二三百人莫能举动"[1]。但哥伦布开到美洲去的船,却只要几十人就可以操纵自如了。无疑,中国人曾经占有多方面的优势。然而,地理大发现最后并不是在中国人手里完成的。在这里,声势之大同果实之小是不成比例的。后人读史,会非常自然地问:其故安在?

由对比而产生的问题,可以从进一步的对比中得到说明。

在西方,当哥伦布、达·伽马、麦哲伦先后驶向万顷波涛的时候,为他们导航的,不仅有指南针,而且有文艺复兴时期的天文学和地理学。据研治科学史的英国学人贝尔纳说,那个时候的欧洲:

> 矿业和金属的各项技术发展,得益于科学者无几,但很有助于科学。但是向欧洲资本主义企业开辟全世界的历次重要远洋航行,情形就不然了。这些是为了光荣和利益服务而有意识地最初应用天文和地理科学而获得的成果。意大利和德国城市,如威尼斯、热那亚、甚至内地的佛罗棱萨和努恩堡,都因贸易广泛,在理论方面自应处于领导地位。由于十三世纪老旅行家马可·波罗(Marco Polo)和鲁布立格(Rubriguis)等的报告,以及近世航海所获的结果,使希腊地理学复活并得到扩展,以合于当时最新的知识。同时,意大利人和德国人改进了天文学在航海术上的应用,并首创一种运动,把天文表做得足够准确和简单,使水手都会用,更把地图弄成可在其上绘制航线。[2]

没有这些东西,西班牙人和葡萄牙人强悍的冒险精神只会是海面上的一股盲流。郑和的船上,也有罗盘,但是,当时的中国人还只知道天圆地方。天圆地方与西方人"地圆说"的不同,反映了东西航海科学前提的不同。"不论哥伦布本人的一些内心动机怎样神秘,他航海

---

[1] 巩珍:《西洋番国志》,中华书局1961年版,第12页。
[2] 〔英〕贝尔纳:《历史上的科学》,第227页。

的得到支持,全靠有人从实际上来估计证实一条科学假设后所可期待得到的收获。"[1]正如理论是革命的先导一样,理论(包括假说)也曾是地理大发现的先导。

哥伦布、达·伽马和麦哲伦在西方航海史上是迭连出现的。三者在纵向上前后相承,在横向上独立完成各自的创举,在他们的前后左右,还有一大批那个时候的二流和三流航海家,由此构成了整个地理大发现。而郑和七下西洋,却是前无古人,后无来者,楼船东返,海域寂寞。

西方的航海者之所以冒险犯难,百折不挠,孜孜以向东方,有着十字军最后努力的宗教背景,但更大的原因在于神秘的东方有大量而且易取的黄金、香料和其他货利之物,当时,有个叫笃斯加内里(Paolodel Pozzo Toscanelli)的佛罗伦萨人曾告诉哥伦布若干有关中国的传闻:"各地商贾,贩运商货,即合全世界计之,亦不及刺桐(泉州)一港,每年有巨舶百艘,载运胡椒至刺桐,装其他香料之船舶,犹未计及也。其国人口众多,富庶无匹;邦省城邑之多,不可胜数,皆臣属于大汗(Gran Can),大汗者,拉丁文所谓'万王之王'(Rex Regum)也。"而且"各城皆有大理石筑成之桥,桥头饰以石柱"。在这个地方,"金、银、珍宝与香料,所在皆是,可以致富"[2]。透过这种对东方世界并不真实的意识,可以看到:芽蘖初生的资本主义生产方式正在渴求原始积累,并因此而推动一批一批的人走向世界,寻找财富。在航海者的背后有着生产力的要求和经济的动力。但郑和出使西洋却是宣扬国威,使域外人得以一睹泱泱大国的汉官威仪。也有人说,"成祖西洋之舟发,不亦劳乎,郑和之泛海也,胡濙之颁书也,国

---

[1] 〔英〕贝尔纳:《历史上的科学》,第229页。
[2] 方豪:《中西交通史》,第659页。

有大疑云尔"[1]。所以,如果要说寻找,那么他所寻的不是财富,而是下落不明的建文帝。他的船队同中国社会经济发展的内在要求并没有必然的联系。

三、强韧持久的进取与保守防范的抵拒

地理大发现后,地理距离所造成的空间障碍比过去变得容易超越了,世界格局发生了大变化:西方成为殖民主义,东方变作殖民地。地理大发现是世界历史上的一大功绩,殖民主义原始积累则是滔滔罪恶。但功绩和罪恶又常常不那么容易一截为二。恩格斯说:"自从阶级对立产生以来,正是人的恶劣的情欲——贪欲和权势欲成了历史发展的杠杆,关于这方面,例如封建制度的和资产阶级的历史就是一个独一无二的持续不断的证明。"[2]没有罪恶,历史的停滞打不破,也就不会有进步。

在这个过程中,陆续东来的西方人先后占据了中国周围的国家,逐步接近中国,向中国窥视:1517年,葡萄牙人驾船进入广东海面,并于1554年踏上澳门。1575年,西班牙人开始出现在福建沿海。1601年,荷兰人首次到达广州,并在21年后强占澎湖,进而侵夺台湾,直到1662年被郑成功驱逐。1591年,英国开始走向东方;1596年,伊丽莎白女王给中国皇帝写了一封没有送到的信,要求通商;1600年,东印度公司成立;1637年,英国船只第一次来到中国。而35年前(即1602年),法国人的船只已经到达东方。相比之下,美国是姗姗迟来者。1784年,美国航船才出现在广州,带着一个倾慕东方的

---

[1] 陈登原:《国史旧闻》第3分册,中华书局1980年版,第18页。
[2] 《马克思恩格斯选集》第4卷,人民出版社1972年版,第233页。

名字,叫作"中国皇后"号。地理大发现主要由葡萄牙、西班牙完成。因此,在16世纪和17世纪,它们分别具有在东方的优势。直到18世纪,才开始了英国头角峥嵘的时期。

从《马可·波罗游记》问世起,西方人就憧憬、羡慕、向往着东方。16世纪,他们终于来到了这个地方,几百年梦一样的幻想实现了。中国这一古老的东方大国也因此而成为最大的猎取目标。但是,西方人可以来到中国的周围,可以合法地或者非法地在中国沿海的某些区域活动,他们要跨进中华帝国沉沉的大门却往往很难。那个时候,他们还没有后来那么多的"要挟狂悖"之气。1655年,荷兰使节哥页(Peter de Goyer)与开泽(Jacob de Keyzer)来到了北京。据说,"这两位使节事事都顺从中国人的要求。他们带来贵重的礼物,并且听凭这些礼物被人称为贡物,自己也竟这样称呼它;他们也拜领了优厚的恩赐;他们俯伏在皇帝前面;他们在皇帝的圣谕、诏书和宝座之前恭行了三跪九叩首的礼节;他们情愿以一个亚洲藩属向宗主国来朝贡的使臣地位自居。他们希望用这种行为在中国取得贸易特权,像他们在日本以同样手段所取得的一样;但他们所得的只不过是被准许每八年遣'使'一次,每次随带商船四艘而已"[1]。据马士罗举的《大事年表》,从这个时候开始到1816年,161年里,西方的使节抵达北京,要求通商传教不下十数次。[2] 他们是真正的叩关使者。虽然当他们离开紫禁城的时候,带走的多半是深深的失望,但新的使者又会带着新的希望再一次漂洋过海而来。一代一代的使者,体现了西方顽强的进取政策。在他们的背后,是成百上千、成千上万的商人和

---

[1] 〔美〕马士:《中华帝国对外关系史》第1卷,生活·读书·新知三联书店1957年版,第53页。
[2] 〔美〕马士:《中华帝国对外关系史》第1卷,大事年表。

传教士。两个世纪就是这样过去的。

面对西方人强韧持久的进取之势,中国的最后一个王朝却越来越自觉地走向保守防范的抵拒。《乾隆御制诗》中有"间年外域有人来,宁可求全关不开。人事天时诚极盛,盈虚默念惧增哉"[1]一首,不失为吐露心声之作。"宁可求全关不开"当作一种国策,表现了对西方人叩关的深深疑忌。这一点,东来的西方人并不是懵然无知的。马戛尔尼说:"吾实未见中国禁止外人在北方各埠贸易之规定明文。其所云云,不过华人欲掩其真正动机,而不欲宣诸口者。彼等以为苟不如此,则恐外人之交际频繁,有碍于安谧,而各界人等之服从上命,以维持皇威于不坠,乃中国政府唯一不易之格言。"[2]

明代的中国君臣,虽然并不欢迎渡海而来的西方人,但似乎还没有后来那么多的紧张和心机缜密的戒备。因此嘉靖以后,私人海上贸易能够穿过法网的罅隙而急速地发展,并形成各种规模可观的集团。这些私商与葡萄牙、西班牙、荷兰都有贸易关系,由此,曾使美洲的大量白银经吕宋而流入中国。在同一个时期里,东来的传教士也携带着西洋文化进入了宫廷和士大夫群。教士之著名者如利玛窦等且能在士林名流中觅得知音。时人与之诗文赠答,多推重之词:"天地信无垠,小智安足拟。爰有西方人,来自八万里。言慕中华风,深契吾儒理。著书多格言,结交皆贤士。淑诡良不矜,熙攘乃所鄙。圣化破九埏,殊方表同轨。于儒徒管窥,达观自一视。我亦与之游,泠然得深旨。"[3]言辞一派和洽之气。

但清代开国不久,即厉行海禁。闽粤首当其冲,"令下之日,挈妻

---

[1] 《乾隆御制诗》第5集第26卷,丁未二《上元灯词》。
[2] 朱杰勤:《中外关系史译丛》,海洋出版社1984年版,第216页。
[3] 叶向高赠诗,见张维华:《明清之际中西关系简史》,齐鲁书社1987年版,第120页。

负子载道路,处其居室,放火焚烧,片石不留,民死过半,枕藉道涂",沿海一带"火焚二个月,惨不可言",往往数十里因之化为废墟。而后立沟墙为界,"寸板不许下海,界外不许闲行,出界以违旨立杀"[1]。这种严酷的禁律,当然首先是针对台湾郑成功的,但中国同西方沿海的贸易也因此濒于断绝。后来,国内钦天监一案,又涉及大批教士,诏狱之下,西方人在中国的活动限制重重。直到1685年,即康熙二十四年,清廷在收复台湾之后,才解除海禁,设粤、闽、浙、江四海关,允许西方诸国同沿海各省定期贸易。这反映了国土统一之后中国国力的强盛,也反映了作为封建帝王的康熙所具备的自信力。正因为自信,所以康熙不怕外国东西,并且肯学习外国东西。他本人对西方近代数学以及医学和舆地之学都下过功夫。这种学养,使他更容易相信实证。钦天监教案的发难者杨光先,虽以"宁可使中夏无好历法,不可使中夏有西洋人"为高调,但终因不知推算验测而落职。传教士南怀仁则经过实测验证之后,成为再入钦天监的西洋人。中西关隘因此而松动了一段时期。雍正时期,中国开始明令禁止传教,这多少反映了罗马教廷的规制与中国礼仪的矛盾,所谓"中国有中国之教,西洋有西洋之教。西洋之教,不必行于中国,亦如中国之教,岂能行于西洋"[2]。于是,西方教士一批一批被驱逐回国。"其外府之天主堂,悉撤为公廨,内地人民入其教者出之。"[3]其间,雍正曾召见天主教司铎巴多明、冯秉正、费隐,谕之曰:"教友惟认识尔等,一旦边境有事,百姓惟尔等之命是从;虽现在不必顾虑及此,然苟千万战艘,来

---

[1] 海外散人:《榕城纪闻》,陈鸿、陈邦贤:《清初莆变小乘》,转引自林仁川:《明末清初私人海上贸易》,华东师范大学出版社1987年版,第429页。
[2] 雍正五年四月初八日上谕,见方豪:《中西交通史》,第1026页。
[3] 雍正二年两广总督孔毓珣奏折,见方豪:《中西交通史》,第1026页。

我海岸,则祸患大矣。"[1]比之诏书中崇正学黜异端的体面话头来,这里说的要更近实一点。但这种意识形态的冲突一时尚未影响中西贸易。直至1756年,多年不到浙江贸易的英国商船迭连北上宁波,引起乾隆疑虑:"顾向来洋船进口,俱由广东之澳门等处,其至浙江之宁波者甚少。……近年乃多有专为贸易而至者。将来熟悉此路,进口船只不免日增,是又成一市集之所。在国家绥远通商,宁波原与澳门无异,但于此复多一市场,恐积久留居内地者益众。海滨要地,殊非防微杜渐之道。"[2]次年,他正式下令"将来止许在广东收泊交易,不得再赴宁波。如或再来,必令原船返棹至广,不准入浙江海口。豫令粤关传谕该商等知悉"。并申明:"嗣后口岸定于广东。"[3]事情虽然是宁波一口引起的,但谕旨中的规定却禁断了广东之外的一切中西贸易。从这个时候起,直到鸦片战争爆发,广州成为中国对外的唯一孔道。

乾隆的基本精神就是通过限扼中西往来以守夷夏之界,与之相伴的是愈多天朝尊严的虚骄意识。1792年(乾隆五十七年),英国使节马戛尔尼来华谋求商务利益。但一经广东巡抚郭世勋的"奏闻",则变成了下国上贡。其辞曰:"臣等伏思前年恭遇皇上八旬万寿,中外胪欢,凡边塞夷王酋长,骈集都下,真旷古未逢之盛事。今英吉利国王遣使臣涉历重洋,远道祝嘏,具见凡有血气,莫不尊亲,芹曝微忱,自可仰邀垂鉴。"[4]把英吉利国王归入"边塞夷王酋长"同类,虽是一种世界知识和地理知识的错误,但在惯于以华夏俯视四夷的人

---

[1] 冯秉正:《中国通史》Ⅺ卷,第400页,转引自沈福伟:《中西文化交流史》,第385页。
[2] 《大清高宗纯皇帝实录》第516卷,第16—17页,日本东京大藏出版株式会社印。
[3] 《大清高宗纯皇帝实录》第550卷,第24—25页。
[4] 郭廷以:《近代中国史》第1册,商务印书馆1947年版,第228页。

们眼中,正是应有之理。所以,当马戛尔尼不愿意以三跪九叩的仪式觐见中国君主的时候,乾隆不能不感到恼怒:"此次该使臣等前来热河,于礼节多未谙悉,朕心实为不惬。伊等前此进京时,经过沿途各地方官款接供给,未免过于优待,以至该贡使等妄自骄矜。将来伊等回国……只须照例应付,不得踵事增华,徒滋烦费。此等无知外夷,亦不值加以优礼。"[1]他把夷夏之间的不平等当作中外交往的前提。用这个前提去衡量马戛尔尼,那位来自英吉利的勋爵便当然成了"无知"而且"妄自骄矜"之辈。

天朝尊严是一种意识,也是一种体制。著名的广东十三行就是从这里派生出的一种特产。在那个时代,政府不会让对外贸易脱出统制,但为了天朝的体面,政府的官员又不能与夷商往来交际。这种矛盾,不能不借助于以官制商,以商制夷的办法来解决。十三行的总商和行商们在贸易上是中外商人之间的中介;在外交上又是中国政府同夷商之间的中介,他们是外国人的贸易对手,又是外国人在华期间的保人和管制人。一身而兼二任,成为一种亦官亦商的东西。对于中国来说,十三行的出现维护了天朝的规制,而对西方商人来说,十三行却遮断了他们同中国民间和官方的联系。虽然这种做法常常引起西方人的愤懑,但在冲突没有激化之前,中国的君主和官、绅、商都不会觉察到其中的毛病。

从本质上说,用虚骄来维护天朝尊严同保守防范的意识总是内在联系在一起的。"夷"与"狄"是蔑视鄙薄之称,但它又包含着"非我族类其心必异"的惕惕戒惧。因此,天朝人物虽然不屑接触夷商,但又用一连串防范外夷条规,对西方商人的来、往、住、行都作了严格

---

[1] 郭廷以:《近代中国史》第1册,商务印书馆1947年版,第235页。

苛细的限制。《达衷集》一书收录了18世纪后期英国大班波朗递交中国当局的呈禀和两广总督长麟的批答,其中若干内容是可以反映那个时代的:

> (呈)我夷人为身体怕有病,喜欢行走,到广东不能进城,也不能到阔野地方活动,求大人查核,或准进城,或在城外指一个地方,或准骑马,或准步行,我们就不生病了。
>
> (批)查广东人烟稠蜜(密),处处庄园,并无空余地,若任其赴野闲游,汉夷言语不通,必致滋生事故。但该夷等锢处夷馆,或困倦生病,亦属至情。嗣后应于每月初三、十八两日,夷人若要略为散解,应令赴报,派人带送海幢寺陈家花园,听其游散,以示体恤。但日落即要归馆,不准在被(彼)过夜。并责成行商严加管束,不准水手人等随往滋事。
>
> (呈)我们买卖船水手甚多,万一有病,连别人都染了。或在河边,或在海岛,准我们盖搭几间草房子;有了病,就移他到草房子里住,也好养病,也免染别人。
>
> (批)查黄埔船到,向许在附近岸上暂盖寮蓬数间,船去即行拆毁,已属格外体恤。今若于黄埔改建草房,船来固可供夷人之栖止,船去交谁看守?若听夷人自行看守,是须夷人在黄埔终年长住。彼处并无官署驻扎,倘有汉民赴彼扰诈,以及水火盗贼等事,不能防范。应毋庸议。[1]

据说,在那个时候的广东,长麟还算是一个能够宽待外人的大吏,但其批札却极富睥睨与防范的本色。天朝尊严曾经是一个牢不可破的观念。这主要是儒学长期浸润的结果,而中国在地理环境上一边沿海,一边多山,中间几条大河的构造,也便利于封闭式体系的产生和

---

[1] 许地山:《达衷集》,商务印书馆1931年版,第165—167页。

形成。生活在这种社会里的人必然受到这种社会的影响。

以保守的对策来对付进取的政策,这种中西之间的态势就是鸦片战争后一系列变化的基础和原因。任何一个国家、地区,它与外国和外部地区的交通发达程度往往同其文化经济的发展程度成正比。中国在世界民族之林中所处的被动局面,不是开始于鸦片战争,而是从郑和航海以来已见端倪了。

第三章　由盛转衰的清王朝

当中国社会进入 19 世纪的时候,六十年乾隆盛世已经过去了。与"盛世"相比,19 世纪一开始就是黯淡无光的。孕育和蓄积于上一世纪的种种社会矛盾,在这个时候已经成为人口、财政、武备、吏治的种种难题。人心在变,士风也在变。民间的揭竿造反与士大夫的经世议论,表现了朝野皆为忧患所苦。这本是王朝由盛转衰途中的历史旧景,但海舶东来,由中西贸易而渗入中国的洋物和毒品,又给世变添加了新的内容。它们像天边的乌云一样涌来,预示了这一世纪的多难与动荡。

一、盛世已经过去

从宋代以后,中国就少盛世。但 17、18 世纪,当封建社会快要败落的时候,却出现了康乾盛世[1]。这个褒称源出于旧史,然而并非全是无根之词。新史铺叙康熙乾隆之间的社会状貌,由实及名,也常常会沿用或援引这一说法。清代盛世再现,是在满族君权下作成的,

---

[1] 也称康雍乾盛世。

其中有一些需要比较才能品味的意思。

明代中叶以后,帝王多晏居深宫,与朝臣壅隔,一派怠惰疲惫的迟暮气象。尤甚者则不视朝,不御讲筵,不亲郊庙,不批章疏,甚至不补中外缺官。1596年(万历二十四年),吏部尚书孙丕扬上疏说:"数月以来,廷推搁矣,行取停矣,年例废矣。诸臣中或以功高优叙,或以资深量迁,或服阕而除补,或覆题而注授,其生平素履原不在摈弃之列者,乞体因政设官之意,念国步多事之时,将近日推补官员章疏简发,间有注拟未当,亦乞明示别推酌补。"[1]虽词气近乎哀求,然而结果是"疏入不报",没有激起一点回响。尔后天启一朝阉竖成祸。阉党的弄权,既是君权懒倦的结果,也是君权懒倦的报应。等到崇祯当权,天下已经河溃鱼烂。他极想振作,17年里用了50个宰相。然而"朝无久任之士,官有传舍之情,主无信倚之诚,臣有脂韦之习"[2]。他的惶急和努力并不能撑持积久而成的土崩瓦解之局。后来,农民领袖兼大顺朝皇帝李自成在檄文中说:"君非甚暗,孤立而炀蔽恒多;臣尽行私,罔上而公忠绝少。……公侯皆食肉纨袴,而倚为腹心;宦官悉龁糠犬豕,而借其耳目。狱囚累累,士无报礼之心;征敛重重,民有偕亡之恨。"[3]对于崇祯和他那个时代作了近实之论。相比之下,满族以攻战立国,他们的剽悍勇决带来了明季所没有的锐气,他们的质朴少文也更容易趋近于实事实功一路。康熙16岁亲政,首先诛杀权臣鳌拜而乾纲独断。他是一个勤劳的皇帝,其晚年自述,多道及此中甘苦:

> 予年将七旬,在位五十余载,天下粗安,四海承平。虽未能移风易俗,家给人足,但孜孜汲汲,小心谨慎,夙夜未敢少懈,数十年来,殚

---

[1] 转引自孟森:《明清史讲义》上册,中华书局1981年版,第261页。
[2] 《崇祯五十相》,见陈登原:《国史旧闻》第3分册,中华书局1980年版,第110页。
[3] 徐鼒:《小腆纪年附考》第3卷,中华书局1957年版,第60页。

心竭力,有如一日;岂仅劳苦二字,所能概括?前代帝王,或享年不永,后世史论,辄以为酒色奢侈所致,此皆不过书生好为讥评,虽纯全尽美之君,亦必择摘瑕疵而后快意。予其为前代帝王剖白?盖天下事繁,不胜劳惫所致也。诸葛亮云:鞠躬尽瘁,死而后已。为人臣者,仅有诸葛亮一人耳。若为帝王,仔肩甚重,无可旁诿,岂臣下所可比拟?臣下可仕则仕,可止则止;年老致政而归,抱子弄孙,犹得优游自适。为君者勤劬一生,了无休息。

因此,"每览老臣致仕之奏,未尝不流涕,尔等有退休之时,朕何地可休息耶?"[1]作为一个老境中的帝王,他的话未必是故意做作。此后,君主亲自披阅奏章成为清初诸帝相沿的规矩。据说雍正因此而常常迟至午夜都不得安寝。这固然说明君权日积而愈重,但"宵旰乾惕"毕竟是另一种气象了。

元代曾经是中国历史上一个强盛的王朝。然而成吉思汗弯弓射雕的劲气在他后人手里只留下一种蔑视文化的粗陋与狭隘。蒙古贵族没有汉化。他们分民族为四等,置汉族于贱类;并且鄙视知识分子,以儒生挂名俘籍,倡优畜之,有"九儒十丐"之说。读书人久视为登天之梯的科举,在蒙古人眼里是并不值钱的。"军民僧尼道客官儒回回医监阴阳写算门厨典顾未完等户,以本户籍贯应试。"[2]僧道可以应试,尼姑也可以应试。于是场屋选才变成了可笑的恶作剧。这种做法本身就挖掘了一道社会鸿沟,使他们的根须无法深深地扎进中国的社会和历史。满洲贵族则并不如此。他们君临中国的过程,同时也是自身汉化的过程。这不仅表现在清代基本上继承了明代的政治制度,而且表现在他们接受并且自觉提倡中国的传统文化。康

---

[1] 转引自萧一山:《清代通史》上卷,台湾商务印书馆1976年版,第815—816页。
[2] 梁章钜:《南省公余录》第4卷,转引自《国史旧闻》第3分册,第210页。

熙在位60年,曾诏举博学鸿儒以奖励文学;尊祀朱熹于十哲之列,表彰理学,同时又提倡汉学;购求遗书,编纂群籍,成《图书集成》1万卷。好大喜功的乾隆,更驾而上之,集多士之力,总汇古代文化,成《四库全书》7.9万余卷。虽说其用意半在借此删书,然而在文化史上,这样的巨制毕竟是前无古人的。与之相称,清代设官任职,至少在外观上不以划分满汉畛域为能事。职官之品级崇高者,六部堂官以上则设满汉各一半,地方督抚则满汉兼用。这些做法比蒙古人要高明得多,结果是满族接受了汉族的文化和传统,汉族接受了满族的君权。在以后的200余年中,清初遗民哀愤耿耿的种族意识因之而渐为世人淡忘。

与前代相比,康乾之时确实有一种盛世气象。在平定三藩、收复台湾之后,整整100多年是休养生息的承平时期。但是,如果说汉唐盛世曾经是阳春天气的话,那么康乾盛世不过是晚秋晴日。历史的运行不会使盛世长存。这种转机在乾隆后期已经出现,渐积而渐多。到嘉庆时代,盛世色彩终于褪色,露出了百孔千疮。时人奏疏言及官场腐败与百姓困苦已有"积弊相沿""积重难返"之叹:

> 州县有所营求,即有所馈送,往往以缺分之繁简,较贿赂之等差。此岂州县私财?直以国帑为夤缘之具,上官既甘其饵,明知之而不能问,且受其挟制,无可如何。间有初任人员,天良未泯!小心畏谨,不肯接收,上官转为说合,懦者千方抑勒,强者百计调停,务使受代而后已。一县如此,各县皆然,一省如此,天下皆然。于是大县有亏空十余万者,一遇奏销,横征暴敛,挪新掩旧,小民困于追呼,而莫之或恤……[1]

---

[1] 转引自萧一山:《清代通史》中卷,第280—281页。

于是而有民间宗教聚合起来的长期民变。川楚白莲教之役,连上谕也不能讳言"官逼民反":"教'匪'滋事,以'官逼民反'为词。昨冬'贼'首王三槐解到,讯供亦有此语,闻之恻然。是以暂停正法。"[1] 嘉庆并不是一个大有作为的皇帝。但是,他看到了社会积弊,并指望通过整肃吏治来挽救颓势。1799年(嘉庆四年),他刚刚亲政,就杀掉居宰辅之位20年之久的和珅。继之以对和珅的奥援党羽大批撤换、贬斥、罢免,期望以大规模清洗来整刷腐败的吏治。在这个过程中一批比较知名的汉人如朱珪、高书麟、阮元成为中枢大臣和地方督抚。由此发生的满汉比重变化,是引人注目的。同时,嘉庆终止了始于康熙(六下浙江,四出边外,四上五台山)而盛于乾隆(六下江南)的帝王巡游之风,停止了边地各省的贡奉:"试思外省备办玉铜磁器书画插屏挂屏等件,岂皆出自己赀?必下而取之州县,而州县又必取之百姓,稍不足数,敲扑随之。以间阎有限之脂膏,供官吏无穷之朘削,民何以堪!"[2] 这些话见诸帝王诏书,有点像是滥调,但同乾隆的奢侈相比,这种克己和自律确实给人以深刻印象。

然而,盛世不能重造,他的意志并没有阻止社会的颓势。更多本来隐伏的问题从罅隙中冒出来了。这是老子留给儿子的遗产。从1803年开始,发生过多次漕运之争。南方粮米通过运河北上输供京师本是从明代沿袭下来的成规,它反映了政治中心所在的北方与经济重心所在的南方之间畸形的关系。由此,漕运成为清代三大要政之一。主其事者为漕运总督以下的一整套机构。乾隆中叶以来,其间百计肥私的种种弊象,已为人所共知:

---

[1] 转引自孟森:《明清史讲义》下册,第596页。
[2] 转引自萧一山:《清代通史》中卷,第274—275页。

> 各卫有本帮千总领运,而漕臣每岁另委押运帮官,又分一人押重,一人押空。每省有粮道督押,又别委同通为总运。沿途有地方文武催趱,又有漕委、督抚委、河委,自瓜洲抵淀津,不下数百员。各上司明知差委无济公事,然不得不借帮丁之脂膏,酬属员之奔竞,且为保举私人之地。

受大吏朘削的帮丁,又取之于州县:

> 旗丁勒索州县,必借米色为刁制。各州县开仓旬日,各厫即已满贮,各丁深知米多厫少,必须先兑,每借看米色为由,逐厫挑剔,不肯受兑,致使粮户无厫输纳,往往因此滋事。旗丁即乘机恣索,州县不敢不应其求。或所索未遂,即借口米色未纯,停兑喧扰。及至委员催兑开行,各丁不俟米之兑足即便开船,冀累州县以随帮交兑之苦。[1]

由于漕运机构的贪利和勒索,他们同主管输交粮米的各省官员不能不发生矛盾冲突,因之而有海运与河运之争。凡与漕运有相关利益者皆主河运;而各省主管则多主海运。1803年,运河淤塞,粮船运行不畅,触发首次争论。而海运和陆运的分歧常会在论争中由形而下转入形而上,触及能不能改变祖宗成法,成为一个超出行政范围的题目。

在此前后,异议及于科举制度者,也已经出现。乾隆时期的兵部侍郎舒赫德在奏疏中说:

> 古人询事考言,其所言者,即其居官所当为之职事也。今之时文,徒空言而不适于用。此其不足以得人者一。墨卷房行,辗转抄袭;肤词诡说,蔓衍支离,以为苟可以取科第而止。其不足以得人者二。士子各占一经,每经拟题,多者百余,少者不过数十,古人毕生治

---

[1] 包世臣:《剔漕弊说》,孙玉庭:《恤丁除弊流》,转引自《明清史讲义》下册,第627—628页。

之而不足,今则数月为之而有余。其不足以得人者三。表判可以预拟而得,答策随题敷衍,无所发明。其不足以得人者四。

因此,"科举之制,凭文而取,按格而官,已非良法"[1]。舒赫德以后,还有一名叫徐大椿的在野知识分子,用嬉笑的笔意作《时文叹》,写出了同一种意思:

> 读书人,最不济。烂时文,烂如泥。国家本为求才计,谁知道变作了欺人计。三句承题,两句破题,摆尾摇头,便是圣门高第,可知道三通四史是何等文章,汉祖唐宗是哪朝皇帝? 案头放高头讲章,店里买新科利器。读得来肩背高低,口角嘘唏。甘蔗渣儿嚼了又嚼,有何滋味? 辜负光阴,白白昏迷一世。就教他骗得高官,也是百姓朝廷的晦气。[2]

其时,盛世还没有过去,但多思之士已看出了科举制度和科举中人的衰相。人们对长期存在的东西发生疑问并见之奏折,说明现存秩序已经走入向下的行程了。随着世景的今非昔比,他们的议论会获得更多的社会共鸣。讥刺科举制度的《儒林外史》一书在嘉庆朝刻印问世并开始流传,正是一个明证。

在同一个时间里,下层社会中的人们则一批一批地成为教门徒众。川楚白莲教起事以后,曾像山火一样蔓延了多年。其时,"官军剿捕降斩,以千万计,户部转输,至于万万"[3]。天下为之倾动。但班师曾不十年,华北天理教又蓬然而起,并在1813年10月8日(嘉庆十八年九月十五日)一度攻入紫禁城。卷入其中的,不仅有畿辅贫

---

[1] 舒赫德:《论时文取士疏》,见《皇朝经世文编》第57卷,第13页。
[2] 转引自曹聚仁:《中国学术思想史随笔》,生活·读书·新知三联书店1986年版,第387页。
[3] 《书获刘之协事》,见《大云山房文稿》初集第3卷,转引自陈登原:《国史旧闻》第3分册,第634页。

民,而且有宫廷内监、满洲包衣、八旗子弟甚至朝廷命官。事后,嘉庆下诏罪己说:

> 朕绍承大统,不敢暇逸,不敢为虐民之事。自川、楚教匪平后,方期与吾民共享承平之福,乃昨九月十五日,大内突有非常之事。汉、唐、宋、明之所未有,朕实恧焉。然变起一朝,祸积有素。当今大患,惟在因循怠玩。虽经再三诰诫,舌敝笔秃,终不足以动诸臣之听,朕惟返躬修省耳。[1]

这些话,在愤懑和忧虑之中流露了力不从心的无可奈何。比之乾隆顾盼自雄的意态,嘉庆无疑显得捉襟见肘。两者的不同,深刻地反映了他们面对的世局的不同。变化的世局已经脱出了帝王的控驭,它所唤来的是一个江河日下的时代。

二、人口、移民、会党

与前朝相比,清代是中国人口剧增的时期。因此,当社会由盛转衰的时候,它又会面对着前朝所没有过的困顿。

据《东华录》记载,1651年(顺治八年)全国丁男之数是1 000余万。其时,户籍以一户一丁计。若按户各五人推算,加上由于种种原因而隐瞒的人口,实际数字在6 000万上下。到康熙时突破1亿;1793年(乾隆五十八年)猛增到3亿以上;1834年(道光十四年)已经超过4亿。不到200年的时间里,人口增加了6倍以上。同当时的生产力相比,其速度和数量都是惊人的。随同马戛尔尼来华的使团成员爱尼斯·安德逊说:"在这个国家里,在我们所经过的地方,人口是极为众多,而且到处是那么多,我们走过的乡村前后每一里路上的

---

[1]《仁宗本纪》,见赵尔巽等:《清史稿》第16卷,中华书局1976年版,第603页。

人数足以充塞我们英国最大的市镇。"[1]这大概是他从中国获得的最深刻印象之一。与西方人的感性描述相比,乾嘉时期的学者洪亮吉在《意言》一书中对人口与生计的议论和忧虑就更富理性思考的色彩:

> 试以一家计之,高曾之时,有屋十间,有田一顷,身一人,娶妇后不过二人,以二人居屋十间,食田一顷,宽然有余矣。以一人生三计之,至子之世而父子四人,各娶妇即有八人;八人即不能无佣作之助,是不下十人矣。以十人而居屋十间,食田一顷,吾知其居仅仅足,食亦仅仅足也。子又生孙,孙又娶妇,其间衰老者或有代谢,然已不下二十余人。以二十余人而居屋十间,食田一顷,即量腹而食,度足而居,吾以知其必不敷矣。又自此而曾焉,自此而玄焉,视高曾时,口已不下五六十倍。

由一家推及社会,则:

> 为农者十倍于前而田不加增,为商贾者十倍于前而货不加增,为士者十倍于前而佣书授徒之馆不加增,且昔之以升计者,钱又须三四十矣;昔之以丈计者,钱又须一二百矣。所入者愈微,所出者益广,于是士农工贾各减其值以求售,布帛粟米又各昂其价以出市,此即终岁勤勤,毕生皇皇,而自好者居然有沟壑之忧,不肖者遂至生攘夺之患矣。[2]

这是一种土产的人口论。它以传统的经世意识折射了历史上尚未有过的人口压力。在一个农业国度,人口增多,无非是农民阶级的增多和地主阶级的增多。小农增多,则土地分割愈碎,生产和再生产的能

---

[1] 〔英〕爱尼斯·安德逊:《英使访华录》,商务印书馆1963年版,第92页。
[2] 洪亮吉:《意言二十篇》,治平篇、生计篇,见《洪北江诗文集》,《卷施阁文甲集》卷1,世界书局仿古字版,第33—34页。

力愈弱;地主阶级增多,则兼并之家愈多。因此,人口的增长会促使土地兼并加速。在生产力水平低下,耕地增长滞缓,因而在生活资料来源有限的情况下,人口大幅度增多,必然要造成农民生活的日趋贫困。这是人口增长超过了社会负荷的自然结果。

前所未有的人口压力直接引出了两个引人注目的社会问题。一是移民。中国农民有安土重迁的传统,但在饥饿的驱使下,他们也常常会背井离乡。这种事情历代多少都有过,但清代尤其显著。乾隆以后,日多一日的人口挤在自然经济提供的空间里谋食,本不宽裕的谋食之路因之而日趋狭窄。这种矛盾,推动着最贫苦的人走向新的空间去寻找生活资料。乾隆初年废除了编审制度,封建国家对于农业人口流动的控制也随之松懈。于是,出现了自发的移民。当时,山东、河北向东北移民,福建向台湾移民。这是国内移民。同时,又有海外移民。据谢清高口述,杨炳南记录的《海录》(1820年)一书[1],暹罗、新加坡、槟榔屿、马来亚都有中国移民定居,而尤以暹罗为多。移民所操之业大体是淘金、贩货、酿酒、种胡椒、开赌场、贩卖鸦片。据说,华人移民在"槟榔土"一地即有万余人,在"噶喇叭"则不下数万。还有一个叫樊守义的人,曾于1707年到达过非洲。那时,大概还没有到欧美的。19世纪中叶以后,为了谋生而向海外移民的华人在地域和人数上都已超过了这个时期。于是而有所谓近代华侨史。

二是会党。由于人口过多,一部分人就不能不游离于社会生产之外,成为游民或者近乎游民,他们是会党势力的主要来源。会党崇尚忠义,虽说按儒学本义,忠与义分别对应于"五伦"中的君与友二

---

[1] 《海录》一书记载了早期海外移民的不甚确切的数字。其所载地名比较准确,曾经是林则徐了解世界的一本重要书籍。

伦,但在会党文化中,忠不过是义的修饰词,它们强调的都是"出门靠朋友"的互济互助。在一个民以食为天的时代里,互济互助首先表现为经济上的有饭同吃。这一点对生计无着的游民有很大的吸引力。乾隆年间,御史柴潮生说:"四川一省,人稀地广。近年以来,四方流民入川觅食。始则力田就佃,无异土民,后则累百盈千,浸成游手。其中有桀黠强悍者,俨然为流民渠帅,土语号为啯噜者,又各联声势,相互应援。"[1]四方游民之成为"啯噜",正是为了求食求衣而走到一起来了。后来,广西的"米饭主"也同此旨趣。越来越多的人把参加会党当作谋食的手段,结果是会党势力无处不在,形形色色,大大小小,然而又相呼相应,成为近代中国宗族与行会之外的第三社会组织。

会党的发展同城乡社会矛盾的激化,同"反清复明"的思想影响都有关系,但主要是中国人口过多造成的。过去论史,曾从政治上强调它反封建的一面。其实,"反清复明"并没有多少反封建。只是后来资产阶级革命兴起,一部分人被裹挟于其中,才有了一点反封建意义。这并不是会党本来就有的东西。与这种添加的意义相比,会党中人更多打富济贫的本能。有时候,他们会融入揭竿而起的农民起义之中,例如川楚白莲教。但当造反烽火成为过眼烟云之后,他们同官府和地方豪强也往往很有点联系,以至后来"武库中之举秀,仕途中之子弟,衙署中之差役"屡有入其门者。在晚清以后的中国,会党不是一个健康的社会组织,而是一个病态的社会组织。1876年(光绪二年),《申报》载文概述青帮的渊源与流变说:"安庆道友之为患久矣,其名目始于安庆帮之粮船。嘉道间,惟粮船过境时,其党必上岸滋事,或盗或窃,无恶不作。在后,粮船停废,其族无以为生,即散

---

[1]《录副奏折》,乾隆九年十一月六日御史柴潮生奏。

处各州县,名曰站码头,萃聚亡命,藐法殃民。初犹淮海一带,千百成群,今则蔓延江南北郡县,无地无之。立字派,别尊卑。逞凶肆恶,结为死党。"[1]这些话代表了一种舆论,其中既有文人附和当局的惯调,也有平民的评判。但惯调和评判都说明:会党作为一股盲目的力量,其自发的冲动往往具有很大的破坏性。会党的病态反映了中国社会的病态。而当中国社会带着一个秘密会党的王国走向近代的时候,在西方,资产阶级政党已经登上了政治舞台。

三、"洋货"与"洋害"

鸦片战争前夜,中外贸易虽仅留广州一口,但中国同外部交往关系所产生的影响,已波及较大的社会生活面。

1836年,在广州商馆中落脚的外国商人有50余家,其中英商31家,美商9家,葡萄牙、瑞典、荷兰、法国商人各一家,还有"港脚"商11家。随之,陆续出现了一批专门与外国人打交道的买办、通事、仆役(这里的买办并不是商务上的中介人,同后来的买办阶级不一样,但后者中的最初一部分人多半是从前者演化而来的)。他们靠外国人吃饭,因此,是外国人可以直接影响的一部分中国人。官府虽常以"奸棍"视之,有心抑勒,但直到鸦片战争前夕,这些人在口岸附近的社会生活中却越来越活跃。创刊于这个时期的《中国丛报》在发刊词中说:"三十年前,这里没有一个人能从中文翻译成英文,也没有一个天子的子孙能正确地阅读、书写英语或说英语",意在比较今昔,说明30年间风气的变化。当然,这些变化在地域和人数上都是有限的。

更能发生影响的是同一个过程中由广州进入中国的西方商品。

---

[1]《申报》1876年6月15日。

桐城派文人管同作《禁用洋货议》一文,慨叹"数十年来,天下靡靡然争言洋货。虽至贫者,亦竭蹶而从时尚"[1]。他所说的"天下"未必实指中国的东西南北,但至少说明了若干洋货所到的区域,消费观念正在显著地移易。另一个叫程含章的人则对外国入华商品的总量作了大概估计,"若大泥羽毛哔叽铜锡绵花苏木药材等类,每岁约值千万金"[2]。在来自农业的国赋成为国家财政主要收入的时代里,这个数目是很大的。管同与程含章是那个时候士大夫中的关心时务者,但两者的叙述不是欣赏而是忧虑。他们是分别在《禁用洋货议》和《论洋害》的题目下发议论的。论旨所归,在于"宜戒有司,严加厉禁。洋与吾,商贾皆不可复通。其货之在吾中国者,一切皆焚毁不用,违者罪之"[3]。这种忧虑,说明他们感到了来自外洋的压力,其敏锐有足多者。

主张中国不需要西洋的呢绒钟表,在那个时候是不奇怪的。但他们把外国货笼统说成"洋害",则并不确切。真正腐蚀中国社会的洋害是鸦片。从1800年到1820年,20年间,每年输入的鸦片在4 000箱左右。以后逐渐见长,从1839年到1840年,达到3.5万箱。如此巨量的毒物,衰迈的中国社会是消受不了的。时人李光昭作《阿芙蓉歌》,用吟咏写出了烟雾熏罩下的一部分社会相:

熏天毒雾白昼黑,鹄面鸠形奔络绎。长生无术乞神仙,速死有方求鬼国。
鬼国淫凶鬼技多,海程万里难窥测。忽闻鬼舰到羊城,道有金丹堪服食。
此丹别号阿芙蓉,能起精神委惫夕。黑甜乡远睡魔降,昼夜狂喜无不得。
百粤愚民好肆淫,黄金白镪争交易。势豪横据十三行,法网森森佯未识。

---

[1]　管同:《禁用洋货议》,见郑振铎编:《晚清文选》,上海生活书店1937年版,第27页。
[2]　程含章:《论洋害》,见郑振铎编:《晚清文选》,第21页。
[3]　管同:《禁用洋货议》,见郑振铎编:《晚清文选》,第28页。

荼毒先深五岭人,遍传亦不分疆域。楼阁沉沉日暮寒,牙床锦幔龙须席。
一灯中置透微光,二客同来称莫逆。手挚筠筒尺五长,灯前自借吹嘘力。
口中忽忽吐青烟,各有清风通两腋。今夕分携明夕来,今年未甚明年逼。
裙屐翩翩王谢郎,轻肥转眼成寒瘠。屠沽博得千金资,迩来也有餐霞癖。
渐传秽德到书窗,更送腥风入巾帼。名士吟余乌帽欹,美人绣倦金钗侧。
伏枕才将仙气吹,一时神爽登仙籍。神仙杳杳隔仙山,鬼形幢幢来破宅。
故鬼常携新鬼行,后车不鉴前车迹。[1]

中国自古多天灾人祸,但因成千上万人嗜毒而汇成天下巨害则是过去从来没有过的。由此引出了一连串严重的后果:

(一)白银大量外流。按当时价格,一箱鸦片烟土须400元到800元银洋。[2] 3.5万箱鸦片共值近2000万元。时银洋1元大体合库平银7钱,折元成两,其数在1000万上下,而国库全年收入不过6000多万两。这个数目必然影响到国计。

(二)流通中白银的减少又造成银贵钱贱。"各省州县地丁漕粮,征钱为多,及办奏销,悉以钱易银,折耗太苦,故前此多有盈余,今则无不赔垫。各省盐商卖盐俱系钱文,交课尽归银两。昔之争为利薮,今则视为畏途。"[3] 于是州县亏空、盐务积疲、关税短绌比比皆是。林则徐所担心的几十年后中原"无可以充饷之银"的情况,正是就此而言的。朝臣以饷银为忧,其实,在银钱比价变动中,士农工商莫不深受其累。包世臣说:"小民计工受值皆以钱,而商贾转输百货则以银。其卖于市也,又科银价以定钱数,是故银少则价高,银价高

---

[1]《阿芙蓉歌》,张应昌编:《清诗铎》下册,中华书局1960年版,第1004—1005页。
[2] 许乃济在1836年奏请鸦片弛禁一折中说:"每箱百斤,乌土为上,每箱约价洋银八百元,白皮次之,约折六百元;红皮又次之,约价四百元。"
[3] 黄爵滋:《严塞漏卮以培国本疏》,见《筹办夷务始末》(道光朝)第2卷,中华书局1964年版,第32页。

则物值昂。又民户完赋亦以钱折,银价高则折钱多,小民重困。"[1]其中正多以力谋食者的血泪和辛酸。

(三)吸食鸦片的人数在那个时候已达到 200 万。据 1838 年(道光十八年)黄爵滋在奏折中所说:"其初不过纨绔子弟,习以浮靡,尚知敛戢,嗣后上自官府缙绅,下至工商优隶,以及妇女僧尼道士,随在吸食,置买烟具,为市日中。盛京等处,为我朝根本重地,近亦渐染成风。"[2]这些人随鸦片的输入而出现,又会随鸦片输入的增多而数目扩大。中国人曾经以为西方人得不到茶叶大黄就会要命,这是不真实的。但对鸦片烟瘾者来说,没有鸦片倒真的会要命。嘉道之际,会稽人王衍梅记述说:"张四,吾乡人,游岭南,嗜鸦片烟。衣食尽耗,瘾至,窘不自支,舐他人煤灰以稍存活。"寥寥数语画出了一种人间惨象。鸦片不仅戕害了他们的身体,而且泯灭了他们的良知,种种罪恶因此而生。从这个时候起,终近代百年,鸦片一直同五花八门的坏事连在一起,成为旧中国最难医治的社会溃疡之一。可以说,中国人正是首先通过烟害而认识洋害的。

生于 1792 年(乾隆五十七年),死于 1841 年(道光二十一年)的龚自珍是这个时期最富社会批判精神的思想家。他留心国事,注重经世;思索发为议论,往往兼有诗人的直觉。因此,他能够用"四海变秋气"这样形象思维的句子准确地状写出嘉道年间的中国社会的态相和时序。那是一个上与下俱困的时代。上面,是"一祖之法无不蔽";下面,是"山中之民,一啸百吟"。山中之民,有白莲教、天地会

---

[1] 包世臣:《齐民四术·农二》,《安吴四种》第 26 卷。
[2] 黄爵滋:《严塞漏卮以培国本疏》,见《筹办夷务始末》(道光朝)第 2 卷,中华书局 1964 年版,第 32 页。

的投影,也包括对时代不满的知识分子,他们在挣扎抗争中寻求出路。这些议论深刻地勾勒了19世纪二三十年代的社会状貌,同时也反映了这个社会找不到出路的悲哀。随着旧王朝行将走向自己的尽头,中国又面临着一个周期性的改朝换代的局面。

但是,这种局面最终并没有实现。因为西方资本主义东来使中国历史改变了轨道。在炮口的逼迫下,中国社会蹒跚地走入了近代。走这条路不是中国民族选择的结果,而是外国影响造成的,于是而有种种变态。这一点是决定以后100多年中国命运的主要东西,它影响了近代百年社会的新陈代谢。

第四章　炮口下的震撼

1839年7月和9月，中国水师与英国兵舰在九龙尖沙咀、穿鼻洋两度炮战，标志着中英之间因禁烟而触发的冲突转为武装对抗。战事实际上已经开始。随后，从1840年6月到1842年8月，是为时两年多的鸦片战争。这场战争，自西方人1514年到中国起，是他们积325年窥探之后的一逞。炮声震撼了中国，也震撼了亚洲。对于中国来说，这场战争是一块界碑。它铭刻了中世纪古老的社会在炮口逼迫下走入近代的最初一步。对亚洲来说，战争改变了原有的格局。在此以前，中国是东方的庞然巨物，亚洲最大一个封建制度的堡垒。但是，英国兵轮鼓浪而来，由沿海入长江，撞倒了堡垒的一壁。结果是"秋风戒寒和议成，庙谟柔远思休兵，华夷抗礼静海寺，俨然白犬丹鸡盟"，随后，"夷人中流鼓掌去，三月长江断行旅"[1]。鸦片战争不仅是英国对中国的胜利，而且是先进的西方对古老东方的最初胜利。从此，中国同周围国家的传统关系日渐改变。而日本，则从中国的遭遇中由震惊而自强，自己起来改变

---

[1]　张应昌编：《清诗铎》，第420页。

了自己的命运。

一、开眼看世界

鸦片战争的失败是由于武器的陈旧、政治的腐败,还是社会的落后?中国人曾经长期思考过这个问题。应当说这三个东西是相互联系的:因社会落后而政治腐败,因政治腐败而武器陈旧。不过,这一结论要很久之后才会出现。每一代人都是在主观、客观的双重限制下去观察和体验世界的,因此,一代人有一代人的认识。18世纪末期,由英国使节马戛尔尼来华而引出的乾隆一道"敕谕",其中所谓"天朝物产丰盈,无所不有,原不借外夷货物以通有无"[1],已久被引述而为人熟知。人们常常容易把它看作一种君王个人的心态。其实,在心态的后面,是几千年小农生产所维系的自然经济。自然经济不仅提供了产品,也生产和再生产出闭塞。从这种自给自足的经济中很难滋生向外发展的欲望和冲动,因此,康、雍、乾、嘉、道两百年间,在东来的西方人面前,中国常常是被动的一方。中国由被动而抵制,由抵制而闭关,在易见的政治原因之外,还有不易见的经济原因。其间,葡萄牙、西班牙、荷兰、法兰西、英吉利先后不远万里前来叩门,但总不能越过重重"中外之大防"。在这一方面,道光年间厘定的种种"防范夷人章程"是极富特色的,其中规定:"夷人私带番妇住馆,及在省乘坐肩舆,均应禁止也";"夷人具禀事件,应一律由洋商转禀,以肃政体也";"禁在广州住冬","限令寓居洋行,由行商负责约束","不准汉人借领外夷资本","不准久住澳门","禁雇汉乳妈及买汉婢","禁进省城靖海等

---

[1]《大清高宗纯皇帝圣训》第276卷,第13页。

门"[1],在相当长的一段时间里,这种细密的防范曾有效地阻止了外人入窥堂奥,但这个过程也同样有效地使中国人对世界的了解日益模糊。方中英两国因鸦片贸易而冲突渐趋激烈之际,士大夫的议论,类多隔靴搔痒,不中肯綮:"中国之物,番人最重者,无若茶与大黄,非此二物,则病胀满而不治。今之互市,乃外夷不获已于中国,非中国不获已于外夷",他们往往以为"绝茶与大黄不使出",则可使夷人屈服。[2] 这种见识与事实之间的距离正显示了闭关造成的虚骄与懵懂。

鸦片战争是中西之间的武力较量和竞争。从来是朦胧一团的"泰西",展现在中国人眼前的第一个形象就是坚船的迅速,利炮的声势。曾经身为抗英主帅的林则徐,对这种压力目睹身受,终身不能去怀。在后来遣戍伊犁途中,他给朋友写过一封信,对中西武器作了这样的对比:"彼之大炮,远及十里内外,若我炮不能及,彼炮先已及我,是器不良也。彼之放炮,若内地之放排枪,连声不断,我放一炮后,须转展移时,再放一炮,是技不熟也。"而"内地将弁兵丁,虽不乏久列戎行之人,而皆觌面接仗,似此相距十里八里,彼此不见面而接仗者,未之前闻,故所谋往往相左"[3]。应当说,这段话是沉痛的,因为其中凝结着中国士兵的鲜血。但是,作为比较的结果,它又陈述了那一代人在流血与愤痛之后的反思。关天培是英勇的。但激战之后,他手中的旧式火炮"火门透水,炮不得发"[4],并有炮身发红炸裂者。在

---

[1] 郭廷以:《近代中国史》第1册,第419—429页。这种"防范夷人章程"的条文与实际执行间有出入。如"禁在广州住冬"与"不准久住澳门",实际是禁止住夏与不准久住省城(详见汪敬虞:《是住冬还是住夏》,载《近代史研究》1980年第4期)。
[2] 中国近代史资料丛刊《鸦片战争》(1),神州国光社1954年版,第521页。
[3] 中国近代史资料丛刊《鸦片战争》(2),第568—569页。
[4] 中国近代史资料丛刊《鸦片战争》(6),第343页。

西方的近代炮火面前,其英勇表现了一种历史的悲怆。等而下之的杨芳,则收集妇女溺器为"压胜具",视"夷炮"为邪教法术。其仓皇失措在西方的近代炮火面前又表现了一种历史的调侃。林则徐的可贵之处正在于他最先拿起西方这把尺量出了中国的短处。在两年多时间里,中国调动了十多万军队,先后有一名总督(裕谦)、两名提督(关天培、陈化成)、七名总兵(张朝发、祥福、江继芸、郑国鸿、王锡朋、葛云飞、谢朝恩)、两名都统(海龄、长喜)以及数千名士兵死于战争。但英国远征军的战死人数,据英方统计却不足百人。这显现了中国与西方之间巨大的落差。一部分中国人透过弥漫的硝烟终于发觉自己面临的对手是完全陌生的。来自西洋的"夷"人,是历史上从未碰到过的族类。两千年来传统的夷狄观念在他们的头脑里开始动摇了。处风云漩涡中心的林则徐便在时代波潮的鼓荡下成为"开眼看世界的第一人"。他所主持编译的《四洲志》《华事夷言》《在中国做鸦片贸易罪过论》《各国律例》,不仅是一种历史资料,而且记录了中国民族最初借助文字而了解到的泰西形象和情态。1832年(道光十二年),闽省渔户杨某曾在大洋面上与夷船以鱼换米,并得西人所赠书册。结果,在官府的干预下"起获夷书,咨请军机处,恭呈御览",并招致上谕对于督抚的切责和追究:"查阅纸片字画,直系内地手笔,何似之有?且书内语句,多不成语,该抚所奏,无非上下朦混规避而已。"[1]几本"夷书"能够掀起这么大的风波,不仅说明了缺乏开明,而且说明了缺乏勇气。林则徐是从闭塞风气中走出来的人,他曾经相信过禁使茶叶大黄出口即可以治西方人的成见。但是,战争的权威性,在于它把矛盾置于生死存亡之中,并用暴力戳破了一个窒

---

[1] 中国近代史资料丛刊《鸦片战争》(1),第95—97页。

窿,迫使人们去认识自己的对手。在中世纪与近代之交,林则徐观念大变,既表现了御侮的民族勇气,又表现了接纳新知的开明,两者具有同样的光彩。意味深长的是,最早对此表示称许的恰恰是渡海东来的西方人:"中国官府,全不知外国之政事,又不询问考求,故至今中国仍不知西洋。""惟林总督行事全与相反,署中养有善译之人,又指点洋商通事引水二三十位,官府四处探听,按日呈递。"[1]尽管林则徐的新知中仍然掺和着种种旧见,但他是从传统的华夷观念中探出头来认识西方的人。而后才有魏源"师夷之长技以制夷"的著名命题以及一整套兵械火器、养兵练兵之法的议论,作为一种时代思想,它又启迪了20年以后的洋务运动。创深痛巨唤起了改革旧物的最初意识。过去久被士人置于眼界之外的"夷务",在林则徐的手里开始成为一门学问。由此,以儒学修、齐、治、平的入世精神为宗旨,并归宿于国计民生的经世致用之学,内容上发生了重大变化。鸦片战争之前,所谓国计民生,以赋税、盐政、漕运、河工为大端,议论风生,多以此诸项为中心。成书于1826年(道光六年)的《皇朝经世文编》虽然出自魏源之手,而所列荦荦大端皆未出旧轨。但鸦片战争后,"夷务"日渐渗入国计民生,成为经世之学的大题目。这种变化的痕迹,清楚地保存在后来众多续作的《皇朝经世文补编》《后编》《续编》中。它们表现了传统经世之学在近代的延伸。而中国文化与西方文化的交汇最初就实现于这种延伸之中。[2]

---

[1] 魏源:《海国图志》第81卷,同治丁卯郴州陈氏重刊足本,第6页。
[2] 夷务成为一个重要内容,是经世之学在近代演变的特点,是近代经世之学与传统经世之学的不同之处。这种变化,一方面反映了夷务在实际政治生活中已经同中国的前途连在一起了;另一方面又反映了中国对西方的认识在不断深化。而两者都是以鸦片战争为起点的,不抓住经世之学的近代特点,就会流于泛泛之谈。

二、官、民、夷

在鸦片战争中出现了三元里抗英斗争。如果说林则徐的作为体现了统治阶级对外国侵略的抗御,那么三元里和其他地区以义勇自命的人们则代表了中国民众在炮口震撼下的自发抵拒。这是中西民族冲突过程中表现出来的社会两端的最初反应。两者之间的感应和同一是明显的。过去强调的是:官怕洋人,洋人怕老百姓,老百姓怕官。用这种三角循环来说明官、民、夷之间的关系实际上是夸张。魏源《道光洋艘征抚记》记录了粤之义民痛诉义律的檄文,其中说:"尔自谓船炮无敌,何不于林制府任内攻犯广东?此次由奸相受尔笼络,主款撤防,故尔得乘虚深入。倘再犯内河,我百姓若不云集十万众,各出草筏,沉沙石,整枪炮,截尔首尾,火尔艘舰,歼尔丑类者,我等即非大清国之子民。"[1]在这里,民众是以"大清国之子民"的立场与外夷相抗的。因此,他们对于"奸相"的指责,并不纯粹是官与民的对立,所谓"无君无父""忘恩负义"[2],在用词上更能显示的倒是传统文化里忠义与奸佞的不可调和。人民群众的反侵略斗争固然有游离于官府之外的一面,但反侵略斗争毕竟不同于国内阶级斗争,不同于天地会、白莲教。共同的民族意识和感情常常使官与民之间还有相通的一面。为今日史学家所称道的民众义举,其组织者和领导者则多是士绅。[3] 牛栏岗歃血盟誓后选出的三元里十三乡领袖人物,

---

[1] 姚薇元:《鸦片战争史实考》,人民出版社1984年版,第104页。
[2] 中国近代史资料丛刊《鸦片战争》(4),第20—21页。
[3] 中国的绅士与官员不一样,因为他们不食君禄。但他们又不是普通老百姓,因为他们有某种功名、身份,并因此而享有一定特权。这是一种介于官民之间的社会阶层。由于他们长期定居一地,实际上往往成为地方领袖,有平章乡里是非的权威。这些人不是统治者,但在某些地方又起着统治者的作用。绅士阶层在近代中国一直发生着很大的社会影响。

以何玉成、王绍(韶)光、梁廷栋最有影响,其中一个是举人,一个是监生(一说候补县丞),一个是能够号召十余"社学"的有力者。没有这些人的个人威望,乡民的反侵略愤怒只能发为零星的一击,而无以聚成一百零三乡的涌潮。涌潮既成之后,士绅的观念又会成为民众观念的代表者。在这里,官与民的沟通正体现于士绅身上。事后,广西巡抚梁章钜在奏议中说"此次广州省城幸保无虞者,实借乡民之力"[1],其褒扬之意是明显的。类似的情况,在近代百年中对外抵抗的场合常常出现。如果抹杀民族意识,这一类现象将不可理解。

当然,被称为"官"的人们中也确乎有以苟且一时为计者,他们在炮口的震撼下因畏惧而气沮,因气沮而辱国。广州知府余保纯,本由林则徐查办烟案时指调至省,并在与西人折冲的过程中,"实相与左右之"。但林则徐得罪之后,遂"附和琦相(善),不复自顾其矛盾,遂奉命数与义律往还,谈论烟价、香港之事,及将军(奕山)、参赞(隆文、杨芳)既至,更为张大其腐鼠之吓,抚事已定,卒以重赂完城"[2]。三元里民众集围英兵之际,又"亟出城排解之"[3]。在中英鸦片战争历史上,他并不是一个要角,但在当时的广州,却一度成为千夫所指的汉奸。《英夷入粤纪略》说,当年9月,他主持府属各县考试,而"文童哗然。皆云:'我辈读圣贤书,皆知节义廉耻,不考余汉奸试。'"最后终因身被清议集矢而"不容于粤矣"[4]。当中西交逢之初,民族伤痛与夷夏之辨交相融合,作为一种多数人的群体心理,儒学所作育出来的士大夫并没有丧失攘夷之志。因此,像余保纯这种

---

[1] 《筹办夷务始末》(道光朝)第31卷,中华书局1964年版,第1139页。
[2] 夏燮:《中西纪事》,岳麓书社1988年版,第91页。
[3] 夏燮:《中西纪事》,第90页。
[4] 夏燮:《中西纪事》,第91页。

人不仅被下层民众痛骂,而且同时被士大夫群体所鄙视。他是当日官场的一个形象,但他并不是当时官场的代表。

三、条约制度下的社会变化

炮口下的震撼不仅是一种精神冲击,而且使西方人的意志借助于战争的胜利而成为近代中西之间的第一组条约。随后的一百余年里,中国和外国签订的不平等条约多达一千多个。条约的网络编成了所谓条约制度:外国人通过条约"合法"地剥夺榨取、管束控制中国,驱使中国社会脱出常轨,改道变形。这个制度的起点正是鸦片战争后的第一组条约。这样说,不仅因为它在时间上最早,而且因为它所包含的12年之后改约一条,已经是不平等条约制度化的一个重要特征;因为它的内容(割地、赔款、五口通商、关税协定、领事裁判、租地造屋、传教自由等)已经象征了整个条约制度的基本内容,为后来的种种延伸和续接准备了最初的前提。因此,随着第一组条约的产生,中国社会先后出现了可见的变化。

第一,外国领事和中国官吏的平等权,对清政府所代表的中国传统社会政治制度造成很大的压力。《南京条约》已经申明:"英国住中国之总管大员,与大清大臣无论京内、京外者,有文书来往,用照会字样;英国属员,用申陈字样;大臣批复用劄行字样;两国属员往来,必当平行照会。"[1] 后来的中美《望厦条约》和中法《黄埔条约》,又于"平行之礼"一条无不详为备列。[2] 西方人之孜孜注目于此,是多年碰壁于"中外之防,首重体制"的结果。但他们要求的"平行之礼"

---

[1] 王铁崖:《中外旧约章汇编》第1册,生活·读书·新知三联书店1957年版,第32页。
[2] 王铁崖:《中外旧约章汇编》第1册,第56、64页。

对传统中国来说,又不单单是一个礼仪问题:一方面,这种平等同天朝大国对待外夷历来的不平等是直接对立的。它的实现,会使王朝体制裂开一个大洞并促成夷夏之防的逐渐崩溃。另一方面,透过这种具体的平等权利又会泄漏出一点资本主义的一般平等观念。资本主义的平等固然是一种虚伪的平等,但它毕竟是封建等级制度的历史否定物。在这个意义上,西方人提出的平等要求又会引发传统社会中的人们绝不愿意看到的种种问题。这一层意思在一开始可能不如前一层意思那么明晰。但它的沉重压力是可以感受到的。恼人之处在于:西方所索取的那种内涵复杂的平等,是传统中国不能答应的,但又是不能不答应的。

第二,英国割取香港,意味着获得了经营中国的基地;而五口开放则提供了由沿海推向内地的孔道。从马戛尔尼以来,西方人为此追求了几十年,他们从道光皇帝手里得到了当初被乾隆皇帝拒绝的东西。无疑,这种由战争而造成的变化意味着中国主权的丧失。"传闻哀痛诏,犹洒泪纵横",黄遵宪以自己的诗才叙写了道光皇帝在割地时的痛苦。几十年来,我们满怀义愤和民族情感对帝国主义的历史罪恶已经作过无数次的谴责、批判、声讨,产生了众多的书籍和文章,这是历史研究的一个必要部分。它裁决了历史上的正义和非正义。但是,伦理观念只能说明历史的一个方面。《共产党宣言》说,资本主义的发展,把一切民族甚至最野蛮的民族都卷入文明的漩涡里了。"过去那种地方的和民族的闭关自守和自给自足状态已经消逝,现在代之而起的已经是各个民族各方面互相往来和各方面互相依赖了。物质的生产如此,精神的生产也是如此。"[1]按照这一段话,在

---

[1]《马克思恩格斯全集》第 4 卷,人民出版社 1958 年版,第 470 页。

资本主义的世界性扩张过程中,非正义的侵略者同时又往往是历史发展过程中的进步者;而正义的反侵略者则常常同时是落后者。以贪欲为动机的侵略过程常被历史借用,从而在客观上多少成为一个进步改造落后的过程。要说明这个二律背反,只有借助辩证思维。鸦片战争后出现的英属香港和口岸租界,因为西方人搬来了全套资本主义制度,在那里建起国中之国,曾经长期成为近代中国殖民地标记。咸同年间有人过上海租界,作《夷场行》,在描写景物之中表达了一种深沉的愤懑和怀旧的苍凉:

> 人间何地无沧桑,平填黄浦成夷场。高高下下嘘蜃气,十十五五罗蜂房。青红黄绿辨旗色,规制略似棋枰方。门前轮铁车硍硠,人来辟户摇银铛。倒映窗庸颇黎光,左出右入迷中央。兜儦窈纠言语庬,笑指奇器纷在旁。自鸣钟表矜工良,水舂机上织成匹,磁引筒中火具扬。银镂尺表测寒暑,电景万里通阴阳。我非波斯胡,目眙安能详,中原贵远物,一握兼金偿。矧乃阿芙蓉,其毒能腐肠,世等酸咸嗜,直以饔飧当。乌嘑利薮召兵甲,烽燹廿载盈海邦。不诛义律纵虎兕,哩咽吠(李国泰——引者)出尤猖狂。九州禹服万物备,何烦重译通梯航。广州南岸印吾铁,闭关不早师陶璜。圣人先见在故府,烟尘海上天苍凉。惶惑万怪有销歇,大风去垢朝轩皇。[1]

这种感情在一个被侵略的民族心中是很难消除的。但西方人在封建主义中国筑成几个资本主义的界地,由此也打开了若干窗口,使中国人得以见所未见,闻所未闻。近代向西方追求真理的先进知识分子中不少人如容闳、洪仁玕、王韬、康有为等,正是首先从香港和租界里获得传统之外世界的第一个直观印象。"览西人宫室之

---

[1] 张应昌编:《清诗铎》,第 421—422 页。

瑰丽,道路之整洁,巡捕之严密,乃始知西人治国有法度,不得以古旧之夷狄视之。"[1]由直观而生羡慕,由羡慕而生比较,由比较而生追求,而后才有改革的思潮和实践。香港和租界里的资本主义,曾给封建制度下的众生以观摩、诱发,与憎恶夷场的情感一样,这也是事实。

第三,从香港和五口输入的外国商品,开始冲击中国的自然经济,几千年来的社会经济结构被侵蚀而逐步改组。这个过程是非常缓慢的,因为自然经济顽强抵抗,不愿退却。这种抵抗的顽强性不仅来自传统的巨大惰性,而且来自几亿小农求生的挣扎。当自然经济的一部分在外国商品的冲击下破产的时候,总会有一批生产者被抛出生产之外,成为多余的人。据那个时候西方人的观察,"中国工人伙多,有用之不竭之势。所得区区工价,实非美国工人所能自给。上海如此,他处尤为便宜,盖该口工价已较内地丰厚。致远方男女来谋食者日繁有徒,虽离家不计也"[2]。但是,没有足够多的新式生产部门可以吸收他们。他们的多数人只能重新挤入密集的农业人口,在更加苛刻困苦的条件下再次组合成自然经济。苏南虽近洋场,本属首当其冲之地,但直到光绪年间,时人记叙还提到纺织与耕种相济以谋食营生的事实,甚至"村镇收租之家,至其时,积布累累。问之,则皆佃者之穷而无告以布当钱米也"[3]。面对这种情况,因西方势力楔入而产生的经济变化只能像水面波纹一样层层翻出,缓缓荡开。这一过程,终近代百年尚未完结。虽然如此,自然经济终究因此而逐

---

[1] 《康南海自编年谱》,见中国近代史资料丛刊《戊戌变法》(4),上海人民出版社1957年版,第115页。
[2] 李文治:《中国近代农业史资料》第1辑,生活·读书·新知三联书店1957年版,第921页。
[3] 陶煦:《租核》,1927年重印本,第23页。

步走向分解,为资本主义因素的发生和发展让出了地盘。新的生产方式在取代着旧的生产方式,并因此而造成了城乡社会生活的种种变化。但问题的复杂性在于:这种社会经济结构的变迁具有两重意义。对西方资本主义来说,上述变化正是他们按自己的形象改造中国的结果;对中国民族来说,这种变化则是在唯恐灭亡的忧惧之下被迫采用资本主义生产方式的结果。两者比重大相悬殊。因此,经济上的新旧代谢是在变了形的社会形态下实现的。从中获得最大利益的不是中国社会,而是西方列强。

第四,鸦片战争后,外人来华日渐增多(1850年在华外人约有500名),其中大半是商人、教士。他们的活动,不仅带来了商品、教义,而且有如实行嫁接,在中国社会体内,因此而长出了从未有过,但又非常畸形的新物。这就是买办阶级和皈依上帝的教民。在传统的士农工商之外,好像出现了第五种职业阶层。这部分人在近代中国曾发生过非常特殊的作用。作为一个阶级或阶层,他们是依附外国势力的中国人。《瀛壖杂志》一书记叙"沪地百货阗集,中外贸易,惟凭通事一言,半皆粤人为之,顷刻间千金赤手可致。西人所购者,以丝茶为大宗,其利最溥。其售于华者,呢、布、羽毛等物,消(销)亦不细"[1]。这里说的是早期买办。而官府文牍则多见"习教之民恃强霸恶,愍不畏法",作奸犯科,欺凌孤弱的恶行。[2] 两者都与西洋人结缘,不无民族性异化的意味。世人嗤之以鼻诚为事出有因。但是,一种结果又会引出另一种新的结果。中国资产阶级在思想上最早的代表和近代企业的著名创办者,不少正出自买办当中。以买办起家

---

[1] 王韬:《瀛壖杂志》第1卷,光绪元年版,第8页。
[2] 参见《巴县档案》,光绪二年九月十三日,见张力等:《中国教案史》,四川省社会科学院出版社1987年版,第366页。

并因之而熟悉西国经营之术的郑观应后来曾作《易言》,亟论"今长江二千数百里有奇,洋船往来,实获厚利,喧宾夺主,殊抱杞忧。宜俟中西约满之时,更换旧约,另议新章。凡西人之长江轮船,一概给价收回。所有载货水脚,因争载而递减者,酌复其旧,则西人罔敢异词。更于长江上、下游间,日开行轮船,以报市价。如是,则长江商船之利,悉归中国独擅利权。当道其有意乎?为国为民,胥于是乎在矣"[1]。所论虽仅以航运为题,但忧国之心历历可见,其中并无取媚外族之意。而西方的科学和文化知识能以日深月广的规模传入中国,也往往得力于若干信奉洋教的人们。不仅如此,造反的洪秀全和革命的孙中山都还曾相信过上帝和基督。在这些特定人物的身上,民族性不仅没有泯灭,反而与改革和进步相连,升华为自觉的爱国主义了。一个变形的社会,造成了事物的多种质态,多重外观。

在鸦片战争的整个过程里,中国以中世纪的武器、中世纪的政府、中世纪的社会来对付近代化的敌人。战争以严酷的事实暴露了这种差距,促使一批爱国知识分子在比较中思考。于是,在中国社会缓慢地发生变化的同时,出现了《海国图志》《瀛环志略》等著作。这一代中国人是从地理学开始去了解西方的政治、社会、历史的。地理学中寄托了他们经世匡时的苦心,并标示了中国文化近代化的开端。可惜的是,在当时,对这两部意在醒世的著作予以最大注意的,不是中国人,而是日本人。日本社会因炮声震撼而惊醒,中国社会却在炮声沉寂后又昏昏睡去。当19世纪60年代郭嵩焘、冯桂芬重新提起《海国图志》《瀛环志略》的时候,20年光阴已在昏睡中丧失了。读史至此,往往使人扼腕久之。

---

[1]《易言三十六篇本·论商务》,见夏东元编:《郑观应集》上册,上海人民出版社1982年版,第75页。

第五章 天国的悲喜剧

对太平天国旗帜下的农民造反者来说，挟千里席卷之势，长歌涌入金陵，开始建造人间小天堂，曾是他们的喜剧；天京陷落，天堂之梦在烟焰和烈火中化为灰烬，则是他们的悲剧。这个过程长达十数年，其起伏兴衰之迹是岁月难以磨灭的。蜿蜒曲折之中，既有胜利的欢欣，又有失败的血泪。悲剧和喜剧都包含着极其深刻丰富的社会内容。

一、白莲教、天地会和拜上帝会

咸丰刚刚即位，就爆发了金田起义，并转瞬燃为燎原之火。对于他来说，在继承祖宗皇位的同时，似乎也继承了祖父和父亲留下的灾难。

从19世纪初期开始，尖锐的社会矛盾已使中国社会渐渐临近又一次改朝换代之局。嘉庆和道光君临天下的几十年间，一面是士林风气由饾饤琐碎转为忧患时势，一面是民间愁苦在积累中化为躁动。鸦片战争之后，改朝换代的社会力量大大发展起来，并按不同的渠道汇集成流。这些力量，比之东汉黄巾、唐末黄巢、元代红巾和明季李自成，在规模上分布更广，其构成也复杂得多。当时最有影响的力量，大概可以举出几个方面：（一）白莲教支派。川楚白莲教起义被扑灭后，教门势力仍绵绵不绝，化为很多名目，广收徒众，半秘密半公开地活跃于长江以北。后来的捻军基本上就是其流派之一。（二）天地会。同白莲教注重神权相比，它更多一点反清复明的政治色彩，其山堂星罗棋布于两广、福建、台湾，渐入两湖和四川，并衍生出很多区域性的会名，互相联络，此伏彼起。在南方下层社会里，他们构成一种与官府对峙的有组织的力量。（三）1843年初创的拜上帝会。（四）以西南、西北回族起义为主干的各边远地区少数民族起义。分别地看，它们同历史上曾经出现过的改朝换代力量似乎并没有很大的不同，但是，它们在时间上共存，在空间上并列，互相感应，聚合成推波助澜之势，在中世纪和近代之交唤来了中国历史上自发农民战争的最后一个高峰。时代的影响和塑造，又使它在改朝换代的过程中表现出种种过去所没有过的外观。龚自珍在30年代曾说过："起视其世，乱亦竟不远矣。"[1]他以一个忧时之士的敏锐，感受到了地层之下岩浆的激烈奔突。比照后来的历史，他的话成为预言。五六十年代，炽热的岩浆终于喷薄而出，整个中国成了一片起义的火海。

在这些同时存在而又互不统属的力量里，最后成为改朝换代主导者的，不是延续了几百年的白莲教势力，也不是立基开局近两百年的天地会，更不是远离中原的少数民族反抗，而是异军突起的拜上帝会。可以说是后来者居上。拜上帝会酝酿于30年代，初创于1843年。从揭竿而起到定都南京，前后不过几年。它在短时间内做到了

---

[1]《龚自珍全集》，上海人民出版社1975年版，第7页。

白莲教和天地会长时间没有做到的事。这是一个值得思考的历史现象,虽然迄今很少为人注意,但历史现象应当在历史叙述中得到说明。依我所见,后来居上正是中国社会选择的结果。

（一）自乾嘉之际起,白莲教曾经发动过持续多年的大起义,驰骋于湘、鄂、川、陕、甘五省。《清史稿》叙其事,叹为"教匪之役,首尾十年,《国史·忠义传》所载副参以下战殁至四百余员,其专阃提镇及羽林宿卫阶列一二品者,且二十余人。王文雄、朱射斗,一时名将;穆克登布、施缙,亦号骁勇;惠伦、安禄,并贵胄隽才。仓猝摧仆,三军气熸","当日岩疆悍寇,军事艰难,盖可见云"[1]。这是它的狂飙期。但洪峰过去之后,滔滔而流者,毕竟只是余波了。由于缺乏鼓舞人心的现实政治目标,它向世俗世界着力描绘的宗教末世感就成为一片黑暗,与之相比,他们所预言的太平之世是一种渺茫而不可捉摸的东西。在大劫行将来临之际,人们所受到的恐吓实多于出路的召唤。捻军之近于打家劫舍,与它缺乏理想主义不无关系。天地会有一个政治目标,这就是"反清复明"。这个口号曾经寄托了一代遗民在刀光血泊中追念故朝所产生的愤懑、希望和追求。但是,遗民本不是一种可以传代的职业。两百年来,子又生子,子又生孙,在岁月的迁流中这种感情和意识已经日趋淡化,或成为伏藏于意识深处的潜流。光阴最是无情物,在它的磨洗之下,"反清复明"变成了内容模糊的观念躯壳。后来的天地会承袭了始祖们的种种规矩,但在观念上两者已不可同日而语。晚出的拜上帝会同样以种族意识"讨胡（满清）",但洪秀全高出一筹之处,就在于他看到了这一点。因此,他不要"复明",而要建立新朝。当然,拜上帝会没有从天上搬来一套新的生产

---

[1] 赵尔巽等:《清史稿》第349卷,列传136,中华书局1977年版,第11251页。

方式,新朝不可能在社会性质上比旧朝更高。过去说太平天国带来新天新地新世界,这是过美之词。[1] 但是,由于洪秀全借来了西方的宗教,在他手里,新朝变成了地上天国,并由此派生出以教义取天下和治天下的种种规制,却是以前没有先例的。改朝换代作为一种现实目标所产生的巨大吸引力,同宗教唤起的朦胧而又清晰的感召交融在一起,在这种交融之中产生了《原道救世歌》《原道醒世训》《原道觉世训》《太平天日》和后来的《奉天讨胡檄》。对世世代代沉溺于愚昧之中的千百万小农来说,宗教语言是最容易理解的语言,神秘的力量是最可信赖的力量。他们天然地同情正义,又天然地相信天命。当正义与神助合二为一的时候,造反就成了天意选定的事业。粤、桂、湘、鄂、赣、皖、江、浙,众多小生产者因此而在这个事业中成了改朝换代的老兄弟和新兄弟。

(二)白莲教、天地会信奉的是多神主义。从无生老母到玉皇大帝,从弥勒佛到关云长,兼收并蓄,诸神济济。与信仰上的多元化相对应的是组织上的多元化,白莲教支流遍布,天地会山堂林立。这种以纷多名目各立门户的支流和山堂,同时表现了白莲教和天地会的不统一。因此,它们可以造成很大的声势,但难以汇聚成集中的力量。拜上帝会则全然不同。它抬出的唯一真神是天父皇上帝:

> 考天地未启之初,其象昏冥,一无所有。仰蒙天父上主皇上帝大开天恩,大展权能,六日造成天地山海人物,于是乾坤定焉,日月生焉,星辰布焉。光明为昼,昏暗为夜,昼夜循环,万古相继,以成其生生不已于地者,万物俱备,皆所以济人生之用,则天父上主皇上帝之

---

[1] "新"有两种含义:(一)质变和飞跃的产物,这是性质之新;(二)在质不变的条件下,一物取代另一物,这是形式之新。太平天国之为新朝,是后一种意义。

有恩德于世人者既深且厚,报答难尽者矣。[1]

这种上帝创世的神话虽说是出自《圣经》的舶来品,但它来到中国,却有效地从时间上和空间上排除了佛道塑造的种种尊神。而且,"大而无外谓之皇,超乎万权谓之上,主宰天地人万物谓之帝"[2]。下层知识分子粗陋的说文解字尽管牵强少文,而作为宣传和灌输,无疑更能适合农民原本不善玄思的胃口。对于成千上万卷入这一潮流的人们来说,一方面,在上帝面前,人人平等。凡天下男子,皆为兄弟;凡天下女子,皆为姊妹。此之谓"上帝原来是老亲"。这种平等,取消了人间一切世俗的等级权威并使人人都可以走入天父的怀抱。另一方面,上帝又"无所不知,无所不能,无所不在"地关注、摆布和安排着世间的人和事。"万事皆有天父主张,天兄担当。"[3]这就又树起了一种至高无上的权威。因此,一切意志都归结为上帝的意志:"尔知我天父上帝要人生则生,要人死则死,是天上地下之大主宰么?"[4]于是,宗教的戒律便自然地转化为"天条",原本不懂纪律的乌合之众因之而可以部勒成营伍。比之旧式教门和会党以义气相维系,拜上帝会的"天条"更多一点严酷和肃杀。作为天父,上帝的慈悲给小农以慰抚;作为至上神,上帝的独裁收束了小农的散漫。在这两重性之下,形成了太平天国的大一统。正是这种大一统,聚积了白莲教、天地会所从未有过的巨大力量。虽说自陈胜、吴广"篝火狐鸣"之后,借神道以起事是中国农民战争史中屡见的法门,但比较

---

[1]《太平救世歌》,见中国近代史资料丛刊《太平天国》(1),上海人民出版社1957年版,第239页。
[2]《钦定英杰归真》,见中国近代史资料丛刊《太平天国》(2),第572页。
[3]《天命诏旨书》,见中国近代史资料丛刊《太平天国》(1),第64页。
[4]《天父下凡诏书一》,见中国近代史资料丛刊《太平天国》(1),第13页。

嘉庆年间的川楚白莲教与咸丰年间太平天国的拜上帝会，可以看出，外来的观念和教规渗入之后，近代民间宗教组织也在发生着新与旧的代谢。

（三）太平天国以宗教为旗帜。但是，在它那里，宗教的教义是同几千年来农民阶级的理想和幻想糅合在一起的。农民成为教徒的过程，同时是农民以自己的理想和愿望来领会和理解拜上帝会的过程。因此，在天国的形式下改朝换代，虽比前代草莽举义更多耳目一新的创置，而其中所寄托的，往往正是中国小农固有的憧憬和向往。这一点，特别体现在圣库制度上。从金田起义前夕，参加团营的人们就自下而上地归私财于公库，自上而下地分配衣食于个人，用皈依天父换来了物质上的人人均平。此后，"凡一切杀妖取城，所得金宝绸帛宝物等项，不得私藏，尽缴归天朝圣库"[1]。在另一头，圣库的收入化为柴米油盐，进入上帝大家庭的每一个人都有资格取得自己的一份。这种废除私有和绝对平均主义的制度是超越历史的，因此，它注定不可能长久维持下去。但在太平天国建立新朝的过程中，它又真正地实现过相当一段时间。[2] 在这段时间里，它所带来的公有和互助无疑会极大地吸引东南地区大批贫困无告的人们。洪亮吉在乾隆末年已经指出"户口既十倍于前"，"游手好闲更数十倍于前"。积数十年之久，加上鸦片战争后南方社会经济的变动，失去生产资料和生活资料的人口无疑会更多。这些人往往为谋生而脱离了乡土，也因此而脱离了宗族庇护。虽说统治阶级称他们为"游惰"，其实他们

---

[1]《天命诏旨书》，见中国近代史资料丛刊《太平天国》(1)，第65页。
[2] 圣库制度的来源有争论。我说ের圣库制度是由"米饭主"这种形式发展来的。当然，这并不意味着圣库制度一定直接来自"米饭主"。发展，是指两者之间有前后影响的关系。"米饭主"是少数天地会山堂搞的，而太平天国圣库制度则是推到全体。

是社会中最无助和最怨愤的部分,因此也是社会中最易于被均平和互助黏结起来的部分。对于他们来说,天朝圣库正是直接能够沐浴到的圣水。西方基督教为灵魂的归宿设计了天国,相比之下,拜上帝会的人间小天堂是一种中国化了的东西。但正是在这个意义上,可以说洪秀全把天上的火盗到人间来了。这一点,是当时的白莲教、天地会都做不到的。所以,当太平天国进入两湖之后,贫苦的农民、船工、小生产者和游民如山洪暴发般地涌入其中。太平天国在寻找他们,他们也在寻找太平天国。金田起义时的2万余众,到攻占武汉,沿江东下,已成为旌旗蔽日、征帆满江的50万大军了(号称百万)。

二、洪秀全的思想

洪秀全并不是一个纯粹的思想家。但是,他的思想曾经抓住过千百万人的心,并通过他们化为排山倒海的力量。在这个过程里,他个人的思想反映并影响了那时候的社会思想,以至天国的历史痕迹与天王的才识情性常常因果相系。因此,要说明太平天国的历史,不能不首先说明洪秀全的思想。就社会变迁着眼,他以文字方式留下的思想材料大致可以分为三点。

(一)拜上帝。如果说后来康有为的特点是托古改制,那么洪秀全的特点就是托上帝以改朝换代。上帝的存在,不仅具有宗教精神的意义,而且更多现世功利的意义。他使洪秀全从一名三家村塾师变成天父的次子,所谓"太平天王大道君王全"。在这里,神威造成了权威。的确,造反起义是非常之事,所以需要借助非常的权威。比之历史,他所取的路数,同历代帝王自称"天子"以昭示君权神授的用意是非常相像的。但太平天国的上帝不是中国社会里土生土长出来的东西,而是从《圣经》中搬过来的,是一个"满口金须,拖在腹尚(上)"[1]的洋上帝。其形貌与中国已经见惯的佛祖和三清全不相类。过去常常提到《劝世良言》,这是洪秀全第一次接触到的介绍西方宗教的读物。但他所吸取的基督教知识,主要不全来自这一粗浅的小册子。以后,洪秀全曾随罗孝全读过几个月的《圣经》,由此所得,当然要丰富得多。他从《圣经》里不会仅仅只看到一个上帝。《新约·使徒行传》中保留着若干社会平等、财产均分的内容。这大概是原始基督教平等思想的沉淀物。以理推断,它会对洪秀全产生吸引力。[2] 在当时的中国,这些东西毫无疑问是一种异端。因此,曾国藩作《讨粤匪檄》,首先以"窃外夷之绪"为讨伐之辞。然而,洪秀全毕竟不是传教士。一方面,他的基督教知识主要是自学揣摩出来的,其间不免会有对于本义的误解、臆测和附会。例如西方人视为天经地义的圣父、圣子、圣灵(那个时候译作"圣神风")"三位一体",他就从来没有弄明白过,以至于把"圣神风"轻易地作为封号送给了杨秀清。另一方面,用上帝来聚众,本身又需要上帝适应自己的信仰对象。这种需要不可避免地会产生对于西洋原版的加工、改塑和曲解,并由此而使上帝黏附上某些中国特有的色彩。在太平天国官书中,上帝有时候是与中国上古经籍里的观念相通的:"书曰:'肆类于上帝',又曰:'惟上帝不常,作善降之百祥,作不善降之百殃';诗曰:'昭事上帝';又曰:'克配上帝';孟子曰:'虽有恶人,斋戒沐浴,则可以事上帝'。"[3]记载于《尚书》和《诗经》中的"上帝"是殷周先民心目中的至高神,它与基督教里的"God"本来全无干系。可

---

[1]《太平天日》,中国近代史资料丛刊《太平天国》(2),第632页。
[2] 据考证,洪秀全所看到的《圣经》可能是哥世略等人所译的本子。在此之前,已有马礼逊的译本。
[3]《天情道理书》,中国近代史资料丛刊《太平天国》(1),第360—361页。

是经洪秀全的榫接,两者变成了一个东西。这种论证方式,虽然带着望文生义必有的逻辑破绽和历史破绽,却可以使接受"God"的太平天国大众更多一点与故家旧物认同的理直气壮。此外,佛道观念和中国民间宗教观念也渗入了拜上帝会。《太平天日》里绘声绘色地描写过洪秀全在天堂里打妖魔,从上帝居住的"三十三天逐层战下",直到"凡间这重天",以见其超凡的神性和神通。[1] 然而"三十三天"之说,发明权本归佛教所有。这一类编造,固然便于在民间说法之用,但基督教里上帝的形象,则不会不因此而异化。更富于想象力的是宗法社会里的农民为上帝创造的宗法大家庭。在耶稣之下,太平天国的首义诸王一夜之间都成了上帝的众子,并按照各自的行序分别对应天象:洪秀全为日、杨秀清为风、萧朝贵为雨、冯云山为云、韦昌辉为雷、石达开为电,后来秦日纲和胡以晃封王,复为霜、为露。[2] 正像梁山泊好汉在忠义堂排座次一样,他们在上帝的家里排座次。用这种办法分配领导集团成员之间的权力,并不能算作创举。虽然他们在上帝的名义下组成了一个神圣家族,其实不过是把中国固有的名分纲纪和江湖聚义中惯见的成规引入了上帝的家里。这一类对于基督教的改作是洪秀全的得意之笔,因为他可以借此示傲于西方人。这种自觉的优越意识,非常明白地表现为太平天国对外国人的问难:

> 尔各国拜上帝、拜耶稣咁久,有人识得天上有几多重天否?
>
> 尔各国拜上帝、拜耶稣咁久,有人识得天上头顶重天是何样否?

---

[1]《太平天日》,中国近代史资料丛刊《太平天国》(2),第 636—637 页。
[2]《太平救世歌》说:"天兄是天父之太子,天王是天父第二子也。"又说:"自我兄弟五人(应指杨秀清、萧朝贵、冯云山、韦昌辉、石达开——引者)赖蒙天恩主恩授封为王,恭承天父亲命,下凡辅定真主",则萧朝贵本应是上帝诸子之一。但是萧朝贵在尘世已做了洪秀全的妹夫,以兄弟而兼妹夫无疑是一种乱伦。为避免这种矛盾,遂以洪宣娇为上帝之女,而称萧朝贵为"帝婿""贵妹夫"。可见,太平天国设计上帝的家庭关系是非常随意的(见《太平天国》(1),第 241—243 页)。

尔各国拜上帝、拜耶稣咁久,有人识得耶稣元配是我们天嫂否?[1]

与此相联系,太平天国中的人们还认为:"从来中国所称为花夏者,谓上帝之声名(耶火华)在此也;又号为天朝者,为神国之京都于兹也。"[2]显然,上帝虽然有一个金发碧眼的模样,却更加钟爱中国。因此,韦昌辉告诉英国人说:"中国君主(洪秀全)即天下之君主;他是上帝次子,全世界人民必须服从及跟随他。"[3]同一个意思还以"万方来朝"字样刻于太平天国的玉玺上。在这里,洪秀全的世界观念似乎与道光、咸丰相去并不远。难怪当时到过天京的西方人富礼赐觉得太平天国的上帝是一个不伦不类的野菩萨,并且藐视地评论说:"天王之基督教不是什么东西,只是一个狂人对神圣之最大的亵渎而已。而他的部下之宗教,简直是大笑话和滑稽剧。"在他看来,"天主教教皇如有权治他,早就把他烧死了"[4]。有人从西方人的不满推论出农民的上帝是非常值得赞美的,因为他具有洋上帝所没有的种种好处。其实,农民加到上帝身上的并非都是可以赞美的东西。最能说明这一点的,莫过于杨秀清和萧朝贵熟演的上帝、耶稣附体显灵。太平天国刻印的《天父下凡诏书》,郑重地记录了杨秀清以上帝名义对洪秀全的训诫与凌辱。作为被凌辱者,洪秀全不会喜欢杨秀清,但作为天父的次子,洪秀全又不能不敬受上帝的训诫。由此产生的复杂矛盾,最后终于以血淋淋的内讧解决。这种巫汉降神一类民

---

[1]《东王杨秀清答覆英人三十一条并质问英人五十条谕谕》,见太平天国历史博物馆编:《太平天国文书汇编》,中华书局1979年版,第304—305页。
[2]《干王洪宝制》,见中国近代史资料丛刊《太平天国》(2),第657页。
[3]《翻译官麦多士君在南京及镇江与革命首领叙话记实》,见中国近代史资料丛刊《太平天国》(6),第904页。
[4]《天京游记》,见中国近代史资料丛刊《太平天国》(6),第950页。

间迷信的借用,与基督教的体系井然有序相比,实在不能憪然恭维。归根结底,加工和附会不可能改变主要的质料,因此,上帝并没有发生脱胎换骨的变化。

(二)承袭并激扬了自天地会以来的反清意识。这一点,由隐喻而越来越明切地见之于《原道救世歌》《原道醒世训》《原道觉世训》和《奉天讨胡檄布四方谕》《奉天诛妖救世安民谕》《谕救一切天生天养中国人民谕》之中。前三篇是拜上帝会的基本文献;后三篇是义师布告天下的檄文。两者代表了太平天国由萌蘖到发展起来的理论和思想。其中虽多见西方宗教的教义和古代经籍(《礼记》)的引言,但最能震动世人心弦的却是那种强烈的反清吼啸:

> 妖胡虐焰燔苍穹,淫毒秽宸极,腥风播于四海,妖气惨于五胡,而中国之人反低首下心,甘为臣仆,甚矣哉中国之无人也!夫中国,首也,胡虏,足也,中国,神州也,胡虏,妖人也。……
>
> 中国有中国之形象,今满洲悉令削发,拖一长尾于后,是使中国之人变为禽兽也。中国有中国之衣冠,今满洲另置顶戴,胡衣猴冠,坏先代之服冕,是使中国之人忘其根本也。中国有中国之人伦,前伪妖康熙暗令鞑子一人管十家,淫乱中国之女子,是欲中国之人尽为胡种也。中国有中国之配偶,今满洲妖魔悉收中国之美姬为奴为妾,三千粉黛,皆为羯狗所污;百万红颜,竟与骚狐同寝。言之恸心,谈之污舌,是尽中国之女子而玷辱之也。中国有中国之制度,今满洲造为妖魔条律,使我中国之人无能脱其网罗,无所措其手足,是尽中国之男儿而胁制之也。中国有中国之言语,今满洲造为京腔,更中国音,是欲以胡言胡语惑中国也。[1]

---

[1] 《奉天讨胡檄布四方谕》,见中国近代史资料丛刊《太平天国》(1),第161—162页。

首与足、神与妖、中国与胡虏的对立,以及见之于形象、衣冠、伦理、配偶、制度、语言的满汉不能相容,显示的也是夷夏之见。意味深长的是,当众多士大夫因西方人的到来而想到夏夷大防的时候,造反的农民用同一个题目抉开了渐被淡忘的满汉旧创口。曾国藩写过《讨粤匪檄》,但他极用心地回避了这个问题,其实,回避也是一种反应。对此,不同的历史学家已经做过许多命意不同的诠释。从思想意识发展的历史程序来说,天地会的"反清复明"是太平天国反清思想的直接前导。这是一方面。另一方面,两百年来汉民族的潜在种族意识并未泯除。当清王朝从盛世走向衰世,社会矛盾因之而不断激化的时候,这种种族意识会像冷灰中的火星一样迅速复燃。就此而言,太平天国的反清思想又包藏着当时社会现实的阶级对抗内涵。正因为这样,它才能造成巨大的反清社会运动。比之天地会的秘密活动和局部活动,太平天国以大规模的农民战争反清,其声势和影响在当时和后来都要大得多,作为19世纪中叶的一场历史震荡,太平天国对近代社会思想的显著冲击无疑正在于此。30年后以"驱除鞑虏,恢复中华"为纲领创建兴中会的孙中山,正是一个自命为"洪秀全第二"的人。两者之间前后相续的关系是非常易见的。作为一种比较,洪秀全辛苦经营的拜上帝会则在太平天国失败后如被西风吹尽,了无余响。代之而兴的是反洋教运动。上帝并不能影响中国的社会思想。20世纪初期从事反满革命的人们常常怀念洪秀全,并不是因为他是上帝的儿子,而是因为他的反清扑满为后来者开了先路。

(三)反孔,同时又吸取了儒家的某些东西。太平天国可以算作历史上头一次大规模的反孔群众运动了:所过之处,往往焚学宫、毁木主,至十哲两庑,狼藉满地。入金陵以后,又曾大规模地搜书和烧书:"搜得藏书论担挑,行过厕溷随手抛,抛之不及以火烧,烧之不及以水浇。读者斩,收者斩,买者卖者一同斩,书苟满家法必犯,昔用撑肠今破胆。"[1]在秦始皇之后,像这样恣肆地践踏孔孟的事是没有先例的。曾国藩因此而谓之"举中国数千年礼义、人伦、诗书、典则,一旦扫地荡尽"[2]。但是,对于传统社会里的农民来说,践踏孔孟并不等于摆脱孔孟。在思想上和实际上,它又接受了很多儒家的东西。例如,《原道醒世训》对大同社会的论述,就以唐虞三代为楷模,所谓"大道之行也,天下为公。选贤与能,讲信修睦,故人不独亲其亲,不独子其子,使老有所终,壮有所用,幼有所长,鳏寡孤独废疾者皆有所养。男有分,女有归。货恶其弃于地也,不必藏于己;力恶其不出于身也,不必为己。是故奸邪谋闭而不兴,盗窃乱贼而不作。故外户而不闭,是谓大同"[3]。这种充满向往的描述出自《礼记·礼运》,并托名于孔子,它表现了典型的儒学乌托邦思想。而在政治制度和社会制度方面,太平天国的制作则明显地脱胎于《周礼》。这种反孔而又依傍于儒学的矛盾不难从那个时候的社会历史中得到解释。

首先,太平天国的反孔,并不因为儒家思想体系是封建制度的精神支柱。站在小农经济基础上,它还不可能产生这样的眼光。它与孔夫子所争夺的,是以上帝为唯一的神圣地位。"唯一"的排他性决定了其他一切权威和偶像都必须取缔。因此,太平天国反孔的喊声和深度是不成比例的。据说,孔子在天堂里受到"鞭挞甚多"。但这无非是为了剥夺他的权威。权威一旦丧失,上帝对孔子还是采取了给出路的政策。经过"罚种菜园"的劳动改造后还能在天父天兄的身

---

[1]《金陵癸甲新乐府》,见中国近代史资料丛刊《太平天国》(4),第735页。
[2]《讨粤匪檄》,见《曾国藩全集·文集》第3卷,第1—3页,光绪二年传忠书局刻本。
[3]《原道醒世训》,见中国近代史资料丛刊《太平天国》(1),第92页。

边得到一个座位,并"准他在天享福"[1]。因此,太平天国的反孔态度后期与前期并不一样:"始以四书五经为妖书,后经删改准阅,惟《周易》不用,他书涉鬼神丧祭者削去,《中庸》鬼神为德章,《书》金縢,《礼》丧服诸篇,《左传》石言神降俱删,《孟子》则可以祀上帝,上帝上加皇字,《诗》荡荡上帝,上帝板板皆加皇字,《论语》夫子改孔某,子曰改孔某曰。"[2]

其次,儒家思想是当时中国的社会思想。积两千年之久的浸润,它已经深藏于中国人的心中,其支配性并不是每个被支配的人都能意识到的。洪秀全是产生于这个社会的人,而且是一个向四书五经讨过生活,从科举制度寻过出路的人。还在他接受上帝的洗礼之前,儒学早就为他行过洗礼。所以,当他自觉地反孔的时候,又会不自觉地被孔学牵引。这种情况,在洪秀全成为天国的君王之后更加明显。随着造反者锐气的消退,是统治者惰气的增长。造反可以不要儒学,统治却终究以为儒术更应手。于是三纲五常都在不知不觉中回到了天朝。

三、天国的悲剧

在当时的中国社会里,太平天国是一股有着种种优势的力量。因此,它的事业能够以喜剧开始。1853年3月,太平军攻占南京,随后西征北伐,并相继击溃江南大营、江北大营;到1856年9月杨韦事变前,太平天国已控制了从武汉到镇江的长江沿岸要地和江西、安徽的大片土地,达到了它的全盛时期。

---

[1] 参见《金陵省难纪略》,见中国近代史资料丛刊《太平天国》(4),第719页;《太平天日》,见中国近代史资料丛刊《太平天国》(2),第636页。
[2] 《金陵省难纪略》,见中国近代史资料丛刊《太平天国》(4),第719页。

但进入南京,同时又预伏着太平天国的悲剧。选择南京为天堂立基之地,是起兵不久之后就有的成算:"在永安时言至金陵为登天堂,许夫妇团聚。"[1]并在作战时常以"行将取江南矣,岂畏尔官军耶"[2]鼓动士气。那个时候,多数太平天国中人连石头城的外貌都没有见过,但江南之富庶繁华和金陵"城高池深",可以做"帝王之家",则耳闻已久,心向往之。虽然攻占武汉之后,太平天国领导集团内部有过北上还是东下的讨论,但前一种主张几度提出,又几度被否定。据《盾鼻随闻录》记载:"女贼卞三娘凶悍绝伦,女兵千余,俱广西大脚婆。……向洪逆献计,由襄樊一路直取河南,进据中原心腹。杨秀清觊觎江浙财富之区,欲由长江径取江宁为巢穴,争论不绝,秀清遂托天父降凡,令其直犯江南。卞三娘因其言不用,率领女兵自回广西,不知所终。"[3]看来在这个问题上实际主持军政的杨秀清更热心。太平天国领袖人物对于天堂地点的盘算取舍,说明富裕的经济和"帝王之家"是对他们吸引力最大的东西。后来刊布的《建天京于金陵论》一书,辑集了41篇同名短论,叙述择地于此的种种好处:"盖闻王者建都,必先观地之形势。地非居天下之中,不可建都;……至于金陵地居都会,据东南之美,为名胜之区,地势弥崇,民情益厚,中多山阜,外有江河,此天父上帝所造成,而为我天王建都之地也。"[4]但在今天看来,他们的论旨多保守小天堂于一隅之心,少经营八表以取天下之志。同小天堂相比,北京城成了非常遥远的东西。透过历史人物的活动,在这里真正起作用的是千百万小农保守安逸的小生

---

[1] 杜文澜:《平定粤匪纪略》,附记3,第6页,上海申报馆仿圣珍版印。
[2] 同治《浔州府志》第27卷,《紫荆事略》,第30页。
[3] 《盾鼻随闻录》,见中国近代史资料丛刊《太平天国》(4),第367页。
[4] 《建天京于金陵论》,见中国近代史资料丛刊《太平天国》(1),第257页。

产意识。生产环境的狭隘造成了眼界的狭隘,眼界的狭隘造成了思想的狭隘。这一选择的结果,带来了太平天国事业的历史转折。首先,对清王朝的政治军事攻势变成了守势。太平天国攻取南京是一重大胜利,但也由此而得到了一个极大的包袱。不能不"以安徽、湖北、江西为大供给所,且不能一刻忘情于湖南。其注意上游,若婴儿之仰乳哺"[1]。由此产生的军事和经济的态势,牵制了太平天国的兵锋,迫使它敛收金田起义以来的席卷之势。于是,奔腾湍急的农民战争巨流一下子汇成一片以南京为中心的浅滩。此后虽然有过北伐西征之举,但西征意在经营上游,屏障天京;而北伐则是以偏师孤军深入险地,与其说是犁除庭穴,不如说是以攻为守。《贬妖穴为罪隶论》一书收辑了那个时候天朝中的人们与北伐相关的种种议论。其中颇有不切事理的见解,甚至以为"至于妖穴,取之不足以安人民,弃之不足以伸武勇"[2]。这种态度,同他们对东南的关切是一种鲜明对比。因此,林凤祥、李开芳、吉文元所统北伐军在华北挫败之后,终因援军不继而溃散。但是,造反而以战略保守为能事,这不能不是一个致命的矛盾。这个矛盾的发展当然会造成与之相应的结果。其次,进入南京之后,六朝绮罗金粉之地促长了太平天国内部的安富尊荣意识。随之而来的是人间天国的封建化。洪秀全写了那么多的《幼学诗》《天父诗》,宣扬了什么呢?一是君权神授:"众小尔们要一心扶主,不得大胆。我差尔主下凡作天王,他出一言是旨是天命,尔们要遵,一个不顾王顾主都难。"[3]二是三纲五常:"只有媳错无爷

---

[1] 《贼情汇纂》,见中国近代史资料丛刊《太平天国》(3),第272页。
[2] 《贬妖穴为罪隶论》,见中国近代史资料丛刊《太平天国》(1),第297页。
[3] 《天父诗》115,见中国近代史资料丛刊《太平天国》(2),第449页。

错,只有姊错无哥错,只有人错无天错,只有臣错无主错。"[1]"生杀由天子,诸官莫得违","王独操威柄,谗邪遁九渊","伊周堪作式,秉正辅朝纲"[2]。甚至规定5岁的男孩子就不可接近姐妹,比之男女7岁不同席的旧规更为苛严。在这种观念下,政治等级森严可畏:"凡东王、北王、翼王及各王驾出,侯、丞相轿出,凡朝内军中大小官员兵士如不回避,冒冲仪仗者,斩首不留。凡东王驾出,如各官兵士回避不及,当跪于道旁,如敢对面行走者斩首不留。凡检点指挥各官轿出,卑小之官兵士,亦照路遇列王规矩,如不回避或不跪道旁者斩首不留。"[3]还有繁琐而苛细的称谓:"军师妻呼称王娘,丞相妻呼称贵嫔,检点妻呼称贵姒,指挥妻呼称贵姬,将军妻呼称贵嫱。钦命总制妻呼称贵媪,监军妻呼称贵奶,军帅妻呼称贵嫺。师帅妻呼称贵娴,旅帅妻呼称贵婕,卒长妻呼称贵妯,两司马妻呼称贵娌。"[4]小天堂中的居民是否真的能记住这么多名目是可疑的,但其用意在于以多数人的卑贱来衬托少数人的荣光却是确然可见的。在这里,天国的尊卑体制比"清妖"的尊卑体制更多一点霸道和蛮气。天下男子的兄弟之情和天下女子的姊妹之情,已经被忘得干干净净了。小农向往平等,但又常常造成不平等。

诚然,太平天国在南京颁布过被称道的《天朝田亩制度》。但是,这一文件的空想性质和当时阶级斗争的残酷程度都决定了其用心规划的土地制度只能是一纸空文。它的价值是为近代思想史提供了一种农民的大同模式。真正成为太平天国实际赋税政策的是"照旧交

---

[1]《天父诗》378,见中国近代史资料丛刊《太平天国》(2),第484页。
[2]《幼学诗》,见中国近代史资料丛刊《太平天国》(1),第232页。
[3]《贼情汇纂》,见中国近代史资料丛刊《太平天国》(3),第230页。
[4]《太平礼制》,见中国近代史资料丛刊《太平天国》(1),第106页。

粮纳税"。这一政策以土地所有者的存在为前提,因此,它不仅保护自耕农的利益,而且也保护地主的土地权和收租权。这种保护,体现了对赋税来源的关注,当然不是有爱于地主。但旧的土地关系却因之而保存下来了。迟至1861年(咸丰十一年),吴江拥有三四千亩土地的大地主柳兆薰,还能收到租米1 300余石。[1] 他不会是一个仅见的例子。在人间天国里,天堂毕竟只能是一种影子。他们曾试图按自己的面貌和要求来改造世界,例如取消商业。但现实使他们重重地碰了壁。于是,从经济、政治到观念,历史在绕行一周后似乎又回到了起点。时代的局限是真正的局限。太平天国的英雄们从金田到天京,用鲜血和生命的代价激烈抗争,以追求自己的理想。但在新的生产方式出现之前,他们不可能单凭自己的力量找到一条取代封建制度的出路。当封建制度还没有东西能够取代的时候,太平天国不能不回到封建制度。借助于宗教理想汇集起来的世俗力量,由于理想的褪色而不能不日趋迷失与彷徨。一个旧文人用歌吟记叙天朝中人的物欲说:"宫室车马及衣服,竭来享尽天堂福,志骄气盈乐宜极,百计营求供大欲。金鱼数十缸,珍禽数百笼,去年人献十四凤,(伪示云:舜时凤皇来仪,文王时鸣于岐山,我天朝肇基,王迹定有瑞征,民间不得私藏。人以野鸡十四只当之,辄大喜。)今年令捉千斤龙。夏鼎商彝举室空,瑶草琪花掘地穷,竹未槎枒斗雕刻,玉石磊落资磨砻……"[2] 与此同时,丧失了理想的宗教则流为偏执的虚妄。所谓"朕立幼主继耶稣,双承哥朕坐天都。幼主一半耶稣主,一半朕

---

[1] 参见《太平天国史料专辑·柳兆薰日记》,上海古籍出版社1979年版,第98页。
[2] 《金陵癸甲新乐府》,见中国近代史资料丛刊《太平天国》(4),第738页。

子迓天麻。代代幼主上帝子,双承哥朕一统书"[1]。本是世人共有的天父,变成了父子祖孙一系的始祖。这种演变,使进入南京之后的太平天国政权,不能不日益变成一种不成熟的封建政权,并以自己不成熟的封建政权与正在衰败中的清朝封建政权对峙着。它的不成熟性,使知识分子如王韬、容闳——来而复去。曾经亲身到过天京的容闳后来说:"其所招抚,皆无业游民,为社会中最无知识之人。以此加入太平军,非独不能增加实力,且足为太平军之重累,而使其兵力转弱。盖此等无赖之尤,既无军人纪律,复无宗教信仰。即使齐之以刑,不足禁其抢掠杀人之过恶。""迨占据扬州、苏州、杭州等城,财产富而多美色,而太平军之道德乃每下而愈况。盖繁华富丽,固足以销磨壮志,而促其灭亡也。"[2]他的话透露了那个时候知识分子对太平天国的典型观念。

　　清王朝是正在衰败中的封建政权,但它却成为这场斗争的胜利者。一个非常重要的原因是,这个时候崛起了以曾国藩为代表的儒生地主政治势力。这一势力注重经世,罗致人才,并且以守卫名教为号召,组织了一支以儒生为骨干的新的军事力量。这些人多研习理学,虽无显达的名位,却是传统知识分子中最富于信念的部分,往往以一介章句之儒历兵戈成悍将。在满汉地主阶级当权派束手无策的情况下,他们走上前来,成为团结整个地主阶级对抗太平天国的中坚。从某种意义上说,后期太平天国同清政权的对抗,实际上是太平军与湘(淮)军的对抗,是洪秀全与曾国藩的对抗。两者对比,洪秀全似乎更具有理想主义色彩,但他的理想在现世中只是一种异端。曾

---

[1]《赐英国全权特使额尔金诏》,见太平天国历史博物馆编:《太平天国文书汇编》,第44页。
[2] 容闳《西学东渐记》,岳麓书社1985年版,第98—99页。

国藩则更懂得中国社会,并因此而能够代表传统的中国社会。前者用理想汇聚社会力量,后者用传统汇聚社会力量。无疑,历史事变中主角的这种个人特点,一定会成为影响事变结局的因素。作为一种对照,可以比较洪秀全周围的人物和曾国藩幕府中的人物。这两个地方曾经集合了当时中国能够影响历史的群体。然而就数量而言,19世纪中期中国的才识之士无疑更多地站在传统一边,他们以个人的选择,表现了某种历史的选择。

当清王朝因儒生经世派的出现而获得加固的时候,太平天国国都爆发了杨韦事变,局面因此岌岌可危。[1] 远道而来的洪仁玕适逢其会,受命于危难之际,成为后期太平天国事务的主持者。就节操和知识而言,他是太平天国的一等人才,但他缺乏军事才干(李秀成因此而看不起他)。因此,在连天烽火的内战中,他不可能挽救太平天国的颓势。洪仁玕提出的《资政新篇》是当时中国最完整的发展资本主义的纲领。显然,他具有开通的眼识和卓越的预见,但在当时,它并非太平天国题中应有之义,而是游离于农民斗争之外的东西。这就决定了它不会在天国的群众中激起用拜上帝会造小天堂那样的反响,也不会转化为物质力量,只不过为19世纪中国的社会思想留下了一份珍贵的资料。把农民群众同资本主义联系起来需要很多环节,而中国尚未有这些环节。

太平天国的斗争一直坚持到湘军的地雷轰开天京城墙,坚持到焚烧天王府的火光照红天空和江流。这是一场悲壮的斗争。其悲剧意义不仅在于他们失败的结局,更在于他们借助宗教猛烈冲击传统

---

[1] 杨韦事变后,太平天国之所以还能存在下去,同当时天地会的广泛发动和第二次鸦片战争的发生削弱了清政府的力量有很大的关系。

却不能借助宗教而挣脱传统的六道轮回。反封建的人没有办法洗净自己身上的封建东西。因此，他们悲壮的事业中又有着一种历史的悲哀。

四、留给历史的余响

作为一场企图改朝换代的农民战争，太平天国在纵横十数年之后失败了。但它是近代中国的一次大海波潮，潮来潮去之后，许多东西都会改变旧日模样。

从社会经济来说，太平天国虽然没有改变土地制度，但它对部分地主分子的人身消灭和整个地主阶级的经济勒迫，又造成了地主分子的出逃和地主经济的萎缩，部分农民因此可以得到一定数量的土地。同时，内战之后人口大量减少，土地荒芜，经界变形，"向存鱼鳞册、黄册荡然无存"[1]，促成客农开垦得地的种种可能和永佃制度大量形成。当时江、浙、皖诸省往往"客民争携耒耜来受塍塍。其中强有力者，飞来客燕，敢欺本地篱鷃，有主田畴，强行霸占，有喧宾夺主情形"。而"土著之流亡者，一旦生还，反致无所归宿。田为人有，屋为人居，力不能夺，讼不能胜，乃不得已而亦舍己芸人，占别家之产以自活。展转易主，遂至境内之田，尽非原户"[2]。这个过程会产生相当数量的自耕农。在鸦片战争之后，西方资本主义经济势力的浸润首先开始于东南。因此，这些增多的自耕农面对的已不是旧时的自然经济了，他们离商品和市场近在咫尺，并时时受到刺激。这种经济环境无疑会使自耕农的增多促进生产和消费的增多。这些对后来资

---

[1] 姚锡光：《吏皖存牍》上卷，光绪戊申版本，第29页。
[2] 李文治：《中国近代农业史资料》第1辑，第166、169页。

本主义生产关系的产生和发展多少有点好处。

从社会政治来说,太平天国搅乱了整个封建制度,这种搅乱是统治阶级永远无法平复的。由此,间接地促使地方政权相对于中央统制的自立倾向。这对于削弱中央集权起了很大作用,原来的政治体制就不能不发生变化。地方督抚权力的膨胀,本是对于太平天国搅动天下的反应,但由此发生的制度递嬗却又不是最初作出反应的人们所预料得到的。庚子与辛丑之间的东南互保是有清270多年未见之局,然而追本溯源,其始点却起自太平天国的影响。此外,湖南近代出了这么多人,同太平天国有很大关系。在镇压太平天国的过程中,湘军出了很多高官大吏。原先的闭塞打破了,出现了世代汲引,内外交流。在这种闭塞和开放俱存的地方,最容易出现典型的正面人物和反面人物。

除了这两点外,太平天国作为一个历史事件对后来的许多政治力量也产生了间接的影响。在戊戌维新期间,金田起义常被康有为借来作为迫使皇帝变法的力量,这是用反衬来促成革新;辛亥革命时期,孙中山自觉接受了太平天国反清的正面影响和因争权夺利而导致分裂火并的反面教训。这些影响说明,太平天国在它失败以后,对中国社会的政治进程还在起促进作用,它留给历史的余响是长久的。

第六章　十二年之后

1844年签订的中美《望厦条约》第三十四款规定:"至各口情形不一,所有贸易及海面各款恐不无稍有变通之处,应俟十二年后,两国派员公平酌办。"[1](同年签订的中法《黄埔条约》第三十五款也有大致相同的规定。)那个时候,正炮声初息,王朝中人惊魂甫定,与刚刚结束的一番遭遇相比,12年之后的事是很渺茫的,正窃喜于"万年和约"换来的太平,紫禁城景物依旧,他们还不可能体会到自己轻易接受的改约一条,包含着极其沉重的分量和无穷无尽的麻烦。但是,无知从来不是一种护符。他们的不认真面对着西方人的认真,他们的倨守反衬出西方人的进逼,由此引出的交涉终于发展为侵略和反侵略的武装冲突,随之而来的,是近代中国第二次民族战争。

一、"不战不和不守,不死不降不走"

从1853年起,英国就已经开始酝酿修约。其基本要求是:(一)"争取广泛地进入中华帝国的整个内地,以及沿海各城:如这

---
[1]　王铁崖:《中外旧约章汇编》第1册,第56页。

一点做不到",则"争取扬子江的自由航行,并进入沿江两岸直到南京为止(包括南京在内)的各城以及浙江省沿海人烟稠密的各大城"。(二)"争取英国国主得有一位代表长久而光明正大地驻节在北京朝廷:如果这一点争取不到",则"规定女王陛下的代表和中国政府枢要间的习常公文往来,并充分保证公文的传递不受地方官宪的阻截"。"规定在女王陛下的代表与该代表临时驻在省份的巡抚之间,得应任何一方面的请求而随时会晤。""规定在行将缔结的条约的措辞中,一切疑点都应参照英文本解决,并且仅以英文本为准。"此外,还有鸦片贸易解禁,废除内地子口税,以及制定华工移民管理办法等项目。[1] 英国是修约的最热心者。但中英之间既有的三个条约里并无12年后修约的内容。它所引为依据的是《虎门条约》之一:"设将来大皇帝有新恩施及各国,亦应准英人一体均沾。"问题在于,英国人所要求的"新恩"并无一国已经沾及,他们不是"一体均沾",而是率先索取。所以,这是不成为依据的依据。

1854年,英国新任公使包令(John Bowring)衔命赴任,他同美国公使麦莲(Robert Miligan Mclane)、法国公使布尔布隆(Alphonse de Bourboulon)一起,把西方人的新要求提到了中国人面前。他们的第一个对手是以钦差大臣身份主持夷务的两广总督叶名琛。但叶名琛不愿意同西方人打交道[2],"凡遇中外交涉事,驭外人尤严,每接文

---

[1] 参见《克勒拉得恩伯爵致包令博士函》,见〔美〕马士:《中华帝国对外关系史》第1卷,附录16,第767—768页。
[2] 在这方面,西方人具有非常深刻的印象。马士评论说:"叶名琛于一八五二年八月被任命为专办夷务的钦差大臣兼驻广州的总督,徐广缙调任驻武昌的总督,担负镇压当时威胁扬子江流域的'叛军'的专责。从那时起,对于外国代表实行不理睬就成了政府既定政策的一部分,而外交当局的这项政策则是通过驻广州的钦差大臣予以执行。"(见马士:《中华帝国对外关系史》第1卷,第463页。)

书,辄略书数字答之,或竟不答。顾其术仅止于此,既不屑讲交邻之道,与通商诸国联络;又未尝默审诸国情势之向背虚实强弱,而谋所以应之"[1]。他的深闭固拒使他成为一个见不到面的对手。于是,三国使者联袂北上,次第到达福州、上海、天津(大沽)。他们那些夹杂着威胁之词的陈说经沿海大吏桂良、怡良、吉尔杭阿、王懿德的先后驰奏而上达"天听",放到了咸丰的面前。[2] 咸丰是一个年轻的皇帝,但他的反应却体现了古老社会对付夷狄的本能。他在上谕中布置的对策是:据理开导,以"绝其觊觎之心","逐层指驳,以杜其无厌之求"[3]。同时重申了只准常驻广州的钦差大臣一人办理夷务的天朝体制。他称这种意思为"羁縻"。但羁縻本身又包含着自相矛盾的两面:"该夷狡诈成性,遇事生风,固不可过于峻拒,激成事端,亦岂可一味通融,授之以柄?"[4]在这里,害怕冲突的心理和抵拒西人的愿望同样明显。中外交涉因之而成为一种没有结果的事。咸丰所指望的是根据中国封建主义之理,以遏制西方资本主义的贪求进取之势。这种手段,仍然是道光在鸦片战争之前用过的手段。它说明,同老子相比,儿子并没有长进。于是,从广州北上的西方人,又被天朝体制带回了广州,带到了叶名琛那里。叶名琛无疑是中国旧传统培育出来的优秀人才:26岁的进士,38岁的巡抚,43岁的总督,46岁的相国。翰林清望,仕途腾达,其名位之骤来速至,在有清一代是少见的。因为如此,他志锐气盛而不知世事之多艰多难。也因为如此,作为当时中国主管对外事务的最高官员,他会非常自然地带着旧传统的全

---

[1] 薛福成:《书汉阳叶相广州之变》,见中国近代史资料丛刊《第二次鸦片战争》(1),上海人民出版社1978年,第228页。
[2] 参见中国近代史资料丛刊《第二次鸦片战争》(3),第12、78页。
[3] 中国近代史资料丛刊《第二次鸦片战争》(3),第52、82页。
[4] 中国近代史资料丛刊《第二次鸦片战争》(3),第83页。

部惯性去对付一个他并不熟悉的对手。就事情的实质来说,这个对手恰恰是另一个时代和另一个世界的代表。在这里,历史仿佛重现了鸦片战争时期中西对立的内容和态势。所不同的是:林则徐曾以"师夷之长技"的气魄为中国社会打开一个看世界的窗口,而叶名琛是怀着对夷人的极度蔑视把这个窗口关上了。在激烈的中西民族冲突面前,其"雪大耻,尊国体"之心是与林则徐相近的。但林则徐因开眼看世界而历史地成为从中世纪向近代跨出一步的人,而叶名琛则身与心贴连着中世纪,在抵夷的同时守卫了落后。这一差别导致了19世纪40年代和50年代两个不同人物的种种差别。

(一)自信变成了虚骄。西方提出改约,所争的是侵略权益,但叶名琛所关注的首先是华夷之间的礼仪即体面。"其驭外骄倨之态,数倍于(徐)广缙。先是广缙虽不许外国使领到城内督署晤见,而本人时常纡尊至城外见之,即远莅虎门亦不辞,而名琛直不见。"[1]包令要求会见钦差大臣,作为回答,叶名琛提出在"一个河边的仓库"里接见英国公使。[2] 在他手里,外交上制服夷人的取胜之道不在于面对面的抗争折冲以卫护实利和主权,而在于从精神上施以贬抑和折辱,是以"憾之者不独英人,如法如美,同深忿恚"[3]。贬抑和折辱,当然包含了鸦片战争之后中国民族对侵略者的愤恨和抵拒,但其中更多来自传统夷夏之见的意气和成见。这种意气和成见使他面对着近代的外交对手却不可能产生近代的外交意识。攘夷之志因此而变为一种虚骄。

---

[1] 筱园:《粤客谈咸丰七年国耻》,见中国近代史资料丛刊《第二次鸦片战争》(1),第243页。
[2] 〔美〕马士:《中华帝国对外关系史》第1卷,第465页。
[3] 筱园:《粤客谈咸丰七年国耻》,见中国近代史资料丛刊《第二次鸦片战争》(1),第243页。

（二）强硬变成了懵懂。1856年10月，英国在久争入城而不得之后，借"亚罗"号一事发为咆哮，用大炮轰击广州。[1] 其时，叶名琛正在校场"阅武闱马箭"。方炮声东来之际，"文武相顾愕眙"，叶名琛独能岿然不动。两天后，西人"驾炮注击总督署，司道冒烟进见，请避居，叶相手一卷书危坐，笑而遣之"[2]。应当说，其气概之豪迈自雄，并不是当时中国所有官场中的人们都能够做到的。比之后来柏贵与占领军合作而受人鄙视，叶名琛无疑更想显示传统的英雄主义。这种英雄主义在两千年历史中留下过耀眼的光彩，并永远值得后人崇敬。但是，在叶名琛身上，这种英雄主义气概的背景却是中国马箭与西洋火炮之间惊心动魄的历史差距。以马箭傲火炮，在强硬的同时又表现了剧变时代里充满悲怆意味的懵懂和滑稽。其心可哀，其事则不足为训。

（三）镇静变成了自欺。1857年12月，英法联军集结广州，再度攻城。时人谓叶名琛"以渊默镇静为主，毫无布置"[3]。这种镇静，不是慌乱的反义词，不是每临大事有静气，而是"不战、不和、不守"。迨至战事正急，"将军巡抚司道进见，商战守策，而叶相澹若无事然"[4]。在传统的中国，理性和非理性常常会并存于一个人的身上。"先是叶相之父志诜喜扶乩，叶相为建长春仙馆居之，祠吕洞宾、李太白二仙，一切军机进止咸取决焉。"于是，在最需要理性的时候，叶名

---

[1] 广州的入城和反入城之争，是鸦片战争后一个很尖锐的问题。耆英和徐广缙曾经用拖延的办法来对付。但在叶名琛手里，这个问题已经同修约连在一起而无可拖延了。
[2] 薛福成：《书汉阳叶相广州之变》，见中国近代史资料丛刊《第二次鸦片战争》（1），第229页。
[3] 《筹办夷务始末》（咸丰朝）第2册，中华书局1979年版，第645页。
[4] 薛福成：《书汉阳叶相广州之变》，见中国近代史资料丛刊《第二次鸦片战争》（1），第231页。

琛却以乩语为指南:"僚属见寇势日迫,请调兵设防,不许;请召集团练,又不许。众固请,叶相曰:'姑待之,过十五日,必无事矣。'乃乩语也。"但是非理性的东西终究不能成为制胜之道,两天之后广州即被占领,包括叶名琛在内的城中全部天朝官吏都成为俘虏。薛福成记述了那个时候的舆论说:"强寇岂可以空言应哉,己则无备,辄谓人穷蹙。譬犹延颈受暴客白刃,尚告人曰,彼惧犯法,穷蹙甚矣。自欺如此,祸其可纾乎!"[1]

叶名琛生涯的最后一部分似乎是在矛盾中度过的。一方面,他在身败名裂之后,仍然只能从往日的历史传统中去寻找支撑的精神力量,自况苏武:"向戍何必求免死,苏卿无恙劝加餐。"另一方面,由于囚禁在域外的加尔各答,他能天天接触到来自外国报纸的种种信息,这给了他过去所没有的了解西方的机会。见识稍多之后,因之而有某种思想变化:"现在我明白了,这比我以前从香港了解到的要清楚得多,那时我根本不懂。"[2]对于一个像叶名琛那样"性木强"的人来说,承认这一点是不容易的,但这种认识已经无补于他亲手铸成的误身误国的历史错误了。在中国历史上,叶名琛是一个久被非议的人物。但叶名琛的悲剧是一种时代的悲剧。正因为这样,他的遭遇,曾长久地成为当时和后来很多士人议论与思考的题目,他们在议论与思考中咀嚼,并由此而反思。同治年间,曾国藩在家书中说,"久作达官,深虑蹈叶相末路之愆"。他的"深虑",不仅仅表达了为宦途作计之想,其中还有着从传统驭夷之道战战兢兢地走出来的心态。

---

[1] 中国近代史资料丛刊《第二次鸦片战争》(1),第231页。
[2] 〔澳〕黄宇和:《两广总督叶名琛》,中华书局1984年版,第156页。

二、"庚申之变"

次年春季,美法联军北上攻陷大沽,兵临天津。中国政府被迫同英、法、美、俄四国分别签订了《天津条约》。1859年,战事因换约再起。第二年,联军侵入北京。在更加苛刻的条件下,中国同英、法、俄三国又分别签订了《北京条约》。这七个条约构成了第二批不平等条约。这是一个屡战与屡和交错的过程。屡战与屡和,既反映了西方人侵逼煎迫的强韧无情,也反映了中国君臣的彷徨与颠顶。1858年(咸丰八年)御史陈庆松曾不无尖刻地指出过这种对比:"向来办理夷务,本未通盘筹划。不过来到天津,支应回广东去,而广东亦不过搪塞了事,故事终不了。夷人机警,窥破此情,故于我全用劫法。不独叶名琛系被劫去,近日抚局亦系劫成。"[1]

咸丰朝《筹办夷务始末》保存了当日中西交涉的旧案,从中揆度咸丰的心事,可以看出他所最舍不得丢掉的东西是中国帝王在百夷面前的固有颜面。《天津条约》签订以后,西人南返,津沽危局甫缓,大学士桂良、尚书花沙纳已奉派蹑踪而至上海,与西人再开谈判,期于以免除关税为代价,换取彼族放弃公使驻京、江路通商、内地游历和归还广东省城。在折冲甚苦之际,上谕迭至,辞气愤厉:"桂良等迭次陈奏办理情形,其经剀切训示,总以阻其进京,停其江路通商,并将游行内地罢议,及早归还广东省城四事为最要。桂良等果肯竭力转圜,何至徘徊两月有余,又复奏请训示?前次准将钦差(西方使节——引者)移至上海,原为阻其进京及赴天津之计,若仍准其随时

---

[1] 平步青:《霞外捃屑·陈侍御奏折》,见中国近代史资料丛刊《第二次鸦片战争》(2),第317页。

进京,则进京之后,如何驱遣?岂不与驻京无异?又何必改钦差移上海,且何必派桂良等前往挽回耶?总之,进京一节,万不能允,内江通商,必须消弭;其余两事,亦当设法妥办。"[1]其所谓"剀切训示"的四项,本都关乎中国主权,但咸丰之力与相争,其意盖在保全华夷之间的藩篱和沟壑,尤在避免中国君主与西方人的直面相对。他害怕这种直面相对会扫尽天朝的礼文和成宪,因此宁肯舍弃关税之利,后来的历史学家孟森说:"外使之来,苟非崩角稽首,而与为姑容,其耻甚于亡国。宁以社稷为殉,不使夷虏踪迹相浼。得正而毙,虽败犹荣。此当时之舆论然也。"又说:"若使当时桂良遵旨请求,进口货且不能收税,洋人重利,其于驻使一层,必可暂缓留作后图,而洋货之灌输,海关之不必设,中国又成何世界?此皆一回首而令人拆舌者。"[2]其评论可谓能中肯綮。这种心理导致了1859年僧格林沁对入京换约的西方人愤然而且慊然的一击。于是由《天津条约》止息的武装冲突重新发展为更激烈的民族战争,直到咸丰"车驾北狩",圆明园在烈火中化为废墟。

如果说鸦片战争的震撼主要冲击了沿海地区的话,那么连头带尾持续四年之久的第二次鸦片战争则把沉重的震撼带到了中国社会的中枢。它发端于广东一隅而最终进入华北,使上国帝京一时成为夷狄世界,夷夏之大防因之而完全崩溃。一个目睹了事变场面的京官记叙说:西人自入安定门之后,"立时恃悍登城,猱升望杆,悬起彼国五色旗帜,尽逐我城上防兵,将我大小炮位,掀落城下,纳诸沟中",另设夷炮四十六尊,炮口皆指南向。"北面城垣,东西长十里,尽被占

---

[1] 《筹办夷务始末》(咸丰朝)第4册,第1223页。
[2] 刘毓楠:《清咸丰十年洋兵入京之日记》,见中国近代史资料丛刊《第二次鸦片战争》(2),第146页。

踞,支搭帐房数百座,城门听其启闭,反禁止中国人不得出入,唯巴(夏礼)酋号令是听而已。"当和议未成之际,"群丑罔知顾忌,性且畏寒,城上不耐栖止,擅入人家住宿",城北居人,因受辱而纷纷南迁,街市累见扶老携幼,背负袱被,仓皇逃难之群。而王公大臣汉官富户之未及迁徙者则多"门首摘去科第匾额、官衔门封"以自晦匿。在战胜者对于战败者的军事统治之下,华夷旧序已经完全颠倒过来了:"日前崇文门外三转桥地方,有一傻子,立于门前,见夷人经过,拍手大笑曰:'鬼子来也。'夷众立将此傻子毒殴,伤重垂毙,复入其家,举室尽被殴伤,毁坏什物。"在这种局面之下,昔日京华景象正如洪水过地,荡然无存。叙其事者辛酸地说:"夜敲夷鼓,通宵达旦,枕上闻声,魂梦为之不安。"国破山河在,追抚旧时旧事,其感触无疑会刻骨铭心。富有意味的是,当他描述额尔金坐着"金顶黄绊绿帷八抬轿"到礼部换约一幕时,其笔调由沉痛而转为明显的愤怒。西方人这样做,是存心践踏外夷入京只能坐车不能乘轿的旧章,以此勒取与中国政府交往的平等,但在中国士人眼中,这种践踏包含着比烧杀抢掠更多的难堪:"伊在英国,只一伯爵耳,乃敢僭越狂妄至此。"比照历史,往往唤起更多的苦涩:"海国作乱,自古无闻,明时有倭寇之警,亦未尝连衡诸海国,直犯神州赤县也。"[1]然而沉痛和愤怒都不能抑制西方人用大炮取得的权利。

经历了英法联军之役以后,士大夫们痛苦地名之曰"庚申之变"。与之相比,记叙前一次鸦片战争的作品不过称为《道光洋艘征抚记》。"车驾北狩"和联军入京的震击产生于华北,其脉波却传到了很远的

---

[1] 赘漫野叟:《庚申夷氛纪略》,见中国近代史资料丛刊《第二次鸦片战争》(2),第13—25页。

地方。1860年,正同太平天国相持于东南的曾国藩"接恭亲王咨文,敬悉銮舆已出巡热河,(夷)氛逼近京城仅二十里,为之悲泣,不知所以为计"[1]。"不知所以为计"正是重击下的一种茫然失措。这样的心态,在当日士人群体中是极富典型色彩的。名者实之宾,"庚申之变"这个名称本身就说明,中国社会中的人们已经体会到有一种不受欢迎,但又无法拒却的变化正在发生。尽管在开始的时候,这种意识还朦胧地羼杂着种种臆测和附会,但比起鸦片战争之后十几年中浑浑噩噩的天朝旧梦来,终究是另一番境界了。

三、地主阶级的分化

在第二次鸦片战争期间和战争结束之后,居中央枢要之地的奕䜣、文祥、桂良为了谈判而同侵略者交往;握东南军政重权的曾国藩、左宗棠、李鸿章则在镇压太平天国的过程中与溯江而上的西方人相遇。这两部分人是那个时候地主阶级当权派中最早同资本主义打交道的人。在今日被称为洋务派首领的曾国藩和奕䜣,本来并不乐于此道。他们与官僚士大夫群中的其他人一样鄙夷西方人,并相信天朝的挞伐可以驱赶逆夷。但民族战争失败以后,在被迫与西方人周旋交际的过程中,他们渐从对手的身上感触到另一个世界的一部分;获得了中国传统历史经验中所没有的新知识,思想因之而发生变化。第一次鸦片战争之后,曾国藩在家书和日记中多次痛詈英夷"性同犬羊"。对于一个没有目见过西方人的士大夫来说,这种骂词,一半来自历史,一半来自途说。然而第二次鸦片战争后,他由阅历和观察,却颇知西人亦有"素重信义"的一面。这并没有消

---

[1] 《曾文正公手书日记》,咸丰十年九月初三日,上海中国图书公司宣统元年版。

解他对西方人的疑虑和制夷意识,然而其见识却因此而明达地近乎事理了。在当时的中国人当中,明乎中西事理的人并不多,这样,他们与恪守传统的顽固派之间就不能不出现区别和分歧。于是而产生了中国最早的洋务派。洋务派的出现,标示了中国地主阶级开始真正意义上的分化。在两千年的历史上,中国曾不止一次地出现过地主阶级改革派。他们务实济世的努力因多少有利于当时的社会而受到后代历史学家的称道。但归根到底,地主阶级改革派是传统之内的改革派,他们的改革体现了传统社会的自我复兴和振兴,然而复兴并不能打破旧有的循环。与之相比,洋务派却具有不同的意义。由于时代的逼迫和造就,他们的改革主张,常常已经别具面目了。就其主观动机而言,他们未必有心打破旧轨,但他们的主张却历史地包含着逸出旧轨的趋向。因此,洋务派的产生,意味着凝固的硬壳绽开了前所未有的裂痕,以此为起点,几千年来的封建地主阶级开始分化了。

  作为"庚申之变"的结果,《北京条约》当然带有明显的民族耻辱的印记。因此,签订条约的奕䜣、文祥常常被后来的历史学家追究罪责,而施以口诛笔伐。的确,作为身负外交责任的主持"抚局"者,他们有对外妥协退让的一面。这已经成为历史的一部分,不可洗刷,也无须洗刷。但是,他们是民族战争失败一方的代表,而战争本身已为外交划出了定局。虽然如此,许多人还是喜欢宽容战败的军人而苛责签署和约的文官。尤甚者则因之而推论奕䜣、文祥一辈为甘心卖国。在这种推论下,历史就像是一锅混煮的粥了。人们曾经反复提起奕䜣、文祥把"发捻交乘"比作心腹之害,把俄国比作肘腋之患,把英国比作肢体之患,并以这三句话来概括他们的全部思想。然而,在这三个比喻之前,还有一句含义深邃的话却常被忘记:"古人有言:

'以和好为权宜,战守为实事。'洵不易之论也。"[1]权宜和实事也是比喻,但意思却不大相同。其中有着显而易见的抵洋自卫之志。言情言理,这种思想更能体现他们作为地主阶级当权派的本来感情。这是他们思想中的另一面,不妥协的一面。正因为不妥协,所以才有造船造炮、富国强兵的种种议论和行动。这些议论和行动,虽然久已被概括为"洋务运动",但当时的人们却是以"自强"命名的,在"自强"的词义中正隐伏着中国对西方的民族抗争。因此,在奕䜣和文祥那里,妥协和不妥协是同时存在的。这种矛盾反映了资本主义压迫之下封建传统中的人们在分化过程中的彷徨。离开辩证思维和历史主义是难以解释它的本来意义的。比起那班仍然沉湎于"花月正春风"的旧式士大夫来,彷徨毕竟表现了新旧之间的一种探索。它可能孕育着历史的进步。

近代百年,中国社会处中西折冲之局的人们中有三种不同类型。一是文祥那样的人。《清史稿·文祥传》中保存了他的一段话:"说者谓各国性近犬羊,未知政治,然其国中偶有动作,必由其国主付上议院议之,所谓谋及卿士也;付下议院议之,所谓谋及庶人也。议之可行则行,否则止,事事必合乎民情而后决然行之。"由此得出的结论是:"中国天泽分严,外国上议院、下议院之设,势有难行,而义可采取。"[2]"势有难行"是对现实的感慨,而"义可采取"则是对来者的期望。虽说议院之议已超出了船坚炮利的范围,但其中同样包含着师夷以制夷的用心。在当时,比较中西,改革旧物而能达到这样的眼光和见识是不容易的。他是一个满人,而且可以归入权贵一类,比起

---

[1] 《筹办夷务始末》(咸丰朝)第 8 册,第 2675 页。
[2] 赵尔巽等:《清史稿》第 386 卷,列传 173,第 11691 页。

早期改良派们以在野的知识分子作自由议论,他的言论无疑会面对更多的忌讳和束缚。因此,就这一方面来说,文祥表现了更多的勇气。二是耆英那样以苟且办国事的人。鸦片战争之后,他一度主持过中国的外交大局(《南京条约》的中国首席代表,战后的两广总督,并以钦差大臣管夷务),而他所倚为能事的,却是滑头主义的敷衍应付。他曾非常起劲地试图同璞鼎查(Henry Pottinger)建立起一种亲密的私人关系,并不惜以天朝大吏的身份认夷人为义子。在这种出格举动的背后,包藏着他力图以融洽的私人交谊消弭中西冲突的官场技术。但他并没有真正认识西方人,在给皇帝的疏奏中,他对夷人的丑诋、贬斥和蔑视又不稍容情。然而,靠滑头而成中外交涉之事者古来未有。第二次鸦片战争中,耆英被咸丰起用,赴天津参与谈判。正当他满怀希望地与英人重叙旧谊时,李泰国用缴获的文件和疏奏粗暴地揭穿了他的虚伪。西方人的恶作剧使耆英黔驴技穷了,其外交和性命都因此而走到了尽头。三是徐广缙、叶名琛那样以顽固为倔强的死硬派。他们同西方人的抗峙,更多表现了传统观念派生出来的情绪。这种情绪未必没有伸张正义的民族合理性,但当情绪遮没事理之后,就会变成盲目,而盲目总是导致中国在劣境中备受勒逼。这三类人中,能够顺乎时序而为中国谋利的,应当是文祥这样的人。而三者的并存,则明白地显现了中国地主阶级古来未有的一种格局。

四、革新思潮的萌发

第二次鸦片战争后增开了 11 个口岸:天津、牛庄(后改营口)、登州(后改烟台)、台南、淡水、潮州(后改汕头)、琼州、镇江、南京、九江、汉口。西方资本主义势力因此而开始进入长江流域和华北。这是条约带来的直接变化。另一重变化是出现了中心口岸。鸦片战争后,对外贸易的中心由广州逐渐移到上海。但对外政治中心仍是钦差大臣所在的广州。这种经济和政治的脱节体现了王朝的限制和夷人的反限制。第二次鸦片战争后,由于南洋通商大臣的设立,上海作为口岸的中心重新达到了经济和政治两个方面某种程度的统一。在华北,北洋大臣所在的天津成为口岸的另一个中心。比之南方,它更多一点外交色彩。除此之外,口岸的增多带来了租界的增多。而贸易、传教、航运、居留,随西方人深入内地和华洋杂处之局的形成,在民族战争停止之后,是此起彼伏的民众与洋人的冲突。这种情况在鸦片战争之后开始,而到第二次鸦片战争后则日见明显。

与此同时,某些腐旧而且僵固的封建传统观念被迫发生变化。这一点主要体现于辨"夷""洋"。用"夷"来泛称华夏以外一切外族的人和事,从孔夫子以来,在中国已有几千年的历史了。夷与夏(或华)相对待,在区分民族地域的同时又划出了文化上的高低。千百年来,国人熟悉而且惯用的这个称呼在近代中西之间划了一道深深的礼仪、文化和心理不平等之沟。英国人早在19世纪30年代就明白了"夷"字的含义,并敏感地表现出强烈的不满。但他们的诘问和抗议在中国人的眼中算不得一回事。鸦片战争后十几年间,民间指称和公文用语中"夷人""夷酋""夷船""夷语"每每可见可闻。一直到第二次鸦片战争,由《天津条约》作了明白规定,"嗣后各式公文,无论京外,内叙英国官民,自不得提书夷字","夷"的使用自此受到了限制。这是洋与夷替代的交接点。这一替代反映了中国传统观念的重大变化。这种变化虽然是被逼迫的结果,但却包含着合理的成分。因为它意味着从华夷秩序走向世界民族之林的一步。但对亲身经历这种变化的那一代人来说,却不啻是一种精神上的剧痛。广东在籍侍郎罗惇衍特地在奏疏中申说当地"人心愤夷已极,而地方官自夷人入城以来,每讳言夷务,甚至文移公牍,称夷务为洋务,又称为外国事件,不敢斥言夷字"[1]。他显然把称谓的变化等同于媚外行径了。这种心理,表现了社会观念嬗移之际的历史惯性。与罗惇衍固执旧称的态度相比,太平天国的干王洪仁玕则表现了明理通变的气概。他在《资政新篇》中说:"凡于往来言语文书,可称照会交好、通和、亲爱等意,其余万方来朝、四夷宾服及夷狄戎蛮鬼子一切轻污之字,皆不必说也。盖轻污字样是口角取胜之事,不是经纶实际。"[2]罗惇衍与洪仁玕的不同,折射了中国知识分子的两个不同侧面,其中无疑有着许多可以深思的东西。过去,我们常常强调西方侵略者对我们不平等,但同时又把中国封建主义以夏傲夷的不平等置于视野之外。这多少是可以理解的,因为论题本身会唤起民族感情。然而,以夏傲夷的不平等,毕竟不能同义于反侵略的抗争。西方资本主义的不平等与中国封建主义的不平等之间有着时代的差距,所以,带来了不平等条约的西方人却又向中国要求平等。对于中国人来说,这是一种历史的鞭笞。半是势的压力,半是理的悟通,两者作用之下官场文牍和私人著述中由夷到洋的词汇变换,反映了西人西事在中国的升值。虽然那个时代的人们对此有自愿和不自愿两种感情,但这种变化发生之后已无可逆转。从夷务到洋务再到后来的外交事务,记录了中西交往刺激下中国人世界观念发展的脉络。这个过程是漫长的,每走一步都滞重而且艰难。

第二次鸦片战争之后,出现了一些反映初步革新思想的议论和

---

[1]《筹办夷务始末》(咸丰朝)第3册,第812—813页。
[2] 中国近代史资料丛刊《太平天国》(2),第528页。

著作。其一是洪仁玕的《资政新篇》。这是当时最完整的资本主义革新纲领。其中论述的内容,在许多地方实开早期改良派的先声。这一著作之所以能产生,无疑与洪仁玕在香港生活多年,较广泛地接触过西方传教士和西方思想有密切的关系。同他经历不同的洪秀全能产生《天朝田亩制度》那样的思想,却不可能写出这样的东西。其二是冯桂芬的《校邠庐抗议》。这一著作反映了正在分化中的地主阶级对西方思想的吸取。冯桂芬在上海租界生活过,因此,他对西学要比魏源知道得更多一点;但冯桂芬又接受过线装书的长期熏陶,这使他的文章又不同于洪仁玕。《校邠庐抗议》一书中最能反映时代要求的是两篇文章:《采西学议》《制洋器议》。洋务运动中的举措虽可罗列很多,其要旨则不出冯桂芬所论。其三是郑观应的《救时揭要》。他是一个买办,但富有思想,并因此而较多地知悉近代企业经营术,是当时操商贾之业而志不仅仅在货利者。这一著作涉及很多东西,例如华工(猪仔)、习俗(溺女婴)、旁门左道等,具见经世之意,里面有反映时代的内容。其中最有意义的是《论中国轮船进止大略》,提出轮船要"进",须由官办变商办,在当时的新议论中较多地表现了对经济的关注和见解的内行。此外,他还提到在国外设领事的问题。其若干主张早于实际的历史进程好多年。其四是 1861 年容闳向洪仁玕提出的改良政府、军队,改变教育体制、举办洋务等七条建议。就教育背景来说,容闳比以上三个人更西化。正因为这样,他对中西之间的历史距离比别人有更深的感受。所以,其主张以西方文化改造中国的努力也往往包含着更多的炽烈。虽然容闳不久之后就离开了太平天国,但他的主张和努力并没有因此而变。意味深长的是,在相差不多的时间里,太平天国的干王洪仁玕接纳了他,以扑灭太平天国为事业的湘军主帅曾国藩也接纳了他,而且其主张的一部分能够由议论转化为现实,最初正是借助于后者的力量。这说明,在 60 年代,民族矛盾刺激下的内战双方对于时代命题似乎有着一种共识。大体上这些就是 1860 年前后出现在中国的反映时代脉搏跳动的改革思想。人们多注意 1840 年的划时代意义,实际上 1860 年同样是一个重要年份,就社会观念的新陈代谢来说,它比 1840 年具有更加明显的标界意义。

百年中国所受到的纷至沓来的压力,本质上就是资本主义按自己的面貌改造世界,改造落后民族,西方民族强暴的侵略和扩张同时又不自觉地裹挟着一种不能用意志和感情化解的历史内容,那就是逼迫中国改变几千年来的传统封建制度。因此,只有在实现自身近代化的过程中,中国才能真正抵抗一个近代化了的侵略者。这是历史着意赋予近代中国反侵略和反封建的同一性。先进的人们之所以为先进,就因为他们深浅不同地体会和理解了这一历史趋势,所以,力求用自觉的改革来实现中国的自强,并以此阻止来自外国的进逼;顽固的人们之所以为顽固,就因为他们抱残守缺,一厢情愿地指望用封建主义来打败资本主义。这种改革和反改革曾经形成争论冲突,并贯穿于近代史的每一环节而构成百年历史的主线。但中国人认真对民族战争背后的内容作出反应,并相应形成一种社会思潮而波及各个阶层,则无疑开始于第二次鸦片战争之后。

第七章　近代化一小步

今天所称的洋务运动有过好多名目："同治中兴""同光新政""自强新政""地主阶级自救运动"等。可以说有名有字有号。洋务运动是一个反映时代的概念，它概括了近代历史一个阶段中所出现过的活动和事物，本无贬褒之义。但后来洋务同崇洋媚外联在一起，等同起来，于是，这一概念就带上主观色彩，变成一个贬义词。"同治中兴"是随太平天国失败而产生的名称，这个名称比附历史，寄托了清王朝的希望，并明显地带有规复旧物的幻想。但中国社会已面临近代化带来的剧烈变动，不会再有本来意义的所谓"中兴"。相比之下，"同光新政"之称稍明新旧区分，因此，更合乎实际一点。海外学者则多名以"自强新政"，重在抉示其回应泰西逼迫的一面。

自强，是中国古有的概念。《易·乾象》谓："天行健，君子以自强不息。"但在19世纪60年代，这一概念被赋予新的意义。奕䜣、文祥、曾国藩、左宗棠、李鸿章，还有众多知名和不知名的忧国之士都借它来表述自己的思想和感受，甚至"当和议之成，无人不为自强之言"[1]。

---

[1]　蔡冠洛：《清代七百名人传·文祥》，世界书局1937年版，第392页。

其实,那时"自强"一词应有两重含义。一就阶级意义言,它所寻求的是在农民战争(太平天国、捻军)打击面前王朝的自我振兴。对中国社会来说,这多少是个被重新提出的古老问题;二就民族意义言,它所寻求的是在"鸱张弥甚"的外国侵略面前,中国的自我图强。《北京条约》签订后,"洋人退回天津,纷纷南驶"。奉命通筹全局的人们固然曾因洋人"并不利我土地人民"而感到"似与前代之事稍异"。但这是一种略带惊讶的自幸,而绝不是洋洋自得。"通川(州)烽火逼,仓皇幸热河。密云惟豆麦,宫禁满兵戈。"[1]西方大炮带给中国社会的耻辱和创伤太深了。因此,痛定思痛之后,庙堂中人的策论已多见"制敌在乎自强,自强必先练兵。比者抚局虽成,而国威未振,宜亟图振兴,使彼顺则可以相安,逆则可以有备"[2]之议。自强以图御侮开始成为自觉意识,这是第二次鸦片战争刺激的结果。

"自强"一词所包裹的这两重含义,在持续垂三十年的洋务运动中其比重先后不同。一开始,买洋枪以镇压农民起义一面为多,所谓"发捻交乘,心腹之害也"。但太平天国与捻军相继失败之后,民族图强一面浸假转多。同治初年,李鸿章领淮军入苏南,比较西洋利器与中国枪炮之后,在一封信中已经说及"中国但有开花大炮轮船两样,西人即可敛手"[3]。其不甘低首洋人的意识是明晰的。当然,身在局中的洋务人物同时又有种种弱点,因此抵洋的历史效果常常不如人意,但这是另一个问题了。

比之欧西各国资产阶级革命完成之后实现的产业革命,洋务运动像是在缺乏产业革命条件的情况下出现的产业革命迹象。它因模

---

[1] 中国近代史资料丛刊《第二次鸦片战争》(2),上海人民出版社1978年版,第529页。
[2] 蔡冠洛:《清代七百名人传·文祥》,第389页。
[3] 转引自李剑农:《中国近百年政治史》上册,商务印书馆1947年版,第129页。

仿一部分西方器物而异于传统,又因主其事者以新卫旧的本来意愿而难以挣脱传统。结果是"东一块西一块的进步。零零碎碎的。是零买的,不是批发的"[1]。中国社会从中世纪到近代的最初一小步实始于这种支离斑驳之中。洋务运动包罗孔多,但大致而言,其核心或主导的东西可以归为二端:(一)在这个过程中所建立的一批近代军事工业和民用工业;(二)创置于科技、文化、教育方面的诸种近代设施。正是这几个方面的内容以及与之相关的观念变化,构成了近代化一小步。

一、洋务衙门

洋务运动以1861年1月总理各国事务衙门成立为起点。这一机构总揽外交(对外交涉,如教案、出使之类)以及同外国发生干系的财政、军事、教育、制造、矿物、交通、海防、边务等各方面的大权,亦称"译署"或"总署",成为一切洋务的包办者。由于它设立之初即"一切仿照军机处办理",并始终以亲王为总领,因此,其地位和影响超越六部,并不在军机处之下。从这个时候起,直到20世纪初,总理衙门实际上成为清政府的另一个中枢。在此之前,中国向以礼部与理藩院为主,分别接待藩邦、属国或外国的贡使。[2] 这种机构体现了天朝体制居中驭外的命意,本身就以上国与夷狄之间不平等为前提。但是,从道光到咸丰,20年之间,新来的外国人用大炮两次向中国说明,他们不是贡使。于是,中外交往的机构不得不因此而变:

咸丰十年,设抚夷局于嘉兴寺。奏准:于内阁、部、院、军机处各

---

[1] 这句话是五四运动前后杜威在中国讲的,用以描述洋务运动非常确切。
[2] 此外,鸿胪寺有时也兼办这一类事务,如缅甸与中国的交往,在清代常由鸿胪寺主持。

> 司员章京内,满汉各挑取八员,轮班入值,一切俱传照军机处办理。又奏准:司员轮班办事,以五日为一班;满汉各四员到署,每日派一员住宿。又奏准:于司员十六人内,择满汉各二员作为总办,再择二员作为帮办,办理奏折、照会、文移等事。其机密要件,内阁各员缮写;关税事件,由户部司员经理;各站驿递事件,由兵部司员经理。[1]

局设未久,即改总理衙门。名称的变换,反映了天朝大国观念遭到打击而动摇的事实。所以,它有被迫适应外国资本主义需要的一面,并因之而带上半殖民地化的印记。当其时,君臣朝野之间,往往视之为不祥之物,士大夫顾清议者多耻预其选。这种心理,反映了传统中人忍辱含垢的感受。其中既有千年闭塞留下的惯性,也有重创之后的民族苦痛。因此,总理衙门从开始起,同时又被视为一种临时性的机构:"俟军务肃清,外国事务较简,即行裁撤,仍归军机处办理,以符旧制。"[2] 终晚清之世,国史馆于大臣出任军机处、内阁、部院、疆吏者皆立年表,而于任事于总理衙门之人,则独无年表。

但从礼部、理藩院到总理各国事务衙门,毕竟有旧与新的区分和联系,这种区分和联系表现了近代政治制度的第一个变化。最初设置于总理衙门之内的英国股、法国股、俄国股、美国股以及后来设置的海防股都是以古所未有的机构承当古所未有的业务。它们笼连同文馆、总税务司,并与设在上海、天津的南、北洋大臣职掌相关,在传统官制以外另成一种系统。其初意虽在应付时局,但随着事权的扩大,则不得不变为"新政"的总枢之地。所以,光绪年间的刑部官吏沈

---

[1] 邓之诚:《骨董琐记全编》,"抚夷局",生活·读书·新知三联书店1955年版,第507页。
[2] 奕䜣等:《章程六条》,见《筹办夷务始末》(咸丰朝)第71卷,中华书局1979年版,第2676页。

瑞琳慨乎言之曰：

> 凡策我国之富强者，要皆于该衙门为总汇之地，而事较繁于六部者也。夫铨叙之政，吏部主之，今则出洋大臣期满，专由该衙门请旨，海关道记名，专保该衙门章京，而吏部仅司注册而已。出纳之令，户部掌之，今则指拨海关税项，存储出洋公费，悉由衙门主持，而户部仅司销核而已。互市以来，各国公使联翩驻京，租界约章之议，燕劳赉赐之繁，皆该衙门任之，而礼部主客之仪如虚设矣。海防事起，力求振作，采购战舰军械，创设电报邮政，皆该衙门专之，而兵部武库、车驾之制可裁并矣。法律本掌于刑部，自各国公使以公法相持，凡交涉词讼之曲直，悉凭律师以为断，甚或教案一出，教士多方袒护，畸轻畸重，皆向该衙门理论，而刑部初未与闻也。制造本隶于工部，自各国船坚械利，耀武海滨，势不得不修船政、铁政，以资防御，迄今开办铁路，工作益繁，该衙门已设有铁路、矿物总局矣，而工部未遑兼顾也。是则总理衙门之事，固不独繁乎六部，而实兼综乎六部矣。[1]

当然，这些变化并不是以新物取代旧物，而是在旧物边上别置一新物。可以称为布新而不除旧。布新而不除旧是整个洋务运动的特点。

二、自强与求富

洋务运动以军事工业为第一步，意在模仿西方军事技术以求自强。这种想法最初产生于鸦片战争后期。林则徐在身获重咎离开广东以前，曾奏议"以（粤海）关税十分之一，制炮造船，则制夷已可裕如"[2]；同时有皖人郑复光著《火轮船图说》，表达了民间爱国之士的

---

[1]《戊戌变法档案史料》，"添裁机构及官制吏治"，中华书局1958年版，第179页。
[2]《林则徐集·奏稿》中册，中华书局1965年版，第885页。

认识。但前者受到道光皇帝"一片胡言"的拒斥,后者也罕得知音,不能形成声响。

真正由议论施为实务的,是1861年设于安庆的内军械所。它寄托了两江总督曾国藩"访募覃思之士、智巧之匠演习试造,以勤远略"[1]的意愿。而后,1865年,由曾国藩支持,李鸿章筹办,在上海成立江南制造局(其经费从海关收入提取,因此能成为当时最大的军火工厂)。同年,李鸿章在南京设立金陵机器局;次年,左宗棠在福州设立福州船政局;后年,崇厚在天津设立天津机器局。这四个是主要的新式军事企业。此外,各省先后办过20个机器局(其中湖南机器局后来停办,因此实际存在过的是19个),这种机器局都是兵工厂。如此阵容,很能说明当时已有相当一批人认识到练兵不但关乎技击之术,而且须凭仗利器。这个过程不仅搬入了西方的枪炮、轮船、弹丸、雷管,而且使外国制器之器(机器)也由此而入中国,中国社会因之出现了若干大规模机器生产的场所。这一类企业,由国库支付开销,以调拨分配产品;内无利润积累,外无市场联系。因此,其生产不是价值规律制约下的商品生产。当然,在商品经济已经存在的条件下,它又不可能一点不受价值规律的影响。例如顽固派攻击洋务军工"糜费太多",就是用价值观念估算而得出的结论。不过这里的影响是一种折射。从生产关系来说,它是历史上官办封建工业的延续。

但是,这些企业所引进的大规模机器生产则是一种前所未有的新生产力,时人状写上海机器局景象说:

> 基广二百余亩,周以缭垣,中建广厦,设立厂房,置机两座,左右

---

[1] 中国社会科学院近代史研究所资料室编:《曾国藩未刊往来函稿》,岳麓书社1986年版,第137页。

> 夹室,咸置小轮,巨机上架横梁,下置轮盘,绕以皮条,联于通力轮轴,轴置铁条,各缀铁球,以通蒸釜。大轮旋转,拽动皮条,力布四方,小轮俱转,凡锯木、截铁、磨凿之类,无不赖焉。
>
> 又有熟铁厂、熔铸厂、重大机器厂、炮位船机厂。正东开治平坦,广七十余丈,直出浦江,植木为柱,高九丈,以便起重。又开船坞,广十余丈,袤三十丈有奇。旁有屋,亦设蒸釜,运机则坞水任意放纳。[1]

于直观的叙述中颇能描绘出蒸汽机生产的恢宏场面。这是一种以小生产为基础的传统社会所容纳不了的东西,它的引入和积累虽出于实利的预想,但其内在的要求却会唤来预想所未见及的种种社会变迁。

与此同时,聚集于这些企业中的成百成千雇佣工人体现了近代中国新的社会力量。这些人的存在依赖于大机器生产,他们操作机器,而机器生产的特性又会养成他们不同于传统手工生产的利益和观念。在此以前,西方人设置的船坞货栈之类,也曾募雇中国人工作于其中,但就总体而言,这个时候的雇佣工人并未成为社会群体。只有在洋务企业出现之后,才有规模意义上的整整一代产业工人的产生,究其原始,军事企业正是催生者。这两个方面是洋务军事企业的时代意义所在。

洋务军事企业始于60年代,在70年代达到高潮。在它达到高潮的同一个时间里,出现了最初的洋务民用企业。两者之间,有着一种内在的联系。一方面,出使外国的人们通过实地观察,目睹了西人工商业的蒸蒸日上,初知由富致强,坚船利炮本非孤立之物。另一方

---

[1]《机器局》,见毛祥麟:《墨余录》,上海古籍出版社1985年版,第246页。

面,西人入内地。折冲周旋之际,商务之事目远多于军事事目,刺激既多,遂生保卫"利权"之想,于是而有"商战"一说。比之林则徐"师夷之长技以制夷"的命题,洋务派的认识无疑已更深入了一层。以民用工业求富,其荦荦大者为:1872年设立的上海轮船招商局,1877年设于滦州的开平矿务局,1887年设立的漠河金矿,1880年修筑的唐山—胥各庄铁路(后扩展为天津—山海关铁路),1882年设立的上海机器织布局(1893年毁于火,重建后更名为华盛纺织总厂),1889年设立的湖北织布官局。此外,还有火柴业、电报局等。到甲午战争之前,民用企业总数已达40个以上。除了近代银行之外,其他各类近代企业大体上或多或少都已具备。这些企业,多有拒洋动机,少数还能办出成绩。

洋务运动中的民用工业,移来了资本主义的生产过程和生产关系,其本身的资本主义性质已为今日时论所公认。问题在于如何估价它的垄断性及其对民族资本主义发展的作用。在中国,很多事情老百姓是仿效为官者的。作之君,作之师,官员不仅是政治的权威,而且是教化的楷模。这是传统孵育出来的社会心理。因此,没有权威与楷模的倡率,新的东西总是难以为人接受和仿效的。洋务工业的官督商办和官商合办,官领其总,商出资本,无疑是一种切实的倡率引导。它们于不知不觉中把封建主义的坚冰钻开了些微裂缝,而后,民族资本主义则可以沿着这些裂缝慢慢渗入。但官督商办和官商合办终究是一种畸形物。因"官督"而涌来成串总办、会办、帮办以及腐朽的官场习气,由此而产生了资本主义与封建主义的深刻矛盾。它所带来的垄断性抑制资本主义自由竞争,这又造成了民族资本主义萌生和发展的困难。两者的矛盾是时代的矛盾。

三、近代文化教育事业的开始

文化教育上的新设施是洋务运动仅次于工业的重要内容。这些设施,是传统的封建文教体制边上长出来的新东西。虽然它们没有直接取代后者,但由于它们的存在,保守的封闭圈子毕竟出现了缺口。

1863年,京师同文馆成立。这是一所培养外语翻译人才为主的学校,初设英文馆,由英国传教士包尔腾任教习。以后次第增设俄文馆、法文馆、德文馆、日文馆,美国传教士丁韪良曾任总教务近30年。中国近代意义上的教育事业正是从这里开始的。随后两年,上海、广州先后成立了性质相类的广方言馆。无疑,这是一种进步。但"同文""广方言"之命名,其虚骄自大的意思还显然可见。因此,这又是一种拖着根深蒂固传统观念蹒跚而行的进步。

与之相联系的是译书。京师同文馆30年中翻译西书近200部,尤以外交和史地政法一类为多,其中有中国人看到的第一本国际公法。1868年江南制造局附设的翻译馆,40年里翻译的书籍达199部,而以自然科学、实用科学为多。梁启超所编的《西学书目表》,近一半出自于江南翻译馆。传教士傅兰雅在江南制造局供职几十年,以翻译事业沟通中西,功不可没。他所主编的《格致汇编》是这个时候很有影响的一种出版物,但其主旨并不在传教,篇幅以科技为多。他虽是一个西方人,但却成为洋务潮流中的同道者和参与者。当时,类似这样的人,还有一些。

另一件可以记录的洋务创举是派遣留学生出国学习。在容闳主持下,从1872年到1875年,先后有120名幼童被派赴美留学。(原定以15年为期,学成回国。但顽固派担心幼童将成为"美化"之人,

"不复卑恭之大清顺民矣"[1],因而出死力以阻挠。由是于 1881 年全数撤回。)同一时期,福州船政学堂也曾派遣 30 余名留学生分赴英法学习海军。这是名副其实地走向世界了。在这两批留学生中,出过一些近代著名人物。知名度最高的,前一批里有修筑京张铁路的詹天佑;后一批里有翻译《天演论》的严复。

洋务运动的发展,本身会呼唤人才。机器、大炮、轮船、电报,饱读八股制义、高头讲章的士子是不知其所以然的。因此,出现了一批专攻军事和工艺的专门学堂。其中江南制造局附设机械学校(1865年)、福州船政局附设船政学堂(1866 年)、天津电报学堂(1879 年)、天津水师学堂(1880 年)、上海电报学堂(1882 年)、天津武备学堂(1886 年)、广东水师学堂(1887 年)、天津军工学堂(1893 年)尤为知名。这些地方研讨的是"艺事"。在"重理义、轻艺事"的传统观念之下,读书人从来不以技艺为正业,但在西方器物的刺激下,艺事渐为人重。在它们刚刚出现的时候,自然还比不上科举制度的尊荣,但它们的存在又会动摇和瓦解科举制度。因此风气稍开之后,又出现了以西学为主的自强学堂,甚至旧式书院也开设了一部分西学课程,古老的书院制度以其顺乎潮流的变化表现了中国人价值观念的变化。而这一切,又推进了出版、印刷事业的发展。

总算起来,洋务运动所创办的新式文化事业大约有 30 个。这个数目,也可以称为"一批"。同军事工业、民用工业相比,不见得逊色。正是这一批事业(包括从事文化活动的传教士),向中国人传播了声、光、化、电和西方的史地国情,打开了传统文化之外的另一片天地。这是一种真正的智力开发,它影响了一代知识分子,并哺育出戊戌维

---

[1] 转引自钟叔河:《走向世界》,中华书局 1985 年版,第 135 页。

新的成批志士。梁启超后来说:"制造局中尚译有科学书籍二三十种,李善兰、华蘅芳、赵仲涵等任笔受。其人皆学有根柢,对于所译之书责任心与兴味皆极浓重,故其成绩略可比明之徐(光启)、李(之藻)。而教会之在中国者,亦颇有译书。光绪间所谓'新学家'者,欲求知识于域外,则以此为枕中鸿秘。盖'学问饥饿'至是而极矣。"[1] 从某种意义上说,洋务运动汲取来的西方知识对中国传统社会的冲击,比十次旧式农民战争更大。在这个过程中虽没有激昂的呐喊呼叫,但新的观念却借助于具体的事物和实例改变着人们世代沿袭的成见和信念。这一点,洋务的倡导者是始料不及的。

四、"中体西用"

1861 年,因出入过"夷场"而早识时务的冯桂芬在《校邠庐抗议》中说:"以中国之伦常名教为原本,辅以诸国富强之术。"他大概是最先思考用西学辅接中学的人,在这里,取彼之长和守护旧物的意思是同样明显的。继之,身处中西交际之局的李鸿章、郭嵩焘、薛福成也先后以不同的言辞表达了同样的见解。七八十年代以后,论者渐多,王韬、郑观应、邵作舟、沈寿康、孙家鼐、盛宣怀诸人往往本之同一旨趣,或引申发挥,或就事论议,多归指于"中体西用",用一个节略语为命题,概括了一部分人的共识。甲午以后,"中学为体,西学为用"成为一种"流行语","张之洞最乐道之,而举国以为至言"[2]。按照今日的分类标准,这些人有地主阶级改革派、洋务派和早期改良派之别,但他们却同以"中体西用"为宗旨,各自阐发自己的思想。显然,

---

[1] 梁启超:《清代学术概论》,中华书局 1954 年版,第 71 页。
[2] 梁启超:《清代学术概论》,第 71 页。

自60年代至90年代,凡谈时务、讲西学者,无分朝野,皆不出"中体西用"一途,如欲细作辨析,那么,洋务派多在朝的当权人物,早期改良派和其他谈时务的人们则多不居于庙堂,后者是附从于前者的,洋务派是"中体西用"的实施者,而改良派的言论更像是一种理论指导,言论先行,实施随之,实施的成败得失,言论家又往往是敏锐的批评者。在这两重意义上,可以说"中体西用"是洋务运动的纲领。

"每个原理都有其出现的世纪。"[1]虽说"中体西用"后来久被指为包庇封建,其实,那个时候的中国,天下滔滔,多的是泥古而顽梗的士人,在封建主义充斥的天地里,欲破启锢闭,引入若干资本主义文化,除了"中体西用"还不可能提出另一种更好的宗旨。如果没有"中体"作为前提,"西用"无所依托,它在中国是进不了门、落不了户的。因此,"中体西用"毕竟使中国人看到了另一个陌生的世界,看到了那个世界的部分,并移花接木地把这一部分引进到中国来,成为中西文化交冲汇融后两者可能结合的一种特定形式。以自强求富为目标的军事工业和民用工业,以翻译、出版、科技、学堂、留学生为内容的近代文化事业都是这种结合所产生的有益结果。这些东西是封建文化和封建制度的对立物,虽然力量有限,但终究打开了缺口,促进了近代中国社会的新陈代谢。

"中体西用"这个命题,既表述了中学与西学的结合,又规定了中学和西学的区分。"中学"是熟识的东西,或指为"伦常名教",或指为"四书五经",或指为"尧、舜、禹、汤、文、武、周公之道",或指为"中国史事、政书、地图",推而及于中国旧有的文化皆属之,统归于形而

---

[1] 马克思:《政治经济学的形而上学》,见《马克思恩格斯选集》第1卷,人民出版社1972年版,第113页。

上的"道"。西学是陌生的东西,并且伴随着民族冲突来到中国,因此,对于它的认识和汲取,不能不表现为几代中国人经历的艰辛曲折的过程。19世纪后期的几十年里,因中国人眼中西学内涵的延伸,可以分为几个阶段:

(一)自鸦片战争到第二次鸦片战争前后二十余年间,沿海少数官员开始注视外部世界。杨炳南的《海录》、林则徐的《四洲志》、魏源的《海国图志》、梁廷枏的《海国四说》、徐继畬的《瀛环志略》都是这种观察的记录。他们最为震慑同时又希望拿来的还是来自泰西的"坚船利炮",多数人心目中的西学或"长技"仅止于此。只有个别人开始接触到了机器生产上的技术。

(二)从60年代中叶初创江南制造局,到各省相继设立机器局的70年代,是围绕军事技术摸索西学的时期。"制器之学原以格致为阶",因此,为了制器而不得不翻译。其时,沪局译馆所出之书虽以军制与制造为大类,但数学和声、光、化、电等学问亦渐入中国。近代著名的科学家徐寿、徐建寅、李善兰、华蘅芳,其科学事业都与译书有不解之缘。这个过程,又成为格致之学"借制器以显"[1]的时期。

(三)70—80年代,机器工业由自强而入求富。薛福成作《机器殖财说》,郑观应倡"商战",以为"十万之豪富,则胜于有百万之劲卒"。这种呼声,唤来了轮船招商局、上海机器织布局一类企业。他们认识到工业是商业的基础,格致又是发展工业的前提,对西学的要求也随同洋务企业的扩展而扩展,并视声、光、化、电为西学的精华。此期所译西书,显以科技类为多,感世忧时之士往往寄希望于"延精于中西学者,广译西国有用之书,贱价出售,以广流传,使咸识格致之

---

[1]《徐雪村先生像序》,见《格致汇编》,1877年秋。

妙用,然后迂腐之见化,然后诽谤之风息,朝野一心,人无间言,为国者则庶几乎有所借手矣"[1]。

(四)由科技学问推而及于上层建筑的教育政治体制。还在70年代,若干敏锐的人们已经看出:西人"学校建而志士日多,议院立而下情可达,其制造、军旅、水师诸大端,皆其末焉者也"[2]。经过80年代的思索酝酿,到了90年代,散见的点滴言论与私相议谈渐变为那个时候先进中国人的公开论题。"盖中国之人震格致之难,共推为泰西绝学,而政事之书,则以吾中国所固有,无待于外求者,不知中国之患,患在政事之不立,而泰西所以治平者不专在格致也。"[3]议院在中国作为一种政治主张提出,是认识西学、学习西方的突破点。尽管以此立论者并未同时修改"中体西用"的宗旨,多半仍是把议院当作"西用"来接纳,但议院是与民权相联系的,它的实行必然是对君权的限制和削弱,并会改造以"君臣之义"为纲纪的"中体"。多年来以是否赞成议院这一条作为改良派与洋务派的分界线,其实这一条也不是铁案如山的。70年代的总理衙门大臣文祥,80年代的两广总督张树声都在奏议中言及过西人的政体。前者说:"中国天泽分严,外国上议院、下议院之设,势有难行,而义可采取。"[4]后者说:西人"驯至富强,具有体用,育才于学堂,论政于议院,君民一体,上下一心,务实而戒虚,谋定而后动,此其体也;轮船、大炮、洋枪、水雷、铁路、电线,此其用也。中国遗其体而求其用,无论竭蹶步趋,常不相及,就令铁舰成行,铁路四达,果足恃欤?"[5]此外,郭嵩焘、彭玉麟也

---

[1] 《中国亟宜广开风气论》,见《皇朝经世文编》第105卷,第7页。
[2] 《上李伯相言出洋工课书》,见马建忠《适可斋记言》,中华书局1960年版,第31页。
[3] 高凤谦:《翻译泰西有用书籍议》,见《皇朝经世文统编》第6卷,第7页。
[4] 赵尔巽等:《清史稿》,列传173,中华书局1977年版,第11691页。
[5] 《张靖达公奏议》第8卷,第33页。

有类似的言论。这些人多被目为洋务人物之典型者,但他们已程度不同地看到了"西体",并想把它引进来,使"中体"有所改变。

(五)比政教更深一层的,是西学中"形而上学"的哲理学说。虽然直到 19 世纪末和 20 世纪初才被中国知识界所发掘和传介,但在"西用"的逐步延伸中,80 年代已有人开始在窥其崖岸了。在严复申论达尔文、斯宾塞学说数年以前,钟天纬曾作《格致论》,略述西学源流:"考西国理学,初创自希腊,分为三类:一曰格致理学,乃明征天地万物形质之理;一曰性理学,乃明征人一身备有伦常之理;一曰论辩理学,乃明征人以言别是非之理。"其中提到阿卢力士托德尔(亚里士多德)、贝根(培根)、达文(达尔文)、施本思(斯宾塞),并扼要地介绍了他们的学说,以事实纠正"西学源出中国"的附会之说。其论述之简明和准确,在那时的中国人中还是罕见的。这种对西学的探索由格致而进入哲理的趋向,代表了西学东渐过程中必然会有的一个阶段。稍后,康有为等之谈及培根,严复《天演论》之风靡一时,不是突然出现在中国学界的。

上述由表及里、由具体到抽象的汲取西学的过程,是在"中体西用"宗旨下起步的,而其本身又徐徐地冲击着"中体西用"的宗旨。因为西学是新学,中学是旧学,"中体"和"西用"不会互不侵犯,"用"在"体"中会发酵,势必不断促进事物的新陈代谢。因此,洋务运动中的好些人,觉察到桎梏与荆棘,浸浸乎要以"西体"为法,去改变中国的某些旧制。曾任天津武备学堂总教习的卢木斋自述本不屑意于西学,"以谓一艺一术,不足语道,及读西士译就各种新理新书,又与严又陵诸君子游,则益恍然于宇宙之大,古今之遥,尧舜禹汤文武周公孔子中土圣人递相传授之实际,洎今学者亦湮其源,独赖二三西士深操力取,穷乎阖辟之始,扩诸名教之繁,推隐钩沉,发抈交畅,虽其于道,未必遽合,要其征实不诬,则固吾圣人复起,有不能废者也"[1]。这是"中体西用"的内在矛盾推动观念变嬗的结果。就其本来意义而言,"中体"应是对于"西用"的限制,但"西用"既借"中体"为入门之阶,便会按照自身的要求而发生影响,人们虽想把它限制在既定的范围内,实际却很难如愿。当这种矛盾日益明显之后,更开明的人们就会在事实的刺激下因势利导,走出更远的一步。

五、"决理易,靖嚣难"

在洋务运动120年之后,我们审视已经过去了的往事,可以多一点理性,少一点感情,对其间的是非曲直做求实之论。但当时,每一件带有创置意义的举措设施都曾招来詈责,激成争论。它们常常在反对声中艰难地出世,其中一部分又在反对声中夭折。传统社会中守护夷夏大防的人们容不得这些东西。在他们那里,即使"西用"依附于"中体",其入门之途仍然处处障碍难逾。过去立论,多视洋务派与顽固派为一丘之貉,虽有分异,亦不过在五十步与一百步之间,其实历史的真相不尽如此。[2] 两者之间不仅有论辩,而且有忿争。

概括这一类争论,比较大的先后有三次。

1866年年底,奕䜣奏请在同文馆内增设天算馆,招收30岁以下的正途仕人(秀才、举人、进士、翰林)。这一建议,本是洋务事业发展之后的题中应有之义。但自浸润于传统观念中的人们视之,洋务毕竟是"用夷变夏",是一种有悖正道的东西。要把正途子弟拖入洋务,

---

[1] 刘行宣:《卢木斋、卢慎之兄弟》,见《天津文史资料》第17辑,天津人民出版社1981年版,第106—107页。
[2] 很奇怪,在叙述鸦片战争的时候,人们常常过分夸大了实际上并不那么厉害的所谓禁烟和反禁烟的争论;而叙述洋务运动时,则对顽固派和洋务派之间那种不无刻毒色彩的激烈争论漠然视之。

则事关名教之能否继往开来,一脉相传,实不可等闲处之。因此,它惹得守旧官僚们肝火极旺,群起而攻击痛诋是毫不奇怪的。其中,最有影响的是以道学鸣于时的大学士倭仁。他真诚地相信中国的礼义具有战无不胜的力量:"立国之道,尚礼义不尚权谋;根本之因,在人心不在技艺。"这种礼义和权谋、人心和技艺的对比,使西学在传统文化的光环之中显得格外鄙陋和渺小,又反衬出守旧者宗旨的正大:"朝廷命官必用科甲正途者,为其读孔孟之书,学尧舜之道,明体达用,规模宏远也,何必令其学为机巧,专明制造轮船、洋枪之理乎?"[1]但正是这种真诚,恰又深刻地显示了传统惰力的沉重和可怕。在沉重的惰力压迫之下,一些本来有意入馆学习的科甲人员也退缩回去了。主持洋务的奕䜣不无憾意地说:"自倭仁倡议以来,京师各省士大夫聚党私议,约法阻拦,甚且以无稽谣言,煽惑人心,臣衙门遂无复有报考者。"[2]

70年代发生的关于设厂造船(炮)和海防的争论,其中突出的是造船问题。1871年,内阁学士宋晋指称闽省连年造船,糜费太重而并无实用:"此项轮船将谓用以制夷,则早经议和,不必为此猜嫌之举,且用之外洋交锋,断不能如各国轮船之利便,名为远谋,实同虚耗,将谓用以巡捕洋盗,则外海本没有水师船只,如果制造坚实,驭以熟悉沙线之水师将弁,未尝不可制胜,何必于师船之外更造轮船,转增一番浩费?将欲用以运粮,而核其水脚数目,更比沙船倍费。"他由福建推及江苏,主张"将两处轮船局暂行停止,其每年额拨之款,即以转解

---

[1]《山东道监察御史张盛藻折》,见中国近代史资料丛刊《洋务运动》(2),上海人民出版社1961年版,第29页。
[2]《筹办夷务始末》(同治朝)第48卷,第14页。

户部"。与宋晋见识相近的还有历任闽浙总督吴棠、英桂、文煜。[1]这一类言论见诸奏折,又经上谕批发各地疆臣,在当时发生过很大影响。左宗棠是闽省船局的创始人,也是反对这种主张最尽力的人。他说:"窃维制造轮船,实中国自强要著,臣于闽浙总督任内,请易购雇为制造,实以西洋各国恃其船炮,横行海上,每以其所有,傲我所无,不得不师其长以制之。"他与宋晋的着眼点不同,因此算出来的账也与宋晋不同:"此事实国家断不可少之事,若如言者所云,即行停止,无论停止制造,彼族得据购雇之永利,国家旋失自强之远图,堕军实而寇仇,殊为失算,且即原奏因节费起见言之,停止制造,已用之三百余万,能复追乎,定买之三十余万,及洋员洋匠薪工等项,能复扣乎,所谓节者又安在也?"宋晋的攻评既使他愤怒,又使他伤情:"兹朝廷洞瞩情形,密交疆臣察议,成效渐著,公论尚存,微臣得于钦承垂询之余,稍申惓惓不尽之意,否则微臣虽矢以身家性命殉之,究与国事奚所裨益?兴念及此,实可寒心。"[2]他的话正说出了一代洋务人物共有的惆怅。

1880年岁末,刘铭传于奉诏入京之际力请修建铁路。其词曰:"自强之道,练兵造器固宜次第举行,然其机括则在于急造铁路。铁路之利于漕务、赈务、商务、矿务、厘捐、行旅者不可殚述,而于用兵一道,尤为急不可缓之图。"[3]李鸿章本同此心,倾力赞助。以为"处今日各国皆有铁路之时,而中国独无,譬犹居中古以后而屏弃舟车,其动辄后于人也必矣"[4]。他们着意于中外比较,未甘后居他国。但

---

[1]《筹办夷务始末》(同治朝)第84卷,第35页。
[2]《筹办夷务始末》(同治朝)第86卷,第3—4、7—8页。
[3] 朱寿朋:《光绪朝东华录》(1),第1000页。
[4] 中国近代史资料丛刊《洋务运动》(6),第142页。

更多的人却"群相哗骇"[1],指"铁路之说,刘铭传倡于前,李鸿章和于后",是"直欲破坏列祖列宗之成法以乱天下也"[2]。他们相信的是"自昔圣人刳木为舟,法斗为车,此即机器之权舆,迄后周公作指南,孔明作木牛、流马,皆仿其意而小用之,不肯尽器之利者,原欲留此余地以役吾民而养吾民也"。因为外夷以谋利为主,中国以养民为主,所以,铁路"行之外夷则可,行之中国则不可"[3]。在义与利的对立之中显示农业社会对工业社会的排斥。而朝野之议论更易为人接受的是因铁路而致"山川之神不安,即旱潦之灾易召"。这种观念虽不可论证,却比能够论证的东西更合乎社会心理。新旧对峙,由此而激发长期争论。风水龙脉之类,比起倭仁的"礼义",更是等而下之的东西。但在落后的社会里,它却能因为落后而成为力量,足以同风驰电掣的蒸汽机车相抗衡。

以上所述三次争论,在当时曾有过颇大影响。除此之外,那些较小的争论、冲突则难以缕述。可以说,新政之举,几乎步步都会受到来自四面八方的阻力。盛宣怀在江西、湖北勘察煤铁矿藏的时候,就曾因探查地质而触及坟山,因触及坟山而惊动宗族,因惊动宗族而引出种种封建势力的群起而攻之。而且一波未平,一波又起。其步履之艰难,不读当日留下的材料是难以体味的。郭嵩焘说:"窃谓中国人心有万不可解者。西洋为害之烈,莫甚于鸦片烟。英国士绅亦自耻其以害人者为构衅中国之具也,力谋所以禁绝之。中国士大夫甘心陷溺,恬不为悔。数十年国家之耻,耗竭财力,毒害生民,无一人引

---

[1] 中国近代史资料丛刊《洋务运动》(6),第149页。
[2] 《翰林院侍读周德润奏》,见中国近代史资料丛刊《洋务运动》(6),第154页。
[3] 《翰林院侍读周德润奏》,见中国近代史资料丛刊《洋务运动》(6),第152页。

为疢心。钟表玩具,家皆有之;呢绒洋布之属,遍及穷荒僻壤;江浙风俗,至于舍国家钱币而专行使洋钱,且昂其价,漠然无知其非者。一闻修造铁路、电报,痛心疾首,群起阻难,至有以见洋人机器为公愤者。曾劼刚以家讳乘坐南京小轮船至长沙,官绅起而大哗,数年不息。是甘心承人之害以使朘吾之脂膏,而挟全力自塞其利源。蒙不知其何心也!"[1]他的话心含痛楚而笔意冷峭,画出了顽固官僚的愚昧与可恶。

其实,在那个时候的中国,顽固是一种社会病症,仅仅把它归于守旧官僚的可恶是不够的。因事及人,新政的遭遇不可能不连累新政的主持者。奕䜣排行第六,又力倡洋务,于是被目为"鬼子六";洋务能手丁日昌则有"丁鬼奴"之称;李鸿章一生事业与洋务相连,久被清议攻讦,晚期曾心酸地自谓:"三十年来无时不在被谤。"尤为凄惨的是郭嵩焘。作为中国第一任驻外(西方)使节,他是在一片冷嘲热骂中步出国门的,作为洋务同辈里见识、才干高人一头的早熟者,他又因真话讲得太多而备受攻击,体无完肤。在他生前,《出使日记》被毁版;在他死后(庚子事变正盛之际),有人还奏请戮他的尸体,以谢天下。顽固派对于洋务派的憎恶,有的时候真有点切齿腐心的味道。但是,复杂的问题在于,守卫祖宗之法是常常同民族主义,同爱国之情连在一起的。不合理的东西被合理的东西掩盖着,于是而能成为清议,成为"公论"。顽固的人们借助于神圣的东西而居优势,迫使改革者回到老路上去。近代百年都是如此。过去我们总是强调洋务派与顽固派的封建主义同一性。但从两者的冲突,争论之尖锐程度来看,光说这一点是不全面的。洋务派有保卫封建的一面,但它的事业

---

[1]《伦敦致李伯相》,见《郭嵩焘诗文集》第11卷,岳麓书社1984年版,第189—190页。

已在一定意义上超出了封建的范围。

改良派也批评洋务派,但他们同顽固派的攻讦是不同道的。实际上,改良派、洋务派本是同根所生,虽自立门户,而多同中之异或异中之同。所以,他们的论争没有那么多的喧嚣和意气。改良派批评洋务派是因为洋务派"遗其体而求其用",前进得不够。这种批评,是为后来的维新变法做思想准备。过去,常常强调改良派与洋务派的种种区别。其实,洋务派同改良派的真正差异不过在于:前者只布新而不除旧,后者布新同时除旧。

第八章 城乡社会在演变

鸦片战争到甲午战争之间的半个世纪里,中国因条约而陆续开放的商埠积久渐多。1842年《南京条约》开五口;1858年、1860年中国同英国、法国分别签订的《天津条约》《北京条约》开十一口(包括大沽);1876年《烟台条约》开四口;1887年《中法续议商务专条》开三口;1893年《中英会议藏印条款》开一口;加上同一时间里中国在新疆、蒙古向俄国先后开放的埠口(包括张家口),总数在三十以上。[1]

开埠之趋向是:由沿海入长江;由下游而上游,并逐步进入内陆腹地。这些埠口,在中国封闭的社会体系上戳开了大大小小的窟窿。外国资本主义的东西因之而源源不断地泻入、渗开。这是一种既富于贪婪的侵略性,又充满进取精神和生命力的东西。它们在旧社会的肌体里沉淀、发芽、生根、膨胀。于是两千年来的清一色变成了斑

---

[1] 这些商埠因条约而开放,是谓"约开"。后来还有"自开",即当局在权衡比较、审时度势之后自动宣布开放。两者之外,又有所谓"特别开放"。例如,《辛丑条约》规定外国军队驻扎在北京到山海关沿线的12个地区。这一规定并没有同时包含开埠的意思,但开埠却成为驻兵的自然结果。

斑驳驳的杂色。通过这些窟窿,中国被卷入了资本主义世界市场。城乡社会的演变由此而缓缓发生。

一、新的社会力量

在开放的商埠之中,变化尤其显著的是上海(东南富庶之区的出口)、天津(华北地区的出口)、广州(珠江流域的出口)。三者以上海为最,提供了这一时期城市社会演变的典型。城市社会的演变,可以多方面地叙述,绘成一幅包罗大千世界众相诸态的长轴画卷。这里所摄取和分析的,主要是阶级变化,即资本主义刺激下近代中国所产生的新的社会力量。这种力量,主要出现在城市里,但由于他们同新的经济关系血肉相连,又构成了整个社会变化的基干。

(一)买办。买办作为一种职业名称并非始于近代。[1] 但随着中国社会的近代化,这一名词渐成为 Comprador(康白度)的译名,其内涵和外延都发生了变化。最初,他们多是供应宫廷用品的采买商人。到了十三行时期,则一变而成为公行制度的一部分,开始同夷商发生关系。这些人往往以采买、推销、账房、银库保管为职司,并且兼有料理外人薪米之责。据嘉庆年间两广总督百龄说:

> 查夷商所需食用等物,因语言不通,不能自行采买,向设有买办之人。

又说:

> 由澳门同知发给印照,近年改由粤海关监督给照。因监督远驻省城,耳目难周,该买办等唯利是图,恐不免勾通内外商贩,私买夷货并代夷人偷售违禁货物,并恐有无奸民影射,从中滋弊。嗣后夷商买办应令澳门同知选择就近土著殷实之人,取具族长保邻切结,始准承

---

[1] 如《明会典》1598年(万历二十六年)有"考顺假买办之名,杂然以金珠、宝玩、貂皮、名马进贡,帝甚以为能"的记录。

充,给予腰牌印照。在澳门者由该同知稽查,如在黄埔,即就近交番禺县稽查。如敢于买办食物之外,代买违禁货物,及勾通走私舞弊,并代雇华人服役,查出照例重治。[1]

从这些见诸奏折的文字中可以看出当时买办的社会成分、来源、地位和职能。在十三行制度下,买办须经官许之后才可充任,这就使他们在各种本职之外,还与行商一样,带上某种监察外人的色彩。显然,与过去相比,他们的社会作用已有不同。买办是最接近洋商的中国人,同时,他们又受到具有半官方身份的行商、通事一类人物的钳制。公行制度取消之后,买办由官许"保充"的职业转化为自由的个体,遂再变而为一种依附于洋商的中外贸易中介人,在比较完全的意义上正式成为近代特产的 Comprador。

由于广东人与洋商在十三行时代结下的历史渊源,因此,最初的买办"半皆粤人为之"。随着外贸的扩大与洋行的增多,他籍人士亦渐有操此业者。在当时的中国,他们是一批迅速致富的人。一个西方人在他的旅华见闻录中提到,原来仅有 100 元的人,充当买办以后很快积资数千元。而月薪 25 元的买办,不过六年,就获得了成千上万财富。[2] 郭嵩焘巡抚广东期间,曾在奏议中说:"香山富民陈守善、徐瓜林二户,皆以依附洋人,致富百万。"[3]据事理推断,这种经济人物也应是买办。他们财富的来路与传统社会里以三百六十行为生计的人全然不同。因此,作为社会职业,买办在经济上的枯荣确实以外国商业资本之损益为转移。按照李鸿章的说法,这是"于士

---

[1] 《粤海关志》第 28 卷,夷商 3。
[2] 参见 J. Scarth:《在中国的十二年》。
[3] 《前后办理捐输情形片》,见《郭嵩焘奏稿》,岳麓书社 1983 年版,第 150 页。

农工商之外,别成一业"[1]。后来我们称之为买办阶级。这两个很不相同的说法,至少有一点意思是一样的,即:近代买办的出现是一种前所未有的社会变化。李鸿章对这些人的估价是:"其人不外两种,一、广东、宁波商伙子弟佻达游闲,别无转移执事之路者,辄以学习通事为逋逃薮;一、英法等国设立义学,招本地贫苦童稚,与以衣食而教肄之。市儿村竖,来历难知,无不染洋泾习气,亦无不传习彼教。此两种人者,类皆资性蠢愚,心术卑鄙,货利声色之外不知其他。且其仅通洋语者十之八九,兼识洋字者十之一二。所识洋字,亦不过货名价目,与俚浅文理。"这些人"获利最厚"而"无所忌惮"[2]。他对买办人物总体上的鄙夷是明显的。这与后来对于买办的政治批判虽立论并不相同,却也有近似之处。

但在历史研究中,买办问题又是一个复杂的问题。他们中产生过吴健彰、杨坊那样由买办起家,积资捐官的人。在五六十年代之交,这一类人不仅在经济上活跃,而且在政治上活跃,是苏南"借师助剿"以抗太平天国的始作俑者。由于他们与西方人贴附得太紧了,便在不知不觉中显出了奴态。虽说有些著作把这些人与曾国藩、李鸿章联为一类,其实,在曾国藩眼中,这些人是"奉洋若神者"。他固然有心接受一部分西方器物,却非常看不起华人对于西人的奴态。因此,白齐文殴打杨坊之后,曾国藩颇为快意地评论说:这件事"足使挟洋人自重者爽然自失"[3]。无疑,他的话划出了首倡洋务的人们与买办中的这一部分人之间的界限。但买办中还有另一部分人,例如郑观应、徐润,以及后来的虞洽卿,他们受雇于洋行,操买办之业而

---

[1] 李鸿章:《请设外国语言文字学馆折》,见《李文忠公全书》奏稿第3卷,第11页。
[2] 李鸿章:《请设外国语言文字学馆折》,见《李文忠公全书》奏稿第3卷,第11页。
[3] 曾国藩:《复李少荃中丞》,见《曾文正公全集·书札》第20卷,上海东方书局1935年版。

握有多量的货币。而后,他们又投资或主办独立的近代工商企业,同包括外国资本在内的其他企业争利于市。19世纪70年代以来最早由中国人自己创办的近代资本主义企业中,买办资本的比重是非常可观的。例如唐廷枢、徐润之于轮船招商局、仁济和保险公司、开平煤矿,郑观应之于上海电报总局,郭甘章之于甘章船厂,李松云之于均昌船厂,张子标之于虹口船厂,郑观应、唐汝霖、卓培芳之于上海织布局,黄宗宪之于公和永丝厂,祝大椿之于源昌碾米厂,陈可良之于裕泰恒面粉厂,曹子俊兄弟之于上海机器造纸总局,多是人所共知的史实。在这里,会不会因为他们用来投资的货币带着买办臭味而影响到企业的性质呢?马克思写了卷帙浩大的《资本论》,但他从来没有追究资本的不同来源以作定性的依据("原始积累"一部分讲的是另一个问题)。他的榜样应当能够回答这个问题。因此,这一类企业在理论上和实际上都是民族资本主义的一部分。于是,不值得尊敬的买办创办了值得尊敬的民族企业,人和事业脱节了。这种脱节打破了人们喜爱的同一性,显得那么别扭。但它是活生生的历史造成的。

买办是当时中国最懂得资本主义知识的一部分人,轮船招商局最初由旧式沙船商人出身的朱其昂主持,招股困难重重。而唐廷枢、徐润接手以后,短时间内即招足100万股本,上海织布局在郑观应入局之前与之后,其局面之不同也与之相类。可见,近代的洋务商情经验与旧式传统经营心得是大不相同的。作为买办,他们固然有职业带来的买办性或阶级性,但作为中国人,他们同时又有民族性。而近代中国的多灾多难又往往成为民族意识的刺激物。著名买办郑观应同时又是一个长于言论者,他在19世纪90年代初说:

> 自中外通商以来,彼族动肆横逆,我民日受欺凌,凡有血气孰不

> 欲结发厉戈,求与彼决一战哉。于是购铁舰,建炮台,造枪械,制水雷,设海军,操陆阵,讲求战事不遗余力,以为而今而后庶几水栗而山詟乎。而彼族乃咥咥然窃笑其旁也。何则?彼之谋我,噬膏血匪噬皮毛,攻赀财不攻兵阵,方且以聘盟为阴谋,借和约为兵刃。迨至精华销竭,已成枯腊,则举之如发蒙耳。故兵之并吞祸人易觉,商之掊克敌国无形。我之商务一日不兴,则彼之贪谋亦一日不辍。纵令猛将如云,舟师林立,而彼族谈笑而来,鼓舞而去,称心餍欲,孰得而谁何之哉?吾故得以一言断之曰:"习兵战不如习商战。"[1]

他把民族意识引入了工商之中。另一个著名买办唐廷枢曾被西人报刊称为"亲外"人物。但他脱离怡和洋行进入招商局之后,却运用了外国公司任职期间积累的知识和经验"去损伤这些外国公司"[2]。其间当然不无逐利之心,但由彼入此,扶此以拒彼,却表现了一种自觉的选择。在时代思潮的冲击下,买办中有一批人破门而出,踱进民族资本主义企业并不足惊诧。以前,买办性与民族性在买办人物身上的对立统一常常惹得我们会有意无意地用前者把后者排挤掉。这样做,当然会使人获得一种形式逻辑的明快。马克思说:人的本质"在其现实性上,它是一切社会关系的总和"[3]。那么,有一种社会关系,就会有一种"性"。历史人物之所以总是具体人物,原因就在这里。而只有具体才能再现具体,因此,阶级性、民族性、个性,甚至人性都应当成为论人的视角。

(二)民族资产阶级。根据现有的材料,在19世纪六七十年代

---

[1]《盛世危言·商战上》,见夏东元编:《郑观应集》上册,上海人民出版社1982年版,第586页。

[2] 中国近代史资料丛刊《洋务运动》(8),第402页。

[3] 马克思:《关于费尔巴哈的提纲》,见《马克思恩格斯选集》第1卷,人民出版社1972年版,第18页。

到90年代之间,中国先后出现过300余家新式的工业企业。截至1894年,还存在的约有260家——这些企业的主办人或主要投资者,其社会身份多为官僚、地主、商人、买办。这批人大体上就是我们通常所说的民族资产阶级。此外,还有30余家兴办于洋务运动之中,又维持到甲午战争前后的民用工业企业。这些就是估量这一时期中国资本主义或民族资本主义力量的主要统计依据。当然,它们所说明的仅仅是工业资本主义的情况。过去,我们讲述民族资本主义历来没有把商业摆进去。从客观上说,这是因为商业资本主义比工业资本主义有着更多的买办性与民族性、旧式与新式的纠结交错,很难爬梳出一条清晰的界线。尽管如此,作为一种趋向,开埠之后传统商业的改组和变化并非不可捉摸。从京广杂货店到华洋杂货店,再到叶澄衷一类人所经营的五金、洋布、棉纱业,其间的依次演变是有痕迹可见的。这种演变的基础,正是资本主义大工业的机制品在商品中的比重越来越高。按照马克思的理论,生产过程中所创造的价值和剩余价值,只有在流通过程中借助商品的出售才能真正实现。商业资本是产业资本运作中的一种形式。因此,随着商品成分的上述变化,旧式商业本身的性质也在变化。它们同产业资本的联系越紧密,它们在流通中显示的资本主义特征也越是明显。开埠之后商业资本主义的发生和发展是一个事实。不过,它产生于本国机器工业出世之前,同西方相比,在性质上是变态的,在形式上会显出种种走样。

多年来,我们把资产阶级分为买办阶级、官僚资产阶级、民族资产阶级。这种区分反映了特定时期的斗争需要,并偏重于用政治因素来解释经济现象。政治对经济当然是能够起到制约作用的,但政治又不等于经济。列宁说:"阶级差别的基本标志,就是它们在社会生产中所处的地位,因而也就是它们对生产资料的关系。"[1]按照他的意思,特定的阶级总是特定生产关系的体现者,所以,阶级在本质上是一个经济范畴。阶级产生之后,会有政治斗争和意识形态的斗争,但那是经济的派生物。我们用"买办""官僚""民族"来区分资产阶级,并赋予否定或肯定的意义,派生的东西就被强调得过了头。用过头的方法来描写历史是不免要失真的。1957年出版的《中国近代工业史资料》引述《中国经济全书》的话说:

> 中国之资本家,或为大商人,或为大地主,……惟于此二者之外,有一外国所不能见之资本家在焉,盖即官吏是也。东西诸国,官吏而富裕者,未始无之……惟中国之号为大资本家者,则大商人、大地主,尚不如官吏之多。彼其国人,一为官吏,则蓄产渐丰,而退隐之后,以富豪而兼绅贵,隐然操纵其政界之行动,而为乡民之所畏忌。……次之者为绅商,此中固亦有相当之官阶,或至为官为商,竟不能显为区别,常表面供职于官府,而里面则经营商务也。[2]

有人统计过,在1872年到1913年之间,近代企业的创办人中,地主占55.9%,商人占18.3%,买办占24.8%,而且"投资于近代企业的地主,大都有某种官僚身份,很多是二三流的洋务派或洋务派的幕僚,绝少是土地主"[3]。那么,如果把这些官僚地主与买办剔除出去,民族资本还会剩下多少呢?况且剩下的那18.3%的商人中,认真追究起来,也不那么干净。例如,周廷弼是在籍三品衔候补道,叶澄衷也因道员衔而称"观察",等等。显然,这是一笔不太容易算清的

---

[1]《社会革命党人所复活的庸俗社会主义和民粹主义》,见《列宁全集》第6卷,人民出版社1959年版,第233页。
[2]《中国近代工业史资料》第2辑,科学出版社1957年版,第925—926页。
[3] 吴承明:《中国资本主义与国内市场》,中国社会科学出版社1985年版,第120页。

账。确实,中国的资产阶级又存在着不同的层次,但造成这种差别的,主要是他们所占的生产资料在数量上有多有少。因此,把列宁的意思贯彻到底,可以恰如其分地分别称之为:大资产阶级、中等资产阶级、小资产阶级。

中国资产阶级从生到灭不满百年,是一个命运短促而又多舛的阶级,在近代历史的前80年,他们处在封建势力的重围之中,行行止止,足将进而趑趄。不仅地主反对他们,手工业者和农民也反对他们。1874年6月,西方人报道机器缫丝业在广州的窘境说:

> 采用机器来缫丝已引起很多人反对。有些批评是没有道理的,但另有些批评则很耸人听闻。机器动力代替手工操作,使人们在幻想中觉得恶果很多,这是主要的反对理由。……第二个理由是因为男女在同一厂房里作工,有伤风化。第三个理由是……工匠操纵机器,技艺不纯熟,容易伤人。人们又反对汽笛声音太吵闹,机器响声太大。又说高烟囱有伤风水。最近河南洲建立了一个机器缫丝厂,遇到很多人反对。[1]

这一类例子在中国资本主义发展史上绝不是个别的。相比之下,恐怕只有张謇的老乡不反对他。后30年,是新民主主义革命的历史进军。虽然它的性质仍然应当是资产阶级革命,但不少地方斗争的锋芒已经转向越轨,打到了资产阶级的头上——当然,这是后话了。即使如此,资产阶级在其短短的一生中还为中国留下了一点积极的东西。他们为社会的新陈代谢提供了物质基础,使最初的改革和后来的革命有所依托。但资产阶级在中国的多舛和孱弱,又使上层建筑和意识形态的嬗变常常走到了基础的前面,基础跟不上上层建筑。

---

[1]《捷报》1874年6月13日,广州通讯。转引自彭泽益编:《中国近代工业史资料》第1辑,第959页。

于是两者之间出现了脱节。

（三）工人阶级。新的生产方式在一头产生了资产阶级，在另一头产生了工人阶级。这一法则在近代中国稍有变异的是：新的生产方式首先是由外国资产阶级用大炮带来的。虽说外国人合法地取得在中国设厂制造的权益是《马关条约》以后的事，但在甲午战争前，他们已经在中国不合法地办起了轮船修造业、原料加工业、若干小规模的轻工业和租界中的公用事业。其资本总额约2 800万元。这些企业所雇佣的劳动力都来自当地，因此，当中国资产阶级还在孕育之中的时候，中国工人阶级早已出世了。到1894年，中国工人大约有9万多人之数。

对于中国工人阶级，我们过去着重指出他们受苦之深以及种种突出的优点。例如身受压迫，分布比较集中，最有觉悟并富于斗争精神，等等。在多年宣传之后，已为人所熟知。强调这一方面，反映了工人阶级一般的阶级本质，并且曾经是历史本身的需要。但在被强调的一面之外总还有没有被强调的一面。因此，在另一种历史环境下努力把问题讲得全面一点，应当是可取的。第一，同西方工人相比，中国工人"工价之悬殊几已过半"[1]，其所受剥削之深重是非常明显的；但同当时国内农民相比，工人生活处境的悲惨色彩就不那么触目。1890年，上海机器织布局一般男女工人平均月工资是5银元左右。[2] 同一时期武昌织布官局的每人月薪则在7元至10元之间。[3] 如是技术工人，其月收入能达30元[4]，甚至更多。[5] 而

---

[1] 彭泽益编：《中国近代工业史资料》第1辑下册，第1204页。
[2] 参见彭泽益编：《中国近代工业史资料》第1辑下册，第1212—1213页。日工资0.174。
[3] 参见彭泽益编：《中国近代工业史资料》第1辑下册，第1206页。
[4] 参见彭泽益编：《中国近代工业史资料》第1辑下册，第1208页。
[5] 参见彭泽益编：《中国近代工业史资料》第1辑下册，第1218页。

1883年,直隶"普通农民的总收入,甚至在年成好的年头,每人也只有十八元"。而且这"不是净收入,还必须交纳政府的田赋"[1]。折算起来,每月所入不过1元多点。农民受苦更深。这种比较不会损害工人阶级的形象。工人阶级的力量并不在于受苦,而是在于代表新的生产方式。第二,中国的工人阶级并不是没有弱点的阶级。我们常常提到:中国的工人阶级同农民有着天然的联系,因为他们多数来自农村。的确,这一特点曾经为工农联盟提供了历史基础。但是,一种优点有时会带来与之相关的另一种缺点。工农之间的紧密联系,既使工人阶级可以影响农民,也使农民可以影响工人阶级,于是,这同一个特点,又使中国的工人阶级非常容易染上小生产意识。所以,在近代中国,工人群众往往很容易被帮会势力所吸引。朱学范说:

> (旧上海)职工大众入帮会的人数,据估计,在邮局方面约占职工总数的百分之二十,全市职工入帮会的比例可能更大些。若将入帮会的职工人数加上各行各业各单位职工自发组织的兄弟会、姐妹会、关帝会等,以及地方帮口如广东帮、宁波帮、山东帮、湖北帮、江北帮等等的人数,那在全市职工总数中所占的比例就更大。在这些名目繁多的大小组织里,有不少人是与帮会有联系,并以帮会为靠山的。[2]

他说的是20世纪前期的情况,无疑,19世纪后期工人中帮会影响只会有过之而无不及。工人阶级与帮会是马克思和恩格斯没有论到过

---

[1] 章有义:《中国近代农业史资料》第1辑,生活·读书·新知三联书店1957年版,第667页。
[2] 朱学范:《上海工人运动帮会二三事》,见中国人民政治协商会议上海市委员会文史资料工作委员会编:《旧上海的帮会》,上海人民出版社1986年版,第4页。

的题目，但却是近代中国社会变迁中的事实。正像无须讳言中国资产阶级身上的封建影响一样，我们也用不着讳言中国工人阶级身上的封建影响。两者扎根于同一块封建传统源远流长的土地上，两者都托身于先天不足的资本主义。所以，两者都会有同一个弱点。当然，工人阶级的弱点并不是痼疾，它反映了传统社会对新的阶级力量的影响。相对于内在的阶级本性，这是一种外在的东西。随着工人阶级主体意识的增长，前者应当而且能够克服后者。

二、农村的社会变化

农村从属于城市，这是资本主义体系的一个特点，这个特点决定了资本主义生产关系在城市社会发生和发展之后，必然会推及、影响到农村，并促成农村社会的演变。而这一时期交通工具的新旧更替，则为这种推及、影响提供了现实的物质途径。沿江沿海的主要航道上，太古、怡和、旗昌之类的外国轮船和招商局的中国轮船势力正盛，"上海之沙船、宁波之钓船、广东之红单船全失其利"，汉口以下的江船也"废业者逾半"[1]。在华北和台湾，还出现了最初的铁路。借助于新式交通工具的速度和装载量，城乡交流的内容起了变化。一方面，是洋纱、洋布、五金、煤油、颜料之类的商品陆续下乡。这些东西，是同传统的手工业品不大相同的洋货。而它们那低廉的价格和优良的质地，又成为对付手工业的重炮利器。因此，它们不可能不给后者带来厄运。撮合时人的记载，可以看到这个时期机制品从各个方面排挤和取代手工业品的无情历史过程：

> 东南各省所植甘蔗获利颇丰。自通商以来，洋舶所带洋糖，色泽

---

[1] 中国近代史资料丛刊《洋务运动》(1)，第138页。

莹白,人咸爱之。旧日之糖,销路日微,销数日绌,糖商折阅,无可挽回。欲求不贫且窘也,其可得乎。[1]

粤省民间素用花生油,山田硗确,多种杂粮,而花生之利为最。山农贫苦,以此为生,花生既收,必须榨制工作万千借以糊口,即榨油所余之花生枯如北方之豆饼,用以粪田种蔗,取资甚多,为利甚厚,所销亦复不赀……自火油盛行,相形见绌,销路愈滞,价值日昂。种植少则害在农,榨制稀则害在工,贩卖微则害在商。[2]

进口火柴在大部分城市已经侵夺了火石和铁片的地位,而且火柴的使用正在一年比一年更为普遍。瑞典所制无磷的安全火柴,价格低廉,最受欢迎。此地(宁波)每罗斯售价仅五钱,并以每包(十盒)十文的价格零售给本地商贩,这样的价格是所有阶层人能买得起的。[3](在华北,则直隶雄县)城东二里曰亚谷城村,居民多以熬硝或以硫黄蘸促灯为业,自火柴行,而此业渐歇矣。[4]

楚粤铁商,咸丰年前销售甚旺。近(同治十一年)则外洋铁价较贱,中土铁价较昂,又粗硬不适于用,以致内地铁商,十散其九。西洋炼铁炼铜及碾卷铁板铁条等项,无一不用机器,开办之始,置买器具,用本虽多,而炼工极省,炼法极精,大小方圆,色色俱备,以造船械军器。土铁贵而费工,洋铁贱而得用,无怪洋铁销售日盛,土铁营运渐稀也。[5]

以吾粤论,佛山针行向称大宗,佣工仰食以千万计。自有洋针,而离散殆尽矣。[6]

---

[1] 陈炽:《种蔗制糖法》,见《续富国策》第1卷,第32页。
[2] 《致总署》,书札四,见《张文襄公全集》第217卷,第7页。
[3] *Returns of trade and trade Reports*,1871—1872,第136页。
[4] 《光绪雄县乡土志》,地理第十。
[5] 《筹议制造轮船未可裁撤折》,见《李肃毅伯奏议》第4卷,第76页。
[6] 《新辑志土文录初编》。

这些记载虽然喜新与恋旧观感各不相同,但都反映了同一种趋向。

另一方面,是丝茶之类的农产品陆续出口。出口,意味着丝茶作为商品所体现的关系有了不同。白居易在《琵琶行》中提到过一位茶商:"商人重利轻别离,前月浮梁买茶去。"但那是传统社会里易地贩销的旧式商人。在这里,丝与茶已经从属于世界资本主义市场了。据历年海关报告统计,中国的主要出口物中,茶叶由1871年至1873年的1 022 159公担,发展到1891年至1893年的1 055 064公担;蚕丝由1871年至1873年的37 529公担,发展到1891年至1893年的59 946公担;大豆由1871年至1873年的57 506公担,发展到1891年至1893年的760 522公担;棉花由1871年至1873年的8 486公担,发展到1891年至1893年的290 417公担。[1] 这种变化加上国内资本主义企业日渐发展的原料需求,又带来了农业经济结构的变化:杭、嘉、湖之丝,浙、皖、闽、赣、湘、鄂之茶,一时风起,蔚为大观。温丰《南浔丝市行》绘声绘色地吟咏了当年产丝的物情风貌:

> 蚕事乍毕丝事起,乡农卖丝争赴市。市中人塞不得行,千声万语聋人耳。纸牌高揭丝市鏖,沿门挨户相接连。喧哗鼎沸辰至午,骈肩累迹不得前。共道今年丝价长,番蚨三枚丝十两,市侩贩夫争奔走,熙熙而来攘攘往。一日贸易数万金,市人谁不利熏心。但教炙手即可热,街头巷口共追寻,茶棚酒肆纷纷话,纷纷尽是买和卖。小贾收买交大贾,大贾载入申江界,申江鬼国正通商,繁华富丽压苏杭。番舶来银百万计,中国商人皆若狂。今年买经更陆续,农人纺经十之六,遂使家家置纺车,无复有心种菽粟。吾闻荒本逐末圣人忧,蚕桑太盛妨田畴,纵然眼前暂获利,但恐吾乡田禾从此多歉收。[2]

---

[1] 参见《中国近代经济史统计资料选辑》,科学出版社1955年版,第74—75页。
[2] 《南浔志》第31卷,第28页。

在商贸型农业的长足发展之中,新的市镇应运而生。例如,湖北羊楼峒集3万余人加工洞茶,因茶而成市。在那些地方,"衣食之外无他求"的自给自足观念已经被商品经济所造成的现实变化冲破了缺口。但是,以出口为目的的商贸型农业是不能掌握自己命运的,它们颠簸于世界市场的供求起落之中。光绪十四年(1888),曾国荃在奏疏中说:"近年以来,印度、日本产茶日旺,售价较轻,西商皆争购洋茶,以至华商连年折阅,遐迩周知。据皖南茶厘总局具详,光绪十一、十二年两年,亏本自三四成至五六成不等,已难支持;十三年亏折尤甚,统计亏银将及百万两,不独商贩受累,即皖南山户园户亦因之交困。"[1]当然,在这种交困之下是不可能有田园之乐的,它表现了商品经济比自然经济严酷的一面。

过去,我们多半是饱蘸着愤怒来写这段历史的。对破产农民、手工业者苦难命运的同情,同对帝国主义经济侵略的憎恨理所当然地联在一起。确实,历史研究会动感情,近代百年中的这一段至今还能使人听到历史中的呻吟和悲呼。但是,同情和憎恶毕竟不能代替理性分析。对于历史科学来说,后者更加重要。马克思曾经深恶痛绝地揭露过原始积累的种种罪恶,这是人所共知的;但他又称赞资本主义取代封建主义起了"非常革命"的历史作用[2],这也是人所共知的。那么,在历史的这一段里,除了旧生产方式逐步解体所产生的苦难之外,还应当有新生产方式破土而出的生机和朝气。如果忠实于历史唯物主义,就不能不承认:历史的主题应当是后者而不是前者。新旧生产方式交替所产生的社会阵痛,只有在新生产方式取代旧生产方式之后才能解

---

[1] 《茶厘酌减税捐片》,见《曾忠襄公奏议》第29卷,第8页。
[2] 马克思、恩格斯:《共产党宣言》,见《马克思恩格斯选集》第1卷,人民出版社1972年版,第253页。

除。但是,这种取代过程在近代中国始终没有完成。因此,一方面是新生产方式在封建势力的重压下苦苦奋斗,另一方面是社会在苦难中颤抖不止。扭曲的历史过程使中国人不仅承受了旧生产方式衰落时的痛苦,而且承受了新生产方式发展不足的痛苦。

在这里,复杂的问题是帝国主义。具体的历史过程把它同中国社会的上述变化纠缠在一起了。如何看待这个问题呢?马克思在1853年就预言:"与外界完全隔绝曾是保存旧中国的首要条件,而当这种隔绝状态在英国的努力之下被暴力所打破的时候,接踵而来的必然是解体的过程,正如小心保存在密闭棺材里的木乃伊一接触新鲜空气便必然要解体一样。"[1]马克思在这里使用了"暴力"一词,这无疑是侵略的同义词。但他并没有用侵略和被侵略来概括全部中外关系。在他看来,旧中国的解体是一件值得欢迎的事。这种解体是侵略带来的,并与民族侵略历史地缠绕纠结着,但它本身又不同于侵略。把侵略同侵略带来的社会变化分开来,是马克思主义的一个重要思想。《共产党宣言》在论述资产阶级的时候说过:"它迫使一切民族——如果它们不想灭亡的话——采用资产阶级的生产方式;它迫使它们在自己那里推行所谓文明制度,即变成资产者。"用这个观点来分析帝国主义与中国社会的新陈代谢,可能距离历史实际会更近一点。

三、教会与会党

在城乡社会的演变中,出现了两种值得注意的势力。

(一)外国教会。1840年以后,传教士是与商人一起东来的,但

---

[1] 马克思:《中国革命和欧洲革命》,《马克思恩格斯选集》第2卷,人民出版社1972年版,第3页。

由于教士比商人更具有献身精神,因此,西洋宗教在中国登陆之后,比商品走得更远,甚至深入穷乡僻壤。日积而月累之,在中国城乡出现了十字架高高矗起的教堂和数目可观的大批教民。这种教民的社会地位很不相同:在农村,他们往往是为舆论所鄙的社会下层人物,缙绅之流几乎以异类观之,郑观应虽不失为当时开明者,但他对教民却非常蔑视:"第华民各具天良,稍明义理者从不为彼教所惑。凡进教者,或为财利所诱不克自持,或以狂病未瘳失其本性,或奸民倚为声势,或犯罪求为系援。必先有藐官玩法之心,乃敢作逆理拂情之事。"因此,"作奸犯科,无所不至:或乡愚被其讹诈,或孤弱受其欺凌,或强占人妻,或横侵人产,或租项应交业主延不清偿,或钱粮应缴公庭抗不完纳,或因公事而藉端推诿,或因小忿而殴毙平民。种种妄为,几难尽述"[1]。而城市里的教徒却常有社会上层分子。法国人史式徽写的《江南传教史》中提到安徽有个叫文雅各的官员,系"翰林学士,在安徽历任要职。皖省举行考试时,他多次出任学台"。这样一个具有传统文化背景的人物,却在74岁高龄以后"领了两次圣体",而且还"亲自向家人进行传道,不久宅内增添了新教友二十余人;不少病危垂死者,也从他那儿领了洗礼"。[2] 城里的知识分子对西教见惯之后,即使是不入教的人,也常以平和之气作些记述。1884年出版的《津门杂记》评论耶稣教说:"其教之大旨,以昭事(示)上帝为宗本,以迁善改过为入门,以忠孝慈爱为工夫,以赎罪救灵为切要,一切戒训规条,悉合情理,欲使人人为善,诸废俱兴,有维持风化、左右儒术、救正时弊之心焉。"又说:"牧师辈皆彬彬儒雅,抑抑执谦,广

---

[1] 《易言三十六篇本·论传教》,见夏东元编:《郑观应集》上册,上海人民出版社1982年版,第121—122页。
[2] 参见〔法〕史式徽:《江南传教史》第1卷,上海译文出版社1983年版,第255—256页。

有见闻,善于言论,识见甚精,心思最细,如讲究理学格致诸书,多半出自传教者,精益求精,有裨实用,凡利人之举,莫不乐为之,而人世之毁誉,所不计也。"[1]这些都是好话。两者的不同,说明了封建传统在城乡之间的分布已经出现了厚薄不均。但是,中国人接受外国宗教的过程,是外在势力转为内在的过程。因此,在另一方面,这个过程又曲折交织着侵略和反侵略的矛盾,交织着中西文化心理差异的矛盾,而且,还会唤起强烈的排外情绪。因此,与传统相伴随的是延绵不断的反洋教斗争。19世纪40年代和50年代中比较知名的,有青浦教案、定海教案、西林教案。自60年代起到甲午战争前后,则反洋教的舆论和行动几如海潮江波,逐浪而起。这30余年中有过重大影响的教案至少不下30起。在地域上以长江流域为多,而同时也屡见于华北、西南。卷入其中的,不仅有下层民众,而且有相当数目的士绅和官吏。虽说教案总是由具体的冲突引起的,但常常上升到意识形态的高度:"如果邪教盛行,圣道不昌,不知成何世界?凡我士农工商,务必敌忾同仇,群起报复。"[2]是以"有畀屋居住者,火之;有容留诡寄者,执之;有习其教者,宗族不齿,子弟永远不准应试"[3]。激烈的意识形态对抗,造成了高涨的社会动员。在近代民族主义形成以前,被侵略者借助传统意识来表达自己的民族感情是一件非常自然的事。这种斗争的顶点便是后来的义和团运动。

(二)哥老会势力。这是中国社会土生土长的势力。哥老会以天地会为渊源,起名于同治年间,但是,它的发展却同湘军有着直接关系。薛福成后来说:"窃查哥老会名目,始起于四川,而流衍于湖

---

[1]《耶稣教堂》,见张焘:《津门杂记》卷下。
[2]《中国近代史上的教案》,第26页。
[3]夏燮:《中西纪事》第21卷,岳麓书社版,第260页。

广。厥后湖南营勇,立功最多,旋募旋撤,不下数十万人,而哥老会之风,亦遂于湖南为独炽。"[1]他认为"会匪"来源于裁撤的营勇,其实不仅如此。1865年,曾国藩在批牍中已经说到"结盟一事,尤为莫大之患。近年以来,各营相习成风,互为羽翼,抗官、哗饷皆由于此！实乏禁遏之良法"[2]。所谓"结盟",反映的正是哥老会渗入湘军的事实。天京攻陷之后,曾国藩善处功名之际,下令解散所部12万湘军;加上后来遣撤的其他系统湘军,总数达数十万之多。这批人多年转战东南,走州过府,身经厮杀,目睹繁华,已经从农民变质成兵痞了。一旦失所依傍,再要逆向重新转变为农民,实在是难乎其难。于是,他们呼朋引类,蜂拥而入哥老会,去寻求那种走东南西北,吃四面八方的生活了。而哥老会中的人们也同声相应,同气相求。同治五年(1866),江西湘勇遣撤,湖南哥老会头目曾湘帆闻讯后,派专人到吉安散勇往来大道上"邀接"。[3] 1868年,湘军霆、峻各营遣散时,湖北哥老会也有从水路"阻截散勇"之事。[4] 哥老会势力因之迅速膨胀,沿着当年湘军所熟悉的长江流域,遍布于两湖到上海的城乡之间。除了这些旧日的弁勇之外,哥老会还接纳了社会变动中被抛出生活轨道的失业船工、纤夫、停漕之后的运丁,破产农民和手工业者。比他们更桀骜剽悍的,还有两淮盐枭。这些品类本不相同的人们汇成一体,在19世纪后期,成为一种影响很大的社会势力。没有他们参加,长江流域那些波浪相逐的反洋教斗争和其他反抗斗争是难成气候的。但他们又是一种脱离社会生产的力量,时人往往侧目而视。

---

[1] 薛福成:《附陈处置哥老会匪片》,见《出使奏疏》上卷,第47页。
[2] 曾国藩:《批统带精毅营席桌司宝田禀军营纷纷哗噪诚为世变大忧未事之防营见所及凡数端缕陈察核由》,见《曾文正公全集》批牍第3卷,上海东方书局1935年版。
[3] 参见《刘坤一遗集》第4册,第1642页。
[4] 参见同治朝《东华录》第72卷,第16页。

研究 19 世纪后期城乡社会的演变,还有一个问题须纳入视野,这就是出洋华工对国内的反馈。

早期华工多数是东南沿海的破产农民和无业贫民,因契卖或拐卖而置身异国,备尝艰苦。同治年间刊行的《救时揭要》说:

> 被骗出洋而死于难者,每年以千百计。有半途病死者,有自经求死者,有焚凿船只者。要之,皆同归于尽。即使到岸,充极劳极苦之工,饮食不足,鞭挞有余;或被无辜杀戮,无人保护,贱同蝼蚁,命若草菅。噫!华民无辜,飘零数万里,而受如此之刻酷乎![1]

这是华侨历史的一部分。据出使英法意比诸国的薛福成估计,到 19 世纪后期(1890 年),仅"寄寓"于英国海外殖民地范围内的华民即"不下二三百万",南洋诸岛亦有华民 300 万左右。这些人在海外多从事"垦田""种植""佣工""开矿"起家。[2] 在饱受苦辛与"侵侮"之后,他们中一部分稍能自主,或有发展,于是开始对国内携寄侨汇。还有华侨投资于国内城乡事业。其时,旅美华人每年从美国旧金山银行汇入中国之银,"约合八百万两内外",新加坡一地的华人商佣十四五万人,"前后携寄回华者,当亦不下一二千万(两)"[3]。这些数字作为统计是不全的,但由此可以推想当时华侨汇寄金额的大体规模。进入 20 世纪后,此风愈盛。这种来自海外的资金有一部分会不明不白地耗于"奸胥劣绅"的"借端讹索",但其多数会流入国内正在变化的经济渠道,也成为促成城乡社会演变的因素之一。

---

[1] 《救时揭要·澳门猪仔论》,见夏东元编:《郑观应集》上册,上海人民出版社 1982 年版,第 6 页。

[2] 参见《通筹南洋各岛添设领事保护华民疏》,见丁凤麟、王欣之编:《薛福成选集》,上海人民出版社 1987 年版,第 335 页。

[3] 《通筹南洋各岛添设领事保护华民疏》,见丁凤麟、王欣之编:《薛福成选集》,上海人民出版社 1987 年版,第 334 页。

第九章　日本冲来了

从鸦片战争起,日本人就满心忧虑地注视着中国的遭遇。19世纪50年代中期,由马登·柏利率领的美国东印度舰队到达江户,用炮口强迫开港并签订了《日美亲善条约》。这种境地,使他们的心情和痛楚与中国非常相似。因此,中国的历史命运促使他们反省体察,并思考自己的民族出路。60年代初期,英法联军在中国造成的种种灾难,越过一衣带水,使日本感同身受。正是这种危机感,成为维新自强运动酝酿和爆发的契机。但是,历史喜欢捉弄人。日本的自强,对于中国来说,却意味着后起的东方资本主义踏着先行的西方资本主义的脚印,汹汹地破门而来。其扩张主义一开始就诉诸武力,比之西人用商品和传教开路,显示了更多的急迫和无情。

一、日本的崛起和迫来

1862年,载负着调查中国社会的使命,名为"千岁丸"的第一艘日本轮船驶入上海港。如果联系1816年英国轮船"阿美士德号"在上海的侦探活动,那么,相隔50年之后,历史仿佛又重现了。风起于青萍之末,这是一个预兆。

9年之后,即1871年,中日之间签订了两个条约(《中日修好条规》18款;《中日通商章程》33款)。在中国政府的立场,与日本签约本是一种俯就,不过是借此免使日本成为西洋的"外府","彼时不允则饶舌不休,允之则反为示弱,在彼转声势相连,在我反牢笼失策,与其将来必允,不如此时即明示允意,以安其心"[1]。但是,日本的要求是按"西人成例,一体订约",其提案则"荟萃西约取益各款而择其优"[2],力争互惠之一体待遇。在他们看来,这是效法西洋的一大步。那个时候,多数中国人对日本的了解,往往来自撷拾传说,存防祸之见,有轻视之心。因此,对他们"一体均沾"的愿望颇以东施效颦视之。安徽巡抚英翰在奏疏中说:"日本向来为臣服朝贡之国,非如英法各国曾经明定条约者比,今乘我之隙,而忽来尝试,其心实不可问。"[3]就是说,不能把黄肤黑发的日本人与高鼻深目之属列为同等的对象。其时,日本不但比不上英国,甚至比不上秘鲁。(当中国同秘鲁订约,许以列强所得权益的时候,日本尚未得一体均沾之权。)最能表现这种意思的,是1873年,同治皇帝接受外国公使觐见那一回,主持仪式的中国人,把品级较高的日本外务大臣副岛种臣的班次排到了品级较低的英、法、俄、德、美公使的后面,以寓区别对待之意。结果,副岛以回国相胁,引起了一场小小的风波。

但从1874年起,中国人的这种观念开始变化了。这一年,日本用断然出兵台湾向人们显示了它的另一方面:黩武扩张的方面。其理由是台湾土著居民杀掉了54名琉球渔民。这件事,在上一年曾经是中日交涉的内容之一。总理衙门的大臣用两种回答来对付日本的

---

[1] 《筹办夷务始末》(同治朝)第78卷,第24页。
[2] 《筹办夷务始末》(同治朝)第82卷,第3页。
[3] 《筹办夷务始末》(同治朝)第79卷,第7页。

诘难:(一)"二岛俱属我土,土人相杀,裁决固在我,何预贵国事"[1],意思是台湾和琉球都是中国治下的地方,其民人殴争致杀,本是中国家事,无须外人多嘴;(二)"番民皆化外,犹贵国之虾夷,不服王化,亦万国所时有也"[2],这句话出自毛昶熙之口,他置台湾土著于中国王化之外,用政教所不及为理由以解释其越轨好杀。前一种回答强调了中国对台湾的主权与对琉球的宗主权[3],以此堵住了日本的嘴;后一种回答却几同于默认日本代表琉球的权力,而且把台湾土民划出了中国的治辖,授日本以出兵的口实。当时,由大久保和大隈起草的《处理台湾蕃地要略》,即接过话头,提出"台湾土蕃部落乃清政府政权所不及之地","可视为无主之地",所以"我藩属琉球人民遭受杀害,为之报仇,乃日本帝国政府之义务"[4]。他们不仅把尚未解决归属问题的琉球划入自己的界圈,而且跃跃有觊觎台湾之心。这一场兵火,从5月初开始,到6月初就轻而易举地结束了,日军控制了土蕃居住地。中国政府曾有过一展挞伐之想,但沿海大吏多以战备不足为辞。最后,在列强干预调停之下以《中日台事专条》三条为了结。日本得到了偿银,并借条约行文中"清帝国偿付日本遇难民抚恤金十万两"一句而正式阻断了琉球与中国的关系。[5]

---

[1] 引自范文澜:《中国近代史》上册,人民出版社1955年版,第220页。
[2] 罗惇曧:《中日兵事本末》,见胡寄尘编:《清季野史》,岳麓书社1985年版,第8页。信夫清三郎:《日本外交史》上册,商务印书馆1980年版,第145页。
[3] 琉球属中国,起自明洪武十五年,直到光绪初年,500余年中琉球按期进贡,未曾中断。但在明万历三十年,琉球又向日本萨摩诸侯称藩,就成了中日两属之地。蒋廷黻称之为"好像一个女人许嫁两个男子"。于是,在日本维新中力行废藩之后,中日之间关于琉球归属的问题就发生了。(参见蒋廷黻编:《近代中国外交资料辑要》中卷,第171—172页。)
[4] 《大日本外交文书》第7卷,第1页。
[5] 当时任日本顾问的法国人巴桑纳后来说:"一八七四年日清两国缔结的条约,最幸运的成果之一,说是使清帝国承认了日本对琉球岛的权力",因为在条约的字里上把遇难的琉球人"称作日本臣民"。见清泽洌:《外交家大久保利通》,中央公论社1942年,第253页。

但这次冲突更深刻的意义却在于两国由此而获得了互相对视之后的切近了解："日兵归国,行凯旋礼,进从道(西乡从道,侵台总司令)爵。盖自是益轻中国矣"[1];中国则懂得了日本之不可等闲视之。同一年,文祥在奏疏中说:"夫日本东洋一小国耳。新习西洋兵法,仅购铁甲船二只,竟敢借端发难,而沈葆桢及沿海疆臣等,佥以铁甲船尚未购妥,不便与之决裂。是此次之迁就了事,实以制备未齐之故,若再因循泄沓,而不亟求整顿,一旦变生,更形棘手。"[2]于是,开始了海防的议论和建设。近代海军的产生,即以此为嚆矢。

同时,与日本隔海相对的台湾也由"化外"之地转为世人所重。沈葆桢提出了移福建巡抚驻台湾的主张。经变通之后被采纳:闽抚以冬春、夏秋为期分驻台湾、福州。同时,在台湾、福州、厦门都配置了相应的军事设施。这些做法,为后来台湾建省提供了基础。显然,这两种认识反映了攻与守的不同态势。但与国内的人们相比,一部分出使海外的中国人则对日本的崛起有更为明切的见识。1877年后任驻英公使的郭嵩焘曾作《伦敦致李傅相书》,提到"日本在英国学习技艺二百余人,各海口皆有之"。他因之而希望中国不仅"专意考求兵法",也应多派留学生"分途研习"西国种种科技。这里虽没有愤激的敌忾之气,却是观察之后的冷静思考。他的建言反映了日本的崛起对中国人的启发。但在那个时候的中国,对日本既恨且鄙的人多,愿意取法日本的人却非常少。

二、从外交到战争

对于日本来说,出兵台湾不过是初试手段。吞并琉球之后,它又

---

[1] 胡寄尘编:《清季野史》第9页。
[2] 《筹办夷务始末》(同治朝)第98卷,第41页。

踏上了朝鲜半岛。日本之热衷于"征韩",据研治中国近代外交史而时有心得的蒋廷黻分析,其理由有三:"(一)日本不向海外发展不能图强;(二)日本不先下手,西洋各国将占朝鲜;(三)征韩能为因日本废藩而不得志者谋出路。"[1]这些动机构成了强有力的内在冲动,并且是不容易消解的。

当时的朝鲜是与中国关系最密切的藩属国。这种密切关系包括历史渊源和国土防卫两个方面。要使朝鲜转手,首先必须割断中国与朝鲜的藩属关系。于是,中日两国的矛盾在这里又一次激化。1876年年初,日本全权代表黑田清隆和井上馨率领三艘军舰前往朝鲜。临行之前,美国公使特以《柏利提督日本远征记》一书相赠。20年前在美国军舰逼迫下开国的日本,这个时候却以美国为榜样去对付朝鲜了。其结果是签订了《大日本国大朝鲜国修好条规》,即《江华条约》。这个条约,开头就标明"朝鲜国乃自主之邦",这种来自日本军舰和大炮的"自主",当然不过只有字面意义,但日本却借此否定了中国对朝鲜的宗主权。从此,本不接壤的中日两国在朝鲜构成了错结纠缠之势。三年后,恭亲王奕䜣说:"日本恃其诈力,雄视东隅。前岁台湾之役,未受惩创。今年琉球之废,益张气焰。臣等以事势测之,将来必有逞志朝鲜之一日。"然而量度国力,他又发为浩叹:"中国将往助而力有未逮,将坐视而势有不能。臣等为朝鲜计,愈不能不为中国虑。"[2]

中日之间的这种矛盾,与朝鲜国内的政治矛盾牵连在一起而更形复杂错综。1882年的"壬午兵变"以朝鲜旧军对新军(由日本训练

---

[1] 蒋廷黻编:《近代中国外交史资料辑要》中卷,上海商务印书馆1934年版,第364页。
[2] 《总理各国事务衙门奏拟劝朝鲜交聘各国片》,见北平故宫博物院编:《清光绪朝中日交涉史料》第1卷,第32页。

的别技军)的矛盾为导火线,表现出明显的反日色彩,但其中又交织着开化党与保守党的政见之争。事发后,中国政府曾经派数千淮军赴朝"代平内乱"。自元朝以来,这是中国干涉朝鲜内政最积极的一次。然而其更多的动机却是出于防日。"日人夙谋专制朝鲜,朝臣阴附日人者不少。今使内乱蜂起,而且兵猝至,彼或先以问罪之师,代为除乱之事,附日之人,又乘机左右之,使日本有功于朝鲜,则中国字小之义有阙,日人愈得肆其簧鼓之谋。"因此,"我中国不待朝鲜求助,而调拨师船前往援护,既以示字小之恩,而日本为中国有约之国,在我属邦受警,亦应一并护持,庶日人居功问罪两计,可以隐伐其谋"[1]。壬午事平之后,淮军遂长驻朝鲜。但壬午兵变中朝鲜人戕杀了日本军官,冲击了日本使馆,民众宣泄的反日愤怒又被日本引为进一步勒逼的借口,在随后签订的《济物浦条约》中,他们由此而获得了在朝鲜的驻兵权。于是,中国在朝鲜的势力大为增长,日本在朝鲜的势力也大为增长。但两者相比,日本以"改革内政"为诱导浸润所扶植的亲日派更多咄咄逼人的声势。

中法战争爆发后,身在朝鲜的袁世凯上书北洋大臣李鸿章说:"朝鲜君臣为日人播弄,执迷不悟,每浸润于王,王亦深被其惑,欲离中国更思他图。探其本源,由法人有事,料中国兵力难分,不惟不能加兵朝鲜,更不能启衅俄人,乘此时机引强邻自卫,即可称雄自主,并驾齐驱,不受制中国,并不俯首他人。此等意见,举国之有权势者半皆如是。"[2]朝鲜之希望摆脱宗藩地位而求自主,本来代表了近代变局刺激下的合理愿望。但为求自主而依托于日本,则自主不能不染

---

[1] 《总理各国事务衙门奏朝鲜乱党围攻日本使馆并劫王宫请派兵援护折》,见《清光绪朝中日交涉史料》第3卷,第31页。
[2] 《李文忠公全书·译署函稿》第16卷,第10页。

上昵日反华色彩而变质。这种趋向,终于酿成 1884 年亲日派诛杀"心服中国者"的"甲申政变"。这是日本策划的一次不成功的政变,虽然被优势的中国军队所扑灭,但对日本而言,它却远不是毫无结果的。在事后签订的《中日天津会议专条》里,日本获得了同中国对等的派兵权。有人责怪李鸿章说:"当时鸿章左右皆不习国际法学,有此巨谬,成公同保护之条约。"[1]实际上,这是一个小小的冤案。李鸿章固有"两边迁就,方可说合"之心,但造成"巨谬"的主意却是出自慈禧太后的宸断。据近人史著记述,"李鸿章函告总署,太后得奏,谕称:撤兵可允,永不派兵不可允,万不得已……添叙两国遇有朝鲜重大事变,可各派兵,互相知照"[2]。这一变化,使中日外交对峙日益转为武装对峙,事机一如悬崖转石,不达于地则不止。后来有人说:"综计中日交涉以来,于台湾则酬以费,于琉球则任其灭;朝鲜壬午之乱,我又代为调停,甲申之役,我又许以保护。我愈退,则彼愈进;我益让,则彼益骄。养痈贻患,以至今日,夷焰鸱张,贪婪无已,一误再误,则我中国从此无安枕之日,可不虑哉?"[3]其观察虽然没有尽得两国外交之种种曲折,但勾画的趋势却是明白的。"甲申政变"十年之后,爆发了甲午战争。

甲午战争,是中国历史上第一次在形式和内容两个方面带有近代意义的对外战争。其主要标志是海军的出场与角逐。甲午一战,以三个战役为重心,但决战是在黄海海面上进行的。5 个多小时的激战,不仅决定了北洋水师和日本舰队的命运,而且决定了战争全

---

[1] 罗惇曧:《中日兵事本末》,见胡寄尘编:《清季野史》,第 12 页。
[2] 陈恭禄:《中国近代史》上册,第 354 页。
[3] 《清光绪朝中日交涉史料》,见戚其章主编:中国近代史资料丛刊续编《中日战争》,中华书局 1989 年版,第 624 页。

局。说得远一点,它同时又决定了此后半个世纪里中日关系的格局:把37年之后"九一八"的炮声看作黄海海面炮声的历史回响并不为过。

水师的官兵是英勇的。在茫茫洋面上,他们用怒火和热血表现了中国军人的爱国主义和英雄主义。"致远"舰攻敌而受重创,复为鱼雷所中,管带邓世昌以下250人均阵亡;"经远"舰突进途中为敌舰环攻,船身碎裂,管带林永升以下270人俱殉国;"超勇""扬威"两舰中弹发火,全舰焚毁,管带黄建勋、林履中沉浮海中,"或抛长绳援之,推不就以死";"靖远"舰随军酣战,中弹数十处,前后三次起火,"旋见督船桅折后无旗宣令变阵,为敌所乘,全军罔知所措,帮带大副刘冠雄曰:'此而不从权发令,全军覆矣!'急请管带叶祖珪悬旗,董率余舰变阵,绕击日舰"。身历此役的人们"在舰阵殁者九十余人,与舰俱沉者共六百余人"。但是,他们的怒火和热血并没有换来中国的胜利。"是战胜负之分,决于舰炮之灵钝。未战之先,'定''镇'两舰曾请购配克鹿卜十生快炮十二尊,以备制敌。部议以孝钦太后六十祝嘏用款多,力不逮而未果。论者惜之。而战时子弹巨细,多与炮径不符,则为天津军械所之所误也。"[1]在这里,政治原因成为最终的原因。

从时间上说,中国为了武备而向外国买船比日本更早。然而,黄海海战中的中国海军在吨位、速度、火力三个方面却都比日本略逊一筹。李鸿章说过:海战唯恃船炮,"稍有优绌,则利钝悬殊"[2]。他懂得略逊一筹的厉害,不能不算是一种见识。但慈禧太后的意志比

---

[1] 池仲祐:《海军实纪·述战篇》,见张侠等编:《清末海军史料》,海洋出版社1982年版,第320—322页。
[2] 《李文忠公全书》奏稿第78卷,第61页。

见识更能发挥影响。后来编写《海军实纪》的池仲祐说:日本以兵船临台湾以后,"北洋大臣李鸿章奏,拟豫防东患添练海军。都御史张佩纶亦抗疏言之,朝廷不省,当轴昧于大局,且请以兴造海军之款,移修颐和园,因循坐误在战事前者,七载有奇。日本乃崛起图强,乘机挑衅,练兵备舰,不遗余力,以窥中国"[1]。在西太后的心目中,颐和园比海军更重要,因此,每年"由海军经费内腾挪三十万两"[2]以建造颐和园。通过这种腾挪,一艘一艘的铁甲舰化为颐和园里的山水花木。中国水师欲不逊一筹,得乎?黄海海战前,廷旨严责北洋海军将领畏葸巧滑。李鸿章疏奏复陈,言辞苦涩:

> 详考各国刊行海军册籍,内载日本新旧快船,推为可用者共二十一舰,中有九艘自光绪十五年后分年购造,最快者每点钟行二十三海里,次亦二十海里上下。我船订购在先,当时西人船机之学尚未精造至此,仅每点钟行十五至十八海里已为极速,今则至二十余海里矣。近年部议停购船械,自光绪十四年后,我军未增一船。丁汝昌及各将领屡求添购新式快船,臣仰体时艰款绌,未敢奏咨渎请……前于豫筹战备折内奏称,海上交锋,恐非胜算,既因快船不敌而言,倘与驰逐大洋,胜负实未可知。[3]

苦涩之中正藏着许多说不出口的怨气。所以,当中日战争急迫之际,翁同龢衔西太后之命诣李鸿章问策时,"鸿章怒目相视,半晌无一语,徐掉头曰:'师傅(指翁同龢)总理度支(户部),平时请款辄驳诘,临事而问兵舰,兵舰果可恃乎?'同龢曰:'计臣以撙节为尽职。事诚急,何不复请?'鸿章曰:'政府疑我跋扈,台谏参我贪婪,我再哓哓

---

[1] 池仲祐:《海军实纪·述战篇》,见张侠等编:《清末海军史料》,第315—316页。
[2] 中国近代史资料丛刊《洋务运动》(3),第141页。
[3] 《覆奏海军统将折》(光绪二十年七月二十九日),见《李文忠公全书·奏稿》第78卷,第52—53页。

不已,今日尚有李鸿章乎?'同龢语塞"[1]。武器装备的差距是一种现象。拨开这种现象,可以看到两国不同的社会政治之间的差距。

三、民族精神的亟变

甲午战争的失败给中国带来了空前辱国的《马关条约》。它对中国社会所造成的多方面的灾难,已为数十年来的各种近代史书一再记述和论说。但是,深重的灾难同时又是一种精神上的强击,它促成了鸦片战争以来中国民族认识的亟变。

《易》曰:"穷则变。"但人们认识"穷"往往是从头破血流的失败开始的。因为它以痛苦、失落、屈辱和牺牲抉破了因循和麻木积成的厚膜,迫使人们追究自身,从种种熟视无睹、见惯不惊的东西中看出衰象与破洞。而痛苦的升华与认识的深化常常同步。所以,由失败带来的警悟是理性思维的结果,它可以成为"变"的起点。

1840年以来,中国因外患而遭受的每一次失败都产生过体现警悟的先觉者。但他们的周围和身后没有社会意义上的群体,他们走得越远就越是孤独。甲午大败,"成中国之巨祸",中国的民族具有群体意义的觉醒也因此而开始。这是近代百年的一个历史转机。过去,人们多以甲午战争当中和甲午战争之后各地民众的反抗斗争来描述这种觉醒,其实并不确切。民众的反抗,主要体现了一种反侵略的自卫本能,其中愤激的感情色彩居多。50多年前的三元里已经出现过这样的场面。我们不能据此而把中国民族觉醒的时间提前半个世纪。梁启超后来说:

---

[1] 胡思敬:《国闻备乘》第1卷,"名流误国",见荣孟源等编:《近代稗海》第1辑,四川人民出版社1985年版,第230—231页。

> 唤起吾国四千年之大梦,实自甲午一役始也。吾国之大患,由国家视其民为奴隶,积之既久,民之自视亦如奴隶焉。彼奴隶者苟抗颜而干预主人之家事,主人必艴然而怒,非摈斥则谴责耳,故奴隶于主人之事,罕有关心者,非其性然也,势使之然也。吾国之人视国事若干己无与焉,虽经国耻、历国难,而漠然不以动其心者,非其性然也,势使然也。且其地太辽阔,而道路不通,彼此隔绝,异省之民,罕有交通之事,其相视若异国焉。各不相知,各不相关,诚有如小说家所记巨鲸之体,广袤数里,渔人麗其背而穴焉,寝处于是,炊爨于是,而巨鲸渺然不之知也。故非受巨创负深痛,固不足以震动之。昔日本当安政间,受浦贺米舰一言之挫辱,而国民蜂起,遂成维新。吾国则一经庚申圆明园之变,再经甲申马江之变,而十八行省之民,犹不知痛痒,未尝稍改其顽固嚣张之习,直待台湾既割,二百兆之偿款既输,而鼾睡之声,乃渐惊起。[1]

在社会历史现象中,"觉醒"一词并不归结于愤激,其确定含义应在于主体对自身历史使命的自觉意识。一个阶级是这样,一个民族也是这样。沿用一句现成的话,可以叫作由自在到自为。而近代中国,这一过程正是以知穷思变的形式表现出来的:

> 乙未二三月间,和议将定,时适会试之年,各省举人集于北京者以万数千计,康有为创议上书拒之。梁启超乃日夜奔走,号召连署上书论国事,广东、湖南同日先上,各省从之,各自连署麇集于都察院者,无日不有,虽其言或通或塞,或新或旧,驳杂不一,而士气之稍申,实自此始。既而合十八省之举人聚议于北京之松筠庵(庵者,明代烈士杨继盛氏之故宅也),为大连署以上书,与斯会者凡千三百余人,时康有为尚未通籍,实领袖之。其书之大意凡三事:一曰拒和,二曰迁

---

[1] 梁启超:《戊戌政变记》,附录一《改革起原》,中华书局1954年版,第133页。

都,三日变法。而其宗旨则以变法为归。盖谓使前此而能变法,则可以无今日之祸,使今日而能变法,犹可以免将来之祸;若今犹不变,则他日之患,更有甚于今者。言甚激切,大臣恶之,不为代奏。然自是执政者渐渐引病去,公车之人散而归乡里者,亦渐知天下大局之事,各省蒙昧启辟,实起点于斯举。[1]

知识分子是民族的大脑,揭示民族的使命是他们的使命。因此,中国民族的觉醒由1 300名举人在"公车上书"的呐喊声中宣告于世是一点都不奇怪的。这一批人,兼有学生和士大夫两种身份,是从各地汇集的那个时候中国的优秀人才。他们曾经饱读四书五经。但他们起草和署名《上皇帝书》一事,却已经越出康、雍、乾以来厉禁知识分子干预时事的成规,创"清朝二百余年未有之大举"。1 300人组成的集体是一个实实在在的"群"。因此,"公车上书"并不仅仅是书生议论,而是声气广披于朝野的社会行动。这种知识分子的聚群而动常常使人想到汉末的太学生、明末的东林党。但汉代和明代的人们是在忠义的感召下汇集起来的,他们与奸佞的对立中往往交杂着士人的朋党意气和传统的伦理主义。而"公车上书"则是民族危机刺激下的集群,他们的共识更多地来自对民族前途的思考,并且把抵御外侮与改革内政合为一体。就其所反映的时代意义来说是前代人们所不可比拟的。

举子士人的登场,不同于三十年来主持洋务的达官们,他们在广度和深度两个方面更明显地标志着世风和士风的变化。稍后,谭嗣同作《上欧阳鹄书》,自述:

平日于中外事虽稍稍究心,终不能得其要领。经此创巨痛深,乃

---

[1] 梁启超:《戊戌政变记》,附录一《改革起原》,第113—114页。

> 始屏弃一切,专精致思。当馈而忘食,既寝而累兴,绕屋彷徨,未知所出。既忧性分中之民物,复念灾患来于切肤。虽躁心久定,而幽怀转结。详考数十年之世变,而切究其事理,远验之故籍,近咨之深识之士。不敢专己而非人,不敢讳短而疾长,不敢徇一孔之见而封于旧说,不敢不舍己从人取于人以为善。设身处境,机牙百出。因有见于大化之所趋,风气之所溺,非守文因旧所能挽回者。不恤首发大难,画此尽变西法之策。[1]

他真实地说出了忧患刺激下思想转轨的艰难和苦痛。

28岁之前专意治经学的章太炎,也是在这个时候走向政治的。在他们的背后,是甲午战争刺激之下一代知识分子道路的改变。后来以写小说得文名的包天笑,其时还是苏州城里一名19岁的秀才。他在晚年追叙说:

> 那个时候,中国和日本打起仗来,而中国却打败了,这便是中日甲午之战了。割去了台湾之后,还要求各口通商,苏州也开了日本租界。这时候,潜藏在中国人心底里的民族思想,便发动起来。一班读书人,向来莫谈国事的,也要与闻时事,为什么人家比我强,而我们比人弱?为什么被挫于一个小小的日本国呢?读书人除了八股八韵之外,还有(其)它应该研究的学问呢![2]

于是,本来潜心于骈四俪六之文的人们也渐渐张目四顾,为种种新学与时论所吸引了。这个变化,直接和间接地改变了许多人的生活态度和生活方式,造就了一批近代知识分子的雏形。维新改良的潮流急速地涨涌于民族觉醒的曙光之中,成为那个时代的主流。它吸引着一切爱国的中国人从改革中寻求民族的出路。例如,商人经

---

[1] 《谭嗣同全集》上册,中华书局1981年版,第167—168页。
[2] 包天笑:《钏影楼回忆录》,香港大华出版社1971年版,第145页。

元善就是因此成为一个著名的政治人物的。同时,孙中山、杨衢云、陈少白也挟着革命的风雷走上前来。他们代表着历史的下一个阶段。但惊醒他们的,同样是甲午战争的炮声。

四、强敌成为榜样

在明治维新之前,有不多的中国人已经认识到日本是值得注意的。在1859年刊行的《资政新篇》中,洪仁玕说过:"日本邦近与花旗邦通商,得有各项技艺以为法则,将来亦必出于巧焉。"[1]这种预见是有洞察力的。而看得更准确的是李鸿章。他在1864年致奕䜣、文祥的信中说:"夫今之日本即明之倭寇也。距西国远而距中国近。我有以自立,则将附丽于我,窥伺西人之短长。我无以自强,则并效尤于彼,分西人之利薮。日本以海外区区小国,尚能及时改辙,知所取法,然则我中国深维穷极而通之故,夫亦可以皇然变计矣。"这段话推度日本,返及中国,议论之中有深思焉。19世纪70年代,日本以出兵台湾之举在中国人面前表现了自己。这不仅激起了洋务派以提防之心致力海防,而且使众多的中国人开始注视日本、研究日本。这个过程产生了一系列著作。其中,在当时产生过影响并为后人留下明晰痕迹的,是这样几种:

(一)首任驻日公使何如璋写的《使东述略》。何如璋算不上是一个器识宏通的人物,但他忠于记述。"海陆之所经,耳目之所接,风土政俗",皆能"就所知大略,系日而记之;偶有所感,间纪之以诗,以志一时之踪迹"。这个好处使《述略》一书提供的日本史地民俗、政治经济知识比较具体而且可靠。他出使东瀛之际,上距明治维新还

---

[1] 中国近代史资料丛刊《太平天国》(2),第532页。

不到十年,但日本的景物风貌已由本来的"汉唐遗风,间有传者"一变而"趋欧俗"。上至官府,下及学校,"凡制度、器物、语言、文字,靡然以泰西为式",虽"节文度数之末,日用饮食之细,亦能酷似"。他的诗作以"半是欧风半土风"咏叹了神户港口"番楼廛肆"与日本民居杂错相邻,以"云山过眼逾奔马"咏叹了大阪与神户之间的"铁道火轮",以"一掣飞声如电疾"咏叹了"用西人所炼电气"为之的"电气报"。这些来自西洋的东西在日本落户,不能不触动同为东方人的何如璋,他因之而感叹说:"风会所趋,固有不克自主者乎?"器物之外,还有礼制。他在记述自己用"三鞠躬"的泰西礼仪向日皇递交国书的过程之后,议论说:"日本前代仪文,尊卑悬绝;其王皆深居高拱,足不下堂,上下否隔。明治之初,参议大久保市藏上表,有曰:'请自今不饰边幅,从事于简易。'后用其议,至易服色,改仪制,质胜于文矣。"显然,他并不是一个反对派。日本的前代仪文与中国正相伯仲。虽说他议论的是日本,可文章是写给中国人看的,其中未必没有由此及彼的意思。

(二)黄遵宪"网罗旧闻,参考新政"而写就的《日本国志》,以及积累亲见亲闻,"衍为小注,串之以诗",撰成的《日本杂事诗》。黄遵宪是随同何如璋出使的使馆参赞。但比起后者,他对中外大势的了解要更透彻一些。因此,对日本社会的观察也深刻得多。《日本国志》一书,从收集材料到最后定稿,先后花费了近10年光阴。它是中国人用旧史体例写的第一本日本通史,凡12志,40卷,200余万言。但其意义不仅仅在历史,作者自谓:"日本变法以来,革故鼎新,旧日政令,百不存一,今所撰录,皆详今略古,凡牵涉西法,尤加详备,期适用也。"所以,纪事论理尤着眼于明治维新以来。《食货志》则述其兴矿务、造轮船、劝农桑、广制造;《学术志》则述其普设学术、海外留学,

"专以西学教人";《刑法志》则述其新式监狱制度与采用法兰西律法;《兵志》则述其陆海军师法佛(法)、英,兵制取自德人,等等。并且往往引申,使中国人容易想到自己。如《职官志》论曰:泰西"设官立政,……其官无清浊之分,无内外之别,无文武之异,其分职施治,有条不紊,极之至纤至恶,无所不到"。他认为这些都与中国的《周礼》相通。日本官制以《唐六典》为法则,维新后,则取法泰西为多。中国正可以"礼失而求诸野",悟知《周礼》制作之意。《礼俗志》论曰:"余观泰西人之行事,类以联合力为之。自国家行政,逮于商贾营业,举凡排山倒海之险,轮舶电线之奇,无不借众人之力以成事。其所以联合之,故有礼以区别之,有法以整齐之,有情以联络之,故能维持众人之力而不涣散。其横行世界而莫之能抗者,特此术也。尝考其国俗,无一事不立会,无一人不结党;众人皆知其利,故众人各私其党。虽然,此亦一会,彼亦一会,此亦一党,彼亦一党,则又各树其联合之力,相激而相争。"联想到戊戌变法期间中国短时间涌现出来的种种学会与群体,这里的议论正可以看作是一种先期憧憬。黄遵宪笔叙日本而意在中国,其用心是容易为人了解的。所以《日本国志》刊行以后,对有志于维新变法的人们发生过很大的影响。狄葆贤在《平等阁诗话》中说,海内奉之为瑰宝,"由是诵说之士,抵掌而道域外之观,不致如堕五里雾中,厥功洵伟矣哉"[1]。

(三)康有为编纂的《日本书目志》和专门写给皇帝看的《日本变政考》。与何如璋、黄遵宪相比,康有为的后一本著作更具有直接的现实意义。此书按时间先后系事,始于明治元年(1868),终于明治二十三年(1890),凡12卷。涉及政治、经济、文化、外交、司法、教育、

---

[1]《人境庐诗草笺注》,附录各家诗话,古典文学出版社1957年版,第412页。

警政、官制、军事。在列举日本变政事迹的同时,又用按语评考其意义和可资取法之处,以直接发挥作者自己的政治见解和政治主张。就像《资治通鉴》里司马光在叙事之后以"臣光曰"起首的大段议论。这本书1898年3月初次进呈的时候,名为《日本变政记》,后改写再呈,易名《日本变政考》。由"记"改为"考",说明著作的本意在于论说。其立论以"我朝变法,但采鉴日本,一切已足"为宗旨,并自负"所考万国书,无及此书之备者"。进呈之初,即期于"大抵欧、美以三百年而造成治体,日本效欧、美,以三十年而摹成治体。若以中国之广土众民,近采日本,三年而宏规成,五年而条理备,八年而成效举,十年而霸图定矣"[1]。据说,"一卷甫成,即进上;上复催,又进一卷。上以皆日本施行有效者,阅之甚喜"。这本书对1898年百日维新产生的影响是非常明显的,康有为后来自编年谱说:

> 自官制财政宪法海陆军,经营新疆,合满汉、教男女,改元迁都,农工商矿各事,上皆深然之。新政之旨,有自上特出者,每一旨下,多出奏折之外,枢臣及朝士皆茫然不知所自来,于是疑上谕皆我所议拟,然本朝安有是事?惟间日进书,上采案语,以为谕旨。[2]

康有为的特点是托古改制。因此,在他的按语里,日本值得效法的维新措施,常会在渺茫的中国古史中找到非常对称的先例。这种牵强类比虽带有学术上的独断主义倾向,却反映了改革家的别有一番苦心。

这三个人的认识主要形成于甲午战争之前。但黄遵宪和康有为著作的问世,则在甲午战争之后。那个时候,中国人对日本的认识正

---

[1]《日本变政考·跋》,《进呈日本变政考序》。
[2] 康有为:《康南海自编年谱》,见中国近代史资料丛刊《戊戌变法》(4),第150页,上海人民出版社1957年版。

在进入一个新的阶段。日本崛起于岛夷,最后跨海而来,燃起一场巨大的战火。这个变化过程就发生在中国人的眼皮底下。比之西洋诸国的历史,无疑要具体得多。因此,战争带来的屈辱越是沉重,对于日本自强成功的领会也就越为深刻。于是,强敌变成了榜样:《马关条约》的墨迹尚未干透,1896年3月,中国第一批赴日留学的13名学生已经踏上了负笈东渡的途程。他们的航向,同千余年前的遣唐使们刚好相反。

从19世纪60年代开始,西学的一部分已经开始进入中国。但是,它所引起的争论比它所带来的进步更多。而甲午一战,日本以彻底的西学打败了中国不彻底的西学。这一事实非常雄辩地为西学致强的实效作了证明。在这一特定背景下,日本的榜样被有志于维新改良的人们放大了,洋务运动几十年间陆续出现的变法议论终于一步一步地转化为一场社会运动。

五、三个方面的反思

甲午战争之前,早期改良派已经对洋务运动作过不同程度的批评。其中虽然不无深刻见解,但那终究不过是见诸言论。在洋务运动气运未衰的时候,单靠言论是不会造成很大的社会影响的。甲午一战,北洋水师全军覆没。日本用武器打破了洋务运动补苴罅漏的惨淡经营,比之笔墨议论,它更严酷得多。于是,前后凡30年的洋务运动,因此而成为民族反思的矢的。

其一,是维新派的反思,梁启超批评"中兴以后讲求洋务"者说:

今之言变法者,其荦荦大端,必曰练兵也,开矿也,通商也,斯固然矣。然将率不由学校,能知兵乎?选兵不用医生,任意招募,半属流丐,体之羸壮所不知,识字与否所不计,能用命乎?将俸极薄,兵饷极微,伤废无养其终身之文,死亡无恤其家之典,能洁己效死乎?图学不兴,陑塞不知,能制胜乎?船械不能自造,仰息他人,能如志乎?海军不游弋他国,将卒不习风波,一旦临敌,能有功乎?如是则练兵如不练。矿务学堂不兴,矿师乏绝,重金延聘西人,尚不可信,能尽利乎?机器不备,化分不精,能无弃材乎?道路不通,从矿地运至海口,其运费视原价或至数倍,能有利乎?如是则开矿如不开。商务学堂不立,罕明贸易之理,能保富乎?工艺不兴,制造不讲,土货销场,寥寥无几,能争利乎?道路梗塞,运费笨重,能广销乎?厘卡满地,抑勒逗留,朘膏削脂,有如虎狼,能劝商乎?领事不报外国商务,国家不护侨寓商民,能自立乎?如是则通商如不通。其稍进者曰:欲求新政,必兴学校,可谓知本矣。然师学不讲,教习乏人,能育才乎?科举不改,聪明之士,皆务习帖括以取富贵,趋舍异路,能俯就乎?官制不改,学成而无所用,投闲置散,如前者出洋学生故事,奇才异能,能自安乎?既欲省府州县皆设学校,然立学诸务,责在有司,今之守令,能奉行尽善乎?如是则兴学如不兴。自余庶政,若铁路,若轮船,若银行,若邮政,若农务,若制造,莫不类是。盖事事皆有相因而至之端,而万事皆同出于一本原之地。不挈其领而握其枢,犹治丝而棼之,故百举而无一效也。[1]

这段话,语气是严峻的,但全然不是肆口攻击。它表达了历史长流中后起的一辈对前辈人的认真评判。否定洋务运动的地方,正是维新运动准备继起而致力的地方。因此,"吾今为一言以蔽之曰:变法之本,在育人才,人才之兴,在开学校,学校之立,在变科举,而一切要其大成,在变官制"[2]。

---

[1] 梁启超:《论变法不知本原之害》,见中国近代史资料丛刊《戊戌变法》(3),第19—20页。
[2] 梁启超:《论变法不知本原之害》,见中国近代史资料丛刊《戊戌变法》(3),第21页。

其二,是洋务派的自我反思。奕訢说:"中国之败,全由不西化之故,非鸿章之过(请予鸿章以商让土之权)。"[1]这里,值得注意的是"不西化","化"之为义,在意思上同"彻底"是相近的。当然,从清王朝恭亲王口里说的"西化"与后来另有背景的"全盘西化"在质和量上都是不相同的。它反映了更多接纳一点资本主义的愿望,在19世纪90年代,在维新变法行将出台之际,这种舆论是顺应时势的。因此,奕訢对洋务运动的总结似乎已经触到了问题的实质。但也因此,他用否定句表述出来的思想,已经溢出了我们今天对洋务运动的界定。

其三,是来自实践的反思。这主要见于甲午海战幸存者们的亲身叙录:

> 我国地广人众,沿海甚多,不能不设海军护卫。既设海军,必全按西法,庶足不(以)御外侮。西人创立海军多年,其中利弊,著书立说,无微不至。我国海军章程,与泰西不同,缘为我朝制所限,所以难而尽仿,所以难而操胜算也。

> 海军所有章程,除衣冠语言外,均当仿照西法,万不得采择与中国合宜者从之,不合宜者去之。盖去一不合宜,则生一私弊。[2]

这些人力言"西化"或"西法",不是崇洋媚外,而是生死血战之后的心得。他们身在军中,熟见用中国"朝制"择取"西法"的种种私弊,并深受其苦,深受其害。其条陈愤愤然言之的"合宜者从之,不合宜者去之"是切中"中体西用"以新卫旧之弊的。

这种种反思说明,时代已经把中国民族的思想主流推到了洋务运动与"中体西用"的前头。但是,正如甲午战争使一部分洋务派承

---

[1] 黄遵宪:《马关纪事》。
[2] 盛宣怀档案资料《甲午中日战争》下册,上海人民出版社1982年版,第400、414页。

认了维新之必要一样,甲午战争也使一部分顽固派开始接受洋务运动的东西。因此,在中国社会"中体西用"还不会消失。对于很多人来说,这仍是一道不可越过的界河。

第十章　变与不变的哲学

李鸿章在第二次鸦片战争之后说过:"时至今日,地球诸国通行无阻,实为数千年未有之变局。"[1]就这句话所包含的时代内容而言,可以看作是积两次失败之痛,中国社会反思的结果。因此,在以后的几十年里,谈时务、讲维新的人们,虽然行辈不同,但多以此立论,发抒千言万语,以表达自己层出迭起的改革主张。然而,在那个时候,不愿意变的人更多。所以,一方面是沉重的压力:变局迫来,逼使认识深化;认识的深化又推动改革越出旧界。另一方面是沉重的阻力:新旧嬗递的每一步,都会遇到被利益和道德召唤来的愤怒的卫道者。近代中国就在这种矛盾中拖泥带水地踉跄而行。

甲午一战,变局急转而为"世变之亟"。于是,出现了公车上书—强学会—康有为历次上皇帝书—保国会—百日维新。这一连串事件,前后相接,构成了一场社会变动。它把中国的出路寄托在因势以变之中,其锋芒已经触动了灵光圈里的"成法"。无疑,这已经不止近代化一小步了。随之而来的,是变与不变的矛盾空前激化,发展为一

---

[1]　中国近代史资料丛刊《洋务运动》(6),第351页。

场带血的斗争。

一、变的哲学

变与不变,是对时代推来的问题作出的两种相反回答。两者都出自中国社会的现实,并各自反映了这种现实的一部分。但是,对现实的论证需要借助历史;对具体的论证需要借助一般;而为了说服多数,则需要借助权威。因此,为了阐明变和不变,双方都从历久弥香的儒家经籍中搬来了依据。

经过两千多年衍化沉积之后的孔学,已经是一种丰富性和庞杂性同时具见的意识形态了。其中,既有《易经》所谓"穷则变,变则通,通则久"[1]那样的朴素辩证法,也有董仲舒掺和进去的"道之大原出于天,天不变,道亦不变"[2]那样的凝固独断论。变与不变,古已有之。这种古老而又永远新鲜的矛盾,曾经不止一次地为后来的社会提供过仁者见仁、智者见智、各取所需的便利。中日甲午战争失败后,近代中国人又一次拾起了这些东西:借助于传统的范畴,从现实中产生的争论,被译成了思辨语言的交锋。但近代毕竟有近代的特点。最能表现这一点的,是倡变的人们引来了那么多的西洋思辨,硬生生地楔入其中。于是,饱含时代内容的矛盾被涂上了一层哲学的色彩。形而下的东西获得了一个形而上的外壳。

康有为的《新学伪经考》、《孔子改制考》、七上皇帝书以及戊戌奏稿,梁启超的《变法通议》,谭嗣同的《仁学》,严复的《天演论》和其他文章,集中起来,就是那个时候维新派论变的哲学。综其要旨,可

---

[1]《易·系辞下》。
[2]《举贤良对策》,见班固:《汉书》第 56 卷,《董仲舒传》,中华书局 1962 年版,第 2518—2519 页。

以归纳为六个方面:

(一)变化是天地之间可以用常识和经验来说明的普遍过程。

康有为说:"变者天道也,天不能有昼而无夜,有寒而无暑,天以善变而能久。火山流金,沧海成田,历阳成湖,地以善变而能久。人自童幼而壮老,形体颜色气貌,无一不变,无刻不变。《传》曰:'逝者如斯',故孔子系《易》,以变易为义。又曰'时为义大',时者,寒暑裘葛,后天而奉天时,此先圣大声疾呼以仁后王者耶?"这段话出自《进呈〈俄罗斯大彼得变政记〉序》,是专门写给皇帝看的。虽说多取譬于自然,但却是能够引出变法正题的楔子。因此,除了康有为之外,其他的维新言论家也常常喜欢用自然来证社会,作为起讲的前提。

(二)"变亦变,不变亦变。"

梁启超说:"要而论之,法者天下之公器也,变者天下之公理也。大地既通,万国蒸蒸,日趋于上,大势相迫,非可阏制,变亦变,不变亦变。变而变者,变之权操诸己,可以保国,可以保种,可以保教。不变而变者,变之权让诸人,束缚之,驰骤之,呜呼,则非吾之所敢言矣。"这段话里使用了多个"变"字,分别标志着两种含义:一是指万国梯航以来的近代中国客观历史进程;二是指时人们对这种过程的主观认识和态度。"变亦变",就是主观同客观相一致。在这样的情况下,变革会成为一个自觉的主动过程,并且像日本一样带来民族自强的结果。"不变亦变",则是指主观同客观背离。变革成为一个假他人之手强行发生的被动过程。波兰和印度就是这样走向亡国灭种的。"吉凶之故,去就之间,其何择焉?"[1]这是两种不同的民族前途,中国人可以选择,然而选择时间已经不多了。

---

[1] 梁启超:《论不变法之害》,见中国近代史资料丛刊《戊戌变法》(3),第18页。

（三）"能变则全，不变则亡；全变则强，小变仍亡。"

这段话出自康有为《上清帝第六书》，代表了维新派的共识。最后两句，批评了惨淡经营30年的洋务运动；同时，又说明了近代社会演变过程中的质、量、度。洋务运动带来的小变并不是坏东西，但那不过是一种量变。"购船置械，可谓之变器，不可谓之变事；设邮使，开矿务，可谓之变事，而不可谓之变政。"[1]这一类变化，虽有图强的意愿，然而触及的仅仅是局部的东西，"于去陈用新，改弦更张之道，未始有合也"。在列强环伺之下，其"屡见败衄，莫克振救"[2]，已为世人所易见。与这种"小变"不同的，是全变。"日本改定国宪，变法之全体也。"[3]以日本为样板，则全变乃是凿破封建政治体制同资本主义政治体制之间的度，由此达彼的质变。全变和小变的区别，划出了维新运动与洋务运动之间的历史界限。

（四）"开创之势"与"列国并立之势"。

这是康有为对于"变局"的感悟和诠释。他说："今之为治，当以开创之势治天下，不当以守成之势治天下；当以列国并立之势治天下，不当以一统垂裳之势治天下。"[4]从"一统垂裳之势"到"列国并立之势"，说明中国所处的世界环境已经全非旧时景象了。这一变化，不仅使人知道了"大地八十万里，中国有其一；列国五十余，中国居其一"[5]的事实，而且使中西交往的过程成为诸欧"破吾数千年久

---

[1] 康有为：《日本变政考》。
[2] 梁启超：《论变法不知本原之害》，见中国近代史资料丛刊《戊戌变法》(3)，第19页。
[3] 康有为：《日本变政考》。
[4] 康有为：《上清帝第二书》，见汤志钧编：《康有为政论集》上册，中华书局1981年版，第122页。
[5] 康有为：《上清帝第五书》，见汤志钧编：《康有为政论集》上册，中华书局1981年版，第204页。

闭的重关,惊吾久睡之大梦,入吾之门,登吾之堂,处吾之室"[1]的过程。因此,"列国并立"一语,不会不使中国人悚然想起春秋战国发生过的那种无情兼并。在这种情况下,"守成之势"只能意味着弱昧乱亡。"吾既自居于弱昧,安能禁人之兼攻?吾既日即于乱亡,安能怨人之取侮?"[2]这两个问号,正是"以开创之势治天下"的时代依据。开创,是对守成的否定。在这里,康有为似乎已经揭示了近代中国变形了的历史逻辑,即:社会的变革,其动力主要不是来自内部运动,而是外部压力催逼的结果。

（五）"世变"与"运会"。

严复受过西方思辨哲学的训练。所以,比之康有为、梁启超,他对"世变"的论述更富有哲理性。"呜呼!观今日之世变,盖自秦以来,未有若斯之亟也。夫世之变也,莫知其所由,然强而名之曰运会。运会既成,虽圣人无所为力。"变法是由时势促成的。但时势的背后是"运会"。这个词所刻画的东西,虽然不是感官直接可以触知的,却在更加深刻的层次上触及了社会发展的枢机。"运会既成,虽圣人无所为力。"这是一种不以人的意志为转移的力量。但感知与认识了"运会"的人能够获得一种历史主动性。"彼圣人者,特知运会之所由趋,而逆睹其流极。唯知其所由趋,故后天而奉天时,唯逆睹其流极,故先天而天不违。"[3]严复的"运会"实际上已经捕捉到一点社会发展规律的意思了。但从"莫知其所由然"一语又可以看出,他并不能说明这种规律的本身。不过,这是无足深怪的。

---

[1] 康有为:《请广译日本书派游学折》,见汤志钧编:《康有为政论集》上册,第301页。
[2] 康有为:《上清帝第五书》,见汤志钧编:《康有为政论集》上册,第203页。
[3] 严复:《论世变之亟》,见中国近代史资料丛刊《戊戌变法》(3),第71页。

（六）"冲决网罗"。

这个命题出自谭嗣同的《仁学》，代表了维新变法时期最勇敢的言论。他所说"网罗"包括利禄、俗学（考据、词章）、全球群学、君主、伦常、天、全球群教、佛法九种。[1] 其范围又超出了康有为的"全变"。钱穆曾通解《仁学》说："复生所谓以心力解劫运者，仁即心力也。心力之表见曰通，其所以害夫通者则曰礼，曰名。盖通必基于平等，而礼与名皆所以害其平等之物也。礼与名之尤大者则曰三纲五常，曰君臣、父子、夫妇；而君臣一纲尤握其机枢。心力之不得其通而失于长养遂达，则变而为柔、静、俭，郁而为机心，积而为病体，久而成劫运，其祸皆起于不仁。求返于仁而强其心力，其首务在于冲决网罗，而君统之伪学尤所先，而不幸为之君者犹非吾中国之人，徒以淫杀惨夺而得为之。斯所以变法必待乎革命，必俟乎君统破而后伪学衰，伪学衰而后纲常之教不立，纲常之教不立而后人得平等，以自竭其心力而复乎仁。然后乃可以争存于天下，而挽乎劫运。"[2] 可见，"冲决网罗"的本义，有出乎改良入乎革命的趋势。在戊戌维新的诸君子中，谭嗣同的思想远远走在时代的前面。但是，他最终又是死于变法事业的。梁启超后来说，方政变之初，"君竟日不出门，以待捕者；捕者既不至，则于其明日入日本使馆与余相见，劝东游，且携所著书及诗文辞稿本数册家书一箧托焉。曰：'不有行者，无以图将来；不有死者，无以酬圣主。今南海之生死未可卜，程婴杵臼，月照西乡，吾与足下分任之。'遂相与一抱而别"[3]。在他舍生赴死的选择中，既有信念的感召，也有君恩的感召。由此而产生的矛盾，是一种复杂的

---

[1] 参见《仁学》，见《谭嗣同全集》下册，中华书局1981年版，第290页。
[2] 钱穆：《中国近三百年学术史》下册，中华书局1986年版，第675页。
[3] 《谭嗣同传》，见《谭嗣同全集》下册，第546页。

历史矛盾。

维新派论变,有两个特点。一是"变"与"新"相连。康有为说:"法《易》之变通,观《春秋》之改制,百王之变法,日日为新,治道其在是矣。"[1]"日日维新"取义于《礼记·大学》所说的"苟日新,日日新。"按照谭嗣同的解释,就是"革去故,鼎取新"[2]。因此,"日新"不仅是布新,同时又是除旧。"凡改革之事,必除旧与布新,两者之用力相等,然后可有效也。苟不务除旧而言布新,其势必将旧政之积弊,悉移而纳于新政之中,而新政反增其害矣。"[3]这正是维新运动的"变"与洋务运动的"变"根本区别之所在。但是,比之布新,除旧更难。因为它会打破大大小小的旧饭碗,从而把代表私人利益的仇神招来。利益是没有理性的,但它与历史的惰性合流之后,又会成为护旧的力量。亲身经历过百日维新的人们记叙说:1898 年 5 月,"梁启超等联合举人百余人,连署上书,请废八股取士之制。书达于都察院,都察院不代奏;达于总理衙门,总理衙门不代奏。当时会试举人集辇毂下者将及万人,皆与八股性命相依,闻启超等此举,嫉之如不共戴天之仇,遍播谣言,几被殴击"。7 月,"下诏书,将天下淫祠悉改为学堂,于是奸僧恶巫,咸怀咨怨,北京及各省之大寺,其僧人最有大力,厚于货贿,能通权贵,于是交通内监,行浸润之谮于西后,谓皇上已从西教"。8 月,"候补京堂岑春煊上书请大裁冗员,皇上允其所请,特将詹事府、通政司、光禄寺、鸿胪寺、太常寺、太仆寺、大理寺及广东、湖北、云南巡抚,河东总督,各省粮道等官裁撤。此诏一下,于

---

[1]《南海先生四上书记》,见汤志钧:《戊戌变法史》,人民出版社 1984 年版,第 121 页。
[2]《谭嗣同全集》下册,第 318 页。
[3] 梁启超:《戊戌政变记(节录)》,见中国近代史资料丛刊《戊戌政变记》(1),第 273—274 页。

是前者尸位素禄阘冗无能妄自尊大之人,多失其所恃,人心皇皇,更有与维新诸臣不两立之势"。[1] 其间,往往还有为利益牵动的下层民众:

> 京都管理街道,有工部街道厅。管理沟渠河道司官,顺天府,大宛两县,步军统领衙门。前三门外,又有都察院管理街道城防司汛等官,可谓严且备矣。究其实,无一人过问焉,以至任人践踏,粪土载道,秽污山积,风即扬尘,雨即泥泞,春夏之交,变成瘟疫,而居其中者,奔走往来宴如也。洋人目之为猪圈,外省比之为厕屋。然每年碎修经费,所出不赀,及勒索商民,讹诈铺户,款又甚巨,奈皆众人分肥,无一文到工者。岁修之项,工部分其半,该管又分其半;巡查打扫之费,步军统领衙门营城司防内外分之,讹诈勒索,工部不与焉。近日有人条奏,上尽悉其详,乃命该管各衙门即行查勘估修,以壮观瞻,并大清门、正阳门外,菜蔬鸡鱼摊肆,一概逐令于城根摆设,以示体恤。于是官吏閒民,皆称不便,官吏怂恿百姓,联名呈恳体恤。[2]

这种情况,使得变法与反变法之争注定要冲破君子动口不动手的界限。比之洋务派遇到的荆棘团团,维新派面对的则是怨毒凝集成的杀机。因此,梁启超在事后非常感慨地说:"除旧弊之一事,最易犯众忌而触众怒,故全躯保位惜名之人,每不肯为之。"[3]

二是"变"与历史进化论相结合。在中国传统思想里,变是以循环的形式表现出来的。士大夫们相信五德转移、三纬相承;老百姓则称之为"三十年河东,三十年河西"。这种古老而又懵懂的循环论,首先是被维新派的两本书打破的。一本是严复译述的《天演论》。在那

---

[1] 梁启超:《戊戌政变记(节录)》,见中国近代史资料丛刊《戊戌变法》(1),第270—272页。
[2] 苏继祖:《清廷戊戌朝变记》,见中国近代史资料丛刊《戊戌变法》(1),第277页。
[3] 梁启超:《戊戌政变记》,见中国近代史资料丛刊《戊戌变法》(1),第277页。

里,中国人第一次完完整整地知道了"物竞天择,适者生存"的进化"公理":

> 不变一言,决非天运。而悠久成物之理,转在变动不居之中。是当前之所见,经廿年卅年而革焉可也,更二万年三万年而革亦可也。特据前事推将来,为变方长,未知所极而已。虽然,天运变矣,而有不变者行乎其中。不变惟何?是名天演。以天演为体,而其用有二:曰物竞,曰天择。此万物莫不然,而于有生之类为尤著。物竞者,物争自存也。以一物以与物物争,或存或亡,而其效则归于天择。天择者,物争焉而独存。则其存也,必有其所以存,必其所得于天之分,自致一己之能,与其所遭值之时与地,及凡周身以外之物力,有其相谋相剂者焉。夫而后独免于亡,而足以自立也。而自其效观之,若是物特为天之所厚而择焉以存也者,夫是之谓天择。天择者,择于自然,虽择而莫之择,犹物竞之无所争,而实天下之至争也。斯宾塞尔曰:"天择者,存其最宜者也。"夫物既争存矣,而天又从其争之后而择之,一争一择,而变化之事出矣。[1]

这种学理是十三经里没有的,但对于近代中国人所面临的变局却提供了一种易为局中人接受的解释。于是,西方的自然观在东来之后成了中国人独特的社会观。

另一本是康有为撰作的《孔子改制考》。它第一次把进化论引入社会历史,借用今文学家乐谈的"据乱世""升平世""太平世"之义,别开生面地说明了中国的过去、现在和将来。"尧、舜为民主,为太平世,为人道之至,儒者举以为极者也。……孔子拨乱升平,托文王以行君主之仁政,尤注意太平,托尧舜以行民主之太平。"这里说的是孔

---

[1] 严复:《天演论上》,导言一《察变》,见王栻主编:《严复集》第5册,中华书局1986年版,第1324页。

子托古改制,但康有为在孔子身上寄托的却是议院、选举、民权、平等一系列资产阶级的政治思想。例如,"世卿之制,自古为然,盖由封建来者也。孔子患列侯之争,封建可削,世卿安得不讥。读《王制》选士、造士、俊士之法,则世卿之制为孔子所削,而选举之制为孔子所创,昭昭然矣。选举者,孔子之制也"[1]。这一附会带有明显的主观性和强辩性,但却为现实的变法事业造出了一种历史根据。借助于这种根据,何邵公以来的三世说,在维新派言论家手里分别成了对应于君主专制、君主立宪与民主共和的东西。外来的进化论使传统的儒术有了全新的意义,而传统的儒术又使外来的进化论取得了中国的形式。[2] 这两个"第一次"指明,维新派的"变"同西方的进化论是一开始就联为一体的。这种从未有过的变的观念,呼唤着一种从未有过的社会制度。同时,它还带来了中国传统哲学思想的一场革命,从而改变了最难改变的东西:世界观。孙宝瑄1898年12月16日在日记中说:

> 昨读《天演论·导言四》,严又陵案语有云:岛国僻地,物竞较狭,暂为最宜外种阑入,新竞更起。往往岁月之后,旧种渐湮,新种迭盛。如俄罗斯蟋蟀,旧种长大,自安息小蟋蟀入境,克灭旧种,今转难得。苏格兰旧有画眉善鸣,忽有班画眉,不悉何来,不善鸣而蕃生,克善鸣者,日以益稀。澳洲土蜂无针,自窝蜂有针者入境,无针者不数年灭。余为之掩卷动色曰:诚如斯言,大地之上,我黄种及黑种、红种其危哉![3]

---

[1] 康有为:《孔子改制考》,中华书局1958年版,第283、284、238页。
[2] 在严复的《天演论》问世之前,康有为已经从当时介绍西学的出版物中接触过若干进化论知识。
[3] 孙宝瑄:《忘山庐日记》上册,上海古籍出版社1983年版,第280页。

一批一批的中国人接受了进化论;一批一批的传统士人在洗了脑子之后转化为或多或少具有近代意识的知识分子。"好战者言兵,好货者言商,好新器新理者言农工,好名法者言新律"[1],就其历史意义而言,这种场面,要比千军万马的厮杀更加惊心动魄。

二、不变的哲学

与变的哲学相对峙的,是不变的哲学,这是一种缺乏理性的哲学,但它们代表了旧时代的意识形态,因此既有政治权力,又有社会附着力。综其种种议论,可以归结为四点:

(一)祖宗之法不可变。

百日维新失败之后,西太后曾厉色诘问光绪:"天下者,祖宗之天下也,汝何敢任意妄为! 诸臣者,皆我多年历选,留以辅汝,汝何敢任意不用! 乃竟敢听信叛逆蛊惑,变乱典型。何物康有为,能胜于我选用之人? 康有为之法,能胜于祖宗所立之法? 汝何昏愦,不肖乃尔!"[2]这既是一种情绪,也是一种理论,在那个时候极富代表性。

(二)辟"邪说"以正人心。

守旧者之重于正人心正是对维新者之重于开民智的一种回应。在这一方面,前者与后者都具有强烈的自觉性。当时岳麓书院斋长宾凤阳就说过:康门"专以异说邪教陷溺士类,且其党与蕃众,盘踞各省。吾湘若仍听其主讲时务学堂,是不啻聚百十俊秀之子焚而坑之,吾恐中国之患,不在强邻之窥逼,而在邪说之诬民也"[3]。为了争夺人心,旧派人物手中的笔有时比刀更多杀气:"誓戮力同心,以灭

---

[1] 胡思敬:《应诏陈言记》,见中国近代史资料丛刊《戊戌变法》(1),第384页。
[2] 苏继祖:《清廷戊戌朝变记》,见中国近代史资料丛刊《戊戌变法》(1),第346页。
[3] 宾凤阳:《与叶吏部书》,见《翼教丛编》第6卷,第5页。

此贼,发挥忠义,不为势怵,不为祸动,至诚所积,终有肃清之一日,大快人心。"[1]

(三)诋变法为"影附西方,潜移圣教"。

湖南旧派中的健者叶德辉说:康梁"平日著书,诬孔子以惊世骇俗,不得谓之义理;辨言乱政,摭拾西书之皮毛,不得谓之经世;不知经义之宏深,仅据刘申受、龚定庵、魏默深诸家之书,抹杀二千年先贤先儒之传注,不得谓之考据;自梁启超、徐勤、欧榘甲主持《时务报》《知新报》,而异学之诐词、西文之俚语,与夫支那、震旦、热力、压力、阻力、爱力、抵力、涨力等字触目鳞比,而东南数省之文风,日趋于诡僻,不得谓之词章"。但这又是一种能够"影附西书,潜移圣教"的东西:"圣人之纲常不可攻也,假平等之说以乱之;天威之震肃不可犯也,倡民权之义以夺之;资格限人而不可以越迁也,举匈奴贵少贱老之俗以摇惑之;取给有穷而不可以挥霍也,援基督散财均利之法以联属之。"[2]这类言论,非常敏锐地指出了新学家们手中的儒学已经西化,但由此产生的卫道之心并没有发为学理论辩,而是汇成一种詈辱和嘶叫。这既表现了传统儒学的强韧,也表现了传统儒学的困乏。

(四)"变夷之议,始于言技,继之以言政,益之以言教,而君臣父子夫妇之纲,荡然尽矣。"[3]

变与不变之争,"君臣父子夫妇之纲"是一个焦点。御史文悌说:"中国此日讲求西法,所贵使中国之人明西法为中国用,以强中国。非欲将中国一切典章文物废弃摧烧,全变西法,使中国之人默化潜移,尽为西洋之人也。"因此,"若全不讲为学为政本末,如近来《时务》

---

[1] 梁鼎芬:《与王祭酒书》,见《翼教丛编》第6卷,第2页。
[2] 叶德辉:《长兴学记驳议》《读西学书法书后》,《翼教丛编》第4卷,第40—41页,第64页。
[3] 曾廉:《致友人》。

《知新》等报所论,尊侠力,伸民权,兴党会,改制度,甚则欲去跪拜之礼仪,废满汉之文字,平君臣之尊卑,改男女之外内,直似只须中国一变而为外洋政教风俗,即可立致富强,而不知其势小则群起斗争,召乱无已,大则各便私利,卖国何难"[1]。他相信三纲一旦溃决,则中华将不复为中华。

这个时候的不变论者,不仅有顽固派,而且有洋务派。后者的以新卫旧与前者的以旧卫旧曾发生过抵牾冲突。但那是"用"之争而不是"体"之争。因此,当更新的东西起而否定"体"的时候,洋务派就从变转为不变了。这同样是一种新陈代谢。

最使他们恼火的是两点。一是孔子问题。维新派并不反对孔子。岂但不反对,而且"保教"与"保国、保种"并列而三。但他们请来孔子,是让他做变法的旗手。"语孔子之所以为大,在于建设新学派(创教),鼓舞人创作精神。"[2]在《孔子改制考》里,维新派把自己从西方学来的种种东西全都挂到了孔子的名下。于是,孔子面目全非了。维新派们以为,这是一种富有智慧的做法:"中国重君权,尊国制。狡言变革,人必骇怪,故必先言孔子改制,以为大圣人有此微言大义,然后能持其说。"[3]但顽固派、洋务派最不能容忍的,恰恰是这种"狂悖骇俗,心怀叵测"的"野狐禅"。在"翼教"的旗帜下,叶德辉愤恨地指孔子改制之说为"欲托孔子以行其术","托尊孔之名,伏伪经之渐"[4]。颇有时誉的洋务领袖张之洞,则因维新派自改正朔,以孔子纪年而断然中止了同他们的一度合作,从此各自东西。其"平生

---

[1] 朱寿朋:《光绪朝东华录》,中华书局1958年版,第4118页。
[2] 梁启超:《清代学术概论》,第58页。
[3] 皮锡瑞:《师伏堂日记》,上海图书馆藏手抄本,第73页。
[4] 叶德辉:《读西学书法书后》,见《翼教丛编》第4卷,第65页。

学术,最恶《公羊》之学,每与学人言,必力诋之。四十年前已然,谓为乱臣贼子之资"[1]。他根本就不承认康有为那个孔子。

二是民权平等说。在这方面,身任时务学堂总教习的梁启超,言论最为激切。他说:三代之后,中国致弱的根源就在于"君权日益尊,民权日益衰"。因此,今日欲求变法,"必自天子降尊始"。君臣关系居三纲之首,但在他看来,不过是铺子里"总管"与"掌柜"的关系,"有何不可以去国之义"?如果说这还是道人所不敢道,那么,"屠城屠邑,皆后世民贼之所为,读《扬州十日记》尤令人发指眦裂"[2]则已直接骂到了清廷祖宗的头上了。这些话是一种透着火药味的东西。它已经渗出了康有为的政治界线。梁启超后来回忆说:"时学生皆住舍,不与外通,堂内空气日日激变,外间莫或知之。及年假,诸生归省,出札记示亲友,全湘大哗。"[3]大哗的直接结果,首先是湖南顽固士绅的极口痛诋:"试问权既下移,国谁与治?民可自主,君亦何为?是率天下而乱也!""欲煽惑我中国之人心叛圣清入西籍耳!"[4]继之,张之洞亦著《劝学篇》,"旨趣略同"。在当时的达官中,他是一个喜欢讲"西艺""西政"的人,然而当西来的东西漫溢出他心中设定的界线时,他又非常自觉地成了卫道者:"故知君臣之纲,则民权之说不可行也;知父子之纲,则父子同罪免丧废祀之说不可行也;知夫妇之纲,则男女平权之说不可行也。"[5]民权平等说是维新思想中最有时代意义的内容。它既走到了两千年传统的前头,也走

---

[1] 《抱冰堂弟子书》,见《张文襄公全集》第228卷,第27页。
[2] 《觉迷要录》第4卷。
[3] 梁启超:《清代学术概论》,第62页。
[4] 宾凤阳等:《上王益吾院长书》,见《翼教丛编》第5卷,第5页;叶德辉:《正界篇·下》,见《翼教丛编》第4卷,第31页。
[5] 张之洞:《劝学篇》,内篇第三,《明纲》。

到了30年新政的前头。因此,它受到顽固派、洋务派的联手相攻是不奇怪的。

变与不变之争,归根到底无非是两个问题:(一)怎么看待孔子;(二)怎么看待学习西方。究其实质,前者说的是传统;后者说的是革新。在近代中国的社会运动中,这两个方面是难分难解的。革新——不论改良还是革命——总是在破除旧传统中实现自身的。

三、思想文化中的新潮涌荡

戊戌政变之后,百日维新作为一场政治运动失败了,但作为一场思想文化运动,新学家们带来的解放作用远不是西太后发动的政变所能剿洗干净的。从这时候起,第一批具有近代意义的知识分子已经出现。这些人,或脱胎于洋务运动,或惊醒于民族危机。他们处多灾多难之世,怀忧国忧时之思,向西方追求真理,为中国寻找出路,成为最自觉的承担时代使命的社会力量。他们在维新运动中的种种实践活动,为后来的改革留下了历史起点。在那个时期的新式学堂(京师大学堂、湖南时务学堂等)和开设西学的书院(如两湖书院)里,出过黄兴、蔡锷那样民主革命的风云人物。而短时间里纷纷兴起的学会,则兼有学术与政治两重意义。它不但使习惯于一家一户的中国人看到了"群"的形式和力量,而且各依其不同的具体宗旨,为广开中国的民智而介绍西方的社会科学知识和自然科学知识。"知识就是力量。"在近代中国知识几乎必然地会转化为政治力量。

就思想文化的新旧嬗递而言,戊戌前后是一个新蕾茁长的时期。无锡人裘廷梁创《白话报》,提出了"论白话为维新之本"的主张。他列举白话文的八益:一曰省日力,二曰除骄气,三曰免枉读,四曰保圣教,五曰便幼学,六曰炼心力,七曰少弃才,八曰便贫民;并"一言以蔽之曰：文言兴而后实学废，白话行而后实学兴"[1]。其时，与他同调的还有苏州和安徽的一批知识分子。与胡适之相比，他们早了20年。梁启超"笔端常带感情"的新文字风靡一时。他把俚语、韵语、外国语熔为一炉，不受古来章法的限制，常能动人心弦。虽说守旧者无不目为"野狐禅"，而其传布之广泛实在是超迈前人的。在新思想突破旧思想的时候，新文体也突破了旧文体。梁启超的思想影响了一代知识分子，于是而有古代文体到近代文体之间的过渡。黄遵宪的诗则以反映时事、反映社会而明显地区别于传统的旧诗。其《今别离》曰：

> 别肠转如轮，一刻既万周；
> 眼见双轮驰，益增心中忧。
> 古亦有山川，古亦有车舟；
> 车舟载离别，行止犹自由。
> 今日舟与车，并力生离愁；
> 别知须臾景，不许稍绸缪。
> 钟声一及时，顷刻不少留；
> 虽有万钧柁，动如绕指柔。
> 岂无打头风，亦不畏石尤；
> 送者未及返，君在天尽头。
> 望影倏不见，烟波杳悠悠，
> 去矣一何速，归定留滞不，
> 所愿君归时，快乘轻气球。[2]

---

[1] 裘廷梁：《论白话为维新之本》，见张枬等编：《辛亥革命前十年间时论选集》第1卷，生活·读书·新知三联书店1960年版，第40、42页。
[2] 《人境庐诗草笺注》，第185—186页。

过去送别,有十里长亭一程连一程的缠绵悱恻,也有"劝君更进一杯酒,西出阳关无故人"的酣醉惆怅。但在轮船火车的时代,这些场面都已不合时宜,"别知须臾景,不许稍绸缪"。今别离对古别离,非常明显地反映了交通工具的近代化改变了中国人的生活。这是用旧体诗的形式,容纳了新的内容。对于那个时候流行的"同光体"是一种革新。除了这些方面之外,汉字的改革也成为这个时候的一种主张。卢戆章的《一目了然初阶》最早涉及了汉字的拉丁化,继起的改革者还有蔡锡勇、王照、吴稚晖等人。他们的意见虽然各有不同,但都是有志于一种前无古人后启来者的事业。可以说,后来新文化运动中的许多主张,在戊戌维新的时候都已露出了端倪。

第十一章　庚子与辛丑

庚子(1900年)是19世纪的最后一年,辛丑(1901年)是20世纪的最初一年。19世纪和20世纪之交,义和团运动轰然起于民族矛盾的激化之中。它表现了被侵略者对于侵略者郁积已久的愤怒;同时又包含着一种文化对另一种文化的抵抗,包含着旧式小农和手工业者因自然经济分解而蒙受的痛苦;并与百日维新失败后的政局变动牵连相结。在近代中国社会变迁的时序中,这种爱国反帝的狂飙起落成为介于变法和革命之间的一段历史。时人称为"自有国家以来未有之奇变"[1]。

一、三　种　力　量

庚子这一年,有三种不同的力量挟着武器,次第发难于南北之间。

从5月开始,以黄河流域下层群众为主体的义和团运动高潮勃

---

[1] 赵声伯:《庚子纪事长札》,见中国社会科学院近代史研究所编:《义和团史料》下册,中国社会科学出版社1982年版,第661页。

起,席卷了华北。绵延40年之久的反洋教潮流在义和团的旗帜下急遽地转向武装"灭洋"。这是一场自发的运动,"京畿东南各属,一倡百和,从者如归。城市乡镇,遍设神坛,坛旁刀戟林立"[1]。但"灭洋"成为自发运动里的自觉意识,因之而有"各处喧言:'洋人进京四十年,气运已尽,天意该绝,故天遣诸神下界,借附团民之体,烧尽洋楼使馆,灭尽洋人教民,以兴清朝'"[2]。这种意识沟通了不同的阶层、不同的职业,支配了成千上万人。于是,当义和团由山东进入直隶,由乡村进入城市之后,便燃成燎原之火。

七八月间,唐才常在长江流域策动会党,以图"自立军"起义。他是资产阶级改良派中的激进者,但他又没有越出改良派的藩篱。因此,其宣言书中既有立论于"低首腥膻,自甘奴隶"的反满论,又有"君臣之义,如何能废"[3]的保皇论。这种矛盾,使他得到过革命派的支持,但当"勤王"成为自立军宗旨的时候,他又失去了革命派的支持。当时,康有为曾在海外预言:"我南方勤王义军已分布数路,不日将起,既成方面,可与外国订约,行西律西法。一面分兵北上勤王,助外人攻团匪以救上(光绪——引者)。"[4]他指望唐才常用武力造成一个局面,与动乱中的北方对峙,以实现其失败了的维新变法。但唐才常以一个书生而指挥"十万游手无训练之民",复窘于饷需,在一再延期之后,遂因事机泄漏而为清军所掩捕。各地仓促起事,又先后败绩。他在临刑之际说,"由中国时事日坏,故效日本覆幕举动,以保皇上复权,今既败露,有死而已"[5],表现了一个维新志士为理想而死

---

[1] 《驴背集》,中国近代史资料丛刊《义和团》(2),上海人民出版社1957年版,第485页。
[2] 中国社会科学院近代史研究所编:《庚子记事》,中华书局1978年版,第12页。
[3] 《记自立会》,见杜迈之等编:《自立会史料集》,岳麓书社1983年版,第2—3页。
[4] 《中华民国开国前革命史(上编)》,同上书,第22页。
[5] 《自立会始末记》,见杜迈之等编:《自立会史料集》,岳麓书社1983年版,第10页。

的气概。

10月,资产阶级革命派在珠江流域领导了惠州起义。这一年夏天,港英当局目睹南北时局,曾有过策划李鸿章据两广"自立"之想,并撮合兴中会参与共事。英国人的立场反映了对抗俄国的意图;李鸿章的态度显示了洋务派在新局势下的矛盾和探索;孙中山则着眼于建立一个独立的南方政府,以谋"改造中国"。这是一种并不同道的合作。它因特定的时局而出现,又因时局的变化而流产。孙中山寄希望于此举有成,"亦大局之福",但又"颇不信李鸿章能具此魄力"。因此,在谋求与李鸿章合作的同时,他又派"郑士良督率黄福、黄耀庭、黄江喜等赴惠州,准备发动;史坚如、邓荫南赴广州,组织起事及暗杀机关,以资策应;杨衢云、陈少白、李纪堂在港担任接济饷械事务"[1]。于是,在李鸿章奉诏北上两个月25天之后爆发了惠州起义。它以历时半个月的血战留下了自己的影响之后,因"外援难期"、粮械失继而溃散于围攻之中。

武装"灭洋",武装"勤王",武装革命。不同的阶级力量和政治力量在相近的时间里用暴力斗争的方式操刀一割,为自己和中国寻找出路。暴力手段是改造社会的最后一种手段,当众多的人们呼唤这一手段的时候,中国社会便陷入了岌岌乎不可终日的境地。

在这三种力量中,自立军起义保留了资产阶级改良派的积极内容,又以自己所付出的无量鲜血表现了不同于戊戌年间的新面貌。它在长江流域造成过相当的声势,将富有票"散放于湘、鄂、皖、赣各府州县,为数綦夥,势力日渐膨胀"[2]。这种声势,反映它所代表的

---

[1] 中华民国史资料丛稿《孙中山年谱》,中华书局1980年版,第46—47页。
[2] 《自立会始末记》,见杜迈之等编:《自立会史料集》,第9页。

政治主张在当日的中国并没有丧失号召人心的力量。但是,百日维新失败之后,变法改良毕竟已经越过了自己的历史顶峰。在 19 世纪末多变的政治风雨中,它的鲜艳色泽正在消退和淡化。因此,自立军慷慨一击,显示了改良派在戊戌喋血后的再起,但并未形成牵动全局的浪潮。孙中山组织的惠州起义是资产阶级革命派对清王朝的第二次暴力冲击。它代表了当时中国社会最进步的力量。但这种力量还没有突破历史的临界点。一个西方传记作者曾这样描写孙中山:在 1900 年下半年,"康有为已不理睬他,梁启超背叛了他,李鸿章仍不想和他拉关系,刘学询继续捉弄他,自立会不买他的账,哥老会出卖了他。卜力爵士曾在香港为他开了门,但张伯伦又把门关上。日本的骗子使他损失了军火,而正当他最需要帮助的时候,东京政府却将他弃之不顾"[1]。密谋和流亡生涯使孙中山在世人的传说和曲解中显得面目不清。因此,惠州起义的硝烟升起在广东一隅,又消散在广东一隅。与这两种力量相比,义和团反帝爱国运动则是影响全国而震撼中外者。民族危机成为一种凝聚力,它引导了没有人引导的散漫小生产者,使旧的社会力量中深沉蕴藏着的民族斗争精神喷薄而出。在这个过程里,落后的生产方式和落后的社会意识通过正义的行动奇特地表现了自己的活力。

这三种不同的力量用武装斗争结束了 19 世纪的历史,迎接 20 世纪的历史。

二、义和团的社会相

自清末以来,论义和团源流,主要有三种说法。(一)义和团衍

---

[1] 〔美〕史扶邻:《孙中山与中国革命的起源》,中国社会科学出版社 1981 年版,第 221 页。

生于八卦教之一的离卦教,而八卦教出自白莲教,因此,"义和拳一门,乃白莲教之支流"。此说最早见于劳乃宣所著《义和拳教门源流考》。(二)义和团由团练组织变化而来。国外持此说者尤多。(三)义和团起于论拳习武的民间秘密会社。三者之分歧,以论史的困难说明了义和团组织的复杂性。义和团的本来面目就在于这种复杂性之中。

近代中国,人口的压力和时势的动荡造就了布于南北的种种秘密组织。这是下层社会的一种特色。义和团以大刀会(金钟罩)、红拳、梅花拳、神拳为前身,其成员多系贫苦农民、佣工、赤贫无产者、黄河一带拉船为生者、渡口撑船者、排水为生者、赶脚驴者、木匠、修伞者、厨役、卖烧饼者、卖馍馍营生者、贩卖笔墨者、卖竹筷者、卖红烟者、卖水烟者、习染坊生意者、开铁铺者、开客店者、已革粮书、营勇、文生教读者[1],还有众多饥民。因此,它不会不带有秘密会社的印记和色彩。

义和团所活动的地区,是八卦教有过重大历史影响的地方。在它和白莲教之间存在着某种渊源或关系不仅是可能的,而且是非常自然的。这种渊源,又使义和团与教门有着相似相通之处:"如欲赴某村讹抢,则分送传单,先期征召。迨齐集后,逐一吞符诵咒,焚香降神,杂沓跳舞。为首者指挥部署,附会神语,以诳其众。临阵对敌,各插一小黄旗,又以红黄巾带,裹头束腰,胸际佩黄纸符;其头目手执黄旗,或身着黄袍,背负神像;其徒众分持枪刀及鸟枪抬炮;群向东南叩头,喃喃作法,起而赴斗,自谓无前。"[2]

---

[1] 参见中国社会科学院近代史研究所编:《山东义和团案卷》上册,齐鲁书社1980年版,第2页。
[2] 故宫博物院明清档案部编:《义和团档案史料》上册,中华书局1959年版,第93页。

但是，义和团并不是教门，也不是秘密会社。它激烈而又执着地反洋人、反洋教，以此把自己同下层社会的其他组织区别开来了。当民族矛盾激生的爱国主义使义和团成为一场反帝群众运动的时候，它已经远远地离开了自己的原始形式。

在义和团之前，曾多次出现过"平英团"那样的反侵略场面。这是枪炮逼迫下直接触发的反应。它们用武装的反侵略对抗武装的侵略，以阻止异族进入中国社会。在这里，民族的对抗同时又表现为内在之物与外来之物的对立。但义和团是在西方和东方的资本主义势力深入中国城乡各个方面之后爆发的。它所抵抗的，是一种渗入自身，而又盘根错节枝叶相连的异己之物。在这里，外来的东西一部分已经内在化，一部分正在内在化。比之枪炮的逼迫，后者无疑要复杂得多。洋教是一个突破口，由此宣泄出来的仇恨包含着多重历史内容。

其一，暴烈的排外主义行动中蕴结着经济意识。李大钊在庚子后 20 年说过：义和团对于"西洋人的一切器物一概烧毁，这都含着经济上的意味，都有几分是工业经济压迫的反动"[1]。1840 年以来，西方的大炮运来了西方的商品和机器。在商品和机器的背后，则是一种新的生产方式。它们楔入中国社会，使自然经济在万般磨难中一点一点被撕裂；又以外来的资本主义催发了民族资本主义。这种演变体现了沉默的历史必然性，但对中国来说，它首先又是民族战争失败所带来的结果。因此，近代经济改组的过程，触目地表现为来自西方的机制品夺走了小生产者的饭碗；来自西方的轮船火车夺走了

---

[1]《由经济上解释中国近代思想变动的原因》，见《李大钊文集》下册，人民出版社 1984 年版，第 180 页。

船夫、纤夫、脚夫、驿站夫、水手、店员的饭碗。"洋布、洋纱、洋花边、洋袜、洋巾入中国而女红失业,煤油、洋烛、洋电灯入中国而东南数省之柏树皆弃为不材。洋铁、洋针、洋钉入中国而业冶者多无事投闲,此其大者。尚有小者不胜枚举。"[1] 据袁昶估计,庚子前后,仅顺天府属州县的穷民之中,"失车船店脚之利,而受铁路之害者"即在 4 万人以上。[2] 对于资本主义在中国的发展来说,这个过程具有原始积累的性质。但原始积累的血污同压迫民族对被压迫民族的掠夺又是合一的。成批成批的小生产者在这个过程里破产失业,困苦无告,生计堵绝,不仅反映了旧生产方式解体时的历史阵痛,而且反映了一个民族在外来压力下的窒息。比之前者,后者更易为直观所见。义和团"最恶洋货,如洋灯、洋瓷杯,见即怒不可遏,必毁而后快"。"闲游市中,见有售洋货者,或紧衣窄袖者,或物仿洋式,或上有洋字者,皆毁物杀人"[3],正倾泻了小生产者断了生路之后的发指眦裂之恨。这种愤恨酿成于饥饿和血泪之中,但这种愤恨所包含的愿望又与旧的生产方式连在一起。他们不认识帝国主义,却认识洋人洋物,于是,所有的外来之物都成了痛苦的原因。以排外主义反帝,波及轮船、铁路、电线、机器、洋学堂、洋装书、洋话、洋服。这种斗争方式,既表现了那个时代多数人的民族感情,又寄托了旧式小农和手工业者的本来愿望。

其二,"仇教"中蕴结着传统的民族文化心理。在近代中国,洋教比商品和大炮更多地输来过"西学",并以此影响中国的一代知识分子。从这个意义上说,它曾是中西文化交汇的中介之一。但作为一

---

[1]《盛世危言》,"纺织",见夏东元编:《郑观应集》上册,第 715 页。
[2] 参见《乱中日记残稿》,见中国近代史资料丛刊《义和团》(1),第 347 页。
[3]《天津一月记》,见中国近代史资料丛刊《义和团》(2),第 146 页。

种外来之物,它本身又是同中国的传统文化全然相悖的。上帝至尊的教义及其对多神观念和祖先崇拜的排斥,不仅触犯道教和佛教,而且直接践踏了儒学真义;形成于西方民俗和历史中的布道、洗礼、忏悔仪式,在具有另一种民俗和历史的中国人眼里却是全无神圣意义的伤风败俗之举。两者之间,横隔着几千年岁月沉积成的不同文化心理。明代来华的意大利传教士利玛窦是明乎此者,他以附会儒学而取得了那个时代洋教入中土的成功。但近代传教士在不同的历史环境下有着不同的怀抱。19世纪40年代初期,一个经历过鸦片战争的传教士在书信中描绘了"大炮在天朝呼啸","城市在征服者面前一座接一座陷落"的场面,而后踌躇满志地说:"这是政治提出的要求,是大炮迫令其实现的。一次我信步走到一个城门口,城墙上似乎永恒地写着:'洋人莫入'。""我是一个洋人,又是一个传教士,我看到了墙上写的那句话,可是我不顾一群在场中国人的惊诧,闯进了城门。时候已经到了,我们已沉默到今天,现在是可以到中国城市的大街上,提高我们的嗓门大喊大叫的日子了。"[1]他的话显示了一种汹汹之势,同时又反照出中国人目睹洋教逼入而产生的屈辱感。于是,西方宗教在近代中国传播的历史便成为教案史。一面,是传教士自觉地与中国传统文化为敌:"吾非除旧何由布新?将欲求吾道之兴,必先求彼教之毁。"[2]在"兴"与"毁"的冲突中,洋教成为一种政治化的力量:"遇有交涉之案,但凭教民一诉或教士一言,即签票传人,纵役勒索;到案复又不分曲直,往往抑制良民,希图易结。而教民专得借官吏之势力肆其欺凌,良民上诉,亦难申理。"甚至"教士、教民与

---

[1]《中国与十字架》,见张力等:《中国教案史》,第263—264页。
[2]〔英〕宓克撰,严复译:《支那教案论》,南洋公学译书院铅印本,第28页。

地方官并坐公案"[1]。政教分离对于政教合一的否定,曾是欧洲资产阶级革命的历史性胜利之一。然而,欧洲资产阶级在中国却为教会争得了世俗权力。另一面,是传统文化下的中国民众对洋教日益增长的痛恶:"见自父祖以来素所敬奉悦服之事,素所目为甚美可愿之端,一旦被外国男女学语未成,嘲弄侮詈,其一腔怨恨洋人积火,自尔有触斯然,不可抑遏"[2]。痛恶的过程,又是以得自传统的观念去揣想被痛恶者的过程。庚子年间,拳民搜索教堂,"见蜡人不能辨,以为人腊。遇粤之荔支干,又以为人眼,相与痛詈西人,暴其惨酷"[3]。当西什库教堂久攻不能克之后,民间又盛传"教士以女血涂其屋瓦,并取女血盛以盎,埋之地,作镇物,故咒不能灵"[4]。这一类记述,不仅反映了一个民族对另一个民族的敌意,而且反映了一种文化对另一种文化的猜度。1924 年,鲁迅在《论照相之类》一文中说过:30 年前,S 城常有人谈论洋鬼子挖人眼。一个女工还"亲见一坛盐渍的眼睛,小鲫鱼似的一层一层积叠着,快要和坛沿齐平了"。然后他冷峭地指出:在 S 城,腌渍白菜是一种习惯;而眼光娘娘神座前挂着布制眼睛,"则正是两头尖尖,如小鲫鱼"一般。[5] 30 年是一个约数。其实,他所分析的正是义和团运动临近时期社会心理的一面。洋教在半殖民地中国的政治化,使反洋教斗争具有无可怀疑的反侵略性质,但这种反侵略性质又正是通过传统文化的自卫和排他而表现出

---

[1] 中国史学会济南分会编:《山东近代史资料选集》,山东人民出版社 1959 年版,第 60 页;《张文襄公全集》,第 117、30 页。
[2] 〔英〕宓克撰,严复译:《支那教案论》,南洋公学译书院铅印本,第 30 页。
[3] 转引自龙顾山人:《庚子诗鉴》,见中国社会科学院近代史研究所编:《义和团史料》上册,第 131 页。
[4] 陈恒庆:《清季野闻(节录)》,见中国社会科学院近代史研究所编:《义和团史料》下册,第 637 页。
[5] 参见《鲁迅全集》(1),人民文学出版社 1981 年版,第 181 页。

来的。

其三,民族危机刺激下的"灭洋"意识。《马关条约》后数年,康有为曾以一个爱国知识分子的血诚一呼再呼:"俄北瞰,英西睒,法南瞵,日东眈,处四强邻之中而为中国,岌岌哉!""海水沸腾,耳中梦中,炮声隆隆,凡百君子,岂能无沦胥非类之悲乎!"[1]刺激了康有为的东西,也同样刺激了下层社会中人。比之两次鸦片战争之后的"变局",这个时候的中国正面临着一种前所未遇的危局。列强竞相划分势力范围已成迫来狂潮。他们强暴地打破了闭塞,并使闭塞中的人们直接面对着他们的强暴。"自台湾之割,日人淫虐残贼,民不堪命;德之在胶州;英之在九龙;俄之在金州、旅顺行径略同,皆使人无男女之别,身家不保,而税又奇重。胶州之洋兵,挖剔先贤仲氏眼目,碎毁圣像,百姓饮恨吞声,痛入骨髓。"[2]民族矛盾的激化促成了民族对抗意识的强化。于是,"灭洋"作为一个口号引人注目地同时出现于中国南北,表现了民众的认识从个别到一般的深化。在统一的资本主义国内市场形成之前,民众的自发认识并不能产生近代意义的民族主义。但是,这个口号已经超越了个人命运、家族命运、乡土命运则是一种明显的事实。瓜分狂潮起于胶州湾事件。山东首受巨击,也因之成为风暴的起点。"自德人占据胶澳,教焰益张,宵小恃为护符,借端扰害乡里,民间不堪其苦,以致衅端屡起。""下流社会尤为急烈,以恨德人者推展而及所有之欧洲人","而以仇视欧人,乃并与欧

---

[1] 康有为:《京师强学会序》,见汤志钧编:《康有为政论集》上册,中华书局1981年版,第165—166页。
[2] 左绍佐:《悟澈源头》,见中国社会科学院近代史研究所编:《义和团史料》上册,第232页。

人接近者亦仇视之"[1]。因之而有"义和拳会名目树旗起事,以'扶清灭洋'为名",百姓"云集响应,所在蜂起"[2]。蔡锷后来说:

> 甲午一役以后,中国人士不欲为亡国之民者,群起以呼啸叫号,发鼓击钲,声撼大地。或主张变法自强之议,或吹煽开智之说,或立危词以警国民之心,或故自尊大以鼓舞国民之志。未几而薄海内外,风靡响应,皆惧为亡国之民,皆耻为丧家之狗;未几有戊戌变法自强之举。此振兴之自上者也。逾年有长江一带之骚动,此奋起自下者也。同时有北方诸省之乱,此受外族之凭陵,忍之无可忍,乃轰然而爆发者也。[3]

他所说的北方诸省"轰然而爆发者"正是指的义和团。他并不赞成义和团,但他纵观历史,正确地指出了义和团是外族凭陵之下不愿为亡国之民者用自己选择的方式直接诉诸行动的结果。

多重的历史内容,决定了义和团运动的民族正义性,又决定了这种正义斗争的历史局限性。瞿秋白曾指出:构成义和团主要成分的"游民阶级,失业的劳动阶级,因为自己经济地位及生活条件的缘故,不能有明确的政治意识和阶级觉悟"[4]。由于没有明确的政治意识,所以,传统观念就成为一种自然的意识。日本人佐原笃介辑《拳事杂记》一书,收录有义和团运动期间,衡州"拳匪"代拟的"和约"一件,保留了那个时代的思想资料:

---

[1] 故宫博物院明清档案部编:《义和团档案史料》上册,第44—45页;《胶州事件》,《义和团档案史料》上册,第280页。
[2] 刘福姚:《庚子纪闻》,见中国社会科学院近代史研究所编:《义和团史料》上册,第222页。
[3] 《军国民篇》,见毛注青等编:《蔡锷集》,湖南人民出版社1983年,第19页。
[4] 《义和团运动之意义与五卅运动之前途》,见《瞿秋白选集》,人民出版社1985年版,第204页。

一、各国前所索赔款,一概作废。二、各国应偿中国兵费四百兆两。三、各国兵船已在中国口者,不准驶出。四、各国租价照今加倍。五、将总署交还中国。六、康有为回国治罪。七、所有各国教堂一律充公。八、日本将台湾交还中国。九、德国将胶州交还中国。十、俄罗斯将大连湾交还中国。十一、所有教士各归其国,不准再来。十二、中国仍有管理高丽、安南之权。十三、中国海关仍归华人办理。十四、各国使臣来中国者,照乾隆时所定之例,不许进京。十五、另赔义和拳兵费四百兆。十六、日本亦须照乾隆时例入贡。十七、华人交通西人,及不遵官场约束者,归朝廷治罪。十八、所有东西洋人与中国官场相见,须行叩头之礼。十九、外人不准在中国游历。二十、俄罗斯西伯利亚及各处铁路,均须拆毁。二十一、英国须将新安九龙交还中国。二十二、各国运来中国货物合应加倍收税。二十三、洋人商船到口者,须先禀明该处守口中国兵官,方准入口。二十四、大米不准出口。二十五、凡货物运往外国者,亦须加倍收税。[1]

作为朝廷"和约",这是一件伪造品。但作为历史材料,它却真实地反映了制造者的思想。在这里,深沉的爱国主义情感是同植根于自然经济的保守意识连在一起的;抵御外侮的强烈愿望是同陈旧的天朝观念和华夷之见连在一起的。这种矛盾,显示了一场正义的反帝群众运动中落后的封建主义内容。当旧式小生产者自发地充当民族斗争主体的时候,他们不能不在代表民族的同时又代表传统。矛盾不是主体选择的结果,而是历史规定性的体现。旧的生产力只能找到中世纪的社会理想,也只能找到中世纪的精神武器和物质武器。

于是,义和团运动的民族英雄主义便历史地具有一种非理性的外观:

---

[1] 中国近代史资料丛刊《义和团》(1),第259—260页。

> 习拳者持咒面东南方,三诵而三揖,即昏绝于地。顷之手足伸屈,口作长嘘,一跃而兴,舞蹈不已……(其咒文有)"天灵灵,地灵灵,奉请祖师来显灵,一请唐僧猪八戒,二请沙僧孙悟空,三请二郎来显圣,四请马超黄汉升,五请济颠我佛祖,六请江湖柳树精,七请飞标黄三太,八请前朝冷如冰,九请华佗来治病,十请托塔天王金吒、木吒、哪吒三太子,率领天上十万神兵。"[1](红灯照则)皆处女为之,亦安炉奉香。每出行,数十为群,左手执帕右执扇,皆红色,拦街舞蹈,若跑秧歌状。前后以黄衣力士护卫,遇行人必使面壁长跪,俟其过尽乃行。其附体之神,则有樊梨花、穆桂英、张桂兰、刘金定等类,亦摭自说部。[2]

以神道为武器,显示了群体的愚昧,但却是当时的记实。进化论虽东来,然而多数中国人所熟悉和信仰的还是孙悟空、黄天霸之类。在经济落后的北中国尤其如此。民初文人罗惇曧说:"北人思想,多源于戏剧,北剧最重神权,每日必演一神剧,《封神传》《西游记》,其最有力者也。故拳匪神坛,所奉梨山圣母孙悟空等,皆剧中常见者。愚民迷信神权,演此劫运。盖酝酿百年以来矣。"[3]指出愚昧并不是为了嘲笑愚昧。万千来自下层社会的人们汇聚在神道观念之下,手执引魂幡、混天大旗、雷火扇、阴阳瓶、九连环、如意钩、火牌、飞剑,勇敢地对抗帝国主义的火炮快枪,在这个过程里,愚昧会升华为悲壮。

义和团运动与戊戌变法一样,同是民族矛盾激化促成的事变。但就中国社会的新旧嬗递而言,义和团运动的落后一面又正是戊戌以后

---

[1] 龙顾山人:《庚子诗鉴》,见中国社会科学院近代史研究所编:《义和团史料》上册,第33页;《拳变余闻》,见胡寄尘编:《清季野史》,岳麓书社1985年版,第46页。
[2] 龙顾山人:《庚子诗鉴》,见中国社会科学院近代史研究所编:《义和团史料》上册,第34页。
[3] 罗惇曧:《庚子国变记》,上海书店1982年版,第14页。

的一种历史回流。庚子年间流传的一件揭帖,把怨恨"贼子通洋保国会,不久落头归阴城"列为"上帝今有七怒"之一[1],表达了拳民对新党的憎恶。从这种憎恶中产生的"一龙二虎三百羊"之说,虽曾在很长一段时间里备受反封建的美称,但其实是"义和团既借仇教为名,指光绪帝为教主,盖指戊戌变法,效法外洋,为帝之大罪也"[2]。与光绪并列的李鸿章、奕劻、康有为,尽管品类不一,却多是用夷变夏的人物。据《庚辛纪事》:"奕劻见时事不可,面奏太后,请力行新政。太后曰:'吾自有我家法度,何必多言!'奕劻默然而罢。"[3]而留学生秦力山"只身至天津,求见拳党大师兄",使改扶清灭洋标帜为革命排满,结果,"拳党斥力山为二毛子,命牵之出"[4]。义和团因反洋人、反洋教而旁及洋务派、改良派和革命排满者,一概视为异类。保定地区的拳民更推而广之,"又恨南人刺骨,意为南人在该处者均受役于洋人,以及电报局、铁路车站等处与洋人声气相通,故亦欲害之,呼南人曰'二毛子',南人遂被害,逃出者无几"[5]。南人之可恶,在南人之近洋。

19世纪40年代最早开眼看世界的人物,在民族战争失败后提出"师夷之长技以制夷"的命题。在这个命题里,反抗西方的侵略与学习西方先进事物是统一的。这种统一,以其所包含的时代内容而代表了近代中国的历史方向。20年后,地主阶级分化出的一部分当权官僚发起的以"洋务"为内容的自强新政;50年后,向资产阶级转化的士大夫及知识分子群体发起的维新变法,虽因其当事者的不同社

---

[1] 参见王火选辑:《义和团杂记》,见中国社会科学院近代史研究所编:《义和团史料》上册,第11页。
[2] 罗惇曧:《庚子国变记》,第4页。
[3] 中国近代史资料丛刊《义和团》(1),第324页。
[4] 《秦力山事略》,见杜迈之等:《自立会史料集》,第241页。
[5] 《综论义和团》,见中国社会科学院近代史研究所编:《义和团史料》上册,第161页。

会背景而不可同日而语,但都程度不等地反映了这种统一。于是而有中国社会从中世纪到近代的艰难变革。19世纪40年代、60年代、90年代因之前后相接,成为新陈代谢的三个历史环节。义和团运动无疑比洋务派、改良派表现了更多的反侵略勇气,但破产小农和手工业者归复自然经济的强烈愿望又使他们的眼界无法越出中世纪。因此,他们在英勇反抗侵略的同时又会本能地守护两千年来已经陈腐的固有之物。后一面正是排外主义的内在之义。除了个别例外,当时的改良派和革命派对义和团的评论皆多持贬义。这种贬义包含着明显的偏见,但又并非全是偏见。《中外日报》在当年9月曾论曰:"夫人之所以笃信团匪者,曰以其能扶清也,以其能灭洋也。夫以吾辈居中国之土,为中国之人,岂不愿中国自强,使食毛践土者,亦蒙其庇荫,而不为外人所藐视。然欲强中国,亦自有道。""揣若辈之意,殆谓所谓洋人者不过六七公使,数十商人,数百教士云耳。所谓东西洋各国者,不过区区数岛云耳。苟其一鼓作气,聚而歼旃,使欧美诸人之足迹,永不复见于中国,而后可以复大一统之旧观,而后可以遂闭关独立之夙愿。"[1]爱国主义永远是一种打动人心的力量。但从爱国主义出发走向近代化和从爱国主义出发回到中世纪,确乎并不同义。它们区分了近代爱国主义的两种不同的时代内容,并显示了历史的多面和错杂。

从爱国主义出发回到中世纪,表现了旧式小生产者在民族自强和近代化变革的重合交织面前所产生的迷惘。这种迷惘又决定了他们会同地主阶级中的最顽固者发生感应。一个目睹过庚子之变的官员在书稿中记述说:

---

[1] 《论中国欲自立宜先求开民智之策》,见中国近代史资料丛刊《义和团》(4),第211页。

> 初,戊戌上听康有为言变法,擢用新党。甫创事,诸王大臣皆惧,构为蜚语,惑慈听。于是太后复出听政,立诛新党数人,捕有为及其徒梁启超。有为走英,启超走日本,皆庇焉。遂与王大臣等谋废立,以上有疾颁示天下……而八国公使合词以法国名医某为荐,太后拒不纳;又固请,不可已,遂入诊。审辨良精,奏言某经当有患,然决于圣寿无虑也。太后大憾之。已而有为至日本,与启超为《清议报》,则讥宫闱无所讳。大臣等得之,益以激太后怒。已亥冬以李鸿章为粤督,谋诛有为等。鸿章至粤,不报,久之,乃奏言有为等不可得。太后大怒曰:"此仇必报!"是冬谋废立益亟。……乃以十二月二十四日立端郡王载漪子溥儁为大阿哥。……载漪嗾各公使入贺,因以觇所向。公使不听,有违言。载漪尤惭忿,日夜思所以报,而山东义和拳时已浸淫入畿辅。[1]

于是有"太后与载漪谋,欲借(义和团)以遂所志"的局面。这里叙述的栩栩细节未必全部得自所见,但证以别家记录,它所描绘的前因后果和当事者的种种心理却是相当真实的。旧党人物借义和团"以遂所志"的结果,造成了使人目迷的历史复杂性:在四次御前会议之后参加戕杀公使、围困使馆、攻打教堂的团民和士兵身上,当权旧党的仇外之心和他们自身的灭洋之志已发为一种浑然共鸣;而这个时候出现的"龙团"(驻端邸)、"虎团"(驻庄邸)、"仙团"(驻大公主邸)诸种名目,则留下了天潢贵胄们曾经信仰过神拳的确凿事实。[2] 当时的舆论"谓端邸之排斥外人,非公愤,盖私仇"[3]。就西太后和载漪

---

[1] 李超琼:《庚子传言录》,见中国社会科学院近代史研究所编:《义和团史料》上册,第207—208页。
[2] 参见龙顾山人:《庚子诗鉴》,见中国社会科学院近代史研究所编:《义和团史料》上册,第125页。
[3] 《综论义和团》,见中国社会科学院近代史研究所编:《义和团史料》上册,第196页。

来说,确乎言之有据,曲尽其态。但就多数旧党人物论,他们之借重义和团却未必全部出于私仇。有个名叫左绍佐的刑部郎中曾在一封信中自述:"佐生五十有四年,目睹洋务之坏,幽忧愤郁,以迄今日。幸得逢圣武天断,为匹夫匹妇复仇,豁然如沉疴之得苏也,此本朝臣子吐气之时,千载一遇也。"他的话表达了一个地主阶级知识分子由来已久的积愤。这种积愤攀附于民族感情,但又代表着极端的顽固:"往者丁日昌、郭嵩焘,敢于著书以夸大洋人,曰船坚,曰炮利,天下习而风靡,士大夫以能诵言洋人之强,自号为知时务。降而康有为之党,乃至菲詈中国先圣帝王以誉洋人,而变法之议,交哄而不解。佐每览丁郭二人之言,未尝不太息痛恨,以为是人者,其棺与尸可剖而戮也!"他鄙视以船坚炮利称洋人者,但他又找不到一种对抗船坚炮利的现实力量。因此,为一伸积愤而信仰超自然的力量便成为他的心理归宿:"今之义民,真吾赤子也,真吾先家之令子也,佐初闻亦不信,逐日推求其理,考其行事,真有神奇不可解者。""神兵之来,理之所有,所谓天之所助者顺也,抑亦我圣祖在天之灵,有以监而临之耶!"[1]比之个别人物的私仇或心术,这种从顽固走向迷信的过程更真切地反映了19世纪末年守旧士大夫的普遍心态。

以理学自命的大学士徐桐,曾在书赠义和团大师兄的一联中发抒情怀:"创千古未有奇闻,非左非邪,攻异端而正人心,忠孝节廉,只此精诚未泯;为斯世少留佳话,一惊一喜,仗神威以寒夷胆,农工商贾,于今怨愤能消。"[2]"攻异端而正人心"和"仗神威以寒夷胆"的前后对应,于赞颂拳民之中,表露了理学"圣道"与义和团"神道"之

---

[1] 左绍佐:《悟澈源头》,见中国社会科学院近代史研究所编:《义和团史料》上册,第230—233页。
[2] 《拳变余闻》,见胡寄尘编:《清季野史》,第56页。

间的内在联系。"客或说桐曰:'拳民借妖术以图一逞,宁欲倚之以平寇耶?'桐曰:'轮车、电邮、机械百出夷人亦妖术耳。譬彼治疮,以毒攻毒,疾且瘳矣。''然则中堂能保拳民之必胜乎?'曰:'拳民神也,夷人鬼也,以神击鬼,何勿胜之有!'"[1]士大夫阶层是垄断知识的劳心者。他们的非理性化,既反映了传统社会在民族矛盾面前的倔强和不屈,又反映了传统社会无可救治的没落。庚子年间与徐桐齐名的刚毅、毓贤、李秉衡辈,在当日的官场中多非污吏。他们有救国之心,但他们的救国之心又寄托于用封建主义战胜资本主义的群起一决之中。从"挞伐"教士、公使到八国联军逼入下的车驾"西狩",其间不过几个月之久,由救国而误国是一种悲剧。这是一代顽固士大夫的共同悲剧。因兵败而自杀的李秉衡留下过一首诗,叙写了内心的悲怆:

> 战和两事都无据,一死聊酬高厚恩。
> 白发孤臣满腔血,朝朝洒向蹈和门。[2]

三、庚子事变的最后一幕

为革命而断头的鉴湖女侠秋瑾,曾在《精卫石》弹词中说:"(义和拳)闯成大祸难收拾,外洋的八国联军进北京。"[3]她省略了义和团运动爆发的前因,使人意犹未足。但她说出了两个历史事件在递接中的联系。侵略激起了反侵略。前者代表了横暴,后者代表了义愤。然而,在历史的曲折演进中,义愤又常常成为新的横暴的导因。

---

[1]《驴背集》,见中国近代史资料丛刊《义和团》(2),第506页。
[2] 张廷骧:《不远复斋见闻杂志(选录)》,见中国社会科学院近代研究所编:《义和团史料》下册,第646页。
[3]《秋瑾集》,上海古籍出版社1979年版,第131页。

这种矛盾决定了近代百年民族斗争的长期性和艰巨性。庚子七月，两江总督刘坤一在奏疏中说："窃查此次战事，由于匪徒借口仇教，肆行烧杀，致酿大患，各国亦以剿匪及保护商民教士为词，调舰增兵，合而谋我。"[1]东西各国之"合而谋我"并非自庚子始。但"合而谋我"见诸八国联手曝兵兴武却是借"保护商民教士为词"的直接结果。于是，从八国联军攻陷大沽炮台开始，中国便面临着19世纪最后的一场民族战争。

不同的阶层和人物在八国联军攻势面前表现出来的不同情态，构成了庚子事变的最后一幕。

作为一个爱国的民众群体，义和团曾以血肉搏枪炮的气概显示了顽强的民族精神。俄国记者扬契维茨基在《八国联军目击记》一书中记述了1900年6月2日夜间发生在天津火车站的场面：

> 每一次齐射之后，我们都听到了刺耳的号叫声，只见红灯掉落了，溃散了，熄灭了。但是团民们仍然挥舞大刀长矛，高喊"义和拳！红灯照！"向车站前进。
>
> 他们中有一位师傅，是个脸色阴沉的高个子老头。他带领一群团民径直向我们连冲过来。走在前头的小孩子举着大旗，上面写着"义和团"三个大字。
>
> 月亮照耀着这些丧失理智的莽汉，照耀着他们的大刀和旗帜。
>
> 一排子弹射过去，大旗倒下了，又举了起来，接着又倒了下去。[2]

一个月零三天之后（农历六月初九），发自威海卫的电稿又报道了当

---

[1] 朱寿朋：《光绪朝东华录》(4)，中华书局1984年版，第4530页。
[2] 〔俄〕德米特里·扬契维茨基：《八国联军目击记》，福建人民出版社1983年版，第92页。

地义和团"遇有战事,竞冲头阵,联军御以洋枪,死者如风驱草,乃后队存区区之数,尚不畏死,倏忽间亦皆中弹而倒"[1]的事实。他们在从容赴死时走过的血路是岁月所不能磨灭的。但是,作为下层民众自发的松散群体,义和团所造成的浩大声势又不能不在激烈的军事对抗和迭速的失败之中渐趋解体。据当时人所记,8月上旬(农历七月中旬),京津之间"尽系团匪踪迹"[2]。但天津陷落10天之后八国联军即攻入北京。而40年前英法联军走完同一段路程,曾足足花了一个多月之久。这种对比说明:在短时间内从四面八方汇聚起来的人们,在短时间内正在向四面八方散去。至北京失陷前两天,"义和团外乡之人,连夜逃遁;在京之人,改装易服。一日一夜之间,数十万团民踪迹全无,比来时尤觉迅速也"[3]。溃散和退却,既是缺乏统一领导和统一组织的结果,又是枪炮打破神道的结果。它与众多团民以血肉搏枪炮的一面同样真实。两者的共存,反映了旧式小生产者作为一种社会力量的优点和弱点。在此以后,各地民众的分散抵抗还时有所见,但它们毕竟已是一场大规模斗争的袅袅余音了。

"艰难百战谁分谤,一夜寒星落大营。"[4]淮军宿将聂士成被义和团目为"二毛子",并被守旧士人称为"专攻义民以护洋人"[5]者。但他指挥的军队与八国联军数度恶战,"西人谓自与中国交兵以来,从未遇此勇悍之军"[6]。当联军逼近天津的时候,他因愤恨义和团

---

[1] 中国近代史资料丛刊《义和团》(1),第149页。
[2] 《综论义和团》,见中国社会科学院近代史研究所编:《义和团史料》上册,第172页。
[3] 中国社会科学院近代史研究所编:《庚子记事》,第31页。
[4] 《驴背集》,见中国近代史资料丛刊《义和团》(2),第489页。
[5] 左绍佐:《悟澈源头》,见中国社会科学院近代史研究所编:《义和团史料》上册,第234页。
[6] 《综论义和团》,见中国社会科学院近代史研究所编:《义和团史料》上册,第157页。

"四处焚掠","倡灭洋以酿祸启衅"而屠戮团民,"击杀千余人"。团民则"愈恨,乃乘其与洋兵苦战时,拥其家属眷口而去"[1]。在深重的外患面前出现这种局面,深刻地说明了庚子年间中国社会矛盾的重重交错。但是,在深重的外患面前,聂士成又以免胄赴敌,"腹裂肠出而死"的结局,与百千死于联军炮火的义和团团民表现了同样壮烈的民族精神。他生前,一班京官正以"西沽炮台士成得八十万金,卖与敌人"[2]的罪名诬劾之。他死后,"朝旨并不优恤,惟责以调度掣肘,伤身误国,死不足惜而已"[3]。作为一个爱国军人,他死得其所;作为一个封建臣子,他又死不瞑目。

与聂士成成为鲜明对比的,是被旧党倚为长城的董福祥。"召对时,孝钦后奖之,福祥对曰:'臣无他能,惟能杀洋人耳!'"于是徐桐逢人称誉,以为他日强中国者必此人。[4] 其实,董福祥所指挥的甘军,杀掉的不过是日本公使馆书记官杉山彬(Akira Sugiyama)。他曾以1万多人的军队围攻使馆,以见其"能杀洋人"的勇敢。但在数百名外国武装面前相持近两个月而卒未能下。至天津失陷,董福祥奉命率兵拒敌。结果,"杨村一败,乘势直奔,一气而返京师"[5]。当八国联军攻入北京的时候,"炮声震天,福祥率溃卒出章义门走"[6]。《高枬日记》录有当时的两首民谣:"二月街谣云:'芝麻酱,下白糖,鬼子就怕董福祥。福祥足,两头峭,先杀鬼子后拆铁道。'至今又谣

---

[1] 《综论义和团》,见中国社会科学院近代史研究所编:《义和团史料》上册,第157页。
[2] 《驴背集》,中国社会科学院近代史研究所编:《义和团史料》上册,第490页。
[3] 《综论义和团》,中国社会科学院近代史研究所编:《义和团史料》上册,第158页。
[4] 参见《拳变余闻》,见胡寄尘编:《清季野史》,第56页。
[5] 《综论义和团》,见中国社会科学院近代史研究所编:《义和团史料》上册,第158页。
[6] 李超琼:《庚子传言录》,同上书,第219页。

云:'芝麻酱,下白糖,鬼子最恨董福祥。福祥足,跑得快,未曾开炮就先败。'"[1]可谓描画都尽。

曾任美以美会汇文书院教习的中国教民鹿完天,是当日使馆区中的被围困者之一。作为一个教民,他被时势抛入了一种无可选择的境地,"乃与各国官民筑垒共守。百余日,昼夜环伺,精神疲倦,肠胃饥渴,死者白骨暴露,生者黄颜疲脊"。作为一个被围困者,在八国联军攻破北京之际,他与周围那些口唱阿利路亚相庆的人们一样,同有"数月苦毒,一旦尽释"之感。但作为一个中国人,当他目见西方人"拥大炮升城,对内廷直打"的时候,又悲从中来,掩面而泣。这是一种家国之哀:"我辈食毛践土十余世,世受国恩,生为中国人,死为中国鬼,今睹此变,煤山以前,何堪设想。回忆数月之苦毒,未有若是之甚也。"[2]这种家国之哀表述了一个自称为"耶苏人"者的民族感情。但在庚子年间的中国,他与具有同一种感情的义和团民们却心不相通地成了敌对者。联军入京之后,"因洋人得志,奉教之人狐假虎威"[3]是屡见于记述的事。教民之不同类,正说明了教民中的别有肝肺者并不全是西方宗教熏陶出来的产物。就其实质,他们正是外在的侵略势力积60年渗透、楔入而在中国社会内在化的结果之一。

在八国联军的炮口下,北京是一个真正的悲惨世界:"居人盈衢塞巷,父呼其子,妻号其夫,阖城痛哭,惨不忍闻。逃者半,死者半,并守城之兵,死者山积。"[4]但当北部中国陷入民族战争兵燹之中的时候,南部中国却在"中外互保"下依然一派旧景。"互保"表现了东南

---

[1] 中国社会科学院近代史研究所编:《庚子记事》,第173页。
[2] 《庚子北京事变纪略》,见中国近代史资料丛刊《义和团》(2),第432、431页。
[3] 中国社会科学院近代史研究所编:《庚子记事》,第47页。
[4] 《庚子纪闻》,见中国社会科学院近代史研究所编:《义和团史料》上册,第225页。

地区当权的洋务人物与西方各国合作以抵制义和团的意向。它保全了西方人在长江流域和华南的利益,并因此而成为一场反帝爱国斗争的对立面。英国人之首先热心于"互保",其原因盖在于此。然而,南方督抚们起劲地致力于"互保",又包含着审时度势之后的用心。张之洞说:"京畿骤乱,开衅各国,沿海震动,各国窥伺,沿江若稍有纷乱,洋人必入倨长江,自为保护,东南非我有矣!"所以,"彼此处于镇静,严密防范,自可相安无事"[1]。他是"互保"的作始者之一,无疑,他所表达的保全疆土之心应当是有代表性的。"东南互保"的这种两重性,使它对当时的中国社会产生过两重影响。一方面,它压抑了南方地区的反帝运动,另一方面,它又阻止了八国联军的南下蹂躏;一方面,它免除了列强在扑杀北方义和团时的南顾之忧,另一方面,它又使战胜之后的列强在处置中国时不能不正视驻守东南的几十万军队。最后,随着守旧的王公、亲贵、官僚在外来压力下的崩碎,洋务人物又一次进入了王朝的中枢,于是而有20世纪初年的"新政"。

义和团运动的失败说明:当道义的愤怒仍然同旧时代连在一起的时候,正义者是不可能战胜非正义者的。但是,在庚子事变的枪炮沉寂以后,自胶州湾事件以来的瓜分狂潮也失去了其滔滔势头。这种转向是多种原因的结果,而列强之见及"中国所有好战精神,尚未完全丧失,可于此次'拳民运动'中见之"[2],正是主要原因之一。它反映了战胜者对于战败者的忌惮。由是,"外人于此,则平日唱兵力瓜分、和平瓜分之议,或涂红圈绿线于支那地图谓某地为某国势力范

---

[1]《张文襄公全集》第160卷,第12、15页。
[2] 瓦德西语,见范文澜:《中国近代史》,人民出版社1951年版,第506页。

围之企图,亦未胆敢如前之猖獗耳"[1]。

瓜分狂潮的转向避免了中国社会在肢解中沦为殖民地,但民族战争的失败又急速地加深了中国社会的半殖民地化。

四、半殖民地的深化

《南京条约》之后,中国社会一步步地沦为半殖民地。这是一个量变的过程。但量变中有局部的质变,过程因此而显出了阶段性。庚子和辛丑之交是一个阶段的结束和另一个阶段的开始。半殖民地的深化在这里表现为半殖民制度的确立。它意味着旧式的民族反抗和斗争已经难以改变中国的命运了。这种变势,集中体现于《辛丑各国和约》的12款和19个附件之中。概而论之,大约有四个方面:

(一) 武力震慑下的变化。辛丑以前,列强已经割去了中国的一部分土地,但外国合法地驻兵于中国国土则自《辛丑条约》始:"各国应分自主,当驻兵队护卫使馆,并各将使馆所在境界自行防守。"这是列强对上一年甘军与义和团围攻使馆的直接回报。其结果是产生了一个武装化的使馆区。它具有租界和附属地所具有的一切行政、警察、土地、司法权力,并以"中国人民概不准在界内居住"的规定显示了比租界和附属地更露骨的侵略性。在同一个理由(保护使馆)下,中国被迫撤除了大沽炮台以及从北京到出海口之间的军事据点,取而代之的是各国"酌定数处留兵驻守"[2]。这无疑是使馆区的一种遥遥延伸。对于列强来说,驻兵中国的意义并不在于数量,而是在于权利。在这种权利下,东交民巷的大炮注视和监督着紫禁城,象征着

---

[1] 张枬等编:《辛亥革命前十年间时论选集》第1卷,生活·读书·新知三联书店1978年版,第62页。
[2] 王铁崖:《中外旧约章汇编》(1),第981页。

条约制度的权威和中国的国将不国。一个西方历史学家说：到了这个时候，"它（中国——引者）已经达到了一个国家地位非常低落的阶段，低到只是保持了独立主权国家的极少的属性的地步"[1]了。

第二次鸦片战争时期，公使驻京曾是英法联军北上的内容之一。如果说当时西方人的凶悍侵略中还不自觉地包含着近代外交观念与中国夷夏之见的历史对立，那么，辛丑以后产生的公使团（外交团）则已由外交代表而成为内政中的一种强力。它代表了列强的集体意志，并因此而左右中国社会的政潮起伏。1918年，陈独秀写过一则随感录，其中说："中国人，上自大总统，下至挑粪桶，没有人不怕督军团，这是人人都知道的了；但是外交团比督军团还要厉害。列位看看，前几天督军团在北京何等威风！只因为外交团小小的一个劝告，都吓得各鸟兽散。什么国会的弹劾，什么总统的命令，有这样厉害吗？"[2]这虽是辛丑之后17年的事，但却是辛丑以来武力震慑下的变化之一。

总理各国事务衙门改为"班列六部之前"的外务部，是这个时候列入和约的中国政治机构嬗变。这种嬗变不无新旧代谢的意思，然而它的实现又是战败之后外力强逼的结果。因此，新旧代谢同时又表现为半殖民地化过程中更深的沉沦，梁启超在几年前预言过："变亦变，不变亦变，变而变者，变之权操诸己，可以保国，可以保种，可以保教。不变而变者，变之权让诸人，束缚之，驰骤之。呜呼，则非吾之所敢言矣"[3]，以辛丑而思戊戌，他的话不能不算是一种言中。

（二）经济制裁。《辛丑条约》所规定的赔款多达白银4.5亿两，

---

[1] ［美］马士：《中华帝国对外关系史》第3卷，商务印书馆1960年版，第383页。
[2] 任建树等：《陈独秀著作选》（1），上海人民出版社1984年版，第428页。
[3] 中国近代史资料丛刊《戊戌变法》（3），第18页。

加上 39 年期限中应付的年息,总数在 9.822 3 亿两以上(在时势变迁之后,因种种不同原因,中国对各国的赔款或减免,或停付。因此,庚款的实际总额小于此数),若再加地方赔款,则逾 10 亿。由于支付须用外国货币,又逢银价连年大跌,中国在折算中不得不承受数额之外更多的损失。这种以掠夺为内容的经济制裁,留给赔款者的是深重的民族苦痛。其一,从 1895 年到 1913 年的 18 年里,中国民族资本开设的厂矿共有 549 家,其中资本在 100 万元以上 500 万元以下者,不过 17 家而已。但截至庚子赔款最后减免或停付为止,中国历年所付白银已达 6.523 7 亿余两,折合银元近 10 亿。以此量彼,可以见巨量资金流失之下民族经济生机被压抑的程度。其二,据当时各国调查,中国全年财政收入为白银 1 亿两,而支出则需 1.1 亿两。户部奏议说:"就中国目前财力而论,实属万不能堪。然而和议既成,赔款已定,无论如何窘急,必须竭力支持。"[1]这是一种真实的两难之境。"竭力支持"不过是外部的压力转化为内部的压力:每年赔款均分摊入省,各省又分摊入州县,州县复分摊于各色人等。最后的结果是丁粮加派和旧税愈重,新税愈多,以致"凡肩挑背负、日用寻常饮食之物,莫不有捐"[2]。中国社会的每一个人都承受了庚子赔款之苦。由此产生的一个结果,正如英国驻汉口的代理总领事法磊斯(Everard Duncan Home Fraser)所说:"赔款须向全国征收,但由于祸乱所及各省已被联军洗劫一空,实际上这些省应出之款项仍须由那些忠诚的,并已付出自己份额的省份来额外负担,这样就使人们更加憎恶外国

---

[1] 1901 年 9 月 28 日户部奏,存中国第一历史档案馆,转引自张力等:《中国教案史》,第 606 页。
[2] 《宣统政记》第 11 卷,辽海书社 1934 年石印本,第 24 页。

人。"[1]另一个结果则是抗捐抗税的斗争成为民变主要内容之一。在晚清最后十年里,它们促成社会矛盾的进一步激化,为后来武昌起义的猛烈一击准备了某种现实的条件。这两种结果,都显示了经济之转化为政治,影响了社会,影响了历史。

(三)严刑惩凶。庚子事变后,战胜的列强多次指名索取人头。于是而有惩治首祸诸臣的条约明文:"上谕内及日后各国驻京大臣指出之人等皆须照应得之罪,分别轻重,尽法严惩,以蔽其辜。"[2]这些人曾是西太后的同道者,但在外国人的意志面前却变成了刀俎上的鱼肉:

> 端郡王载漪,先撤去一切差使,交宗人府严加议处。复革去爵职,暂交宗人府圈禁,再行发往盛京,永远圈禁。次又改发新疆,永远监禁,末复定为斩监候,因属懿亲,加恩发往极边新疆,永远监禁。
>
> 辅国公载澜,先议处停公俸,降一级调用,复发往新疆永远监禁,末复定为斩监候,因属懿亲,加恩发往极边新疆,永远监禁。
>
> 庄亲王载勋,先革去官职,复交宗人府圈禁,再行发往盛京,永远圈禁。末复赐令自尽。
>
> 怡亲王溥静,先革去官职,复交宗人府圈禁。
>
> 贝勒载濂,先革去官职,复着闭门思过。
>
> 贝勒载滢,先革去官职,复交宗人府圈禁。
>
> 大学士徐桐,定为斩监候。因已殉难自尽,业经革职撤消恤典,故免再议。
>
> 协办大学士吏部尚书刚毅,因已病故,追夺原官,复定为斩立决,因已故,免议。

---

[1] [澳]骆惠敏编:《清末民初政情内幕》上册,知识出版社1986年版,第204页。
[2] 王铁崖:《中外旧约章汇编》(1),第980页。

刑部尚书赵舒翘,先议处革职留任,复定为斩监候,末复赐令自尽。

吏(应为"礼"——引者)部尚书启秀,先革职,复照会各国,交回正法。

前刑部尚书(应为侍郎——引者)徐承煜,先革职,复照会各国,交回正法。

都察院左都御史英年,先议处降二级调用,复革职定为斩监候,末复赐令自尽。

山西巡抚毓贤(前任山东巡抚),先革职发往极边充当苦差,永不释回,复传旨正法。

前四川总督李秉衡定为斩监候,因已殉难自尽,业经革职撤消恤典,故免再议。

甘肃提督董福祥,先革职留任,复即行革职。[1]

这些人是首祸之品位最高者。诏旨屡屡更改而处分逐渐加重,正说明了没有人能够抗拒外人的咄咄相逼而挽救他们的命运。顽固官僚代表了中国社会最落后和最腐朽的一面。他们在庚子年因顽固而杀人,以"乘机诬陷,交章参劾"致不同政见的袁昶、许景澄和联元、徐用仪、立山于大辟[2];在辛丑又因顽固而被杀被戍。就其本身而言,他们并不是值得惋惜的人物。但由列强指名惩处这些人,并通过惩处这些人以儆其他人,却是民族的耻辱。近代百年之中,成批成群的高官因外国人的勒逼而受"尽法严惩",这是绝无仅有的一次。

(四)心理征服。心理征服的目的是摧毁民族精神。其一,按照条约规定,中国派亲王载沣赴德国,以谢公使克林德(Klemens August

---

[1] 《天津拳匪变乱纪事》,见中国近代史资料丛刊《义和团》(2),第63—64页。
[2] 参见《拳变余闻》,见胡寄尘编:《清季野史》,第66页。

Katteler)被杀之罪;派亲贵那桐赴日本,以谢书记官杉山彬被杀之罪。并在克林德"遇害处所树立铭志之碑,与克大臣品位相配,用辣丁、德、汉各文列序中国皇帝惋惜此等凶事之旨"[1]。据一个西方人说,建造这座碑坊花费了白银36万两,其壮丽程度超过了皇宫牌楼。[2]但对每个走过这座碑坊的中国人来说,这种壮丽并不是景观,而是沉重的压抑。其二,在"诸国人民被戕害凌虐之各城镇,五年内概不得举行文武各等考试"[3]。旧式士类是传统教育制度培育出来的精英人物,并因此而常常成为反洋教潮流中的自觉者。停止文武考试五年,显示了熟知中国社会情状的外洋诸国对这部分人的精神压服。"彼以为中邦人士夙重科名,以此示惩,可为大戒。"[4]士人以科举为生计。因此,这种压服以夺其出路而深中痛处。然而,时移势易,"停限未满,而停止科举之议,且由邦人倡之"[5]。在庚子事变六年之后,由洋务派发议而实现了维新派的主张,旧式士类自此而趋解体。这种变化又是压服者始料所不及的。其三,朝廷"永禁军民人等入仇视诸国各会,违者问死"[6]。作为政府禁令,它同庚子年间高谈"民气"的庙堂议论正是一种鲜明的对比。从后者到前者的转变,说明了以顽固抗外人者在顽固被压碎之后的完全屈服。

随着庚子事变的过去,由传统意识所维系的民族心理防线在震荡中的解体便成为20世纪初年中国社会的显著变化之一。

---

[1] 王铁崖:《中外旧约章汇编》(1),第980页。
[2] 参见〔澳〕骆惠敏编:《清末民初政情内幕》上册,第244页。
[3] 王铁崖:《中外旧约章汇编》(1),第980页。
[4] 龙顾山人:《庚子诗鉴》,见中国社会科学院近代史研究所编:《义和团史料》上册,第117页。
[5] 龙顾山人:《庚子诗鉴》,见中国社会科学院近代史研究所编:《义和团史料》上册,第117页。
[6] 王铁崖:《中外旧约章汇编》(1),第981页。

自道光后期以来,清王朝曾在抵御外侮的旗帜下领导过多次民族战争。这是一个对抗和失败交错的过程。多次失败导致了屈服,多次对抗又表现了逼来之势面前的不甘屈服。两者交错,反映出晚清当局者在19世纪后60年民族冲突里的矛盾心态。庚子与辛丑之交是一个转折点。1902年2月3日的《泰晤士报》报道过前此两天西太后接见各国驻京公使的情况,其叙述颇能传神:"太后进屋一把抓住康格夫人(美国公使夫人)的手,好几分钟没有放开。她浑身颤抖,抽泣哽噎地说进攻使馆区是极大的错误,她后悔莫及。"[1]"后悔莫及"像是一种反思,但由此产生的"量中华之物力,结与国之欢心",表达的则是奴颜和谀态。这种奴颜和谀态是过去所未曾有过的。在她身上,民族战争的失败同时又意味着民族抵抗意识的全部丧失。西太后经历了八国联军之役以后的心理变化,代表了一个王朝的变化。因此,奴颜和谀态并不是一种个人现象。联军入京之时,京官朝贵中众多人"相率户前挂某某国顺民旗","鼓乐燃爆竹,具羊酒以迎师"[2]。这种景象是庚申之变时不可能见到的。据时人记述:在德军所驻守的顺治门外一带,"其界内新设各店牌号,大都士大夫为之命名,有曰'德兴',有曰'德盛',有曰'德昌',有曰'德永',有曰'德丰厚''德长胜'等。甚至不相联属之字,而亦强以德字冠其首。种种媚外之名词,指不胜屈。而英、美、日、义诸界亦莫不皆然"。记录其事者愤慨地评论说:"彼外人讵能解此华文为歌颂之义,而丧心亡耻一至于斯。"[3]"丧心亡耻"刻画了道德自命的士大夫阶层在国难

---

[1] 〔澳〕骆惠敏编:《清末民初政情内幕》上册,第218页。
[2] 《庚辛纪事》,见中国近代史资料丛刊《义和团》(1),第332页;《平等阁笔记》,见中国社会科学院近代史研究所编:《义和团史料》下册,第666页。
[3] 狄葆贤:《平等阁笔记(选录)》,《义和团史料》下册,第667页。

临头时的道德沦丧。但透视道德沦丧,可以看到的则是两千年历史和传统所孕结的精神支柱在分崩离析时产生的无所依傍和茫然自失。这是道德蜕变背后的深层内容。它不仅影响了士大夫群体,而且影响了其他社会阶层。有人曾对北方下层社会比较而论之曰:"当团匪起时,痛恨洋物,犯者必杀无赦。若纸烟,若小眼镜,甚至洋伞、洋袜,用者辄置极刑。"至联军入后,则风气一变而为"西人破帽只靴,垢衣穷袴,必表出之。矮檐白板,好署洋文,草楷杂糅,拼切舛错。用以自附于洋,昂头掀膺,翘若自意"[1]。要估计下层社会中这类人所占的比例是一件困难的事。但他们的存在却与士大夫之媚外者一样,同是确曾有过的事实。周作人在《知堂回想录》里提到过民国初年北京的一个包车夫。他曾是一个义和团,但其时则已成为热心的天主教徒了,"房里供有耶苏和圣母马利亚的像,每早祷告礼拜很是虔诚"。问他为什么改信宗教,回答说:"因为他们的菩萨灵,我们的菩萨不灵嘛。"[2]庚子年间,传统意识支撑下的猛烈排外达到了高峰。在它失败之后,则是传统意识维系的民族心理防线的解体。旧的社会力量作为反帝斗争独立主体的时代已经过去了。

梁启超说过:19世纪和20世纪之交是"中国两异性之大动力相搏相射,短兵紧接,而新陈嬗代之时也"[3]。传统意识所维系的民族心理防线,曾是一道抵抗异族入侵的长城。但在近代中国产生了新的社会力量之后,它又成为民族精神中陈旧的一面。庚子辛丑之间,陈旧一面的解体,同时又促成了新的民族觉醒:"北上联军八国众,把

---

[1] 《拳事杂记》,见中国近代史资料丛刊《义和团》(1),第289页。
[2] 周作人:《知堂回想录》,香港三育图书有限公司1980年版,第155页。
[3] 梁启超:《本馆第一百册祝辞并论报馆之责任及本馆之经历》,见张枬等编:《辛亥革命前十年间时论选集》第1卷,第50页。

我江山又赠送。白鬼西来做警钟,汉人惊破奴才梦。"[1]于是,"自亡清义和团之变,而革命党始兴"[2]。革命代表了民主共和对封建专制的历史否定。但革命在 20 世纪开始之后成为时代的主流则又是救亡所唤起的新的民族觉醒的结果。

---

[1]《宝刀歌》,见《秋瑾集》,第 82 页。
[2]《中华民国开国前革命史序》,《章太炎政论选集》下册,中华书局 1977 年版,第 821 页。

第十二章　欧风美雨驰而东

1902年2月,《泰晤士报》驻北京记者莫理循说过:"我们在'暴乱'(指义和团运动——引者)中并无所失。而事实上我们的威信大增,我们敢肯定地说,多少年来我们在北京或在中国的地位,从未像今天这样高。我们与清朝官员的联系从未像今天这样密切。"[1]他以一个西方记者的观察,说明了20世纪开始时中外关系的一种重要变化。这段话使用了两个"从未",反映了历史的比较和联系。在19世纪,战争贯穿了中外关系。这种由战争推动的民族交往从来不会是甜蜜的。从鸦片战争到八国联军入京,既表现了外来势力一而再、再而三地用暴力摧毁民族藩篱,也表现了中国地主阶级一而再、再而三地重建千疮百孔的民族藩篱。冲击和抵拒存在于同一个时间和空间之中。因此,来自西洋和东洋的形形色色之物既在步步深入中国,又不能如水银泻地无孔不入。

《辛丑条约》是一个大变。它压碎了地主阶级本已变得十分脆弱的民族心理防线。"深宫之默许,政府之密约,疆吏之暗失,使臣之阴

---

[1] 〔澳〕骆惠敏编:《清末民初政情内幕》上册,知识出版社1986年版,第216页。

从,怪怪奇奇不可思议之约章,虽非草野寡陋不晓朝事者所可根究。然一则曰,量中华之物力结友邦之欢心,非皇皇之圣训乎;一则曰,与其与奴隶不如赠朋友,非良相之嘉谟乎。"[1]于是,藩篱既失之后风雨难蔽难挡。外来的东西从四面八方源源而入。作为一种摹状其态势的观念,这个时候出现了"欧风美雨"一词。

一、"莽莽欧风卷亚雨"

1840年以来,坚船利炮、声光化电、西艺西政曾依次成为中国人概括外来之物的用语。这个次序反映了认识的逐层深化。但在这些称谓里,外来之物仍然是具体之物。而"欧风美雨"则并不一一而指言其物。在一片风雨之势中,来自异域的政治、经济、军事、思想、文化急速地渗入中国社会的各个方面。人们在目不暇接中已经无法历历而数之,从容而名之了。产生于20世纪初的这个新词,兼具形象思维和抽象思维,以精练的方式表达了千言万语,推其原始,这一新词大概最早出自蔡锷之手。1902年2月,他在《军国民教育篇》中用"欧风美雨之震荡"来形容那个时候的局势。稍后,梁启超的诗中又有"莽莽欧风卷亚雨"[2]之句。他们师徒两人用相同的语言表达了一代中国人相同的观感,因此,数年之内新词转成熟语。沪地报关业公所落成之初,曾以文记其由来,叙商界之事而忧国家之事,发抒心怀说:"溯自海禁大开,欧风美雨之浸淫我东亚大陆者,盖有日

---

[1] 见张枬等编:《中国灭亡论》,《辛亥革命前十年间时论选集》第1卷上册,生活·读书·新知三联书店1960年版,第80页。
[2] 梁启超:《奉酬星洲寓公见怀——首次原韵》,见《饮冰室合集》,文集之四十五(下),中华书局1936年版,第9页。

矣。"[1]在信手拈来中写出了20世纪初年舆论的惯调。

欧风美雨包含着凶暴的腥风血雨,也包含着润物无声的和风细雨。与前者相比,后者没有留下那么多的伤痛和敌意,但风吹雨打之下,却浸泡了千家万户。它积累于《辛丑条约》之前,而在《辛丑条约》之后大作其势。沿海口岸在19世纪最早承受西洋物事的"东渐",在20世纪初也最早承受欧风美雨的洗沐。清末的《上海县续志·序》不胜其感慨地说:"上海介四通八达之交,海禁大开,轮轨辐辏,竟成中国第一繁盛商埠。迩来世变迭起,重以沧桑,由同治视嘉庆时,其见闻异矣。由今日视同治时,其见闻尤异矣。更阅数十年,人心风俗之变幻必且倍甚于今日。"这种变化正是洋物侵蚀和影响结果。它们无分贵贱地进入了上流社会和下层社会,在不知不觉中改造了人们的日行起居。于是,贴近洋场的地方便首先开始了移风易俗:

> 取火之物,向用火石,其色青黑,以铁片擦之,即有火星射出,与纸吹相引而生火,人家莫不备之;光绪乙未、丙申之际,始改用火柴,俗称"自来火",为欧洲输入品。夜间取光,农家用篝(俗称油盏),城镇用陶制灯檠,家稍裕者,则用瓷制或铜锡制者,有婚丧事,则燃烛,光绪中叶后,多燃煤油灯,而灯檠遂归淘汰。洗面擦身之布,旧时多用土布,有用高丽布者已为特殊,其布仿于高丽,质厚耐久,自毛巾盛行,即下至农家,亦皆用之。洗衣去垢,曩日皆用本地所产皂荚,自欧美肥皂行销中国后,遂无有用皂荚者。计时之器,仅有日晷仪,用者亦不多,购买外洋钟表者尤为稀少,自轮船、火车通行,往来有一定时

---

[1]《报关业公所落成记碑》,见《上海碑刻资料选辑》,上海人民出版社1980年版,第413页。

> 刻,钟表始盛行。箱箧之类,乡间盛行板箱,中上人家则用皮制者,嫁妆内所备多用朱漆,余则用广漆;光宣之间,西式提箱仿造于沪地,于是旅客多购用之。[1]
>
> (衣服之制)光绪年又渐尚短衣窄袖,至季年,马褂不过尺四五寸半,臂不过尺二三寸,且仿洋装,制如其体。[2]
>
> 租界均有电灯,英界尤多,如星罗棋布然。晚间照耀,无异白昼,颇便行人。近年(光绪三十三年)以来,南市及制造局亦已装设。……电车,光绪三十三年创行,后又有无轨者。[3]

在生活方式改变的同时,生产内容也渐次发生了变化:

> 光绪中叶以后,开拓市场,机厂林立,丁男妇女赴厂做工。男工另有种花园、筑马路、做小工、推小车。女工另有做花边、结发网、粘纸锭、帮忙工。生计日多,而专事耕织者日见其少矣。[4]

至清末民初之际,嘉定东南部"因邻近租界之故,改艺蔬菜以应供求者尤多",上海县则植马铃薯,"盖自爪哇传来,佐西餐中之肉食"[5];宝山县则种洋葱"以销售申地,为西餐主要物"[6]。随之而来的另一种变化是世风人心离古道越来越远:

> 妇女贪上海租界佣价之昂,趋之若鹜,甚有弃家者,此又昔之所未见者也。……自租界北辟,男以鬻贩营生而奢华渐启,女以纱丝工

---

[1]《嘉定县续志》第5卷,风土志,转引自《近代上海地区方志经济史料选辑》,上海人民出版社1984年版,第343—344页。

[2]《重辑张堰志》第1卷,区域志,引自《近代上海地区方志经济史料选辑》,第331页。

[3]《上海乡土志》第146课,电灯;《上海小志》第3卷,交通;转引自《近代上海地区方志经济史料选辑》,第335页。

[4]《法华乡志》第2卷,风俗,转引自《近代上海地区方志经济史料选辑》,第336页。

[5]《真如志》第8卷,礼俗志;《上海县续志》第8卷,物产;转引自《近代上海地区方志经济史料选辑》,第37页。

[6]《宝山县续志》第6卷,实业志,转引自《近代上海地区方志经济史料选辑》,第38—39页。

作而礼教鲜存矣。[1]

（声气远播之后）内地妇女之妄想自由,误用自由者,遂相率至沪,父母丈夫不能阻也。[2]

在这个过程里,正是来自西方的商品改变了中国社会的面貌。它没有大炮那么可怕,但比大炮更有力量;它不像思想那么感染人心,但却比思想更广泛地走到每一个人的生活里去。当它改变了人们的生活之后,它同时成了人们生活的一部分了。旧与新,中与西,于是乎难分难割。在沿海口岸,这种变化较多地包含了19世纪的积累,因此,比较起来,富有传统色彩和国粹意味的北京社会在欧风美雨冲刷下的变化更直接地说明了20世纪的特点。

1909年,有一个署名"兰陵忧患生"的人写过《京华百二竹枝词》,用咏叹画出了《辛丑条约》之后首善之区的社会面面观。其咏女学生曰:

> 或坐洋车或步行,不施脂粉最文明。
> 衣裳朴素容幽静,程度绝高女学生。

其咏报馆曰:

> 报纸于今最有功,能教民智渐开通。
> 眼前报馆如林立,不见《中央》有《大同》。[3]

其咏刑场曰:

> 当年弃市任观刑,今日行刑场筑成。
> 新旧两般都有意,一教警众一文明。

---

[1]《青浦县乡土志》第29卷,风俗;《彭浦里志》第1卷,疆域志上,风俗;转引自《近代上海地区方志经济史料选辑》,第336页。
[2] 马建忠:《适可斋记言》,中华书局1960年版。
[3]《中央》《大同》均当时报纸。

其咏银行曰：
>但于国计民生便,善法何嫌仿外洋。
>储蓄交通均有益,巍然开设几银行。

其咏纸烟曰：
>贫富人人抽纸烟,每天至少几铜元。
>兰花潮味香无比,冷落当年万宝全。

其咏打球房曰：
>韩家潭里好排场,谁说高楼让外洋。
>请向报端看广告,北京初创打球房。

其咏前门外陕西巷饭店曰：
>菜罗中外酒随心,洋式高楼近百寻。
>门外电灯明似昼,陕西巷深醉琼林。

其咏马路曰：
>一平马路真如砥,信步行来趣更奢。
>眼底耳根两清静,从今不见破骡车。

其咏新式衣裳曰：
>新式衣裳夸有根,极长极窄太难论。
>洋人着服图灵便,几见缠躬不可蹲。[1]

这种景象不但是一百年前的北京人所不曾看见过的,而且也是首开自强新政的第一代洋务人物所没有看见过的。在欧风美雨飘打下所呈现出的类似景象绝非仅见于上海和北京,这在当时的中国南北带有较大的普遍性。以服饰为例：1912年6月27日《大公报》在描述天津女子服饰时写道："有剪了头发穿件长衫戴顶洋帽的,也有

---

[1] 路工编选:《清代北京竹枝词(十三种)》,北京出版社1962年版,第115—133页。

秃着头洋装的,这是剪发的一起。不剪的呢,大半不梳辫子啦,有梳在两旁边的,梳在后头的,有知百个式样。"同年 8 月 20 日《时报》刊载的《苏州之士煞》一文,对苏州人士的装束评论说:"绸伞高擎足踏革履之女界学生华丽煞","马鞭高挥自穿之将弁人材气焰煞","草帽高戴口衔雪茄之少年学生时髦煞"。当时,上海已成为全国服饰的中心,巴黎的时新服饰,在三四个月后就会流行于这里,各地又追踪上海。即使南京、苏州、北京也都昂首以瞻。咏叹者在描述中流露了一种品其味而乐之的意思,纪实之外,更反映了身历其境的人们已惯见此情此景,而不以新奇为怪。

流行于这一时期的"文明"一词,以其特有的模糊性和包容性罗括了种种旧俗之外的新事,使外洋飘来的东西在朦胧中减杀了腥膻气和夹生气。比之 19 世纪,"以夷变夏"这个古老而又刺激过许多人神经的命题似乎已经在国人的灵魂和感情中越来越淡化了。

俗与礼相连,在一个久以礼教立国的社会里,饮食、衣冠、住行都积淀着伦理文化特有的意义。因此,"易俗"虽始于一物一事之微,而风起于青萍之末,不会不撼动圣人制作之意。

"光、宣之交,盛行文明结婚,倡于都会商埠,内地亦渐行之。礼堂所备证书(有新郎、新妇、证婚人、介绍人、主婚人姓名),由证婚人宣读,介绍人(即媒妁)、证婚人、男女宾代表皆有颂词,亦有由主婚人宣读训词来宾唱文明结婚歌者。"[1]在这种场合,旧式婚礼以繁文缛节赋予男女双方的"将合二姓之好,上以事宗庙,而下以继后世"[2]的宗法意义和功利主义已被西方的个体本位意识所替代。于是"夫

---

[1] 徐珂编撰:《清稗类钞》第 5 册,中华书局 1984 年版,第 1987 页。
[2] 《礼记·昏义第四十四》。

妇有义而后父子有亲,父子有亲而后君臣有正,故曰昏(婚)礼者,礼之本也"[1]的礼教命意渐无依傍。清末民初之际,这一类始于变俗而终于变礼的现象是多见的,治风俗史者至有"婚丧失据"之叹。出现在这个过程里的东西未必全是值得赞美的:"在昔闺中韵事,曰焚香读书,曰燃脂写韵,今则悉以吸烟代之。吾人如涉足梨园及游戏场所,可见粉白黛绿者流,十之七必以纸烟实其樱唇,恣吸若狂,而昔人之所谓口脂香者,悉变为烟臭矣。"[2]新式的"臭"当然不会比旧式的"香"更好一点,但作为那个时候世态的一面,它同样记录了礼俗在欧风美雨飘打下的弛跡和剥落。

二、 哲学、电影、戏曲、小说

在20世纪初期,欧风美雨对中国人的影响最可观地表现在哲学思想和文化艺术方面。哲学思想更概括,文化艺术更凝固。因此,这两个方面的变化适足以说明西学深入中国社会的程度已超过了以往任何一个时期。

中国学术向以经史子集分门类,本无"哲学"名目,梁启超亡命海外,初入此道,译为"智学"。而曾不数年,学界之晚生后学已能侃侃论之了。1903年,有个叫张继煦的人在《湖北学生界》作《叙论》,说:"西人之学,由虚而渐趋于实。欧洲中世以前,宗教家以其凭空构造之谬论,风靡一世,其腐败宁有愈于吾之今日。乃哥白尼之天文学出,而学界一变;培根倡格物之说,而学界一变;笛卡尔倡穷理之说,而学界又一变。迨至今日,科学大盛,而宗教几乎息矣。且其实学之

---

[1] 《礼记·昏义第四十四》。
[2] 胡朴安:《中华全国风俗志》下篇第3卷,上海书店1986年版,第133页。

阶级,犹有可证者,唯物主义昌则唯心主义微,天然之哲学进而为轨范的科学,人道学派进而为实科学派。"[1]这段话虽然所论仅及皮毛,但它勾画西方近代哲学思想衍变的扼要轮廓,却大体是不错的。

在西方哲学东来的过程中,不同的知识分子选择过不同的学派和思潮。以译述《天演论》而得名的严复着意的是用英国经验论旨趣说"名学",推崇归纳逻辑,多实证精神和理性色彩。而同时的王国维则在理性哲学和唯意志论之间表现了一种"信"与"爱"不能同一的苦恼:"哲学上之说,大都可爱者,不可信;可信者,不可爱。余知真理,而余又爱其谬误。伟大之形而上学,高严之伦理学,与纯粹之美学,此吾人所酷嗜也。然求其可信者,则宁在知识论上之实证论,伦理学上之快乐论与美学上之经验论。知其可信,而不能爱;觉其可爱,而不能信,此二三年中最大之烦闷。"[2]这种矛盾意态虽产生于学理的歧义,但正曲折地反映了那个时候相当数量的中国人更容易接受西方哲学中张扬主观精神的一面。

哲学体现了特定的时代精神,当一个民族处于深重忧患之中的时候,外来的精致思辨是不容易找到生根之地的。因此,20世纪初期,更多的西方哲学读物皆由日文转译,而人生论、社会论之作远过于形而上的知识论。萧一山作《清代通史》,曾感叹"又陵(严复)介绍西洋文化,绝无笼统肤浅之弊,独惜当时正在东洋留学生之稗贩狂潮中,竟未能发生交流之作用,殊可慨矣"[3]。他惋惜"稗贩"淹没上品,严复在这个时候所译的《穆勒名学》《名学浅说》一类富于理致的作品没有像《天演论》那样产生很大影响。然而学术的历史是由社会

---

[1] 张继煦:《叙论》,载《湖北学生界》第1期。
[2] 王国维:《静安文集·自序二》。
[3] 萧一山:《清代通史》第4册,第2031页。

的历史规定的,与"名学"(逻辑)相比,中国社会更需要可以用于为民族寻路的哲学,粗糙的"稗贩"之所以能够打动人心,其原因盖在于此。

于是,以借鉴为动机,文艺复兴时代以来的西方哲人开始陆续来到中国。几千年来只知道以孔孟程朱之是非为是非的知识分子们开始知道世界上还有底得娄(狄德罗)、拉柏特里、笛卡尔、卢梭、康德、叔本华及其种种关于人生的学说。1902年,16岁的柳亚子"读卢梭《民约论》,倡天赋人权之说,雅慕其人,更名曰人权,字亚卢"[1]。而邹容撰《革命军》,更寄意于借欧西"诸大哲之微言大义,为起死回生之灵药,返魄还魂之宝方,金丹换骨,刀圭奏效,法、美文明之胚胎,皆基于是。我祖国今日病矣,死矣,岂不欲食灵药投宝方而生乎?苟其欲之,则吾请执卢梭诸大哲之宝幡,以招展于我神州土"[2]。

哲学切近事功是近代中国的一种特色。因此,西方哲学思想在化人的同时又会使自己社会化、广义化,并与政治学说汇融。积流播而成风气,遂开"五四"时期各种各样新思潮的先河。

如果说,哲学思想影响的主要是知识分子群体,那么文化艺术的变化,则直接影响了三教九流中的芸芸众生。所谓文化艺术,一种是指电影。《上海研究资料(续集)》记述说:

> 追溯极原始的电影(幻灯片)在上海最早公映的记录,乃系一八八五年十一月二十一日及二十三日(清光绪十一年十月十五日及十七日)颜永京氏在格致书院的映演世界集锦;但这是业余性质的,而且仅偶一为之,所以发生的影响并不大。到了一九〇三年,西班牙人雷玛斯开始在上海以放映电影为营业,才奠定电影放映事业未来发

---

[1] 《柳亚子文集》之《自传·年谱·日记》,上海人民出版社1986年版,第8页。
[2] 邹容:《革命军》,见张枬等编:《辛亥革命前十年间时论选集》第1卷下册,第653页。

展的基础。

电影是一种前所未有的艺术形式。它不同于中国传统戏曲的虚拟、夸张，具有如历其境的真实感，能直接刺激人的感官。因此"此项新兴的艺术，实能引起极多数人的爱好与欣赏"[1]。其实，艺术的形式和艺术的内容在这里是不容易分开来的。在中国人能够自摄电影以前，所谓"爱好与欣赏"，当然包括了观赏者对影片所呈现域外风物和情趣的感受。

另一种是新式戏剧。新剧最早出现在上海舞台是19世纪的事。以外国侨民为演员而以外国名剧为蓝本。出身于显宦家庭的孙宝瑄在1902年的日记中记载了他当天观外国剧的感想："西人之剧，男女合演，其裳服之华洁，景物之奇丽，歌咏舞蹈合律而应节。人问其佳处何在？余曰：无他，雅而已矣。我国梨园，半皆俗乐，西人则不愧为雅奏。"[2]这种啧啧称羡的比较，说明了上流社会对新剧的接受和欢迎。但西方演员或旅华侨民在中国登台演戏毕竟不是那个时候的常态。因此，西剧虽能使人耳目一新，但影响毕竟不大。它真正为人注目而能发生影响则是在20世纪初。那个时候，成批出洋回国的留学生，特别是日本留学生，把国外的戏剧形式带回中国，加以改编，在一些新式学校里首先演出。"这无非受着西风东渐的影响，因为西洋人把戏剧认作社会教育，有觉世牖民之功，演戏的什九是有知识的大学生。"[3]

引入新剧者的初志并不是为艺术而艺术，但别开生面之后，境界动人眼目，遂为其他剧种所移植，并终于搬上了舞台。其间，一部分

---

[1] 上海通社编：《上海研究资料(续集)》，上海书店1984年版，第532页。
[2] 孙宝瑄：《忘山庐日记》上册，上海古籍出版社1983年版，第469页。
[3] 钱化佛述，郑逸梅撰：《三十年来之上海》，学者书店1947年版，第15页。

热衷于借戏剧以警悟世人的知识者和革命者曾在或长或短的时间里以粉墨为生涯,以当时人演当时事。于是在传统的"优伶"戏班之外,产生了一种面目不同的新式剧社。他们没有时俗的江湖气,而多慷慨激昂的志士情态。1907年到1911年之间,著名的进化团和春阳社先后演出过《秋瑾》《徐锡麟》《革命家庭》《爱国血》《东亚风云》《共和万岁》《黄鹤楼》等剧目,皆以反映当时政治情绪为宗旨。与电影相比,新式戏剧一开始就更贴近中国人的时务。[1] 这种新剧,在辛亥革命后称文明戏,后来遂称话剧。

在新剧发展的过程中,出现了过去所没有的布景,并影响了旧式舞台的构造。当时人描写十六铺新舞台曰:"台屋构造,步武欧西。有三重楼,可坐数千人。皆绕台作半圆式,台形亦如半月。未开演时,亦垂以幕。"[2] 其描述详尽正反映了一种由衷的新鲜感。惯见茶园与戏院合一,以嘈杂喧闹为乐的中国人,一旦置身其间,其情趣当然大不一样。这种明显的比照,对于旧式戏剧是一种冲击和刺激,由此促发了传统戏剧的改良。上海先得风气,旧剧多效法机关布景,与北地气派渐异,"海派"一词于是乎出现。

在电影和新剧出现的同时,小说也开始脱出了旧轨。鲁迅曾说:

> 光绪庚子(1900年)后,谴责小说之出特盛。盖嘉庆以来,虽屡平内乱(白莲教、太平天国、捻、回),亦屡挫于外敌(英、法、日本),细民暗昧,尚啜茗听平逆武功,有识者则已幡然思改革,凭敌忾之心,呼维新与爱国,而于"富强"尤致意焉。戊戌变政既不成,越二年即庚子岁而义和团之变,群乃知政府不足与图治,顿有掊击之意矣。其在小

---

[1] 参见《上海掌故》,上海文化出版社1982年版,第21—23页。
[2] 孙宝瑄:《忘山庐日记》下册,第1263页。

说,则揭发伏藏,显其弊恶,而于时政,严加纠弹,或更扩充,并及风俗。[1]

一时说部群出,《官场现形记》《二十年目睹之怪现状》《老残游记》《孽海花》尤为状写社会百态而能道其形相者。"小说家者流,自昔未尝为重于国也"[2],而一变为以谴责社会为能事,这不仅是文人习气的变化,而且是时代观念的变化。1898年,梁启超说:"在昔欧洲各国变革之始,其魁儒硕学,仁人志士,往往以其身之经历,及胸中所怀政治之议论,一寄之于小说。于是彼中辍学之子,黉塾之暇,手之口之,下而兵丁,而市侩,而农氓,而工匠,而车夫马卒,而妇女,而童孺,靡不手之口之,往往每一书出而全国之议论为之一变。"他称这种小说为"政治小说",并热心呼唤它们在中国出现。[3] 其言不无过夸,然而以西方政治小说与中国谴责小说相比,两者命意确乎有相同的一面。如果说这还只能算是两者间接的中西感应,那么林纾"耳受而手追之",以古文义法译欧美小说"一百五十种,都一千二百万言"[4],则通过悲欢离合的故事,直接搬来了西方的家庭伦理、人情民性和喜怒哀乐。在出现过诋洋为鬼和奉洋若神心理的中国,这些东西无疑会使西方人因之而减去许多"鬼"气和"神"气。其移人观感于无形,比之百千论说更有影响。翻译小说作为文学艺术的一种形式,正是发始于这个时候的。虽然林纾本人不过是一个半瓶子的新派,但后来从事新文化运动的一辈人却多半受过林译小说的熏

---

[1] 《中国小说史略》,见《鲁迅全集》(8),第239页。
[2] 阿英:《晚清文学丛钞·小说戏曲研究卷》,中华书局1960年版,第19页。
[3] 参见阿英:《晚清文学丛钞·小说戏曲研究卷》,第14页。
[4] 参见钱基博:《中国现代文学史》,第189页。

陶。[1] 所以，胡适后来论中国文学五十年之间的变迁，称林纾为"介绍西洋近世文学的第一人"。

此外，诗歌、绘画都在欧风美雨中发生了新旧嬗变。艺术形式的变化是社会变化的一面，它以特定视角反映民族心理的变化和民间情趣的变化。

三、复杂的社会心态

20世纪初期的中国社会的变化，既有和风化雨之中的自觉吸收，也有风雨交作下被迫的吞咽。以"风雨"指物，本来包含着多重内容，因此，那个时代的中国人对于欧风美雨有着一种十分复杂而且矛盾的心理。对这种心理剖而论之，大体可以析出三层意思：

（一）紧迫与忧虑交集。20世纪初年，秋瑾预为"光复军起义"作檄文，切言"欧风美雨咄咄逼人"[2]，有时不我待之慨。同一时期，陈天华在《警世钟》里所说的"帝国主义何其雄，欧风美雨驰而东"；高天梅在《路亡国亡歌》里所说的"诸君知否，欧风美雨横渡太平洋，帝国侵略主义其势日扩张"[3]，都发抒了相同的感受。这一类言辞出自具有革命思想的人之口，意在警悟世人，唤起觉醒。它们表达了紧迫与忧虑交集，然而又不乏民族自强的信心。这些人目睹欧风美雨的驰逼，但他们立论，并不就风雨而论风雨，推其祸始，莫不指矢于满族人的君权。"彼国傥来之物，初何爱于我辈？所何堪者，我父老子弟耳，生于斯，居于斯，聚族而安处，一旦者瓜分实见，彼即退处藩

---

[1] 参见周作人：《中国新文学的源流》，人文书店1932年版，第101页。
[2] 《光复军起义檄稿》，见《秋瑾集》，中华书局1960年版，第21页。
[3] 丁守和主编：《辛亥革命时期期刊介绍》(5)，第112页。

服之列,固犹胜始起游牧之族。"[1]因此,欧风美雨压力下所产生的首先不是排外情绪而是反满意识。民族矛盾催化了民族革命。

(二)悲怆和恐惧。以主编《国粹学报》而在当时的舆论界标张一帜的邓实强调的是"欧风美雨,驰卷中原,陆沉矣,邱墟矣,亡无日矣"[2]。他愤憾于故家旧物在风雨中的沦亡。与之同调的还有《江苏》第七期的一篇文章:"欧风吹汝屋,美雨袭汝房,汝家族其安在哉!"这些言辞表达了痛哭流涕的悲怆感情和亡国灭种的恐惧心理。它们反映了《辛丑条约》之后的民族危机,从而反映了一部分知识分子对欧风美雨中包摄的腥风血雨的抵抗。这一类感情,常常使他们的爱国主义表现出归复旧物的倾向。于是,在欧风美雨的侵袭中产生了"国粹"一词:"国粹者,一国精神之所寄也。其为学,本之历史,因乎政俗,齐乎人心之所同,而实为立国之根本源泉也。是故国粹存则其国存,国粹亡则其国亡。"[3]这些人并不是旧日的顽固党,但他们却把民族复兴的希望更多地寄托于"古学"的复兴:"学者乎! 梦梦我思之,泰山之麓,河洛之滨,大江以南,五岭以北,如有一二书生,好学信古,抱残守缺,伤小雅之尽废,哀风雨于鸡鸣,以保我祖宗旧有之声名之物,而复我三千年史氏之光荣者乎,则安见欧洲古学复兴于十五世纪,而亚洲古学不复兴于二十世纪也。"[4]国粹会使人具有强烈的种族意识。他们中不少人因种族意识而倾向反满革命,也因种族意识而藐视所谓"醉心欧化"者。

(三)在欧风美雨中创造中国的近代文明。宁调元说"十年前是

---

[1] 《光复军起义檄稿》,见《秋瑾集》,中华书局1960年版,第21页。
[2] 邓实:《中国地方自治制论》,载《政艺通报》1904年3月号。
[3] 许守微:《论国粹无阻于欧化》,见张枬等编:《辛亥革命前十年间时论选集》第2卷上册,生活·读书·新知三联书店1963年版,第52页。
[4] 邓实:《古学复兴论》,见张枬等编:《辛亥革命前十年间时论选集》第2卷上册,第60页。

一重囚,也逐欧风唱自由"[1],唐群英说"文明未播中原种,美雨欧风只自嗟"[2],这些言辞表达的不是恐惧,甚至不是忧虑。由"重囚"到"唱自由",讴歌了欧风美雨的思想解放作用;因文明未到中原而"自嗟",流露了欲得未得的向往和惋惜;自励于"欧风美雨造英雄"则表现了那个时代的志士有心追蹑欧美的怀抱。它们反映了一部分中国知识分子对欧风美雨中近代文明的欢迎。这些人与坚守国粹的人们有着同样多的民族主义感情,但他们同时又贴近和感应了世界潮流。两者的同一,使他们把民族的振兴寄托于民族的近代化。

这三个方面的意思富有代表性地抉出了欧风美雨中包含的不同内容,并显示了那一代爱国者忧国忧民的情感和心怀。三者各有宗旨,但都是语重心长有感而发的。其中,就历史发展不可逆转的方向来说,最积极而有意义的是最后一种。古老的中国在近代百年能曲折而持续地前进,正是最后一种心态见诸行动的结果。时代把中国社会的新旧代谢同欧风美雨融于同一个过程。因此,腥风血雨与和风化雨留下的痕迹都已经成为我们民族近代历史的一部分了。

---

[1] 宁调元:《感怀诗》,见《近代诗选》,人民文学出版社1963年版,第465页。
[2] 唐群英:《绝句八首》,中国人民政治协商会议湖南省委员会文史资料研究委员会编:《湖南文史资料选辑》第15辑,湖南人民出版社1982年版。

第十三章　假维新中的真改革

20世纪的头一个月,即戊戌政变之后两年又四个月,在八国联军炮口下逃出北京的西太后以皇帝的名义下诏变法,由此开始了晚清最后十年所谓"新政"时期。面对庚子以后的社会危机和日益迫近的革命,它明显地带有王朝自我挽救的意味。而一个扑杀过变法维新志士的人物侈口昌言"变法",又像是一种历史的嘲讽。所以,人们称之为"假维新",以区别于戊戌年间那场以救亡图存改造王朝为目的的维新运动。然而,真实常常存在于矛盾之中。在假维新的过程中又实现过一部分真改革。教育制度的变化就是其尤为显著者。当辛亥革命推翻清王朝的时候,它同时又保留和完善了这一部分改革的成果。这种保留和完善体现了历史的承认,而历史从来不会承认假货。所以,诠释这一时期的"新政"的真义,不仅在于指出假维新,更重要的是在于从假维新中剥绎出真改革。

一、残局与变法

从义和团到八国联军,几个月之间中国社会经历了一场巨大的震动,朝野上下,几乎无不感受到了这一非常之变带来的强有力的震撼。津京陷落之后,西方列强虽然没有把西太后列为"首祸",却以另一种方式"惩办"了她,把她拉出了深宫,使她在仓皇"西狩"途中亲尝了颠沛流离之苦和被震撼的滋味,几乎丧尽了皇太后昔日的威严。"两宫微服出走,间关道途,昼餐无粮糒,夕休无床榻,饥寒羸瘁,有平民所不堪者,况万乘之尊乎?"[1]西太后不无辛酸地自述过这段经历:"连日奔走,又不得饮食,既冷且饿。途中口渴,命太监取水,有井矣而无汲器,或井内浮有人头,不得已,采秫秸秆与皇帝共嚼,略得浆汁,即以解渴。昨夜我与皇帝仅得一板凳,相与贴背共坐,仰望达旦。"[2]痛定之余,不能不有所"振作",不能不引出一点反思:"自播迁以来,皇太后宵旰焦劳,朕尤痛自刻责,深念近数十年积习相仍,因循粉饰,以致成此大衅,现在议和,一切政事,尤须切实整顿,以期渐图富强。""我中国之弱,在于习气太深,文法太密,庸俗之吏多,豪杰之士少,文法者庸人借为藏身之固,而胥吏倚为牟利之符,公事以文牍相往来,而毫无实际,人才以资格相限制,而日见消磨,误国家者,在一'私'字,困天下者,在一'例'字。"[3]这段话用光绪皇帝的口气表达了西太后的心理,有责人之意而无罪己之心,但多少还是触及了中国根深蒂固的弊病。这是一个顽固冥钝的人物在严酷的时势逼迫下产生的一点反思,是一种迟来而又易逝的反思,但它毕竟促成了"新政"的开场,揭开了晚清最后十年"变法自强"活动的序幕。

1901年1月29日,西太后以光绪皇帝的名义在西安颁布了"预约变法"的上谕,承认了在"万古不易之常经"外,没有"一成不变之治法"。并明令,"着军机大臣、大学士、六部、九卿、出使各国大臣、各

---

[1] 吴永:《庚子西狩丛谈》,岳麓书社1985年版,第2页。
[2] 吴永:《庚子西狩丛谈》,第51页。
[3] 中国近代史资料丛刊《义和团》(4),第81—82页。

省督抚,各就现在情形,参酌中西政要,举凡朝章国故、吏治民生、学校科举、军政财政,当因当革,当省当并,或取诸人,或求诸己,如何而因势始兴,如何而人才始出,如何而度支始裕,如何而武备始修,各举所知,各抒己见,通限两个月,详悉条议以闻"[1]。人们久已习惯于摘引此谕中的这样一段话:"盖不易者三纲五常,昭然如日星之照世;而可变者令甲令乙,不妨如琴瑟之改弦",以说明其用心之可恶。的确,这是对"新政"的一种限制。"三纲五常"是维系中国传统社会秩序的最重要的精神力量,是传统社会伦理的核心,久已被视为传统文化中万世不易的"体",是规范人们行为的至上准则。对其不可变易性的强调,说明它并没有逸出洋务自强运动的轨迹,因此,人们往往把它同洋务自强运动相比照,认为前者是后者的翻版。然而,问题并不那么简单,在同一道上谕中还有另一段话:"舍其本源而不学,学其皮毛而又不精,天下安得富强耶?"这里的"本源"究为何物,难一言以断。但它至少已经超出了西艺的范围则是无疑的。用"皮毛"以称洋务自强运动,其所求者,当更深于"皮毛"。这层意思反映了极守旧者在严峻时局下的某种变化。

同年2月,清政府再颁上谕,在忏悔庚子之变的同时,重申了变法之意,要求大臣去私心破积习,力行实政。"所以谆谆诰谕者,则以振作之与因循,为兴衰所由判;切实之与敷衍,即强弱所由分。"不"振作",不实力"变法",就没有出路。4月,设立督办政务处,议商变法条陈。派奕劻、李鸿章、荣禄、昆冈、王文韶、鹿传霖为督办政务大臣,刘坤一、张之洞为参与大臣。8月20日,即西太后与光绪皇帝离开西安"回銮"前四天,以慈禧太后的名义再发文告,表示清政府立意"变

---

[1] 中国近代史资料丛刊《义和团》(4),第81—82页。

法"的决心:

> 尔中外臣工,须知国势至此,断非苟且补苴所能挽回厄运,惟有变法自强,为国家安危之命脉,亦即中国民生之转机。予与皇帝为宗庙计,为臣民计,舍此更无他策。[1]

一种求生本能或王朝自救意识终于把一个油干灯枯的颠顶王朝推上了改革之路。督办政务处的设置,"舍此更无他策"的自觉意识,以一种从未有过的姿态显示了曾经扑杀或仇视过变法的人物所表现出来的变法决心。但组成督办政务处的大多数人物又以他们各自的经历说明了清王朝夹袋中人才已尽。以旧人而包办维新,以中古的人来推进近代的事业,是不会有希望的。

在"妥速议奏,实力奉行"的上谕召唤下,许多不甘王朝倾覆的臣僚递上了奏折。在应诏而议变法的诸多奏折中,最著名而又产生过实际影响的是,1901年7月由两江总督刘坤一、湖广总督张之洞联衔发出的三折,这就是出了名的"江楚会奏三疏"。第一疏论育才兴学,所言以教育制度改革为主,其大要分四端:一、设文武学堂。州县设小学及高等小学。童子8岁以上入蒙读书,12岁以上可入小学,15岁以上入高等小学。府设中学,年满18岁而于高等小学毕业者,始得肄业。三年毕业后,再入省城高等学校,其课程为七门(经学、史学、格致学、政治学、兵学、农学、工学),毕业后入京师大学校。二、酌改文科以变通科举。头场考试以中国政治、史事为限,名曰博学;二场考各国政治、地理、农工、武备、算学,名曰通才;三场考四书五经,名曰纯正。三、停罢武科。四、奖励游学,尤提倡赴日本留学。第二疏论致治、致富、致强之道。所言以整顿变通中国之成法为主,

---

[1] 故宫博物院明清档案部编:《义和团档案史料》下册,第1327—1328页。

凡十二端：一、崇节俭,禁奢华。二、破常格,变通繁文缛节,官吏可直言正谏;用人宜少壮,不以常格限之。三、停捐纳。四、课官重禄。京城设仕学院,各省设教吏馆,以养成有用官吏,减少官场无益支出而增厚俸禄,使官吏办公有资。五、去书吏,改用委员。六、去差役,推行警察。七、恤刑狱。八、改选法,凡正途、保举、捐纳之官,皆到省补用试用。九、筹八旗生计。十、裁屯卫。十一、裁绿营。十二、简文法,简省虚文无用之册籍而宽其例。第三疏论采用西法。其大要而切实易行者分十一端：一、广派游历。二、练外国操。三、广军实。四、修农政。五、劝工艺。六、定矿律、路律、商律、交涉刑律。七、用银元。八、行印花税。九、推行邮政。十、官收洋药。十一、多译东西各国书籍。大要皆变而不失其正者为主。[1]

  刘、张二人在晚清政治格局中,占有举足轻重而又十分特殊的地位。相对于顽固守旧势力而言,他们(尤其是张之洞)在那时的中国可以算是开拓性人物。他们的"会奏"系统详备而具体,且切实可行,因而成了晚清最后十年"新政"的范本。这个"会奏"是他们以自己的见识和目力对中国当时严酷之时势的洞察而提出来的。张之洞当时曾说过："欲救中国残局,惟有变法一策。""残局"一词集中地体现了20世纪初年清王朝所面临的困窘和危机,反映了八国联军之役后中国社会矛盾的空前激化,它比前此业已出现的"奇局""危局"包含了更严峻的内容。因此,一个不久前犹力持"中学为体,西学为用"的人物,在这个时候也不得不承认"惟有变法一策"了。时势移人,一至于斯。虽然,由他发起的"江楚会奏三疏"并没有提出前所未有的新见识,但它几乎包容了自冯桂芬《校邠庐抗议》以来洋务派的改革主

---

[1] 参见《张文襄公奏稿》第32卷。

张,也包含了改良派除民权、立宪之外的大部分主张。两者的交融就是其意义和价值所在。在它的背后,是张謇、汤寿潜等参与炮制"会奏"的客观事实。这表明前此的洋务派到这时不仅接受了改良派的主张,而且在某种程度上也接受了改良派的指教。这不是愿不愿意的问题,而是不以人们意志为转移的抉择。

除刘、张会奏的三疏外,比较引人注目的还有驻俄大使杨儒条拟的《变法致强六策》和状元实业家张謇的《变法平议》一书。他们各有侧重地发表了意见,但大体上没有超出"江楚会奏三疏"。这些奏议程度不同地反映了中国时局和社会意识的变迁,反映了八国联军之役后官僚士绅的变革要求和社会心态。这种普遍的社会心态直接导向了随之而来的改革。历史在经过一个巨大的迂回之后又似乎回到了原来的起点。清政府为扭转"残局"而摆出了改革的姿态,虽不能说毫无历史主动性,但对于一个重创之后的腐朽王朝来说,已无力挽回其万劫不复的历史命运。

二、"新政"五面观

自1901年西太后以光绪皇帝的名义在西安颁布第一道"变法自强"上谕始,到1911年清王朝倾覆止,清政府曾先后推行了一系列改革措施,所涉范围相当广泛,既有除旧也有布新,概而言之,主要有以下五个方面。

(一)军制改革。有清一代,军制的变革大抵经历了三个阶段:一是前期的八旗和绿营;二是嘉庆、道光年间产生的团练变而为咸丰、同治年间的湘、淮军;三是光绪、宣统年间出现的新军。从八旗和绿营到湘、淮军再到新军的编练,体现了军制自身在近代社会急剧变革中的新陈代谢。

新军的编练始于 1895 年。由于清政府在甲午战争的惨败,"一时内外交章,争献练兵之策,于是北洋则有新建军,南洋则有自强军,是为创练新军之始"[1]。不过,比较完整意义上的军制改革则是 1901 年清政府下诏"变法"后开始的。八国联军之役后,清政府从所谓"时事多艰,练兵实为急务"的原则出发,以"所习硬弓刀石及马步射,皆与兵事无涉,施之今日,亦无所用",下令停止"武生童考试及武科乡会试"。并命各省在年内严汰绿营、防勇十分之二三,在原有各营中精选士兵成立常备、续备、巡警等军。1902 年,清政府以北洋、湖北训练新军颇具规模,自应逐渐推广,因令各省选派将弁赴北洋、湖北学习新军操练,学成后,发回原地管带新军。1903 年,清政府设立练兵处,总理练兵事务;各省设督练处(亦称督练公所)。1904 年,练兵处会同兵部奏定《新军营制饷章》《陆军常备学堂办法》以及选派陆军学生出洋游学章程,正式划定军制,规定新练军队分常备、续备、后备军三等[2],并规定招募应征、官制、训练、给养、奖罚、征调、退休、军器、运输等一切制度。1905 年,统一全国新军编制为 36 镇,按省分配,限年完成。[3]

新军机构,除有中央陆军部的节制外,主要由练兵处负责,奕劻为练兵大臣,袁世凯为会办大臣,铁良为襄同办理。各省督练公所,

---

[1]《清朝续文献通考》,第 230 卷,兵考 2,第 9509 页。
[2] 常备军训练以 3 年为限,期满后发给凭照,资遣回籍,列为续备军,主要补充常备军额之不足和运送军火物资;如续备军还不够用,则由后备军补充。由于清代军制陈陈相因和新军建制尚未完成,所以常备、续备、后备的规定并没有真正实行。
[3] 36 镇的具体分配是:广东 2 镇,广西 1 镇,甘肃 2 镇,云南 2 镇,贵州 1 镇,限 5 年编练足额;江北、安徽、江西、河南、湖南、热河各 1 镇,限 4 年编练足额;近畿 4 镇,直隶、湖北、江苏各 2 镇,山东、山西、陕西、新疆各 1 镇,限 3 年编练足额;奉天、吉林、黑龙江、浙江、福建各 1 镇,限 2 年编练足额;四川 3 镇,限 3 年编练足额,其中一镇与度支、陆军部协作练成。实际上,到清朝灭亡为止,编练计划并没有完成。据《清史稿·兵志》的综合统计,全国只编成 26 镇,有些书上说只编成 16 镇,是没有将未成镇的队伍算进去。

下设兵备处、参谋处、教练处,各置总办一员。督办公所的最高官吏为督办,统辖全省军营,总揽三处职权,一般由各省督抚兼任,也有由驻防旗军的将军兼理的。新军的编制分军、镇、协、标、营、队、排、棚,相当于后来的军、师、旅、团、营、连、排、班。与军制相应,各级将领依次为总统(未设置)、统制、协统、标统、管带、队官、排长、正副目。一镇中设统制官、参谋官、执事官、执法官、军需、军械、军医、马医、司号、书记长、司事生、司书生等官佐,计748名,弁目兵丁10 436名,夫役1 328名,共计12 512名。已编练完成的各镇,虽不一定尽与上述数字相符,但多在万人以上,也有不足万人的镇。另有一种混成协,情况有些特殊。它与镇管辖下的步兵协不同,除步兵二标外,还拥有马、炮、工程、辎重等兵种,所以叫混成协,是镇的缩编。这种混成协不隶于镇,近于后来的独立师、独立旅。武昌起义时的黎元洪就是这种混成协的协统。也有的是因成镇不足,先成立混成协,再由混成协扩充为镇。

与新军的编练相适应,1895年前后,清政府先后在天津、南京和武汉等重镇设立武备学堂和随营学堂。新政开始后,清政府下令在全国一些重要城市设立各种军事学堂,以满足新军扩编的需要。新设陆军学堂分陆军小学堂、中学堂和官兵学堂,是为"正规学堂"。此外,还设立速成陆军学堂和速成师范学堂,以应各镇所需的军官、教习之用。同时委派大量的留学生,分赴英、法、德、奥等国学习军事,尤以日本为最多。1902年至1908年,赴日本学习陆军的不下千人。对学成归国的留学生,各省督抚争相延揽,以为己用,如湖广总督张之洞之邀吴禄贞,东三省总督赵尔巽之邀蒋方震,浙江巡抚张曾敭之邀蒋尊簋,云贵总督李经羲之邀蔡锷,等等。他们或在新军中任协统、标统、管带以及督练公所督办、总教习,或在讲武堂、陆军各级学堂中供职,有的还被擢升为镇的统制。这些具有近代军事知识的军官、教习,不仅推动了中国军制的近代化,而且在后来的历史变化中发挥了不可替代的巨大作用。

军制的改革不仅使中国军队开始有不同于旧式军队而接近于近代化军队的崭新建制和兵种的分类,而且由于军队成分的变化和知识化程度的提高,使得中国人向来鄙视军人的传统观念发生了明显的改变,一些士绅也自愿充任新军的将佐,这在前此是很难想象的。新军比起旧军(如八旗、绿营、湘军、淮军等)来,确实表现为一种新的力量,但这种新的力量对腐朽的清王朝来说,却是一对深刻的矛盾。清政府想以新军的扩编来稳固其正在动摇中的统治秩序,而新军却不愿为其效忠,且沿着相反的方向演变。所以,新军的产生和扩充,并不意味着清王朝的重新巩固,而是其内在矛盾的继续扩大。

(二)政治体制改革。清承明制,建立了以皇帝为核心、宰辅制与部院制相结合的一整套官制。它曾有效地维系过多民族国家的统一和稳定,但近代以来它又以其体制的臃肿、行政效率的低下阻迟了中国社会的近代化。愈到后来,这种腐朽落后的性能表现得就愈明显。戊戌维新时期,改良派曾力图以一种新的制度来改造它,并最终取代它,但守旧势力又以反手一击的方式否定了这种努力。直到1901年4月清政府设督办政务处后,行政制度的实质性改革才拉开了帷幕。

作为这一时期"新政"的重要内容之一,前期的政治体制改革包括整饬吏治,裁汰、合并中央和地方的若干旧有机构。在中央,首先裁汰了各衙门的胥吏差役,停止捐纳实官,归并詹事府于翰林院,撤通政使司。在地方,裁撤了河东河道总督和云南、湖北、广东三省巡抚,以及"徒拥虚名"的漕运总督。与此同时,又创设了若干新的机构,例如督办政务处、商部、学部和巡警部。同一过程还包括旧机构改组为新机构,如改总理各国事务衙门为外交部,班列六部之首。

1906年,清政府宣布"筹备立宪"后,政治体制的改革被纳入宪政的轨道。清政府明确宣示预备立宪"先行厘定官制"。9月2日,清政府颁布改革官制的上谕,派载泽、世续、那桐、荣庆、载振、奎俊、铁良、张百熙、戴鸿慈、葛宝华、徐世昌、陆润祥、寿耆、袁世凯等14人为官制编纂大臣,随即成立了"编制馆",作为编纂官制的专门机构,由庆亲王、首席军机大臣奕劻,文渊阁大学士孙家鼐,外务部尚书、协办大学士、军机大臣瞿鸿禨三人总司核定。不久,编制馆以"厘定中央各衙门官制缮单"进呈,在这个奏折中,要求按照立宪国制,以立法、行政、司法三权并峙的原则,改革以军机处为政务中枢的部院制,在中央设立资政院,司立法之责;裁汰军机处与旧内阁,设11部,掌行政之事;而"司法之权则专属之法部,以大理院任审判,以法部督之"。[1] 这一草案的提出,使冥顽不化的守旧势力如丧考妣,纷纷上奏拼死反对,宣称裁军机处、设内阁之制,将导致君主大权的旁落,鼎祚潜移。西太后基于对君上大权和皇亲贵胄特权的考虑,依循军机处不议、内务府事不议、八旗事不议、翰林院事不议、太监事不议等五不议改官制原则,于11月6日颁布上谕,明令"内阁军机处一切规制,着照旧行"。同时,又改组了中央各部:改户部为度支部,财政处并入;将太常、光禄、鸿胪三寺并入礼部;改兵部为陆军部,练兵处、太仆寺并入;改刑部为法部;工部并入商部,成立农工商部;设邮传部,专司轮船、铁路、电线、邮政;改理藩院为理藩部;改巡警部为民政部;

---

[1] 参见故宫博物院明清档案部编:《清末筹备立宪档案史料》上册,中华书局1979年版,第463—464页。

外务部、吏部、学部仍旧；凡十一部。各部设尚书一员，侍郎二员，"不分满汉"。上谕中还明确指出应增设"资政院"以"博采群言"，设"审计院"以"核查经费"，其余一概"毋庸更改"[1]。

厘定中央官制体系后，1907年7月，清政府谕准编制馆上奏的《修订各直省官制情形折》，该折以司法独立和地方自治为厘定地方官制的原则，规定一省或数省设总督，专司辖内的外交与军政；每省设一巡抚，总理地方行政，下设三司（布政、提学、提法）、二道（劝业、巡警）。但因清政府企图通过改革地方行政制度"裁抑督抚之权限"，以巩固君上大权，将"财政及兵马之事权，悉收回于中央政府"，因而遭到了大部分督抚的反对。所谓地方官制改革，实质上收效殊微。

1907年清政府改考察政治馆为宪政编查馆，以奕劻、载沣、世续、张之洞、鹿传霖等为大臣。9月20日，清政府下谕先设资政院，"以立议院基础"，派溥伦、孙家鼐充任总裁。[2] 11月11日，又令各省筹设谘议局，府州县筹设议事会。1909年10月，各省（除新疆外）先后完成议员选举程序，成立了谘议局。1910年9月23日，在北京成立资政院。1911年5月，也就是清王朝行将崩溃之际，颁布了一道上谕，宣布"采取各国君主立宪之制"，"组织内阁"。旧设内阁、军机处等机构一并裁汰，并将原设的11部调整为10部，即外交部、民政部、度支部、学部、陆军部、海军部、司法部、农工商部、邮传部、理藩部。内阁由皇帝"特旨简任"的国务大臣组成，下设一厅四局：承宣厅、制造局、叙官局、统计局、印铸局。此外特设弼德院，作为皇帝亲临顾问国

---

[1] 参见故宫博物院明清档案部编：《清末筹备立宪档案史料》上册，第471—472页。
[2] 参见故宫博物院明清档案部编：《清末筹备立宪档案史料》下册，第606页。

务之所,以防权位下移。

在政治体制改革的推进中,清政府逐渐调整和改造了相沿已久的"祖制",并不自觉地朝着近代化的建制迈进。它虽然没有超出戊戌维新的社会政治蓝图,但它由"师夷"走向"变法",由"变器"走向"变道",又说明它比洋务自强运动走得更远。它并没有完成向以"三权分立"为核心的近代政治体制的转变,改新制而不易旧人也大大地冲淡了它的革新色彩。但改革中出现的一些新的设置,如资政院、谘议局,却是封建政体的异军,是中国近代政治体制新陈代谢的一个重要环节。这种政治体制的改革尽管是表面的,有形式而无实际效能,但它已触动了传统中最保守的东西,相对于那种"权限不分""职任不明"的旧政治体制来说,无疑是一种进步。

(三)法制改革。一时代有一时代的精神,一时代有一时代的法制。周秦以来,中国形成了自创一格的"中华法系",成为公认的世界五大法系[1]之一。在历史的推移和王朝的更迭中,法制虽代有损益,但"诸法合体""政刑不分"的旧法律结构形式却始终未变。直到八国联军之役后,朝野上下,争言变法,于是而有新律之萌芽。[2] "新政"开场后,刘坤一、张之洞在"江楚会奏三疏"中率先提出修订刑律。1902年5月,清政府派刑部左侍郎沈家本、出使美国大臣伍廷芳兼取中西,修订法律。1903年,设修订法律馆,命沈、伍为修订法律大臣,着手修订旧法和制定新法。在这一过程中,他们以"务期中外通行"为修律原则,参考古今,博稽中外,折冲樽俎,"以中国法律与各

---

[1] 即中华法系、阿拉伯法系、印度法系、罗马法系和英美法系。
[2] 参见赵尔巽等:《清史稿》第142卷,志117,刑法。

国参互考证",制订中国新法。[1]

概而言之,"新政"期间的法制改革大体有三个方面:

其一,删改《大清律例》,制定新刑律。《大清律例》开始制定于顺治初年,基本完成于乾隆初年,系中国历代刑律中最繁苛的一部,"新政"期间的法制改革即从修改、删节这部律例开始的。沈家本、伍廷芳受命后,经过数年的删改,1910年以《大清现行刑律》颁行,作为新刑律颁布前的过渡性刑律。这部刑律取消原来按六部名称而分的六律总目,将旧律中的继承、分产、婚姻、田宅、钱债等纯属民事的条款划出,不再科刑,以示民刑有别;更定刑名,将沿用已久的笞、杖、徒、流、死五刑,改为死刑、徒刑、流刑、拘留、罚金,以示中外无异;改革死刑执行办法,规定"死刑仅用绞刑一种",删除凌迟、枭首、戮尸、缘坐、刺字等酷刑。从1906年到1908年在日本顾问冈田博士的帮助下,完成了《大清新刑律》的制定,并于1910年12月25日颁布,预定1913年始实行。新刑律是中国第一部近代刑律,它以"折衷各国之良规,兼采近世最新之学说",而又"不戾乎我国历世相沿之礼教民情"为基本宗旨。分总则与分则:总则规定犯罪构成要件,刑罚的一般原则;分则规定具体的犯罪和处罚办法。刑罚又分主刑和从刑,主刑有死刑、无期徒刑、有期徒刑、拘留、罚金;从刑有"褫夺公权"和没收。此外还采用资本主义国家法律中的罪名法定主义、犹豫制定(缓刑)和假释制度等,取消因"官秩""良贱""服制"而刑的适应上所形成的差别。新刑律体现了近代法律精神,它所提出的许多刑名至今仍被沿用。

---

[1] 参见《删除律例内重法折》,见沈家本:《寄簃文存》(上)第1卷,台湾商务印书馆1976年版。

其二,改革"诸法合体"的传统法律结构。自古以来,中国的法典基本上是刑法典,但又包含有民法、诉讼法及行政法等法律内容,形成了"民刑不分、诸法合体"、民商不分、实体法与程序法无别的法律结构。所谓"往昔律书体裁虽专属刑事,而军事、民事、商事以及诉讼等项错综其间",指的就是这种情形。沈家本主张,应"随乎时运之递迁"而改革这种法律结构,民商及诉讼等律均应"钦遵明谕特别编纂"[1]。为此,修订法律馆"注重世界最普遍之法则","原本后出最精确之法理"和"求最适于中国民情之法则",制定了《大清民律草案》《刑事诉讼律草案》和《民事诉讼律草案》等部门法与单行法规。1910年农工商部据各商会所编的商律调查案,编定了《大清商律草案》。这些部门法及单行法规大多因清王朝灭亡而未及颁行。

其三,"政刑"分离,司法独立。在中世纪的中国,政刑之权"丛于一人之身",上自皇帝,下至州县长官莫不如是。沈家本根据资本主义行政、立法、司法三权分立的原则,力主"司法独立"。他认为:"东西各国宪政之萌芽,俱本于司法之独立。"[2]司法独立不仅可收统一事权之效,且可为"异日宪政之始基"[3]。因此,他"考古今之沿革,订中外之异同"[4],制定了《各级审判厅试办章程》和《法院编制法》。编制法规定全国的法院分为初级、地方、高等审判厅,大理院四级,分设于县、府、省、中央,采用四级三审制。并在大理院和地方审判厅设立相应的检察厅。各级审判厅和检察厅专司审判而俱受法部的行政监督。1907年,在法部的主持下,创设审判厅于东三省,并试

---

[1] 沈家本:《奏刑律分则草案告成由》,中国第一历史档案馆藏,档·法·律例80号。
[2] 故宫博物院明清档案部编:《清末筹备立宪档案史料》下册,第843页。
[3] 故宫博物院明清档案部编:《清末筹备立宪档案史料》,第827页。
[4] 故宫博物院明清档案部编:《清末筹备立宪档案史料》,第843页。

办于直隶、江苏两省。中国之司法、行政分立自此而始。

旧律的删改修订,新法如刑法、民法、商法、诉讼法的编纂,司法独立的试行,这三个方面合成了中国法制近代化的一步。新法富于近代法律的色彩,但由于旧观念旧势力的抵制而没有发生多少实际作用。

(四)奖励实业。清政府"奖励实业"之举发端于甲午战争后,但作为一项具有实质性内容的政策在全国范围内施行,却是在 1903 年商部设立之后。1902 年,清政府在"帑项奇绌""库储一空如洗"的财政困境中,开始注目于"商政",讲求商务,并接受了督办政务大臣奕劻等人的奏请,于翌年 7 月在中央设立商部,以为"振兴商务"之地。[1] 由载振任尚书,伍廷芳、陈璧分别为左右侍郎,后来又聘张謇为头等顾问官。在中世纪的中国,农本商末,商在社会生活尤其是政治生活中一向被歧视而处于四民之末,没有什么地位可言,所以商部之设,由政府出面倡导实业,不能不说是一个大变化。

商部成立后,即着手制定商律,先后颁行了《商部章程》《奖励公司章程》《商人通例》《公司律》《破产律》《商会简明章程》等一系列商法。这些商法虽然在实施过程中大多流于形式,但它们以法律的形式肯定了工商业者的社会地位,为工商业者的经营管理活动和合法权利提供了某种保护,也为解决商事诉讼提供了若干法律依据,因而又多少改变了崇本轻末、重农抑商的古老传统,对于扭转"狃于积习"、"耻言贸易"、卑商贱商的社会风气也还是有些好处的。1906 年,清政府对中央各部进行改组,将工部并入商部,成立农工商部,将原由商部管辖的轮船、铁路、邮政事务划归新设立的邮传部。虽然农

---

[1] 参见朱寿朋:《光绪朝东华录》(5),第 5063 页。

工商部的地位有所下降,但继续推行商部的奖励实业政策,同年颁布了《奖励商勋章程》,第二年又先后颁行了《华商办理实业爵赏章程》和《奖励华商公司章程》。这些章程构成了清政府奖励实业政策的基本内容。奖励可分三类:一是有高超技艺的手工艺人和有所发明创造者,二是实业提倡者,三是投资于实业者。章程中规定,办理1 000万元以上实业者赏给男爵,办理2 000万元以上实业者赏给子爵。这比1903年《奖励公司章程》规定头等顾问官加一品顶戴需5 000万元少得多。尽管受到奖励的实际人数微乎其微,据统计,按《华商办理实业爵赏章程》得奖的仅4人,按《奖励华商公司章程》得奖的也不过28人。[1] 但比之几十年前,曾国藩、左宗棠、李鸿章以百战之功换取侯爵、伯爵之封,工商业者凭借资财即可获爵,表现出社会价值观念的剧变。而观念的变化不仅反映了现实的变化,还影响现实的变化。"由是国人耳目,崭然一新,凡朝野上下之所以视农工商,与农工商之所以自视,位置较重。"[2] 曾一度出现"民之投资于实业者若鹜"的局面。就这一点而言,奖励实业的政策为中国资本主义的发展创造了有利条件。

1905年到1910年,国内新设厂矿企业出现了一个新的高峰,其中资本在万元以上者有209家,共拥有资本7 525.5万元。同1895年至1898年出现过的高峰相比,其资本力量更强,投资范围更广。除此而外,清政府对华商承办铁路也采取了一些"优奖"和鼓励措施。如"华人请办铁路,如系独力资本至五十万两以上,查明路工实有成效者,由臣部(即商部——引者)专折请旨给予优奖,以资鼓励。其招

---

[1] Wellington K. K. Chan: *Merchants, Mandarins and Modern Enterprise in Late Ch'ing China*, Cambridge, Mass., Harvard Univ. Pr., 1977, p.194.
[2] 《十年以来中国政治通览》,载《东方杂志》第9卷第7期,纪念增刊,第87页。

集华股至五十万两以上者,俟路工告竣即按照本部奏定之十二等奖励章程核办"[1]。尽管清政府并没有真正做到"体恤商情""保惠商人",但它直接促成了各省铁路公司的创设高潮和"劫路""保路""招商筑路"运动的勃兴。由于社会经济、政治制度及技术等方面的原因,除浙江、广东等少数省外,实际的造路成绩并不显著,多数省份始终停留于计划阶段,但这一时期修筑敷设的铁路是至今还存在的历史痕迹。当然,这些成果未必能全部归于"新政",但在这些成果中有着新政留下的或深或浅的印记。

（五）教育改革。晚清新政中最富积极意义且有极大社会影响的内容当推教育改革,而教育改革又是从废科举开始的。

科举起于隋代。在其初始,作为魏晋以来的九品中正制的否定物,它曾经是一种含有历史合理性的东西。但经历了一千多年之后,这种制度已经走向了它的反面。特别是明代开始,被称为"经义之文"的八股大盛,"遂使世之慕速化者,置经史实学于不问,竞取近科闱墨,摹拟剽窃以弋科第"[2]。科举之弊,明季归有光慨乎言之:"士方没首濡溺于其间,不复知有人世当为之事。荣辱得丧,缠绵萦系,不可脱解,以至老死而不悟。"[3]在此之后,批评科举和八股者代有人出。梁启超曾从救亡图存出发,痛斥"经文"之害：

> 经义试士,始于王安石。而明初定为八股体式,尊其体曰：代孔孟立言；严其格曰：清真雅正。禁不得用秦汉以后之书,不得言秦汉以后之事。于是士人皆束书不观,争事帖括。至有通籍高第,而不知汉祖唐宗为何物者,更无论地球各国矣。然而此辈循资按格,即可以

---

[1] 宓汝成：《中国近代铁路史资料》,中华书局1984年版,第926—927页。
[2] 薛福成：《应诏陈言疏》(1875年),见《庸庵文编》。
[3] 转引自《明清史国际学术讨论会论文集》,天津人民出版社1982年版,第173页。

致大位,作公卿,老寿者即可为宰相矣。小者亦秉文衡,充山长,为长吏矣。以国事民事托于此辈之手,欲其不亡,岂可得乎?况士也者,又农工商贾妇孺之所瞻仰而则效者也。士既如是,则举国之民从而化之。民之愚,国之弱,皆由于此。昔人谓八股之害,甚于焚书坑儒,实非过激之言也,故深知中国实情者,莫不谓八股为致弱之根原。盖学问立国之基础,而八股者乃率天下之人使不学者也。[1]

张之洞亦有感于此,历数科举之积弊,主张变通科举:

> 自明至今,行之已五百余年。文胜而实衰。法久而弊起。主司取便以藏拙,举子因陋以侥幸,遂有三场实止一场之弊。所解者高头讲章之理,所读者坊选程墨之文,于本经之义,先儒之说,概乎未有所知。近今数十年文体日益佻薄,非惟不通古今,不切经济,并所谓时文之法度文笔而俱亡之。[2]

二者批评的角度不同,但结论却颇为一致。都认为科举非加以根本改造不可。然而,科举已成为一种教育传统,它比任何批评者更顽强!百日维新甚至革除过八股,然而转瞬之间它又重新复活。在丧失了合理性的东西身上所表现出来的这种顽强,正体现了历史惰性的沉重力量。历史惰性各国都有,但中国尤其突出。1901年清政府下诏,并于第二年废止了八股,但科举仍未被逐出历史。1903年,袁世凯、张之洞遂上奏亟呼废除科举,其中说:"其患之深切著明,足以为学校之而阻碍之者,实莫甚于科举……科举一日不废,即学校一日不能大兴;将士子永远无实在之学问,国家永远无救时之人才;中国永远不能进于富强,即永远不能争衡于各国。"[3]袁世凯其人不足

---

[1] 梁启超:《戊戌政变记》,中华书局1954年版,第25页。
[2] 张之洞:《劝学篇》,外篇,变科举第八,两湖书院1898年刊本。
[3] 舒新城编:《近代中国教育史料》(4),中华书局1933年版,第118—119页。

论,但他的这番话毕竟正确地说明了科举与新式教育及国家命运的关系。1905年各省督抚会奏《立停科举以广学校折》中,又进一步强调了停罢科举之意:

> 科举一日不停,士人皆有侥幸得第之心,以分其砥砺实修之志。民间更相率观望,私立学堂者绝少,又断非公家财力所能普及,学堂决无大兴之望。[1]

这段话与前此袁、张的奏折表达了同样的意境、同样的要求。在这样一种社会舆论压力下,清政府颁布了一道上谕,废止了科举:"着即自丙午科为始,所有乡会试一律停止,各省岁科举考试亦即停止。"[2]同年12月,清政府又谕令设立学部,作为管理全国教育的最高行政机构,自此教育行政才从礼部中独立出来。

从非议、抨击到最后废止科举,前后经历了数百年的时间,这是耐人寻味的。但它的废止,改变了久被非议而不可触动的传统教育制度,做成了戊戌维新想做而没有做成的事,可以说是中国教育史上具有革命性的改革。然而,这并不意味着20世纪初年的"新政"比19世纪末年的维新更进步、更有力。因为时势战胜了传统,所以19世纪无法实现的主张在20世纪变成了现实。这也不意味着科举功名的社会价值已完全丧失,有功名的人仍然得到社会的垂青,具有浓厚的士大夫意识的绅贵阶层也每每以功名自诩。1904年最后一次廷试的状元刘春霖,后来曾应海上闻人杜月笙之请,为杜氏祠堂落成点主。在科举废止数十年后,功名的这种社会价值还保留于民俗之中,可见传统影响的源远流长。

---

[1] 舒新城编:《近代中国教育史料》(4),第124页。
[2] 舒新城编:《中国近代教育史资料》上册,人民教育出版社1961年版,第66页。

在近代中国沤浪相逐的改革潮流中,呼唤人才是中心题目之一。经历了庚子之变后,更多的人看到了这一点。"江楚会奏"的第一疏开头便说:"窃谓中国不贫于财而贫于人才,不弱于兵而弱于志气。人才之贫,由于见闻不广,学业不实;志气之弱,由于苟安者无履危救亡之远谋,自足者无发愤好学之果力,保邦致治,非人无由。"[1]新时代所需要的人才是旧教育制度培育不出来的,因为它窒息了士子的创造意识和个性,于是而有兴学堂之举。1903年,张百熙、荣庆、张之洞奏请"递减科举,注重学堂","从下届丙午科起,每科递减中额三分之一",期于十年减尽。而科举所减之额酌量移作学堂取中之额。"俾全国臣民确见裁减科举,归重学堂办法,咸晓然于朝廷意向所在。"他们指望由此能出现"人人争自濯磨,相率而入学堂,以求实在有用之学"[2]的气象。但时不我待,历史没有给予十年光阴。仅仅两年之后,袁世凯、张之洞等人就已感到:"就目前而论,纵使科举立停,学堂遍设,亦必须十数年后,人才始盛。如再迟至十年,甫停科举,学堂有迁延之势,人才非急切可成,又必须二十余年后,始得多士之用。强邻环伺,岂能我待。"[3]在他们的力促下,科举提前五年被废止了。唯其如此,新政时期的办学成绩斐然可观。从恢复、扩建京师大学堂开始,各省先后创办了高等学堂、中学堂和小学堂,以及各种职业教育和女子教育。出现了中国近代史上仅见的兴办新式教育的热潮。其间,一些注重人才的殷实之家、明达之士还私人出资兴学。张謇即以兴办学堂而有名于时。他先后在南通倡办了通州师范、女子师范、幼稚园、小学、中学等普通学堂,还创办了纺织、农学、

---

[1] 《张文襄公奏稿》第32卷,第1页。
[2] 舒新城编:《中国近代教育史资料》上册,第61—62页。
[3] 舒新城编:《中国近代教育史资料》上册,第63页。

医学等技术学堂。经营建筑业的杨斯盛数年中连续创设了广明小学、广明师范讲习所和浦东中学。到了 1909 年,各类新式学堂达 59 117 所,学生数逾 160 万。在当时的中国,这并不是一个小数目。

与创办新式学堂同时,清政府采纳了刘坤一、张之洞等提出的"多派士人出洋游学"的主张,通令各省迅速选派,鼓励自费留学,并让出使大臣留心察访华侨子弟就近留学,学成回国,经过考核,分别赐给进士、举人、贡生等项出身,予以任用。选派留学生出国在 19 世纪 70 年代已经开始,而在甲午战争后数量大增。新政期间,由于不分官费自费概以科名奖赏学成归国者,遂使留学蔚为潮流,在 20 世纪初年出现了第一次"留学热"。赴国外,尤其是赴日本留学几成一种风气。据统计,到 1905 年年底,留日学生数约有 8 000 人至 10 000 人。在这些留学生中,后来产生了一大批民主革命的志士。

在废科举、兴学堂、派游学的同一过程中,产生了《钦定学堂章程》(壬寅学制)和《奏定学堂章程》(癸卯学制),这是中国最早的学制。前者因不够完备而没有实行,后者则明确地规定了从蒙养院到通儒院的各级学校的学制,采用新的教育内容和方式,并对学堂毕业的学生给予科名鼓励,从高小毕业到大学毕业分别授予附生、贡生、举人、进士的功名。这个学制的实行对 20 世纪中国学校教育制度产生过很大的影响,它为中国近代教育奠定了第一块基石。

新式教育必须有不同于旧教育的宗旨。1906 年,学部在《奏请宣示教育宗旨折》中说:"中国之大病:曰私,曰弱,曰虚,必因其病之所在而拔其根株,作其新机,则非尚公尚武尚实不可也。"明确点出新教育的宗旨。所谓"尚公",就是"务使人人皆能视人犹己,爱国如家,盖道德教育莫切于此矣";所谓"尚武",就是"凡中小学堂各种教科书,必寓军国民主义,俾儿童熟见而习闻之","以励其百折不回视死如归之志","以造成完全之人格";所谓"尚实",就是教育须"勖之以实际,课之以实用","以期发达实科学派","必人人有可农可工可商之才",而求"下益民生,上裨国计"[1]。同科举制度下的知识分子"考其学业,科举之法外,无他业也;窥其志虑,求取科名之外,无他志也"[2]相比较,这种教育宗旨对于人才的要求,已经大不相同了。它还有旧的印记,但更多的是新的内容。同一年,王国维从另一角度提出,教育之宗旨应当在于"使人为完全之人物而已"。他说:人的能力分成身体和精神两种。教育的目的是发达这两种能力,与之相应,教育的宗旨分体育和心育两方面。心育中又有智育、德育、美育三类,以配符于真、善、美的境界。只有包含着这些内容的教育才是完全的教育,只有完全的教育才能育出完全的人物。在中国教育史上,他第一次提出了德、智、体、美四育并重的教育宗旨。[3] 他的思想比学部所言的尚公尚武尚实更深刻,因而对后世的影响也更大。

就其内容来说,清末新政不仅继承了洋务运动的事业,而且继承了百日维新的事业。不仅如此,在某些部分它比后者走得更远。当时身任北洋大学教习的美国传教士丁家立说:"袁(世凯)和张(之洞)两位总督,目前已着手实施他们彻底废除旧式科举制度的计划,定期削减考取功名的名额,只需十年就将停科。此后,学位概由书院颁发。"他称之为"一项革命性的法令"[4]。丁家立以资产阶级的眼光看出,新政中的教育改革部分已经超出了改良的范围。虽然教育制度的改革产生于自上而下的过程中,但160余万新式学生的出现

---

[1] 舒新城编:《中国近代教育史资料》上册,第222—224页。
[2] 转引自《明清史国际学术讨论会论文集》,第173页。
[3] 参见舒新城编:《中国近代教育史资料》下册,第1008—1010页。
[4] 〔澳〕骆惠敏编:《清末民初政情内幕》上册,第311页。

和众多八股士类的淘汰则直接和间接地牵动了整个社会。新的知识分子已经不是旧教育的基础了。新政造就了他们,但他们又超出了新政划定的界限,奔向立宪和革命。同这种政治倾向相适应,在当时大有社会影响的是他们所传播的无神论。无神论是中国古已有之的东西,但新式知识分子把它同西方无神论者如狄德罗、拉美特利之说相结合,同西方自然科学和其他学理相结合,因而其论证更能说服人。以科学来讨伐鬼神,其力量是传统的无神论所大大不及的。黄宗羲曾用"昧者以为神之往来,不知灵气之发于山川也"[1]来说明"鬼火"。但近代无神论则非常简单地以"磷火误认"来解释之。相比之下,后者实在要科学得多,明白得多。秋瑾说:"人生原是最灵物,土木何能有性灵?终日礼拜何益处?反因此潦倒困终身!神仙鬼佛诸般说,尽是谣言哄弄人。"[2]这是有鉴于义和团浓厚的迷信陋习,从明显的实际事例出发引导人们否定鬼神,从无神论的观点去批判迷信的有神论了。比起太平天国以拜上帝会的一神教反对神仙鬼佛的多神教来,也大大地前进了一步。在遍地都是有神有鬼论者的时代,用科学说明无鬼无神,对于民族观念的更新有着非常积极的意义。一个迷信的民族是不可能进入近代化进程的。

三、两点历史思考

改革是一项极其复杂的社会系统工程,清末新政由一批曾仇视改革或与改革为敌的人物完成了一场带有革命内容的改革。在这种意味深长的矛盾背后是历史造成的两个原因:其一,庚子之变以后

---

[1] 《姚江春社赋》,见《黄宗羲南雷杂著稿真迹》,浙江古籍出版社1987年版,第256页。
[2] 《精卫石》,见《秋瑾集》,第131页。

的局势是一种真正的统治阶级再也无法照旧统治下去的时局。1901年2月颁布的上谕中说:"无事且难支持,今又构此奇变。"正是对这一点的承认。新政在主观上是为了防止革命掀揭屋顶而挖开的一个窗洞,但在客观上却成为时势假手不愿改革者而实现的一场改革。历史常常会使动机与效果大相异趣,对于一个没落的阶级尤其如此。其二,有人说过:戊戌政变杀青年人、南方人多;八国联军杀老年人、北方人多。透过这种南北方和青老年的对立,是改革人物与顽固保守人物的对立。侵略者用暴力消灭了后一类人物中的一部分,同时又以此震慑了其他部分。这并不是一件值得称颂的事,但它导致的结果却是为中国的改革消除了一些阻力。许多历史的是非是隐藏在历史的深处的,只有透过某些历史细节的表象,才能把握历史迈进的步伐和节奏。

清末新政是以自下而上的推动和自上而下的改革双向互动的形式出现的。清政府原想借此实现王朝的自我挽救,但新政非但没有延长它的寿命,从某种意义上说还加速了它的灭亡。它推行教育改革,是想造就"尊崇孔教,爱戴大清国"[1]的人,但无论是在国内新式学堂中还是在留学生中,清政府并没有获得多少为己所用的人才,反而出现了一个不同于传统士类的知识分子群体,成为王朝的掘墓人。清政府在全国各省扩编新军,原本是要以此来弹压各种可能出现的变乱,却又给革命党人在各省以发展革命势力的机会,新军绝大多数成了王朝的"哗兵""叛兵"。清政府奖励实业,原想借此以摆脱严重的财政危机,却导致了"资产阶级利益、知识分子利益与专制制度的冲突越来越大"……所有这一切,都走向了清政府预想的反面。何以

---

[1]《奏定学堂章程》(5),"各学堂管理通则",第8页。

会如此？历来论者大都从其推行新政的动机来说明它的欺骗性和反动性，这并没有错，但问题没有这么简单。清政府推行新政固然有取悦列强、拉拢立宪派、打击民主革命的一面，更有统治阶级变法自强的一面；它有欺骗、拂逆舆情的一面，更有符合历史发展逻辑的具体内容。历史的效果往往不以人们的动机为转移。清末官制改革，在客观上推动了国家体制的近代化；教育改革，奠定了中国近代化教育的基础；军制改革，推进了中国军事的近代化；法律改革，开了中国法制近代化的先河；奖励实业，则直接促成了创办实业的高潮。因噎废食，因人废事，并不是一种科学的态度。人们习惯于用御史欧家廉的几句话，"易私塾门榜即为学堂，改亲兵衣饰即为巡警，建一二洋式衙署，用一二留学生，即为崇奉西法"，来说明新政的有名无实。固然，这段话反映了当时的一些实况，但远不是新政的全部。清政府"清理财政而漏卮愈大，编练新军而哗兵愈众，改轻刑律而断狱愈多。事事有尽更其故之思，人人有不如其初之慨"[1]。最后从新政走向灭亡，有其更深层的原因。这里不想谈得太远，单就其中两点来加以说明：

（一）旧人办新政。清末立新制而不易旧人，由曾与改革为敌的人物来推行新政，有其深刻的历史原因。但它的结果不仅冲淡了新政的革新色彩，而且限制了新政的历史展开。新的制度必须有新的价值观念、思想和行为模式与之相适应，否则绝不可能赋予新制度以真实的生命力，失败和畸形发展的悲剧性结局也就不可避免。就晚清新政来说，直接参与其事的"枢臣疆吏"有奕劻、载泽、戴鸿慈、袁世凯、端方、荣庆、铁良、寿耆、世续、载沣、瞿鸿禨、那桐、荫昌、载洵、绍昌等。这批人中，凡有立宪倾向的，大多只是"言官"而没有实权，其

---

[1] 故宫博物院明清档案部编：《清末筹备立宪档案史料》上册，第356页。

余绝大多数仅有王朝自救意识而无变革意识,既无实施宪政的诚意又缺乏推行宪政的能力。即使是谘议局和资政院中的议员,不向皇帝磕头就不舒服,不叫谢恩就不是滋味的,也大有人在;不知立宪为何物或干脆反对立宪的人物更不在少数。这类人物在资政院的"钦选"议员中所占比例尤为突出。因为"钦选"议员主要是由皇帝贵胄、王公世爵和硕学通儒所构成的。即使在"民选"议员中,有功名的亦占89.2%。当然有功名的并非就是抱残守缺的,但就整体而言,他们的落后性更多于进步性。应该说,在"筹备立宪"之初,统治集团中有些人还是寄以希望的,但旧的政治惯性又吞噬了这种希望。一位官僚曾不无悲愤地说:"内外臣僚,久已习为软媚","在位诸臣,人各有心,或阳奉而阴违,或始勤而终怠,行之不力,则功堕半途"[1]。新政终因执行无人而使朝廷之信用渐坠,国民失望愈深。自救的新政不仅无法保持王朝的内在凝聚力和集体价值,反而使社会益形纷乱,成了王朝的催命符。

(二)传统和既得利益的双重阻力。一切改革的推进都必然会碰到来自既得利益和传统这两方面的阻力。因为改革无可避免地要触动既得利益和传统。在近代中国,这双重阻力表现得尤其明显。中国的传统既深且久,有极大的凝固性,不破传统就不能前进。但自周秦以来形成的以孔学为轴心的文化传统,已与民族习惯、民间生活浑然一体,无所不在。更可怕的是,这种阻力又往往与既得利益扭结在一块,形成一种强大的抗改革因素。从1906年的"立宪改官"到1911年"皇族内阁"的出笼,统治集团中的各种势力和派别,围绕着

---

[1] 故宫博物院明清档案部编:《清末筹备立宪档案史料》上册,第360页。张枬等编:《辛亥革命前十年间时论选集》第3卷,生活・读书・新知三联书店1977年版,第130页。

权力的再分配展开了残酷的争夺。如荣庆之于张百熙,奕劻之于瞿鸿禨,铁良之于袁世凯,都是这种争夺的具体表现。一方面是掌握着最高权力的皇宗贵胄唯恐大权旁落、"鼎祚潜移",而拼命想借"预备立宪"之名推行中央集权;另一方面则是地方督抚(实力派)要"划分中央与地方行政权限"实行责任内阁制,以削弱君主与王公大臣的权力。一方面是皇宗贵胄拼命排挤汉族官僚,剥夺汉族官僚的某些职位和权力;另一方面则是汉族官僚竭力培植各自的势力和各种社会关系,与之对抗。一些过去被摈弃于仕宦门外的士绅,也想伺立宪之机,谋取一官半职。透过中央与地方、集权与分权、满与汉等诸种矛盾和冲突,反映的是改革与传统的对立,改革与既得利益的冲突。梁启超指出:清政府"号称预备立宪改革官制,一若发愤以刷新前此之腐败,夷考其实,无一如其所言,而徒为权位之争夺,势力之倾轧。藉权限之说以为挤排异己之具;藉新缺之立以为位置私人之途;贿赂公行,朋党各树,而庶政不举。对外之不竞,视前此且更甚焉"[1]。在新政的推行中,贿赂、请托、勒索、钻营、排挤、倾轧,各种卑劣的心机与手腕都无所不用其极地施展出来。有人慨乎言之:"自明降谕旨改革官制以来,迄于今日,大小臣工,徘徊瞻顾,虚悬草案,施行无期,而昏夜乞怜,蝇营狗苟,其风益炽。清议不足畏,官常不足守。上则如社鼠城狐,要结权贵;下则如饥鹰饿虎,残噬善类。"[2]这一点,清政府在濒临灭亡之际颁布的《实行宪政谕》中说得更清楚:

  政地多用亲贵,则显戾宪章;路事朦于金壬,则动违舆论。促行新治,而官绅或借为网利之图;更改旧制,而权豪或只为自便之计。

---

[1] 《梁启超诗文选》,广东人民出版社1983年版,第199—200页。
[2] 张枬等编:《辛亥革命前十年间时论选集》第3卷,生活·读书·新知三联书店1977年版,第129页。

> 民财之取已多,而未办一利民之事,司法之诏屡下,而实无一守法之人。驯致怨积于下而朕不知,祸迫于前而朕不觉。[1]

结果愈改愈乱,愈革愈糟,从内部加速了清王朝的解体。这是清王朝所不愿看到的结局,但又是它一手造成的。历史有情乎?无情乎?

---

[1] 故宫博物院明清档案部编:《清末筹备立宪档案史料》上册,第96页。

第十四章 "中等社会"

"中等社会"一词,于古无征。它是中西社会冲撞、交错与融合的产物,是20世纪初年的革命党人所着力论说的一个概念。在这一概念背后,是19世纪下半叶以来中国社会变迁过程中产生和累积起来的一种力量。作为一个复杂的社会实体,它崛起于庚子之变后,不仅反映了那时中国社会经济结构、阶级结构的裂变与改组,而且反映了在欧风美雨浸染下中国社会价值观念与行为模式的变化。革命党人出自"中等社会",又代表了"中等社会"。当他们用这个概念把自己同上等社会和下等社会区别开来的时候,他们同时体现了"中等社会"自觉意识的开始。它的出现本身体现了中国近代各种社会实力的消长,并很快成为推进中国近代社会新陈代谢的决定性力量。

一、一个复杂的社会实体

在19世纪,曾有过以上等、中等、下等名人名事的说法。如太平天国时期,绿林人物张嘉祥就说过:"上等之人欠我钱,中等之人安枕眠,下等之人跟我去,好过租牛耕瘦田。"[1]这里所区分的上等、中等、下等主要是以贫富贵贱为天然尺度,着眼于社会个体,因而它仅仅是直观的结果。作为一个新的概念,"中等社会"则不仅仅是直观的结果,而且是理性抽象的结果。义至而后名立,"中等社会"从社会地位和经济状况两个方面概括了操各种不同职业而居于相同社会层次的人所构成的复合体,它着眼的是社会构造,因而它具有比前者更丰富、更深刻的社会内涵。就当时中国社会的阶级关系而言,"中等社会"相当于中产阶级,而"中产阶级主要是指民族资产阶级"[2]。也就是说资产阶级属于"中等社会"。但出现于20世纪初年的"中等社会"又不完全是资产阶级的同义词。当时人说:

> 湖南无兼并之豪农,无走集海陆之巨商,无鸠合巨厂之大工业,诸君占中等社会之位置,唯自居于士类者成一大部分,而出入于商与士之间者附属焉,出入于方术技击与士类之间者附属焉。[3]

这段话虽只以湖南一省的情形为言,但它对"中等社会"所做的界说是具有典型性的,反映了那个时候人们心目中的"中等社会"的状貌。它用"豪农""巨商""大工业"[4]作对比,反衬出"中等社会"在经济上类乎尚有剩钱余米之属的中产地位。但更能说明"中等社会"特点的,则是它所列举的诸种社会构造成分。

(一)"自居于士类者"。在传统小农社会中,民概分为四:曰士曰农曰工曰商,士为四民之首。学而优则仕,修身诚心齐家治国平天

---

[1] 窦昌荣选注:《天地会诗歌选》,中华书局1962年版,第134页。广西天地会民谣,流传颇广。张嘉祥后来投顺了朝廷,并成为太平天国的主要敌手之一。有人因此而不愿意承认这种饱含反抗精神的话出诸他口,其实大可不必如此。
[2] 《毛泽东选集》第1卷,人民出版社1966年版,第4页。
[3] 杨笃生:《新湖南》第4篇,1903年。
[4] 这里所谓"大工业"究系何人,待考。若按常理推断,当指居于上等社会或与上等社会有密切联系的张之洞、盛宣怀辈。

下,是他们恪守的政治信念,所谓"士而仕,犹农之耕也"。士可以通过科举考试而取得"功名"这一特殊身份。但由士而进于政治行政系统的并不在多数,因为取得"功名"本身并不意味着得到官职。在中世纪的中国,"功名"具有特殊的社会价值,它不仅把有功名者同平民社会区别开来,而且赋予他们以各种权利。即便未能跻身于官僚之列,也能凭借它左右乡村社会的众多事务,扮演极为重要的角色。一般说来,这批人在职的时候,是官;不在职的时候,则是绅。然而士与士之间的社会地位和社会身份并不都是一样的。其中之低级者,如众多的生员,只是小绅士,实际上已经介乎绅与民之间,他们没有上流绅士那么多财富和权力,又比一般的"耕氓市井"之类多了一点功名。于是这些人天然构成了乡村社会里的中等阶层。这是一个相当庞大的阶层。有人估计,在19世纪的最后25年,这一部分士类大约有91万人,占全国人口总数的万分之二十四。[1] 这个数目不可能像自然科学那样精确,当然也不能直接用来说明20世纪初年的中国社会情况,但它提供了一个可资推算的依据。所谓"自居于士类者",这是一部分。他们不属于中产阶级,也不具有多少新质,但他们又被归于"中等社会",这种事实说明了"中等社会"依然带有旧时代的深刻烙印。

"自居于士类者"的另一部分,也是最重要的部分,是19世纪末开始的各种新式学堂所培养出来的近代知识分子,包括为数不少的留学生,以及从传统经生、儒士脱颖而来的知识分子。同科举制度下产生的八股士类相比,这类人已经不同程度地受到了新思潮、新学理的洗礼,是另一种类型的知识分子。他们不同于那种"舍帖括八股书

---

[1] Chung-Li Chang: *The Chinese Gentry*, University of Washington Press, 1955. p.99.

画之外更无其他学问"的"阘茸污贱骄蹇无耻之士",对传统经籍版本的热衷与执着逐步让位于一种积极的社会参与意识和救世意识。他们有新的知识结构,新的人生理想,新的价值观念,新的行为选择。在救亡图存的总目标下,他们开始了新的追求。在传统经籍之外寻求有益于社会进化的新知,寻求强国之道。所以他们作为一个群体,一经出现,即引起社会各界的广泛注目,甚至被尊为"制造新中国之良工"。20世纪初年颇具声势的"学界风潮"之后,"稍有热诚者,咸引领张目而望之"[1],对正在崛起的新一代知识分子寄以殷切的期望。有人曾说,中国社会"殆已有多数之绝望,乃于各种绝望之中而单有一种焉,浮影于热心家之脑中,而产生出一线之希冀者,此何物也? 吾必曰:学生社会! 学生社会"!"盖学生者,实能于各种社会中独树一帜,有吸取新思想之资地,有翕受新感情之脑筋,有担任新中国之学问。社会主义方倒欧风倾亚雨而来,旁皇无所著,而直接承受之力,不得不以学生为之媒。"[2]把学生视作变外来为内在的触媒,这在中国历史上是从来不曾有过的。它反映了随时代变迁而来的社会观念的变化,突出了学生在中国社会变迁过程中的特殊地位。与八股士类不同,新式知识分子不再拼搏于科场,不再执着于功名,但在久已习惯用士农工商划分各色人等的社会里,他们仍然"自居于士类"。据统计,1902年共有近代学堂35 787所,1912年增至82 272所;学生则从1 006 743人增至2 933 387人。[3] 比较起来,这批人在数量上更多于八股士类。新的士类在近代中国的大批出现,体现了知识分子阶层的新陈代谢。

---

[1]《倡学生军说》,载《苏报》1903年6月24日。
[2]《江南水师学堂之鬼蜮》,载《苏报》1903年6月20日。
[3]〔美〕费正清:《剑桥中国晚清史》下册,中国社会科学出版社1985年版,第623页。

19世纪末20世纪初,这种新陈代谢不仅表现于新的士类在数量上的激增,更表现于时代发展对旧的士类的淘汰。在这个时候,新的社会需要使旧的知识无用武之地,而科举制度的废除又断绝了诗书墨卷中人的出路,使之失去了安身立命之所。因此,"中等社会"里的旧式士类在斯文扫地之后另谋出路成了一种引人注目的社会现象。投笔从戎即一条重要的出路。陈孝芬曾回忆:"我是一九〇五年(光绪三十一年)在黄陂应募入伍的。那次募兵结果,九十六人中就有十二个廪生,二十四个秀才。"[1]曾被山东学政赏识过的秀才吴佩孚,最后"弃却儒冠,另就事业",投身到武备学堂去了。[2]读一读辛亥革命时期的新军人物记载,类似吴佩孚者大有人在。除此而外,还有从事其他职业的,于是而有"出入于商与士之间者""出入于方术技击与士类之间者"之类称呼。旧式士类的这种变迁,不仅是职业的变化,而且是利益和感情的变化。在同一过程里,新式知识分子则成了时代的骄子,他们尖锐地掊击王朝秩序,又向社会传播各种新的观念意识。随着他们的产生,同时出现了种种前所未有的职业,如记者、编辑、律师、医生(西医)、近代学堂的教师以及职业革命家,等等。他们成为20世纪士类的主流,并因此而成为"中等社会"的中坚。

(二)"出入于商与士之间者"。在传统的中国,士以求义为志,商以求利为本。士与商不仅道不同不相为谋,而且后者为前者所不齿。在以农为本、商为末的社会里,轻商、卑商、贱商是一种由来已久的传统。在这种传统之下,商是不可能有独立的社会地位的。但从

---

[1] 中国人民政治协商会议湖北省委员会编:《辛亥首义回忆录》(1),湖北人民出版社1979年版,第70页。
[2] 参见瀼江浊物:《吴佩孚正传》,见荣孟源等编,《近代稗海》第5辑,四川人民出版社1985年版,第617页。

19世纪中叶起,这种人为的界线开始模糊了。西方商品经济的冲击,促使中国感受和认识了商品与资本的力量,于是而有洋务运动中出现的一部分先进的中国人倾力呼吁"商战",并形成一股社会思潮。"商战"不仅包括商业,而且包括工业,它既重视商品的消费流通过程,也重视商品的生产过程,所谓"商战"需以工业、农业为本。作为民族压迫下所产生的反应,"商战"非常自然地把四民之末的工商业者同民族自强联系起来。于是,为士类鄙夷的商人之业开始得到了知识分子和社会的承认。创设于1897年的商务印书馆,其初始的经营业务主要是印刷各种商业、商界的文件和账簿等,所以称"商务",它的出现在某种程度上即透露出这种历史信息。与这种观念变化同时发生的是中国自给自足的自然经济在外力侵蚀下的逐步改组,它比观念更有力地改变着旧的社会结构,在这个过程中产生了三种新的情况:

其一,旧式商业向近代工商业转化。外国商品的输入改变了旧式商业的经营内容,随着经营内容的改变经营方式亦随之改变。上海"京广杂货铺"之易名为"洋货号""洋货铺",当然不只是名称的更易,更重要的是它所经营的商品内容的变化。当商业以经营农副产品为主的时候,商业的主要联系对象是农村,但当商业以经营洋货为主的时候,其商业网络会撒得更广,其联系对象也会广泛得多。《上海县志》记载了同光时期一个叫朱佩珍的人由"习贾"而独资经营五金铺。"起家徒手,无所资借,徒以重然诺,审取与,为士大夫所爱重。东西各国人士来此经商或旅游者,闻其名,争结纳焉。"[1]这段话生

---

[1] 民国《上海县志》第17卷,游寓,见黄苇等编:《近代上海地区方志经济史资料选辑》,上海人民出版社1984年版,第321页。

动地说明,旧式商业向近代工商业转化的结果改变了商人本身。为士大夫所爱重,与东西各国人士相往来的形象是旧式商人所不曾有的。与其说这是"重然诺,审取与"所取得的,还不如说这是经营内容和经营方式的变化所造成的。在他们和士人之间,传统的界线已趋淡化。

其二,旧式士类渗入了工商业。这是 19 世纪末 20 世纪初开始出现的一种新风气。它既是传统价值观念变化的结果,也是经济与社会变动压力逼拶而成的结果。这两种结果里,又往往交织着爱国主义的情愫。张謇在中法战争后即认为"中国须兴实业,其责任须士大夫先之"。甲午战争后,他目睹国事日非,毅然辞官,以状元身份投身近代工商业,"士生今日,固宜如此"[1],即体现了这样一种情怀。在这个时期,仅川沙一县就出现过好几个操工商之业的"诸生",例如:"黄彬,字紫文,高行镇人,国学生,干练有才。光绪初年,邑人朱其昂创办上海招商局,章程皆其手订";"朱纯祖,字丽生,市区人,监生。……年甫十龄,孤苦零丁,学习米业,中年创设朱丽记花米行,历二十余载";"姚光第,号述庭,市区东门外人,南邑诸生。……光第感于清季地方贫瘠日甚,就其家设机器轧棉厂,实为川沙机器轧棉之始"。[2] "诸生"弃文经商,不再局促于科举——仕途之一路,固然是在"耻于言商,耻于言利"社会风气转变的情况下才可能出现的,但这种事实又有力地冲击了旧时代的义利观念,表现出旧式士类的价值指向逐渐由单一化走向了多元化,这无疑是一种进步。这批人由士类而来,因此他们并不是旧式商人。他们所操之业多为近代化的制

---

[1] 张孝若:《南通张季直先生传记·附年谱年表》,传记,中华书局 1930 年版,第 82 页。
[2] 方鸿铠等修,黄炎培等纂:《川沙县志》第 16 卷,人物志,统传,见黄苇等编:《近代上海地区方志经济史资料选辑》,第 324、315、312 页。

造与贸易,因此也不是旧式商业。

其三,新式知识分子投身于工商业。在 19 世纪的最后几年里,各省开始兴办农、工、商、矿之类的专科学堂。这种新式学堂培养出来的毕业生,加上学成回国的留学生,是一批数目可观的专业人才。他们中的多数人沿着工商业径直走向工商界。这部分人是更完整意义上的近代工商业者。

上述三类人物都是以工商为业的,但又不同程度地出入于"商与士之间"。他们的利益同新的经济方式连在一起,并在经营实业的过程中逐步向近代人转变。但他们中的一部分又保留着传统的痕迹。1904 年商部颁布《商会简明章程》之后,全国各地大中城市纷纷设立商会。到 1911 年,除川、粤、桂、滇、黔、湘等省没有统计数字外,各省市共设总商会 34 个,商会 616 个。[1] 以工商业资本家为主体的商会之设,是 20 世纪初年出现的引人注目的社会现象。尽管它仍带有某些中世纪行帮的印记,有的甚至还受到行帮的制约,但商会取代行帮却是一种历史趋势。它的大量出现反映了中国民族资本主义经济的初步发展,同时也体现了工商业资本家群体意识的形成。作为一种新的社会力量,工商业资本家在抵制洋货、收回利权、立宪运动等众多社会事务中日益显示出其自身的实力和存在价值。是他们,奠定了民主革命的社会经济基础。

(三)"出入于方术技击与士类之间者"。"方术"一词,始见于《庄子·天下》,原指学术和治术。汉代以降,方术乃泛指一切神术,包括阴阳推步之学、数往知来之术、相术、医术、神仙术、厌胜、符咒、

---

[1] 据《各省商会详表》统计,见《中国年鉴(第一回)》,商务印书馆 1924 年版,第 1544—1570 页。

祈禳、扶乩,等等。在中世纪的中国,它们大多出自传统信仰或古代巫术,带有很强的迷信神秘色彩。这里所谓"方术技击"者,泛指用一技之长以取得较为富裕生活的人们,例如名优、书画家、以岐黄之术鸣者,以及其他种种自由职业者。

对"中等社会"内部构造的分析说明,"中等社会"是一个反映特定历史内容的复杂的社会实体。20世纪初年,资产阶级的形象已经可以辨识,但资产阶级的阵营是不明晰的。不明晰是这个时候资产阶级的一种特点,它们同其他社会成分的交叠和粘连还没有完全消除。然而,"中等社会"的复杂性,并不仅仅表现在社会构造上的新旧交叠与粘连。单就其政治倾向来说,就可分为革命与改良两大派别,而在革命与改良两大阵营内又存在着许多宗旨各异的小派别。作为"中等社会"的代表,革命党人在推翻清王朝这个总目标上是一致的,但它们显然不是铁板一块,毫无分歧的。1905年同盟会的成立,固然表现出革命党人很强的近代政党观念,但同时也存在着传统的畛域观念和宗派主义思想,而且后者往往模糊和掩盖了前者。革命党内的许多争议的背后几乎都有这种旧的意识在作祟。1908年《江汉日报》连载的《革命党史》一文就曾对革命党内部各派的政治主张作过介绍:(一)以黄兴、章太炎、陶成章为代表的"民族主义派",它"承继中国数千年来所谓'内诸夏外夷狄'之学说,恢复国权,发扬国粹者固有之民族主义也",中国内地学界多属此派;(二)以孙中山、胡汉民、汪兆铭为代表的"民族民权主义之急进派",它"法欧美之学说,倒现在之政府,建社会民主政体……且直以武力而期成功",革命党人多属此派;(三)以陈天华(陈死后由宋教仁"执其牛耳")为首领的"民族民权主义之渐进派",它"同第二派之主义,有其实行而大异其趣,不徒用武力,俟党势十分扩张,国民程度稍为发达,而后徐图成功",

此派"党员甚少、势力微弱";(四)以张继为领袖的"无政府主义派",它主张"倒现在之政府,不建再后之政府"。在这四派之外,还有以"女子复仇"为宗旨的"尊女主义派",由刘光汉指导;有主张"社会平等"的"社会主义派",以"蜀魂"为领袖。[1]这种说法未必都符合历史事实,但革命党内部的政治分野却是客观存在的,并不是所有的革命党人都有建立民主政体的自觉意识。孙中山曾说:

> 所有抱着革命思想的中国人,约略可分为三类:第一类人数最多,包括那些因官吏的勒索敲榨而无力谋生的人;第二类为愤于种族偏见而反对满清的人;第三类则为具有崇高思想与高超见识的人。这三种人殊途同归,终将以日益增大的威力与速度,达到预期的结果。[2]

这段话极好地说明了革命的社会基础的复杂性。作为一个整体,革命党人都有反对腐败王朝的要求,是清王朝的叛逆。但"那些因官吏的勒索敲榨而无力谋生的人"和"愤于种族偏见而反对满清的人"首先不是把清朝当作一个君主专制政体来反对。翻开那时的报刊,扑眼而来的,不是反贪官污吏,就是仇满情绪(当然也有借这种情绪来宣传民主革命真义的)。这种事实不仅牵制或遮掩了那些"具有崇高思想与高超见识的人"的民主追求,而且说明了他们不是或不全是传统社会的叛逆。

"中等社会"的复杂性并不是个别人为的产物,归根结底,它导源于中国近代社会,是中国近代社会新陈代谢的复杂性的反映。"中等社会"所表现出来的复杂的社会历史内容,是近代社会新旧两种因素互相交织纠缠而又矛盾冲突的产物。中国近代社会是"将几个世纪

---

[1] 丁守和主编:《辛亥革命时期期刊介绍》(3),人民出版社1983年版,第451页。
[2] 《中国问题的真解决》,见《孙中山选集》上册,人民出版社1966年版,第61页。

缩在一时"的社会。微弱的若干工商业都市与普遍停滞着的农村同时存在,若干的铁路、航路、汽车路与普遍的独轮车路、只能用脚走的路和用脚还不好走的路同时存在[1],"自油松片以至电灯,自独轮车以至飞机,自镖枪以至机关炮"[2]也都是摩肩挨背地存在。社会经济发展的不平衡与物质形态上社会发展序列的重叠交错,决定了"中等社会"的社会关系及其观念意识的多重性。"中等社会"的出现,是中国社会阶级结构的深刻变化,但它的复杂性又说明它的不纯粹性。不纯粹性是正常的,天底下没有绝对纯粹的东西。但"中等社会"的这种复杂性和不纯粹性,毫无疑问又给后来的历史布下了浓重的阴影。

二、"破坏上等社会"与"提挈下等社会"

"中等社会"介乎"上等社会"与"下等社会"之间,它不仅区别于"上等社会"和"下等社会",而且承担着"破坏上等社会"和"提挈下等社会"的双重责任。它的作用和使命就体现于这两种责任之中。

大致说来,"上等社会"是代表既得利益的统治集团,包括政府诸公、鸿儒硕彦、各地疆臣、领兵大员、驻外公使、州县官吏等。"彼夫出道而呵,人阙而趋,气焰熏熏,挟持政柄者,大率皆顽钝腐败之魁杰也。彼辈除考据词章以外无学问,除奔竞钻营以外无阅历,除美缺优差以外无识见。加之数十年陶熔于宦海,养成一种柔滑狡狯、麻木不知痛痒之性质,治内专务压制,对外只知唯诺,任列强弄之股掌之上,波谲云诡,罔测其端。是岂能立于今日世界竞争风潮最剧烈之旋涡

---

[1]《毛泽东选集》第1卷,第172页。
[2]《鲁迅全集》(1),第344页。

而不堕落者乎？则位置之上于学生者无望矣。"[1]这部分人所代表的是一种旧的社会势力,因而是革命和"破坏"的对象。"下等社会"则是以农工为主体的劳动者阶级组成的庞大的社会力量,当然也包括会党、马贼、盐枭、娼妓、江湖术士、无业游民等流氓无产者在内。它受"上等社会"的压迫,因而有革命的要求。但是,"下等社会之中,识字者盖寡,廿四朝历史、十八省地理,自幼稚而少壮而老大,眼中耳中脑中,未尝经一二之感触,爱国之心何由而起？且蛮野横悍,动辄蚁聚蜂屯,戕害外人,昧公法,召衅端,其愚更可悯矣。以与世界高掌远蹠之文明国民相竞争,如卵投石,如汤沃雪,安往而不败哉？则位置之下于学生者更无望矣"[2]。它像是"一个布袋里的马铃薯",并不能自己代表自己,需要新的阶级来代表它,"提挈"和"卵翼"它。学生之位置介于"上等社会"和"下等社会"之间,为"过渡最不可少之人"。它不仅代表了"中等社会"的自我意识,而且自觉地意识到了它比"上等社会"更先进,比"下等社会"更先觉。杨笃生说：

> 诸君(即"中等社会"——引者)在于湖南之位置,实下等社会之所托命而上等社会之替人也。提挈下等社会以矫正上等社会者,惟诸君之责;破坏上等社会以卵翼下等社会者,亦为诸君之责。[3]

"矫正"和"破坏"具有革新的意义,"提挈"和"卵翼"具有指导、启蒙的意义。二者相连,又说明了其间的内在联系,即要"破坏上等社会"就必须"提挈下等社会","提挈"是"破坏"的前提条件。对于"中等社会"来说,这并不是一件轻而易举的事。时论云：

---

[1] 李书城：《学生之竞争》,载《湖北学生界》1903年第2期。
[2] 李书城：《学生之竞争》,载《湖北学生界》1903年第2期。
[3] 杨笃生：《新湖南》第2篇,1903年。

> 上等社会既误于前,崩溃决裂,俱待继起者收拾之。为今日之学生者,当豫勉为革新之健将,使异日放一大光彩,以照耀于亚洲大陆之上,毋使一误再误,终罹亡国之祸,以为历史羞。前途茫茫排山倒海之伟业,俱担荷于今日学生之七尺躯,则对上等社会所负之责任重也。下等社会为一国之主人,如何使完其人格,如何使尽其天职,必养其独立自营之精神,而后能为世界之大国民,以立于万马奔腾潮声汹涌之竞争场而不踣。今日之学生,既下等社会之指向针也,则对下等社会所负之责任重也。[1]

这段话里既有强烈而深沉的社会民族责任感,也有先知先觉的救世意识。但在那时的中国,正是依靠这种救世意识才产生了"中等社会"同"下等社会"的最初联系。从救世意识出发,还有一部分人达到了更进一步的认识:"支那民族经营革命之事业者,必以下等社会为根据地,而以中等社会为运动场。是故下等社会者,革命之中坚也;中等社会者,革命事业之前列也。"[2]因此,"中等社会"必须走向"下等社会","与下等社会为伍",并用新的社会理想"经纪""下等社会",使他们成为"革命的中坚"、进行"有价值之破坏"和"有秩序之革命"。

(一)"与秘密社会为伍"。秘密社会即通常所说的会党,是独立于中国社会行政系统和行会制度之外的"第三种社会"。它源于南方而流布全国,分支极多,除天地会外,还有三合会、三点会、哥老会、江湖会等,在下层社会有巨大的革命潜力。辛亥革命时期,革命党人出于反清革命的需要,与秘密社会保持着密切的联系,并试图在利用它的同时改造它,把它纳入革命的轨道。这种改造与利用的方式大抵

---

[1] 李书城:《学生之竞争》,载《湖北学生界》1903年第2期。
[2] 《民族主义之教育》,载《游学译编》1903年第10期。

有四。一是走访各山堂,进行民主革命的说服动员。如陶成章、魏兰之遍访浙东哥老会诸堂口[1],万武、刘道一之密访马福益[2],谭人凤之游说长江会党[3],黄申芗之联络湖北会党[4]等。二是打进去,以个人身份参加会党组织,取得会党的信任,获取对首领进言、参谋的地位。如陈少白之参加三合会受封为"白扇";[5]井勿幕之在西安与哥老会首领歃血为盟结成三十六弟兄;[6]秋瑾、刘复权等人之加入横滨三合会,受封为"白扇"、"洪棍"(掌刑)、"草鞋"(将军);[7]林述唐、黄兴之在湘、鄂入哥老会被封为"龙头"(首领)等。[8] 三是拉出来,使会党分子加入革命组织。仅以兴中会为例,有姓名、事迹可考的兴中会286名成员中,会党分子入会者共44人,近六分之一。[9] 四是建立联络会党的秘密机关或外围组织。前者如光复会在浙江利用温台处会馆,并在上海设立联络点;后者如华兴会为聚集两湖哥老会而组织同仇会。革命党人在与之为伍的同时,积极向他们宣传民族、民主大义,以冀改造其宗旨、组织和作风。这些事实说明了革命党人在"转移其旧思想而注入之以新思想,转移其旧手段而注入之以新手段"方面,确实做了许多实在的工作,会党因之也成为反清革命的重要力量,为民主革命做过贡献。但秘密社会有它自己

---

[1] 参见陶成章:《浙案纪略》,见中国近代史资料丛刊《辛亥革命》(3),上海人民出版社1957年版,第3页。

[2] 参见万武:《策动马福益起义的经过》,见中国人民政治协商会议全国委员会文史资料研究委员会编:《辛亥革命回忆录》(2),文史资料出版社1981年版,第245—247页。

[3] 参见《石叟牌词》,见《谭人凤集》,湖南人民出版社1985年版。

[4] 参见贺觉非:《辛亥武昌首义人物传》上册,黄申芗,中华书局1982年版,第310页。

[5] 参见陈少白:《兴中会革命史要》,建国月刊社1935年版,第80页。

[6] 参见中国人民政治协商会议陕西省委员会文史资料研究委员会编:《陕西辛亥革命回忆录》,陕西人民出版社1982年版,第31、173页。

[7] 参见王时泽:《回忆秋瑾》,见《辛亥革命回忆录》(4),第225页。

[8] 参见冯自由:《革命逸史》(6),中华书局1981年版,第42页。

[9] 据冯自由《兴中会时期之革命同志》一文列表统计,见冯自由《革命逸史》(3),第30页。

依以生存的土壤,自己的组织和作风,并不容易被改造。它是一个动摇的阶层,"缺乏建设性,破坏有余而建设不足,在参加革命以后,就又成为革命队伍中流寇主义和无政府思想的来源"[1]。它的组织和作风,如江湖义气、山头主义、分散主义,蕴含着顽强的生命力,因此革命党人在改造它的过程中又往往被它所改造,在利用它的同时又往往被它所利用。1908年,革命党人(胡汉民)已说"会党首领难用,与其乌合不足恃"。孙武等也认为"对于各会党只可采取联络,不可依为心腹"[2]。于是把运动"下等社会"的重点从会党转移到新军上来。

(二)"与军人社会为伍"。这里所谓"与军人社会为伍"主要指的是与新军为伍。新军的兵源多数来自破产农家的子弟和其他中小资产阶级知识分子。他们本来就怀有不满现状的反抗情绪,自然容易接受革命宣传,何况他们由分散的家庭生活集中到部队中来,更能表现出多数人的力量。但是,新军毕竟是清政府直接控制的武装,要使他们投身到革命一边来,还必须积极地宣传和争取,即所谓"破坏其旧势力而耸动之以新势力,排斥其旧事功而歆羡之以新事功"。革命党人对新军展开的活动,首先是投入新军或入伍为兵。同盟会成立后不久,即在日本选拔军事骨干李烈钧、程潜、唐继尧、张凤翙、孔庚等28人,组成"铁血丈夫团",回国分赴各省参加新军,掌握实力。文学社首领蒋翊武也投入了新军。有些军事学堂毕业的革命党人被分发到新军中去后,和士兵生活在一起,暗地里宣传革命,如云南讲武堂的学生在1911年就有相当一部分投入新军第十九镇各步、骑、

---

[1] 《毛泽东选集》第2卷,第609页。
[2] 中国人民政治协商会议全国委员会文史资料研究委员会编:《辛亥革命回忆录》(1),第508页。

炮、工等兵种的标营中活动。其次,通过新军中的革命党人,秘密地散发革命书刊,其中如陈天华的《猛回头》、邹容的《革命军》,在新军中的影响很大。武昌起义老人所写的《武昌首义回忆录》,其中许多人都说到他们曾读过和传递过这类小册子。此外革命党人还组织讲演会,向士兵灌输民主革命思想。再次,利用组织形式开展活动。就湖北来说,最初出现的革命组织,有科学补习所和日知会,成员多为新军中的中下级军官,他们在开展活动方面比士兵方便,影响也更大。革命党为了与新军互通声气和争取有革命倾向的官兵,在新军驻营附近、交通要道或租界,设立酒店、杂货店以至住宅,这种商店和住宅也就成了革命的秘密机关。在湖北以外的革命党人较活跃的地区,在新军中组织秘密团体,积蓄革命力量的也不少。如熊成基在安庆新军中主持的"岳王会",第二十镇中的"武学研究会",即其实例。

革命党人运动新军革命,到武昌起义前夕,已取得了显著的成效。据统计,当时湖北新军第八镇和第二十一混成协1.5万人(按:李春萱回忆为1.6万多人,熊秉坤回忆为1.87万多人),纯粹革命党将近2000人,经过联络而同情革命的约4000人,与革命为敌的至多不过1000多人,其余则是摇摆不定的。[1] 除清政府控制较严的新军外,多数地区新军中的革命或同情革命的力量,到武昌起义前夕,也大都逐步取得优势。如"滦州北门外师范学堂驻有七十九标一二三三营,自排长以至士兵,十九皆倾向革命"[2]。辛亥革命主要就是依靠新军的起义而取得胜利的。

(三)"与劳动社会为伍"。"劳动社会"以农工为主体,他们

---

[1] 参见中国人民政治协商会议湖北省委员会编:《辛亥首义回忆录》(1),第125页。
[2] 中国近代史资料丛刊《辛亥革命》(6),第291页。

生活在社会的最底层,是比"秘密社会"和"军人社会"远为庞大的社会群体。20世纪初年,"中等社会"已经意识到这一巨大的社会力量,认为"革命之业,断不能破碎灭裂,侥幸其或成矣",只有"鸠集群力"才能成功。"劳动社会"日在饥寒交迫中,有很强的革命性,因而是民主革命最天然的同盟者。但它受封建的锢蔽既长且久,受专制政体的钳制最严且酷,胼手胝足,愚昧无知,因而又具有极大的落后性,必须"改革其旧智识而注入之以新智识,变易其旧习惯而注入之以新习惯"[1]否则"虽有千万之大众生,终不得不寂灭"[2]。"夫以富有壮快骁悍之性质之民族而倡破坏于暗败卑劣政府之下,而无政治思想以经纪之,云兴鼎沸,糜烂生民,不可收拾,使赤眉、铜马、黄巾、青犊之群,卢循、徐道复、黄巢、朱温、宋江、李全、张献忠、李自成之属,披倡宇宙间。"[3]其结果非但无功,反遭"野蛮破坏"之祸。因此"与劳动社会为伍",首先,必须教育"劳动社会","指示破坏之方针,指示以收拾破坏之目的,率种姓、风俗、能力、道德同一之民族以趋之。其用在于群,群天下之思想而为有意识之破坏;其事主于积,积天下革命之材力,而为有价值之破坏。故有积极之破坏,即有积极之建设"[4]。引导和教育处于蒙昧状态中的下层群众,把他们纳入民主革命之轨道,使他们成为革命力量,避免盲目的破坏,而进行"有意识之破坏""有价值之破坏",显示了"中等社会"的自信,本身并没有错,但问题在于"中等社会"并没有真正深入到"劳动

---

[1] 《民族主义之教育》,载《游学译编》1903年第10期。
[2] 《中国之改造》,载《大陆》1903年第4期。
[3] 《民族主义之教育》,载《游学译编》1903年第10期。
[4] 《民族主义之教育》,载《游学译编》1903年第10期。

社会"中去,而是寄希望于几个"达识之士"和"聪明睿知之大人""率而用之,振臂一呼";或用暗杀、洒血炸弹来"使四万万众恍然惊觉"。这除了说明"中等社会"的天真幼稚外,还说明了它与中国社会现实某种程度的脱节。

革命党人"与下等社会为伍",主要是与秘密社会和军人社会为伍,但在同一过程中也已意识到引导劳动社会的重要性。这种事实说明,他们不仅看到了"下等社会"需要"中等社会"的指导,而且看到了"中等社会"需要"下等社会"的力量;不仅看到了"下等社会"里的秘密社会和军人社会,而且看到了秘密社会和军人社会后面的劳动社会。当然,在他们眼中的劳动社会还是朦胧的,但他们已经开始注目于此了。

三、"中等社会革命":承先启后的历史环节

在20世纪初年的时论中,法国大革命是常常被引用以说明中国的论题,并一度成为革命与改良大论战双方用以阐发各自的政治理想的论据。改良派从法国大革命的历史得出"革命之举,必假借于暴民乱人之力,天下岂有与暴人乱民共事,而能完成者乎,终亦必亡,不过举身家国而同毙耳"[1]的结论,故而反对革命。梁启超说:"泰西革命之主动,大率在中等社会。盖上等社会则其所革者,而下等社会,又无革之思想无革之能力。"泰西革命源于生计问题,"故中等社会,常以本身利害之关系,故奋起而立于革命之场。若中国则生计之与政治,向固绝无影响者存也,故彼中革命一最要之机关,而我独阙如也"。因此中国历史上只有"上等下等社会革命"而无"中等社会

---

[1] 康有为:《法国革命史论》,载《新民丛报》1906年第85期。

之革命"。革命之业"必赖多数人",革命派"欲用之以起革命之多数下等社会,其血管内皆含黄巾闯献之遗传性也"[1]。与改良派不同,革命派则从法国大革命中汲取战斗激情和理论依据,认为"泰西革命之所以成功者,在有中等社会主持其事;中国革命之所[以]不成功者,在无中等社会主持其事"[2],中国革命的前途"惟有使中等社会皆知革命主义,渐普及下等社会"[3],才有成功希望。

革命党人赞成第三等级,但以革命党为代表的"中等社会"不同于第三等级。法国大革命时期的第三等级是由纳税者组成的,它包括工商业资产阶级、农民、工人、城市贫民和为数众多的小生产者,如小业主、小商人和工匠等。纳税把他们联结成一个阵营,与不纳税的僧侣、贵族等特权阶级相抗衡。在第三等级中,资产阶级(包括金融、工业、商业资产阶级)是新生产关系的代表者,是大革命的领导力量,他们不仅代表第三等级,而且代表"百分之九十六的国民"。20世纪初年的中国社会与大革命时期的法国社会是不同的。那时法国的资本主义已有了相当充分的发展,资本主义生产方式已具备与封建生产方式抗衡的力量。因此,在第三等级背后,是历史发展过程中已经成熟的社会变革要求。而20世纪初年的中国提供给中等社会的社会变革的基础是不成熟的、薄弱的。新式知识分子是"中等社会"最进步的部分。但他们的思想、观念并不是从中国社会里直接孕育出来的,而是在民族危机的刺激下,接受了西方资产阶级革命的理论。因此,他们与他们所代表的社会之间有着某种程度的脱节。与法国大革命时期的第三等级的阵营相比,在"中等社会"与农工所组成的

---

[1] 梁启超:《中国历史上革命之研究》,载《新民丛报》1904年第46—48期合刊本。
[2] 《中国革命史论》,见《陈天华集》,湖南人民出版社1982年版,第215页。
[3] 《绝命辞》,见《陈天华集》,第236页。

"下等社会"之间又有某种程度的脱节。在中国这样特殊的社会环境下,脱节是正常的,但它又必然影响到改造中国社会现实、建立近代生活的实效。

近代中国的改革是从上层开始的,是在外国资本主义侵略和农民起义的双重压迫下迈开第一步的:依次推移,由上层肇始,逐级延及中下层,它的发展形成一个塔形。作始于洋务运动而登场于甲午战争后的改良派曾寄希望于"上等社会",他们看不起"下等社会",极言革命之祸以推动清廷变法,并赋予变法以防止"下等社会"揭竿而起的意义。所谓推行君主立宪便可以"防家贼,靖内乱","永绝乱萌",避免"流血的破坏"。直到20世纪初年的"中等社会",才认识到"中等社会"必须以"下等社会"为依托、为根据地,并自信有能力领导"下等社会"进行"积极之破坏""有秩序的革命"。尽管这种认识仍然是不明晰的、朦胧的,"中等社会"也并没有真正把"下等社会"发动起来,但它却使"中等社会"和"下等社会"有了一定的联系。显然,由"中等社会"领导的中国革命,已经不是"汤武革命"或刘邦、朱元璋之类的英雄事业了。它与历史上的农民战争已有了很大的不同,"中国自秦以降,革命者多崛起民间,于平民革命较近之",实际上只不过是改朝换代的工具。而"中等社会"革命则"出于国民","革命之后,宣布自由,设立共和,其幸福较之未革命之前,增进万倍,如近日泰西诸国之革命是也"[1]。也就是说,"中等社会"革命的目标是推翻专制政体,建立民主共和政体,因而已具有近代民主革命的品格,走出了改朝换代的轨辙。"五四"以后,新的宇宙观、人生观一齐涌来,新的一代改革者科学地认识和阐明了下层群众在社会进步中

---

[1]《中国革命史论》,见《陈天华集》,第214、224页。

的作用,"下等社会"的力量得到了真正的发挥。这就是共产党领导的工农大众革命。而"中等社会"领导的革命则是一个承先启后的历史环节。

第十五章　变革中的两大动力

革命与改良之于社会,如燕雀之有双翼,舟车之有两轮。革命是"用暴力打碎陈旧的政治上层建筑,即打碎那由于和新的生产关系发生矛盾而到一定的时机就要瓦解的上层建筑"[1],变旧质为新质;改良则是以渐进的斗争形式推动旧事物向新事物转化,它们既是相互依存的,又是矛盾对立的,二者交叉地出现,或缓或急地促进社会的新陈代谢。近代中国就是在革命与改良的不断变革中曲折前进的。

一、相互交替的两个历史阶段

在历史前进的道路上,新的力量往往不是以单一的形式出现。而在欧风美雨飘打下的近代中国,各种思潮一齐涌来,形成为政治实力,更是如此。1894年至1895年间,北洋舰队被日本打得全军覆没,洋务派30余年的"富强"设想也被击得粉碎,酝酿已久的维新变法思潮便形成一股富有朝气的政治力量出而领航了。他们通过"公车上书",组织强学会,把旨在"变政改制"的政治思潮推向政治运动。与

---

[1]《列宁选集》第1卷,人民出版社1972年版,第616页。

此同时,资产阶级革命派也开始活动起来,组织兴中会,发动广州起义。在甲午战争的民族灾难中成立的兴中会和强学会,一个以革命为宗旨,一个以改良为依归;一个要把皇帝拉下马,一个向皇帝上书请愿。它们揭出了革命与改良两面大旗,都想为衰落的中国寻找新的出路。

同时登场的这两股新的政治力量,不是相等地开展活动的,而是随着形势的发展各有其变化,新旧递嬗的逻辑决定了它们各有其自己的时代。从1895年5月康有为发动"公车上书"到1898年9月戊戌政变的几年间,改良派被时人看作"新党",其变法活动以北京、天津、上海、长沙、广州等地为枢纽,有风靡全国之势,确曾给人以开创局面、迎接富强的希望。那时的兴中会仍只是在海外华侨中和港粤之间联络,且被士流目为"乱党"。即便是到了1900年10月的惠州起义,也不过是南海一隅闪电式的一击,并无全局性影响,显然居于次要地位。

改良派在甲午战争之后跃登历史舞台,其思想渊源和斗争趋向,是由战前30余年的改革思潮发展而来,也是由对洋务派的批判和发展而来。洋务运动中与顽固派相峙的洋务派,虽不完全具有资产阶级改良派的形态和性能,但洋务思潮的掀起和失败,在上层社会引起波动,为戊戌维新准备了现成的基础和前提,同时规定了继之而起的否定者(既克服又保留)只能是改良运动。维新运动之代洋务运动而起,成为时代中心,正是历史运动的自身逻辑使然。而这时的革命派自身又为时代主流所吸引,不但与改良派分不清泾渭,就是对洋务运动破产之后仍有政治权位的洋务派头目也没有完全排除幻想。孙中山在1894年、章太炎在1898年还分别向李鸿章上书论政,想通过他在政治上有所兴革。革命派与改良派既有热爱祖国、要求改变现状的共同愿望,他们曾经寻求合作。就是到了1899年农历六月,康有为已在加拿大成立了名声不好的保皇会,革命派也还是没有放弃同康、梁携手的活动。这种事实说明,在近代中国,革命一开头并不是改良的对立面,而是改良的合作者。

戊戌政变把改良运动从顶峰上推落下来,作为变法主持人的光绪帝被黜,作为变法策划人的康有为出亡,盘根错节的旧势力一巴掌击倒了颇有声势的维新变法,意味着一个历史时期的结束。这个结果同时显示了新与旧之间的力量对比,康有为曾以他的思想"力摄胜人",但他没有与之相应的物质力量。所以,尽管康有为为中国社会选择了变法维新之路,但当时的中国社会并没有选择康有为。随之,改良运动退出了主流地位,它以自己的失败,为革命准备了基础和前提。在宗旨矛盾的自立军失败之后,特别是经过接踵而至的义和团运动和八国联军的入侵,清朝的腐败兜底暴露,国内的反清情绪日增,革命的声势日涨,逐步取代改良而成为时代的中心。从历史发展的链条看,前为戊戌维新,后为辛亥革命,戊戌与辛亥是近代中国在前进道路上的两个交替的历史阶段。革命与改良历史地位的变化,反映了辛亥对戊戌既否定又发展的历史辩证关系。因此,在近代中国变革的道路上,如果说19世纪最后几年的时代象征是康有为,那么到了20世纪初年则进入了以孙中山为代表的时代。虽然,康有为生于1858年,孙中山生于1866年,他们近于同一辈人,但在社会政治思潮及其实践的急遽变嬗中,他们的脚步却是后浪推前浪,显示为两代人。

历史阶段的交推,并不是按照一定尺度的阶梯。在有的历史阶段的交推中,一种新的力量败下阵来,另一种新的力量在前者的败局下成长起来,接应上去;而前者在败退中寻求机会,经过新的组合,卷土重来,并与后者抗衡。清末革命派与改良派之由交替而并峙,就是这种错综历史现象的展示。20世纪初年,民族矛盾的强烈刺激使一大批知识分子由爱国走向革命,其中包括原来参加维新运动的如秦力山、杨笃生、章太炎等一批人也都投到革命的旗帜下来了。时局的震荡,甚至连梁启超也有"中国实舍革命外无别法"[1]之想。这是一股潮流。继兴中会之后,在这个潮流的影响下又相继产生了一批资产阶级革命团体,如华兴会、光复会等,并造就了一群有影响的领袖人物。这说明,以兴中会为契机的革命组织活动由海南跨向了长江。1905年8月成立的同盟会"集全国之英俊",汇聚了新团体和新人物的精粹,形成了成熟的具有全国规模的统一的领导资产阶级民主革命的政党,它的理论体系——孙中山的三民主义也正式公之于世,并扩大武装起义和开展思想战线上的斗争,标志着革命的成熟而有了胜利的希望。

此时的革命虽已成为时代主流,历史却并没有一边倒。发生在中国土地上的日俄战争,不仅以暴力摧残了中国人的生命和财产,而且以其出人意表的结局极大地影响过一代中国人的思想。大而强的俄国何以会败于"蕞尔岛国"日本,胜败之由安在?特定的社会环境决定了特定的眼界和目力,许多人就他们所知道的世界得出了一条道理,认为俄国之败于日本,不是俄国的兵力财力不如日本,而是日本为君主立宪国,俄国为君主专制国,俄国之败于日本是专制败于立宪,或者说是日本之打败俄国是立宪打败了专制。这个论证,对那时的上层人士既有借鉴又有切肤之感。张謇所说的"日俄之胜负,立宪、专制之胜负也",表达的就是这样一种社会意识。于是,在戊戌维

---

[1] 丁文江、赵丰田编:《梁启超年谱长编》,上海人民出版社1983年版,第318页。

新中曾经提出而被视为过激的立宪,此时却成了有极大魅力的字眼,皆以立宪为挽救清朝、振兴中国的唯一途径。就在俄国战败的1905年7月,洋务官僚张之洞、袁世凯、周馥及出使大臣孙宝琦等都出面而奏请立宪。在"百日维新"的变法高潮中,对立宪不置一词的清朝统治者,这时也把它看作救生圈,即派五大臣"分赴东西洋各国考求一切政治,以期择善而从",以德、英、日三个君主立宪国为考察的主要对象。次年8月发布"预备立宪"上谕,给立宪派的活动提供了合法条件。尽管清廷所取的不过是立宪之名,但它的立宪姿态却使真心相信立宪有回天之术的立宪派从中看到了莫大的希望。作为一种反应,国内出现了一批由张謇等人组织的立宪团体,为中国的立宪事业摇旗呐喊。"云破月来花弄影",奔营于海外的康有为也为之一振,宣布改保皇会为"国民宪政会";梁启超、蒋智由等则在日本设立"政闻社",发刊《政论》杂志,打出立宪的旗号向国内策动,并宣布"绝无干犯(皇室——引者)尊严之心"[1],他们为了实现自己的理想而泯除前此的恩怨,原谅了西太后;满怀立宪理想的杨度,在日本创刊《中国新报》鼓吹立宪,旋即回国活动。这样,戊戌年间失败了的改良派又重新崛起,形成为朝野呼应、内外联络的立宪势力。

　　立宪派是与维新派、保皇派一脉相承的资产阶级改良势力。因在不同的历史阶段争夺的着重点不一样,依次形成为三个不同段落的分称:戊戌变法时为维新派,戊戌政变后为保皇派,日俄战争后为立宪派。这些变换的称号反映了各自的主旨,也略寓褒贬。但改良派一直是它们的总称。总称表示了它们的改良主义路线的一贯性,分称表示了它们各自的时间特征及对革命派的关系的变化:维新运

---

[1] 中国近代史资料丛刊《辛亥革命》(4),第115页。

动时的维新派在于除旧布新,挽救危亡,以消弭革命于方萌;保皇活动中的保皇派以保护光绪帝、反对慈禧太后为宗旨,与革命派又联系又争夺;立宪运动中的立宪派则呼吁开国会,立宪法以挽救清朝的危亡,与革命派尖锐对立,互争成败。作为维新派领袖的康有为在立宪运动中虽仍岸然自尊,但已渐失昔日的声光,而活跃于立宪运动中的却是戊戌时还不太露头角的张謇等人,可见改良派自身的血液也在经历着循环和代谢,并在立宪运动中发展了他们的势力。以他们为主体而连续出现的抵制美货运动、召开国会请愿运动、收回利权运动和保路运动,显示了立宪派在当时中国社会的基础和声势。这种基础和声势说明改良还没有走完自己的历史路程。因此,在革命成为时代中心之后,立宪派又成为与革命派横向对峙的政治力量。

二、共和与立宪: 两种模式的争夺

立宪派与革命派在 20 世纪初年主要表现为两种政治理想和分道扬镳的对抗形式,无非是君主立宪制与民主共和制两种模式的争夺。

改良派与革命派在甲午战争后相继登场的初期,即以各自的斗争形式表现出了它们的不同面貌。但在维新运动的高潮中,互不干预,且以互为中国的前途履险而默认。直至因自立军的宗旨矛盾,兴中会的毕永年与唐才常激辩而去,由改良向革命转变的章太炎也割辫明志,开始表露出二者的"道不同,不相谋"。自此,它们在活动中的龃龉、文字上的辩难就层见叠现了。1903 年 12 月,曾以"彼此均属通客,应有同病相怜之感",谋求同改良派合作以实现中国社会变革的孙中山在《敬告同乡书》中公开宣布:"革命、保皇二事决分两途,如黑白之不能混淆；如东西之不能易位。"[1]他的话表达了对改良派的失望,同时又明确地划分了革命和改良两个阵营的界线。章太炎在同一年发表的产生过很大影响的《驳康有为论革命书》一文,则用更加尖刻的语言说明了二者的对立,从而揭开了革命与改良大论战的序幕。

1905年至1907年之间以《民报》和《新民丛报》各为一方的两派大论战,已远远超出了单篇文章和个别人物的范围,在《民报》与《新民丛报》之外,革命派与改良派的其他报刊也是唇枪舌剑,互不相让;就是局外旁观的报刊对双方的论旨也不能不曲折地、隐晦地表示自己的意见。这固然体现论战的规模,同时也表明此时的革命派与改良派已由原来的互不干预走向了全面对峙,前此的革新与守旧两种思想的冲突一变而为在革新的道路上革命与改良的冲突。这场大论战所涉问题至广,其论旨由建立一个什么样的国家为核心,波及与此相关联的各种理论和实践。要乎言之,论战主要围绕三个基本问题展开:(一)要不要推翻清朝政府;(二)要不要建立共和政体;(三)要不要实行社会革命。在这三个问题上,革命既是那时的趋势,自然也就代表了正确的方向。但是,在很多实际问题上改良派的议论又具有历史的合理性,并不是全部真理都掌握在革命派手中。曾是章太炎"莫逆之交"的孙宝瑄说过:

> 今日海内,党派有四:曰变法党,曰革命党,曰保皇党,曰逐满党。变法党者,专与阻变法者为仇,无帝后满汉之见也。保皇党者,爱其能变法之君,舍君而外,皆其仇敌也。革命党者,恶其不能变法之政府,欲破坏之,别立政府也。三党所持,皆有理。惟逐满党专与满人

---

[1] 《孙中山全集》第1卷,中华书局1981年版,第232页。

为仇,虽以变法为名,宗旨不在变法也,故极无理,而品最下。[1]

这段话出现于革命与改良大论战之前,但它所作的评论已经触及了论战中的若干问题。孙宝瑄是个要求变革的知识分子。他的话公允地反映了革命与改良在中国变革的道路上的地位和价值。革命派和改良派用激烈的论战来证明自身的合理和进步。但对这一时期中国的民族意识来说,这种论战又在某种程度上构成互补,二者都在近代思想的发展历史上留下了自己深深的印痕。大论战本身虽然没有结论,但在革命派与立宪派的两种反抗形式——武装起义和请愿斗争之间的分途较量必然要决出分晓。

革命派的武装起义,在1906年的萍浏醴起义后,由间歇而频繁,由小试而大干。几年间,革命势力大大地激荡起来。与此同时,立宪派由少数人的局部的立宪活动,至1910年末发展为数十万人一再签名的全国性大请愿。他们满想通过清朝政府实现他们的立宪主张,"俾希望立宪之人心迎机而大畅,鼓吹革命之患气不遏而自熸"[2],避免革命的流血破坏。一个旨在推翻清朝,建立民主共和政体;一个力争改造清朝,使之走上君主立宪的轨道。双方各自对着同一个对象——清朝开展斗争。过去说的"逐鹿中原",是指同一形态的起义英雄们的武装角逐,清末则是资产阶级内部两种政治势力采取不同方式的角逐。这是随社会形态发生变化而来的阶级结构和斗争方式的变化,不仅对封建时代的角逐是一个进步,即与中国进入近代社会以来的反封建斗争比,也是一种进步。革命派和立宪派在角逐中各自的力量都在增长。增长的社会因素,固然有不少原来的改良派分

---

[1] 孙宝瑄:《忘山庐日记》上册,上海古籍出版社1983年版,第422页。
[2] 中国第二历史档案馆编:《中华民国史档案资料汇编》(1),江苏人民出版社1979年版,第101页。

子投向革命,但也有许多从旧营垒中游离出来的分子还不能一步跨进革命的门槛,只能成为立宪派的补充力量。由于革命派与会党、新军的结纳日多,而千波万澜的群众自发性斗争也有利于革命派的武装起义,革命的声势已大于立宪,它代表了时代的大方向。但立宪派在晚清社会政治格局中能够成为站在革命派与清政府之间的"第三种势力",作为一个颇有声势的社会群体而存在本身,说明了他们仍有其依以生存的社会基础,他们作为新派人物的颜色并没有完全脱落。比照革命派,立宪派在社会经济、文化领域也有优势。在经济领域,立宪派直接从事工商业的人不少,与工商界有较广泛的联系;革命派直接从事工商业的人却罕见,与工商界联系不密切。所以,与工商界利益攸关的抵制美货运动、收回利权运动和保路运动,多为立宪派发动,在社会政治生活中产生过很大影响。立宪派基于保护和发展工商业的要求,敢与帝国主义进行挽回利权的斗争,却害怕革命带来破坏,他们更要坚持立宪以抵制革命。在文化领域,在那时的学堂、报刊、著译等资产阶级新文化事业中,革命派固然已很活跃,但立宪派和倾向立宪的人数却要大得多。如从戊戌时期创办起来的作为新文化教育事业重镇的京师大学堂和商务印书馆,大抵仍以立宪人士为核心。如梁启超的论著、严复的译书,尽管他们的影响已大大地超越了立宪的政治界线,然而梁、严的立论毕竟是为立宪说法的。由于这种复杂的社会历史关系,在 1900 年至 1911 年间,武装起义和群众斗争虽已如火如荼,但立宪思想在知识群及其他领域仍很流行,为许多人所接受。这里且以 1911 年 2 月 22 日黄尊三的一段记述为例:

> 晚,(熊)芷斋来谈,多为人处世之言。余询其对国事之主张,则不能明白答复,只云立宪即足救亡。余谓立宪不过一种制度,制度之运用在人,今之政府,能运用立宪之制度乎,吾殊未之敢言。况立宪

之空名,政府亦未敢轻与。以余拙见,简直说非革命不可。熊君听余言革命二字,勃然变色曰,宋遯初素称革命巨子,今日尚不言革命,汝辈何幼稚乃尔,可谓不知时务。余曰,宋之言革命与否,非余所敢知,不能以宋某个人不言革命,使天下人均不言革命,足下未免太迷信遯初,而轻视天下人。况遯初未必真不言革命也。足下盖中立宪党之毒而于国情为昧昧也。熊君闻余言愤甚,欲继与余辩,下女报客来,而余二人之谈判遂中止。[1]

黄尊三、熊芷斋当时同在日本留学。20世纪初期的留学生是中国政坛的晴雨表。过去有关辛亥革命著作大都强调了留日学生的革命化,其实那十年前后留学日本的两三万人中,持熊芷斋这种态度、坚主立宪的人比比皆是。前此,胡汉民所说"其学业将成而自命前辈者,辄畏言革命,且信仰至日本维新立宪而止"[2],就是指的熊芷斋这类留日学生。

20世纪初年,革命与改良之由纵向的递嬗变为横向的对峙,除了上述所说的情况外,还有外来和内在两个原因。

就外来因素而言,资本主义取代封建主义都不外采取君主立宪制或民主共和制,君主立宪与民主共和构成资本主义世界的两种基本政治模式。对于中国新兴的资产阶级来说,两者都是现成的榜样。革命派和改良派各自择取一种榜样以打倒另一种榜样。康有为曾经作过统计,得出了君主立宪比民主共和多的比数,借以阐发他的主张。但因为两者的成功都已被过去的实践所证明,所以就理论论争而言,其中的任何一种都没有足够的力量彻底打倒另一种。这种情况又决定了两者都能用自己的逻辑来说服一部分爱国的中国人。那

---

[1] 黄尊三:《三十年日记·留学日记》,湖南印书馆1933年版,第316页。
[2] 《胡汉民自传》,台北传记文学出版社1969年版,第22页。

时来自西方的外部条件有极大发言权,日俄战争的胜败既是那样令人信服,何况君主立宪与民主共和在西方是同一社会形态里两种并存的政治模式,改良派也就更有理由与革命派争夺,要求在中国实行君主立宪。然而,中国究竟应采用哪种模式,是君主立宪还是民主共和,并不是一厢情愿的事,而是由特定的时代、国情、社会环境与文化传统决定的。厚此薄彼,以一方否定另一方,是缺乏历史依据的。但在新兴资产阶级前进的历史上,采用民主共和还是君主立宪,对封建势力的打击程度是不一样的,也就是说民主共和对封建势力的打击大于君主立宪。在那时的中国,不把皇帝拉下马,历史就不能前进。民主共和与君主立宪两种政治模式的争夺,反映了中国近代社会新陈代谢过程中的矛盾和曲折。

就内在关系来说,在当时中国,封建制度是社会进步的最大障碍,而帝制又是这种制度最直接的体现者。革命派以铲除帝制为己任,固然代表了中国社会的客观要求,革命之具有主导意义,其理由正在于此。但是,把实现立宪政治作为革故鼎新的最高目标的戊戌变法的失败,并不同于没落阶级的失败,而是新旧势力的悬殊、新的暂时不能克服旧的而招致失败。戊戌后,立宪仍是一个为人们憧憬的新图案。而且,在戊戌时光绪皇帝曾经支持过维新变法,并在变法失败后饱经折磨,与改良派同历劫难。所以,在不少中国人心目中的光绪是主持新政而有立宪希望的"皇",是维新变法的象征,他们深信老耄的慈禧总赛不过年富的光绪。难怪康有为挥舞着"衣带诏"在海外华侨中有很大市场,在国内也仍然有影响。特定的历史条件使得保守的形式具有了进步的内容。当革命派把握了正确的方向,以破竹之势行进的时候,改良派却把根须扎进了现实的社会变动之中,以捕捉时机,实现立宪的政治理想。两者展开竞赛,但两者都不是倒行逆施。须知立宪在中国的实现并不是全无可能的,即便是到了1905年之后,也还存在着立宪的微弱前景,还有一些号召力,特别是对那些从旧营垒中渐次苏醒过来而又害怕革命的人们。其一,日俄战争之后,公使孙宝琦和总督周馥、张之洞、岑春煊、袁世凯在统治集团内部先后吁请"变更政体"、推行立宪,主张内而依顺舆情,外而跟上时代潮流,这种事实说明了洋务派向改良派的大步接近。尽管他们各有用意,但这种时局逼迫下的变化毕竟能够容纳比洋务运动更大的改革。其二,立宪派于1910年1月、6月、10月相继举行的"速开国会"的请愿运动,曾遍及了16个省,牵动过数十万人,光是参与签名者,就达20万人。它显示了拥护立宪的社会基础。其三,在20世纪初期的风云变幻中,国内出现了一批改良派的后劲人物,其中尤以张謇最为著名。他没有康有为那么多理论,但他比康有为更富于策略;作为众多实际运动的领袖,他的才干又高于康有为。他以状元的身份而毅然辞官南归,创办实业,体现了由一个中世纪的儒生到近代中国人的转变。[1] 但他并不能从封建的束缚中完全脱颖而出,仍只能把戊戌提出来的立宪作为自己追求的政治目标,并把各项新政集中到立宪这个总目标上来。就这一点来说,立宪运动是戊戌维新的继续和发展,而康有为是立宪的前驱,张謇则是立宪的后劲。前驱和后劲既体现了改良派自身的代谢,又表现为立宪的社会接力。以上三者的存在,是一种历史的安排。"东边日出西边雨,道是无晴却有晴"。它们为立宪派的目标提供了可能实现的条件。然而,可能实现的东西最终并没有实现,革命以先声夺人之势推翻了帝制。造成这一结果除了当时中国的客观情势外,还有两个方面的契机:

---

[1] 参见张孝若:《南通张季直先生传记·附年谱年表》,传记,第68页。

（一）立宪具有双重意义。一方面，它是中国社会的一种变革，立宪派要求限制君权，推行资产阶级的议会政治，要的是真立宪，因而有其合理性和积极意义。另一方面，它又是对早该淘汰的清王朝的一种挽救。只有变革王朝才能挽救王朝，二者是统一的。新政的实施说明了清王朝已有自我挽救的意识，但慈禧太后只取立宪之名又说明它并没有相应的变革意识。立宪派一再警告清政府："国运非收拾人心，无可挽回；人心非实行宪法，无可收拾。"并"以假立宪者真革命之说儆之"[1]。但种种迹象表明，"自先帝（指光绪——引者）立宪之诏下，三年以来，内而枢密，外而疆吏，凡所为违拂舆情，摧抑士论，剥害实业，损失国防之事，专制且视前益剧，无一不与立宪之主旨相反"[2]。当时人曾说："今日之政府，所谓以振作为敷衍者也。昔有再醮之妇，嫁续娶之夫，人赠以一联云：又是一番新气象，依然两件旧东西。可以为今日政府写照。"[3]虽然形容太过刻薄，但意思是很传神的。老耄昏聩的西太后和继起的少年贵胄载沣均非百日维新中的光绪之可比。历史提供了可能的条件，但清王朝却没有一个认识这种条件的人。他们用假立宪来欺骗历史，而欺骗历史是不可能不受历史惩罚的。1911年年初外国人已经看到："中华帝国正在没落，其四肢已经烂掉。"[4]显示了局外旁观者的敏锐与清醒。

（二）这一时期中国正处于"山雨欲来风满楼"的大变革前夕，"政府之专已自逞，违拂民心，摧抑士论，……于是人民希望之路绝，激烈之说得而乘之，而人人离畔矣"[5]。以下层群众为主体的民变

---

[1] 杨立强等编：《张謇存稿》，上海人民出版社1987年版，第21页。
[2] 《张季子九录·政闻录》第3卷，中华书局1931年聚珍仿宋版，第40页。
[3] 孙宝瑄：《忘山庐日记》上册，第547页。
[4] 〔澳〕骆惠敏编：《清末民初政情内幕》上册，第683页。
[5] 杨立强等编：《张謇存稿》，第18页。

如千波万澜,起伏于南北各地。他们用自发的形式反映了20世纪头十年中国社会矛盾的激化。民变以动乱的形式为革命创造了社会环境。历史矛盾运动常常互为因果,这些民变大都是清王朝为筹集新政费用摊派捐税而引起的。新政以自我挽救为动机,但当新政成为人民群众头上沉重的经济压力时,它又变成了加速王朝覆灭的催命符。在革命和改良的对峙中,下层群众以自己特有的方式作出了抉择。这是一种不自觉的抉择。但它一经出现,就会改变历史已有的安排。

三、 不同一性中的同一性

立宪派与革命派是一对矛盾,它是近代中国社会的帝国主义与中华民族、封建主义与人民大众两对基本矛盾派生出来的一对矛盾,是在反帝反封建要求下产生的一对矛盾,二者的并峙表现了它们的不同一性,也有对抗性,但这种矛盾反映的是同一个阶级的不同阶层在改革方式和道路上的分歧,对立着的双方都在为沉沦中的中国寻求新的出路,都要求改变半殖民地半封建的社会地位,建立近代化的制度、国家和社会,因而又具有同一性。复杂的社会环境及历史条件决定了革命与改良在互相对立中又互相联结,在不同一性中具有同一性。

革命派和改良派是在同一经济基础上发展起来的两股新的政治势力,它们的主张和要求都不同程度地体现了近代资产阶级的社会政治、经济、文化要求。近代中国的社会经济发展不平衡,突出地表现为南北间的差异,资本主义首先是从南方兴起并长期占优势,这与西方势力首先进入这个地区有关。1893年有人写信给张之洞说:"方今机器之利,粤人知其益者,十之八九;两江闽浙,十之二三;河洛以北，百不得一。名卿巨公，以为是者半，以为非者亦半。"[1]这些话大体反映了当时南北间对认识和接受西方事物的差距。所以，近代的新兴力量大多肇始于得风气之先的南方或以南方为主。倡导改良与革命的首要人物都出自南方。同盟会在1905年至1906年有统计的会员为976人，其中广东170人，湖南158人，四川130人，湖北125人，余为其他各省。江、浙、皖人数不著者，因三省主要为光复会活动地区。光复会不像兴中会、华兴会的人几乎全体加入同盟会，而只有少数人陆续加入。从改良思潮的酝酿到改良派的形成固然起于南方，即便是后来的立宪运动也以南方为基地。如江浙的预备立宪公会，湖北的宪政筹备会，湖南的宪政公会，广东的自治会均是。两派的组织及其活动地区说明了它们的社会基础的同一性。尽管我们通常区分它们一为民族资产阶级的上层，一为民族资产阶级的中下层，这是就其社会地位和政治态度说的。若就其经济关系而言，立宪派同工商业的关系还多于革命派，对提倡实业有更大的兴趣。

革命派与改良派同时以"救亡图存"为自己出世后的第一声呐喊，爱国是二者共同的历史起点，反帝是他们共同的旗帜。康有为为"救亡图存"而谋求政治上的改良，孙中山也因列强的"虎视鹰瞵"而指出革命旨趣，由爱国走向革命。其后，革命派固然是高举爱国革命的旗帜，立宪派又何尝不以民族安危为念！在革命派与改良派的大论战中，一方害怕革命引起列强干涉而招瓜分之祸，一方则以革命在于谋国家之独立可以避免列强干涉为辞，二者对帝国主义的本质都还缺乏应有的认识和坚决的反抗宗旨，同样表现出双方固有的软弱性，但都想从帝国主义的枷锁下解放出来，使中国并立于世界民族之

---

[1] 盛宣怀档案资料选辑《汉冶萍公司》(1)，上海人民出版社1984年版，第51页。

林。所以在收回路矿权利的一系列斗争中,大抵为立宪派发动或立宪派与革命派相率投入斗争。如山西省立宪派首领梁善济先是与革命党人解荣辂联名上书清廷外务部,要求收回孟县等地矿权;继而他又与革命党人一道解除山西商务局与英国福公司的合同。1911年6月上海成立"中国国民总会"时,同盟会会员与立宪派人士分别担任了正副会长,该会受同盟会的指导,是以反抗列强侵华相号召而广泛吸收各阶层参加的爱国团体。保路运动中,湖南、湖北、广东三省都是大批立宪人士发动而有革命党人参加的爱国斗争;四川立宪党人发展为保路同志会武装抗清,成为武昌起义的导火线。不可否认,在改良与革命的道路上,立宪派与革命派常处于对立的地位,但又应该看到,在爱国反帝的要求上,立宪派与革命派更有相互配合、共同斗争的友情。这种友情不仅表现为上述挽回利权的许多事例,而且深藏于荣辱与共的民族情感中,无论革命还是立宪,其反对外来侵略,反对清朝卖国,都具有极大的同一性。

革命与改良两派都取法于西方,向西方学习。作为革新中国与打击旧学的思想武器,最初取自西方的社会契约论、三权分立说、进化论和以实验科学为基础的归纳方法等,是由改良派与革命派相率译解的。对这些学说的理解和运用,一方得之为渐进量变,为君主立宪;一方得之为跃进质变,为民主共和。这种异趋,是由外来变为内在的社会机制和两派各自的政治倾向造成的。我们固然应看到这种异趋,但两派毕竟是同取一瓢水,目的在于冲击中国的旧学,导中国于革新之路。即使在两派激烈论战的立宪运动期间,《新民丛报》也没有丧失对旧营垒的冲击作用,论战可以说是双方对旧营垒从来所没有过的剖析。所有这些学说的译解,除了革命派和改良派的书刊外,还有其他方面的译述,对许多青年知识分子和睡眼方开的士人还是思想启蒙,不一定先存在政治的泾渭,如进化论、实验科学的方法主要引导他们突破旧的樊篱去观察和分析历史与现状。在一个相当长的时期内,卢梭、孟德斯鸠、达尔文、华盛顿、林肯、彼得大帝以及明治维新崇拜的英雄形象,成为两派人汲取思想和战斗激情的共同来源。民族的、时代的追求,在近代中国社会具有极大的意义,它们常常超越政治分野的广度而驰骋于人们心中。

革命与改良两派都把中国的去路寄托于实现资本主义,因此反封建同是二者的奋斗目标。改良派一开始就是向封建挑战的,想以渐进的方式使资本主义体制取代封建主义体制。戊戌维新运动对封建顽固派势力曾经斗了一场。立宪运动同革命对峙虽削弱了反封建的作用,但要求发展资本主义,其矛头是指向封建的。革命派标举民主共和,进行暴力革命,与改良派比较,是全面而一贯地反封建的。在反封建这个大目标上,立宪派与革命派有较大的差距。立宪派之所以与革命派对峙,主要是如何对待代表封建统治的清朝。本来君主立宪制的君主、民主共和制的总统,只是两种模式的国家的元首,尽管在其开始对打击封建的程度不无差异。然而在中国历两千年的君主高于一切的封建专制统治,不把皇帝拉下马,对封建政治势力就会是极大的保留。正如恩格斯指出:"法国的君主制在 1789 年已经变得如此不现实,即如此丧失了任何必然性,如此不合理,以致必须由大革命(黑格尔谈论这次革命时总是兴高采烈的)来把它消灭掉。所以,在这里,君主制是不现实的,革命是现实的。"[1]辛亥革命时中国面临的情况也是如此,不废除君主,那是非常不现实的。就这点而言,革命派具有更彻底的反封建程度,而改良派在反封建的同时又带

---

[1]《马克思恩格斯选集》第 4 卷,第 211 页。

有某种保留。话又得说回来,君主立宪毕竟是资本主义体制,不属于封建主义体制,立宪派对封建诚然有较大的妥协性,然而基于资产阶级的要求,毕竟又是反封建的,这是它与革命派具有同一性的基点。

在历史社会的新陈代谢中,不同一性和同一性是普遍地存在的。一切对立的事物,都在不同一性中寓同一性,没有不具同一性的对立面。立宪派之与革命派,除了上述在社会基础、政治背景、理论指导和反封建这个总目标上都有若干联结外,事实上,从甲午战争到义和团运动,不仅改良派的斗争有全局性影响,是时代的呼声,而且两派在爱国革新的要求下,都为中国的处境而冒险犯难,彼此不无惺惺惜惺惺之意。他们曾经在日本、新加坡、檀香山等地寻求合作,兴中会的参与自立军起义,就是这种合作的明显标志。武昌起义,革命派以武装推翻清朝对立宪派的长期论争给出了答案,建立了中华民国。至此,立宪派也是一片共和呼声,群起而组织共和党。不管叫投机也好,叫转变也好,革命派接纳了他们,他们表示趋从革命,可以说是前度的合作在新的情况下的再现,也是潜在的同一变为表面化的同一。当革命党人以为"破坏告终,建设伊始"的时刻已经到来,倡议发展实业,以厚民生,立宪党人对此表现了极大的兴趣,积极响应,组织协会,筹建企业。凡此种种,表现了二者的最终目的都想把中国建成一个资本主义强国。

在清末,革命派、立宪派与清王朝的三角关系中,革命派一面要发动武装起义推翻清王朝的战争,一面又要从政治路线上同立宪派作斗争;反过来,立宪派一面要花很大的气力对付革命派,另一面为了实现立宪的政治目标,仍要与以慈禧太后为代表的顽固派争夺;同样,清朝政府也是在同两面的格斗中挣扎。其中,革命派与清王朝是谁消灭谁的问题,而立宪派与清王朝、与革命派则各有其互相对峙和互相联结的一面，其对峙和联结又是互为进退的。立宪派对清王朝的立宪失望时，同革命派的联结就增长，并现其同一性。革命派与立宪派的对峙，也不同于农民阶级与地主阶级，不同于工人阶级与资产阶级的对峙，它们是在资产阶级这个统一体中为建立资本主义国家而产生的分歧，其间具有较大的同一性；而在政治思想战线上的斗争，如何对待封建主义的各个方面，比人民群众自发的反封建斗争也具有更实际的内容。革命与改良两派的对峙与联结，同一性与不同一性，决定了它们各自在中国近代社会新陈代谢中的历史地位。

第十六章　民变与革命

民变是下层群众用直接诉诸行动的方式以表达自己对现存社会的不满和反抗,是中国社会内在矛盾激化的产物。与革命相比,民变具有自发性、分散性和落后性,因此二者并不相同。但在20世纪初期,波波相续、绵绵不绝的民变又同前仆后继、峰峰相连的革命交错迭出,二者的并存导致了彼此的影响。革命与民变的这种相互关系是晚清最后十年中国社会新陈代谢的内容之一。

一、乱世众生相

庚子之变后的中国,风云际会,出现了革命、改良、朝廷三方格斗角逐的社会政治格局。革命派要以暴力推翻清朝,改良派则以改造王朝、推行君主立宪为己任,清廷在革命与改良的夹击中进行王朝的自我挽救。在同一过程中,下层群众则以千波万澜的民变发泄了对腐败王朝的怨愤和不满。作为一种社会反抗现象,民变并非到这个时候才出现的。但晚清最后十年的民变,风起云涌,迤逦相属,"几乎无地无之,无时无之",无论在次数上还是在广泛性上,都是前所未有的。当时某报曾刊载过三幅漫画:一幅是官把民打在地上,一幅是官民对打,另一幅是民把官打翻在地。官民对打既是官与民势不两立的体现,也是当时中国社会处处民变的真实写照。据统计,从1902年到1911年,各地起伏生灭的民变多达1 300余起,平均每两天半发生一次。这些民变席卷全国各地各民族,触及了城乡社会生活的各个方面,因而具有杂多的名色。[1] 就其内容而分,民变大体可以概括为十类:

（一）抗捐抗税。抗捐抗税是中国古已有之的社会反抗现象。但20世纪初年的捐税之多直接促成了抗捐抗税之多,两者的广泛性都是史无前例的。本来,庚子赔款"遍摊于十八行省,民间已啧有烦言。近则新政所需,无不用其摊派,计臣但知提拨,不问款项之何来,疆吏无计搜罗,且复刻剥以塞责"[2]。当时有句流行的奏语:"朝廷责之疆吏,疆吏责之有司,有司不取之百姓,将于何取之。"取之百姓之法无他,就是巧立名目,重征旧税,开征新捐。据史料记载,直接成为民变刺激物的,至少有六十来种捐税。其名目如次:灯膏捐（土药捐）、肉捐、车马捐（骡马捐）、厘捐、酒捐、煤炭捐、房捐、蚕丝捐、茶摊捐、铺捐、统捐、茶捐、茶碗捐、船捐、靛捐、旱挑捐、展帘捐、猪捐、鱼捐、柿洒捐、剃发捐、糖捐、鸡鸭捐、小商品捐、学捐、牙帖捐、器具捐、柴草捐、粪捐、国民捐、米捐、路矿捐、花布捐、警捐、花捐（妓女捐）、亩捐、牛马捐（牲口捐）、果捐、称捐、竹木捐、牌照捐、戏捐、出口捐、契纸捐、户口捐、文庙捐、油坊捐、染坊捐、纸捐、河捐、路捐、教养局捐、烟丝捐、轿捐、槟榔捐、瓷器捐、巫道僧尼捐、红事捐（结婚）、农会捐、洋

---

[1] 参见张振鹍等:《清末民变年表》,载《近代史资料》1982年第3、4期。
[2] 《裁缺通政使郭曾炘奏宣徐议宪政折》,见故宫博物院明清档案部:《清末筹备立宪档案资料》上册,第207页。

药统捐,等等。"当捐之行也,一盏灯、一斤肉、一瓶酒,无不有税。"[1]"所有柴、米、纸张、杂粮、菜蔬等项,凡民间所用,几乎无物不捐。"[2]苛捐激变,时人指出:"乱由于捐,捐由于擅",是"擅捐者累之","擅捐者酿之","擅捐者激之",是官府勒索苛派,纵官殃民所致。[3] 与捐税意义相仿的,还有《辛丑条约》之后中央和地方政府摊派的赔款,以及添设厘局、苛征漕粮、开垦荒田、纳钱升科之类的经济敛刮。在这些名目中,新捐税所占的部分远过于旧捐税。新捐税的产生,反映了城乡经济生活的变化。与之相适应,旧日曾经占主要地位的自然经济下的抗粮抗租,在 20 世纪初期的民变中已融入了抗捐抗税的潮流,变成了抗捐抗税的一个组成部分。

(二) 抢米风潮。辛亥革命前十年,大江南北,灾荒踵接,哀鸿遍野。而奸商哄抬米价,积谷者又复任意居奇,致使米价暴涨。"细民无以糊口,思乱者十室而九。"[4]于是而有饥民抢米、抢粮船、抢面粉厂、抢食品店、抢酱坊、吃大户(吃排饭)、捣毁米店以及禁阻米谷出境,要求开仓平粜、取消米捐一类的民变,屡见于浙江、江苏、四川、广东、江西、直隶、安徽、河南、湖南、湖北、奉天、热河、山东诸省,其总数在 150 次以上。[5] 饥民的主要成分是农民和城镇市民。因此,抢米风潮同时发生于农村和城镇。两者之中,尤以后者所产生的社会影响为巨大。1910 年 4 月,长沙市民要求减价平粜米谷、抢劫城厢内外

---

[1] 《论近日民变之多》,载《东方杂志》1904 年第 11 期。
[2] 中国第一历史档案馆等编:《辛亥革命前十年间民变档案史料》上册,中华书局 1985 年版,第 355 页。
[3] 中国第一历史档案馆等编:《辛亥革命前十年间民变档案史料》上册,中华书局 1985 年版,第 25 页。
[4] 中国第一历史档案馆等编:《辛亥革命前十年间民变档案史料》上册,第 158 页。
[5] 据《清末民变年表》统计,见《近代史资料》1982 年第 3、4 期。

各碓坊堆栈之米的风潮一变而为烧抚署、洋行、教堂的暴动,引起"举国震动"[1]。这是近代经济的发展使城镇和市民在中国社会里所占地位日益提高的结果。在同一过程中出现的农村饥民涌入城市的事实又从侧面反映了正在形成的新的城乡关系。由于城镇在日常经济交往中吸引和制约着农村,因此,在灾荒岁月,求食的农民又沿着这条现成的道路来到了城镇。

(三)为求食有盐而导致的城乡骚乱。在几千年漫长的封建社会里,国家包办食盐已经成为一种传统。到了清代,这种传统具体化为"盐政"。在盐政统制之下,盐商垄断盐业而政府收取盐利。因此,盐业交易成为不受商品经济规律制约的商品流通过程。晚清最后十年,清政府困于财政窘境,实行盐斤加价,添征盐税;盐场暗中大肆卖放,中饱私囊;不法盐商又趁机抬价牟利,遂引起民众的强烈不满。由食盐而触发的骚乱主要表现为民众抢盐、捣毁盐店盐局、反抗官办盐局和查禁私盐、反对盐商垄断盐利,要求官盐减价,以及以贩卖私盐为生的盐枭起义。据《清末民变年表》估算,此类民变共有46起,在数目上约相当于抢米风潮的三分之一,但它们动辄酿成武装冲突,其暴力色彩更浓于抢米风潮。如1903年12月,陕西因偿款不敷,"盐斤加价",引起众愤。而代销官盐的商店又垄断食盐,"分两既不足数,价值又复滥加,民间日食所需,益形不便"。盐贩乘机起事,抢劫盐店,烧毁盐局及盐骡商厂。[2] 类似暴动在江南苏、松、常、镇、扬、通一带更盛。洪泽湖、巢湖、太湖地区贩卖私盐的盐枭林立,他们组织武装船队,出没于湖湾港汊,同前来"缉私"的官兵对垒,被清政

---

[1] 《论莱阳民变事》,载《国风报》1910年第18期。
[2] 参见中国第一历史档案馆等编:《辛亥革命前十年间民变档案史料》下册,第820—821页。

府视作"隐患"。这些"盐枭"起义和民众骚乱虽是一种旧式的民变，但在商品经济已经发展的情况下，它又带有新的特点。1908年8月，"广西贺县商人罢市，抗议知县袒护盐商，草菅人命"[1]，商人卷入这种骚乱正意味着商品经济对传统盐政的冲击。旧式民变由此而具有了过去所没有的内容。

（四）会党、农民起义。民间秘密结社，由来已久，但这一时期会党人数、活动区域都在扩大。东北的"胡匪"（"马贼"），两广的天地会，河南的白莲教、黄道会、仁义会、小刀会、在园会、弥陀会、江湖会（英雄会），四川的红灯教，安徽的洪莲会、红刀会（王祖会），山东的联门教，江西的洪江会，福建的桶子会、五谷会（神农会），湖南的同福会，湖北的红灯会，长江中下游流域的哥老会，冀鲁一带的联（连）庄会，江浙地区的青帮，以及会党之外无一定名义的农民揭竿起事，前后相逐，此伏彼起。这是一个不断渐灭而又不断再生的过程。会党和农民起义的一部分同抗捐抗税、抢米风潮等相交织而重合。但就其全体而言，其意义在于用一种无法逆转的趋向，反映了那时中国社会矛盾的日益激化。当清政府着手于自我挽救的时候，会党和农民起义却以连绵无穷的社会动乱宣布了旧制度的不可救药。对于一个不可救药的社会来说，动乱是另一种药石。

（五）罢工斗争。早期工人的罢工斗争具有明显的经济色彩。促成罢工的直接原因常常来自增加工资、追索欠薪（包括反对克扣工资）和缩短工时、反对虐待的要求。如1902年3月上海城内染坊工人罢工，同年5月上海耶松船厂木工罢工，1903年4月杭州箔业工人罢工等，即属要求增加工资；1904年3月，上海勤昌丝厂女工罢工，则

---

[1] 张振鹏等：《清末民变年表》，载《近代史资料》1982年第3期。

属索欠工资;同年5月,浙江鄞县鄞江桥石工数百人罢工,就属要求提高工资。但也有少数是带有政治性的。例如1905年,上海华新纱厂工人为反对盛宣怀将该厂卖给日本资本家而发动的罢工就是一种爱国主义的斗争。在清末民变中,产业工人代表了一种新的社会力量。虽然他们还没有形成自觉的阶级意识,更没有由自在的阶级转变为自为的阶级,因而在清末民变的潮流中只能表现为民众力量之一。但是,这个时期的罢工却是工人阶级自身发展历史的一部分。作为雇佣劳动者,他们用经济斗争来反对资产阶级;作为新生产力的代表者,他们又在政治斗争中追随着资产阶级。这是一种矛盾,也是一种特点。

(六)兵变。清末兵变不下20起,多以士卒索饷、反对克扣军饷为起因。如1907年4月广东琼州南路续备军第五营因管带克扣月饷,士兵饥饿哗变,杀死哨官、管带。1911年四川定乡新军因管带"刻待士卒"而发生兵变。也有激成于长官横暴的,如1904年广西柳州兵变。也有的是因军制改革而引起的,如1911年德州防营兵变。山东"自营制改革,物议哗然,所用将弁又皆卒伍下材,驭军无法,士心愤怒,思乱者众"[1]。少数兵变则是受了革命的影响,带有反清的政治色彩。这一时期的兵变既涉及旧式的防营和漕勇,也涉及新式的巡警和新军,因此它已经不是点而且是面了。军队是国家机器的主要成分,兵变则意味着这种成分的分崩离析。在当时的民变中,兵变并不是比重最大的部分,但它显示了军队对于政府的异己化。而军队开始异己化的时候,也正是政府开始走向解体的时候。

(七)学潮。作为一种社会斗争的方式,学潮多以哄堂、罢课、退

---

[1] 中国第一历史档案馆等编:《辛亥革命前十年间民变档案史料》上册,第188页。

学、示威为主要反抗手段,是民变中过去所不曾有过的新内容。它起于多种原因而反映了多种内容。其一,起因于学校内部的矛盾,如伙食菲薄,教员不称职,招生舞弊,校方压制学生追求民主,以及封建式的体罚和学校专制制度的压迫等。浙江、江苏、直隶、福建、上海、湖北、陕西、四川等地的新式学堂均发生过类似的学潮。其二,起因于学生与社会的矛盾,例如警察欺负学生,政府停止官费,官吏扣留学生等。其三,起因于时局造成的政治矛盾和民族矛盾,例如为争回路矿利权,为召开国会等。前者把矛盾直指帝国主义,北京、上海、杭州、武昌、安庆、南京等地都出现过较大规模的学生集会,并组织学生爱国团体,痛斥帝国主义的侵略行径,社会影响颇巨;后者主要把矛盾指向封建专制主义,旨在推进中国政治的民主化。触发学潮的这些矛盾派生于中国社会的主要矛盾,所以学潮直接或间接地表现了学生对社会的积极参与。学生常常是民主革命的先锋和桥梁,是中国社会最进步的力量。因此,以学生为主体的学潮的兴起与扩大,始终吸引着进步舆论的密切关注和有识之士的积极支持。1903年《苏报》特辟"学界风潮"专栏,予以报道和评论。此后各种报纸和杂志也有所反映,在社会上引起相当大的反响,它构成了中国社会近代化尤其是政治民主化运动的一个重要组成部分。当然,清末的学潮还算不上是自觉的学生运动。特别是众多的学生罢课同少数文童罢试的交互出现,使这种学潮呈现出新旧杂陈的过渡色彩。但它是一个雏形,后来的学生运动正是从这里起步的。

(八)反对教会与外国侵略者的斗争。"仇教"、反洋教在义和团运动之前就已起伏于全国各地。庚子以后,这一方面的斗争表现为两类:其一,以下层民众为主体的用暴力行动反抗教会和教士的欺压。这种行动往往表现为阻止平民入教和捣毁教堂。江西、安徽、福建、四川、湖南、广西、云南、青海、山西等省都曾发生类似的斗争。其中最突出的是1906年2月的南昌教案。此类斗争,本质上是义和团运动的余波,所以毫不奇怪,在反洋教的过程里,愤怒的群众曾不止一次地重举"扫清灭洋""顺清灭洋""保清灭洋"之类的义和团旗帜。其二,绅商领导下的爱国运动。与民众的反洋教行动相比,这种斗争更带有经济的特点。例如收回路矿权利的斗争,因抗议美国迫害华工而发生的抵制美货运动,以及日船"二辰丸事件"之后广东的抵制日货运动,等等。这两类民变都是民族矛盾的产物。但在当时的中国,它们却又常常变为人民同清政府之间的冲突。

(九)反对"新政"。农民反对"新政"是晚清最后十年民变中引人注目的内容。新式学堂、劝学公所在广大农村普遍地遭到憎恶,甚至同教堂、官署一起被列为砸毁的对象,这一类事件至少有67起。招商局和其他轮船公司行驶运河的船只则因行驶引起的波浪冲刷堤岸而被沿岸的农民捣坏。见于记载者,仅江都、扬州两地就各有5艘轮船被毁。此外,还有层出不穷的反对清丈土地(包括牧地、旗地)、反对自治新政、反对调查户口、反对钉门牌、反对禁种罂粟(烟苗)之类的斗争。农民反对"新政",一半是因为"民穷","新政"所需无不在百姓身上设法,因此举办"新政"对农民来说意味着更多的新捐税。而贪官污吏又往往借"新政"之名横征勒派,遂使许多"善政良法"成为"作奸为虐之一端"[1],成为"病民之根"[2]。一半是因为"民愚",农村留存着更深的旧传统,因此,城市能够接受的东西却常常被农民拒绝。"若夫野老乡竖,于一切新政,既为平素所未见未闻,一旦

---

[1] 中国第一历史档案馆等编:《辛亥革命前十年间民变档案史料》下册,第632页。
[2] 刘师培:《论新政为病民之根》,载《天义报》1907年第8—10期合刊本。

接触于耳目间,自不免传为异事,演成不经之说","酿成非常之巨祸"[1]。1910年江南宜兴地区农民反对调查户口,说是因为部分农民听信谣传,说官府查取男女生辰,"为修筑铁路镇压(郑州——引者)黄河桥工之用",于是迭起暴动。[2] 新式学堂、劝学公所之被捣毁亦常因它们设在寺庙、祠堂之内,亵渎了神灵。1910年夏,直隶易州地区亢旱,高阳社等处18村民众进城祈雨,由学堂门前经过,"该堂学生在外聚观,私议愚民迷信。祈雨人闻之,即与辩论",愤而砸毁学堂门窗器具。[3] 上述情况决定了反对"新政"并不具有历史的进步性。但在20世纪初期成千上万农民对"新政"的抵制却又体现了某种历史的必然性。清政府的"新政"并没有实现中国的改革,但"新政"的名义却从经济上和心理上触犯了农村社会的传统观念。于是,为了消弭革命而施行的"新政"却引发了来自另一方面的反抗。

(十)其他反对压迫的斗争。除了以上九类民变之外,这一时期还出现过工人、学生、店员同军警的冲突,群众性的抵抗拆迁民房和铁路局征购土地,抗议巡防扰民,反对禁止摊贩,反对禁止平民开矿,商民打毁绅士为去职官吏所送的"德政牌",以及劫狱释囚,等等。这些变乱旋生旋灭,但它们以时间上的继起性和空间上的并存性画出了当时中国的一派乱世景象。

晚清最后十年的民变持续时间长短不一,规模大小不等,参加者包括除官之外的农民、工人、商人、学生、"盐枭"等城乡社会的各个阶层和由城乡社会游移出来的会党。他们没有统一的旗号、目标和组织,但他们以动乱的方式加速了应该淘汰的东西被淘汰,反映了这个

---

[1] 中国近代史资料丛刊《辛亥革命》(3),第395页。
[2] 参见中国近代史资料丛刊《辛亥革命》(3),第389页。
[3] 中国第一历史档案馆等编:《辛亥革命前十年间民变档案史料》上册,第64页。

时期中国的世相和众生相。同 19 世纪中叶太平天国所造成的长期动乱相比,社会变迁灼然可见。

太平天国时期的社会反抗起自农村,城市不仅是被动的承受者,而且常常成为农村反抗的对立面。但晚清最后十年的民变中,占相当比重的反抗却发自城市。例如罢工、学潮、商民抗捐罢市、抵制洋货、收回路矿权利的爱国运动、摊贩的聚众抗争,以及一部分抢米风潮,都是在城市或以城市为中心展开的。不唯如此,由于城市在近代社会生活中的地位日益重要,城市的反抗又往往影响和带动乡村的反抗。如长沙的抢米风潮,把"湖南数百年来最高无上之大衙门,付之一炬",不仅使湖南全省沸腾起来,各地群众"相继而起"[1],而且"长江一带因而震动,湘事息而谣传未已,外人奔走相告,颇涉张皇……风声所至,危疑几不可终日"[2]。城市反抗的辐射力于此可见一斑。以商人、学生、手工业者为主体的城市反抗是社会经济发展的结果,它比广大农村中的骚动和起义具有更进步的社会生活内涵,因而也具有更积极更深远的社会影响,它从一个侧面说明了 20 世纪的城市已经不是前此的城市了。

太平天国曾以"处处平均,人人饱暖"和"通天下皆一式"的平均主义吸引过渴求平等的小农,把封建制度下分散的小农凝聚成一种社会力量。与此相比,晚清最后十年的民变中抗捐抗税则成为一大潮流。平均主义反映了自然经济,是植根于传统小农社会土壤之上的具有巨大诱惑力而又永远无法实现的社会乌托邦;抗捐抗税则反映了商品经济,因而相对集中地发生于工商业比较发达的南方各省。

---

[1] 《湖南省城乱事余记》,载《东方杂志》1910 年第 5 期。
[2] 《宣统二年五月初一日两江总督张人骏致军机处请代奏电》,藏中国第一历史档案馆。

两者的比较显示了太平天国之后半个世纪里中国城乡社会商品经济的发展程度和城乡社会关系的变化。

太平天国曾以前所未有的规模冲击了一个衰迈的王朝,但历史限制了超越历史的要求。根深蒂固的皇权思想与已渗入民族血液的小农意识又不可避免地使人间"小天堂"蜕变成一个新的王朝,屡见于太平天国文告中的"我朝""朝纲"之类词句即自觉不自觉地体现了这种意识,而穷侈极丽、金碧辉煌的王府则是这种意识的实物化。因此太平天国的反抗并未脱出历代农民战争改朝换代的历史轨迹。但20世纪初年的民变却已非循环式的改朝换代所能涵盖了。民变中既有旧的力量,也有新的力量,它们各自按照自己的内在要求而行动。这种行动既造成了彼此的呼应,也造成了彼此的矛盾。斗争的复杂性,反映了多方面新陈代谢所形成的社会生活的多样化。在这种复杂性和多样化之中,新与旧的关系、官与民的对立因扩展而变得日益严峻了。

二、民变与革命的交互激荡

民变的矛头主要指向官府,是下层群众自发性的反抗行为,革命则是以推翻清朝、建立民主政体为目标的自觉运动。晚清最后十年,革命既在民变之外,又与民变并存。二者既不可替代,又彼此渗透、相互影响。不少民变曾借助革命的旗号大造声势,革命亦利用民变谋求自身的发展。

在民变与革命交互激荡的过程中,民变与革命曾发生过三种直接或间接的联系。(一)民变以革命旗帜相号召,这种情况在两广和长江中下游诸省尤为普遍。1907年10月17日,湖南巡抚岑春蓂在《遵旨严缉革党分别科罪片》中说:"奸匪假借革命名词,煽惑人心,希图扰乱治安"[1],反映的就是这种情况。广东西部的龙州、上思等地的民变,还"公然以'排满革命'煽惑号召"[2]。1905年湖南浏阳的洪江会首领姜守旦"因曾闻由日本游学假归之江西萍乡县人蔡绍南演革命邪说,故有革命军伪号"[3],这是革命声势壮大之后才可能出现的。(二)与革命党人串结以扩大声势。如广州府属沙所堂众或二三百人为一股,或四五百人为一股,设立堂名,"更制旗帜、号衣、新式枪炮,近联港、澳革命诸党,远亦与西省会匪潜通"[4]。1911年四川黔江县附生温朝钟"潜通革党",并与同邑增生王克明"倡言革命,私立社会,到处演说诱惑愚民",啸聚千人,攻陷彭水县治,焚毁衙署、监狱、教堂。[5] 青海西宁的黄表会首领李旺、黄蜡匠等则以"扫清灭洋"为口号发动起义,势力达于甘肃、陕西,并与革命党人有联系。[6] 长江中下游诸省的会党与革命党更是"纷纷串结"[7]。这些事实既说明了革命对民变的影响,也说明了民变对革命的推进。(三)乘革命党起义之机,发动民变。如1907年6月革命党人邓之瑜发动惠州七女湖起义后,附近府县会党亦相机而群起响应,即一例。民变与革命的这种联系主要是在秘密会党起事和兵变中体现出来,其他民变则很少与革命取得联系。

在民变与革命发生联系的同一过程中,革命同民变也曾发生过三种直接的关系。其一,由革命党人参与或策动民变。1907年,粤西

---

[1] 中国第一历史档案馆等编:《辛亥革命前十年间民变档案史料》上册,第418页。
[2] 中国第一历史档案馆等编:《辛亥革命前十年间民变档案史料》下册,第469页。
[3] 中国第一历史档案馆等编:《辛亥革命前十年间民变档案史料》上册,第418页。
[4] 中国第一历史档案馆等编:《辛亥革命前十年间民变档案史料》下册,第451页。
[5] 中国第一历史档案馆等编:《辛亥革命前十年间民变档案史料》下册,第804页。
[6] 参见石殿峰:《甘宁青的人民武装斗争》,见中国人民政治协商会议全国委员会文史资料研究委员会编:《辛亥革命回忆录》(5),第457—485页。
[7] 中国第一历史档案馆等编:《辛亥革命前十年间民变档案史料》下册,第157页。

龙州、上思等地民变,即"系孙汶剧党黄和顺潜回勾胁所为"[1]。1910年2月广州新军兵变就是由同盟会会员倪映典组织的。此外,山东等地的民变亦无不有革命党"潜相结纳",从中勾串。其二,民变将发之际,革命党人主动投入而予以引导或支持。如1906年以会党为主体的萍浏醴起义,就是由革命党人刘道一、蔡绍南等联络会党,组织机关,筹划发动的。1907年广东钦廉一带的民变,"时有革命逆党接济粮械"[2]。其三,民变的出现吸引了革命党人,但在革命党人尚未到达时民变即已被镇压。如1910年长沙抢米风潮,就是如此。革命与民变的这种关系,显示了革命派对群众力量的认识。然而,在当时的社会条件下此类直接联系并不占多数。

三、民主革命的基石

对于革命来说,民变的最大意义乃在于它们以自己的出现和存在推进了形势,促成了清朝统治秩序的瓦解。

(一) 晚清最后十年的民变具有风起云涌之势,包含了各种社会力量。它以全面的动乱全面地挖空现存封建秩序的墙脚,把清王朝推入四面楚歌的绝境之中。民变中出现过"三月四月旱,五月六月乱,七月八月烂(时事糜烂),九月十月换(换朝代也)"的民谣,也出现过"力扶汉种,志夺乾坤"的口号,这些民谣和口号,既反映了当时中国普遍的社会心理和民众的认识水平,也反映了自发行动中的朦胧的政治意识。虽然这种意识还带有过去时代的色彩,但它又成为革命党人"驱除鞑虏"口号的现实回声。在民变挖空旧秩序的墙脚之

---

[1] 中国第一历史档案馆等编:《辛亥革命前十年间民变档案史料》下册,第469页。
[2] 中国第一历史档案馆等编:《辛亥革命前十年间民变档案史料》下册,第469页。

后,革命造成的奋力一击,遂使封建帝制应声倒塌。

(二)清政府曾把"新政"当作永固皇基、熄灭革命火焰的灵水,但历史捉弄了欺骗历史的人。以"新政"挽救王朝气数的动机,却换来了推翻王朝以实现改革的结果。"新政"加重了捐税,因而大大地扩展了自己的对立面;新式学堂培养了近代学生,因而造就了成批的反封建志士;新军淘汰了绿营练勇,结果却铸成了把枪口指向王朝的武装力量。早在1903年8月,就有人在《江苏》第五期上发表文章指出,清政府是"革命制造厂",它想以鼎镬之威摧抑民气,遏乱萌而弭隐患,结果却"诛数人而数十人出,诛数十人而数百人、数千万人出"。矢志追求立宪的梁启超不胜感慨地指出:"畴昔守旧时代,取之民也有制。……贪墨之风,犹未至大长也。自厉行新政之议起,乃不啻为虎缚之翼矣。自顷以来,教育之费取诸民也,警察之费取之民也,练兵之费取之民也,地方自治之费取之民也。甚至振兴实业,所以为民间维持生计者,而亦徒取之民也。民之所输者十,而因之所得者二三,此什之七八者,其大半皆经由官吏疆臣之手,展转衔接,捆戴而致诸辇下矣。试观昔日虽极顽固笃旧之徒,举无不攘臂而言新法者,使其中非有大利存焉,胡以先后之判若两人耶!"[1]清政府上下贪官污吏借口"新政",专务肥己,结果"新政"非但没有达到自救的目的,反而成了速乱之阶。一个署名"长舆"的人在1910年就已看出:

> 我国今日之新政,固速乱之导线也。十年以来,我国朝野上下,莫不奋袂攘臂,嚣然举行新政。兴学堂也,办实业也,治警察也,行征兵也,兼营并举,日不暇给。然而多举一新政,即多增一乱端,事变益以纷挐,国势益以抢攘。夫我国今日所谋之新政,固行之东西文明诸

---

[1] 梁启超:《六月廿五六两日上谕恭跋》,载《国风报》1910年第18期。

国,致治安而著大效者也;然移用于我国,则反以速亡而召乱。[1]

这是立宪派的言论,但它极为准确地说明了一个真理,即在一种腐败的制度下移植一部分新事物,并不会使腐败的东西新生,而只会使新鲜的东西腐败。"新政"之所以促成民变,其原因盖在于此。立宪派在绝望之后转向革命,其原因也在此。

(三)在几千年封建社会里,民变和农民战争推动社会的历史作用是通过统治阶级的让步政策而实现的。"文景之治""贞观之治",莫不如是。因此,农民群众的反抗不过是历史不自觉的工具。但清末民变并非如此。一方面,民变阻遏了清王朝的自我挽救,从而取消了统治阶级谋求让步改革的最后机会。另一方面,所谓"匪徒谋逆,往往假借革命名词,摇惑人心"[2],说明民变的一部分又往往自觉地借助革命的声威。而这两方面都是在为革命铺路。近代社会新陈代谢机制的变化,决定了清末民变已经不是历史不自觉的工具了,而成了民主革命的基石。

---

[1] 《论莱阳民变事》,载《国风报》1910年第18期。
[2] 中国第一历史档案馆等编:《辛亥革命前十年间民变档案史料》上册,第418页。

第十七章 "揖美追欧，旧邦新造"

1911年，黄花岗之役、保路运动、武昌起义浪翻波连，汇成辛亥风云。经过庚子以来十年的千曲万折之后，历史在革命、改良、民变和清廷的自我挽救之间终于作出了自己的选择。革命派以一往无前之气推翻了清王朝，革了数千年帝政之命。身历其境的张謇在当时曾说："各省决心独立，蓄根在怨苦政府三年内之反对立宪，授柄在官收商办铁道之不合方法；而发机在荫昌汉口之战，恣行杀略，凡识时务者皆能知之，既由极高之热度酿成一般之舆论，潮流万派，毕趋共和。"[1]于是而产生了中华民国。"民国"之取代自秦始皇以来两千多年的"帝国"，是近代中国社会内在矛盾发展的结果，是一种前无古人的变化。它抉破了历代王朝的更迭机制，否定了整个皇权体制，因而也触动了传统社会的各条神经，是政治制度和社会思想的一大跃进，在新旧递嬗的历史进程里留下了自己不可磨灭的影响。

---

[1]《致袁世凯函》，见杨立强等编：《张謇存稿》，上海人民出版社1987年版，第24页。

一、从国歌说起

国歌,顾名思义是代表一个国家的歌曲,中国历代王朝只有宫廷颂歌而从来不曾有过国歌。1912年元旦南京临时政府成立后,即命教育总长蔡元培负责征求国歌。同年2月,南京临时政府正式公布了由沈恩孚作词,沈彭年谱曲的中华民国国歌:

> 亚东开发中华早,揖美追欧,旧邦新造。飘扬五色旗,民国荣光,锦绣河山普照。我同胞,鼓舞文明,世界和平永保。

作为一种现成的对比,武昌起义以后,北京的朝廷也有过一曲迟来的"国歌",其歌词出自严复之手,乐曲则由清宗室溥伦之弟溥侗选自康熙、乾隆年间遗留下来的皇家颂歌:

> 巩金瓯,承天帱,民物欣凫藻,喜同胞,清时幸遭。真熙暤,帝国苍穹保,天高高,海滔滔。[1]

两种几乎同时出现的国歌却反映了两种完全不同的意境和胸怀。前者谱写了一代先进的中国人向西方学习,建立一个资本主义新中国的高蹈的时代精神,后者则在为腐朽不堪的王朝歌功颂德、粉饰太平,祈祷清帝国金瓯永保。"芳林新叶催陈叶,流水前波让后波。"民主革命的胜利,民国取代了帝国,使王朝的"国歌"很快变成了王朝的挽歌。"揖美追欧,旧邦新造"压倒了"帝国苍穹保",显示了此时新声胜旧声。在这两种旋律的背后,是王朝时代的逝去和民主共和时代的到来。

"揖美追欧,旧邦新造",十分集中地概括了以孙中山、黄兴、宋教仁等为代表的革命党人力追不舍的社会政治目标和为之奋斗不息的

---

[1] 转引自骆惠敏编:《清末民初政情内幕》上册,第916—917页。

方向。即要在政治体制上效法欧美,在中国建立一个真正的以"三权分立"为核心的近代民主国家。由于革命党人推崇美国和法国,因此,"追欧"实际上是"追法"。当时有些报刊曾将孙中山称作"中国的华盛顿",就体现了在政体上以美国总统制为榜样的自觉意识。美国和法国同属于资本主义民主国家,但二者在政体上不无差别,一个采用总统制,一个实行内阁制。武昌起义后,对于正在酝酿的中央政府组织机构是取美国式的总统制还是取法国式的内阁制,同盟会内部并不一致,存在着分歧和争议。居正记其事道:

> (同盟会于1911年12月26日)假哈同花园公宴总理(孙中山),宋遯初自宁赴会。席次,克强与英士、遯初密商,举总理为大总统,分途向各代表示意。计已定,晚间复集总理寓所,会商政府组织方案,宋遯初主张内阁制,总理力持不可,克强劝遯初取消提议,未决。克强定期赴宁,向代表会商定。[1]

宋教仁力主内阁制的理由,据他自己后来说:

> 吾人则主张内阁制以期造成议会政治者也。盖内阁不善而可以更迭之,总统不善则无术更易之,如必欲更易之,必致摇动国本。此吾人所以不取总统制而取内阁制也。[2]

这种考虑不是全无道理。经多次讨论,孙中山已同意行内阁制,并拟议以黄兴为内阁总理。但此前各省代表聚集武昌开会所通过的《中华民国临时政府组织大纲》不设总理。12月下旬,宋教仁在南京各省代表会议上"历指总统制之弊",提议修改组织大纲,但多数代表赞成总统制,通过了《修正中华民国临时政府组织大纲》,结果南京临时政府仍维持总统制。清帝逊位的第二天,孙中山向南京参议院提出

---

[1] 居正:《辛亥札记》,第110页。
[2] 《国民党沪交通部欢迎会演说词》,见《宋教仁集》下册,中华书局1981年版,第460页。

辞职咨文，推荐袁世凯继任大总统。同年3月11日正式公布了参议院起草的《中华民国临时约法》。这个约法确立了行政、立法和司法三权分立的原则，规定政权的组织形式为内阁制，其目的在于用约法、内阁来限制和约束袁世凯。尽管后来袁世凯践踏了这个约法，但它规定了"中华民国之主权，属于国民全体"，不再是"普天之下，莫非王土"，不再是任何人所得而私了，这便是它的意义和价值所在。南京临时政府的成立以及《中华民国临时约法》的颁布，是"揖美追欧"的结果，也是"五四"以前八十年先进的中国人经过几代人的奋斗而取得的最富深远意义的结果。从过去浑然一体的泰西到戊戌年间的"揖日追俄"，再到辛亥时期的"揖美追欧"，从彼得大帝、明治天皇到拿破仑、华盛顿，在一个继承一个的同时又一个否定一个，如浪层相逐，交错地出现。由此而显示出中国人对西方认识的逐步深入和近代中国社会的进化。当南京临时政府公布了第一首民国国歌的时候，"揖美追欧，旧邦新造"已由革命派的意向变成了中华民族的共同意向。

　　与国歌相伴而生的是国旗。国旗是从图腾演化而来的，是图腾的近代化。中国很早就开始有以姓氏为饰的帅旗和将旗，但那是将帅个人的标识。在没有国家观念的时代是不可能出现国旗的。清季以黄龙旗为"中国旗式"。黄龙旗原系黄色的三角旗，旗上绘着飞龙戏珠。后改三角形的国旗为长方形。然而龙之为物象征了九五之尊，黄色又是帝王专用之色，因而从严格意义上说，黄龙旗代表的不是国家而是帝王。早在1895年，兴中会发动的广州起义，便采用陆皓东设计的青天白日旗，以取代清朝的黄龙旗。1906年冬，同盟会召集干事会编纂革命方略，并讨论中华民国旗式问题。孙中山主张用青天白日旗，并在旗上增加了红色，改为青天白日满地红旗。其他与会者亦提出各种旗式,有提议用五色旗,有主张用十八星旗,有提议用金瓜钺斧旗,有主张用井字旗。但后来同盟会发动的历次武装起义,均用红蓝白三色旗为国旗。武昌起义后,黄龙旗倒了。于是,"鄂、湘、赣三省用十八星旗,粤、桂、闽、滇、黔数省用青天白日旗三色旗,江、浙、皖及各省多用五色旗"[1]。此外,还有用井字旗、金瓜钺斧旗和白旗的。这些不同的旗帜各有不同的寓意。十八星代表那时中国的十八省;五色代表汉、满、蒙、回、藏五族共和;井字代表井田而引申为天下大同;金瓜钺斧代表尚武强兵的精神;三色代表自由、平等、博爱之义;白旗则代表以明涤去污染、光复旧物之旨。它们以不同的寓意共同地表达了国家和民族至上的观念,是民族观念形态上的一种进步。因此,在那个时代作为黄龙旗的否定物,它们之间应当是不分轩轾的,但不同寓意本身又是一种互相比较。南京临时政府成立后,临时参议院决定以红黄蓝白黑五色旗为中华民国国旗,以十八星旗为陆军旗,以青天白日旗为海军旗。因为五色旗代表了清末民初最普遍的观念,因此,五色旗成了被最大多数接受的图腾。

武昌起义后产生的国歌和国旗,使中国第一次具备了一个近代国家应有的外观。同内容相比,这不过是一种形式。但当形式寄托着内容的时候,它就是一种不可缺少的东西了。

二、"皇帝倒了,辫子割了"

"皇帝倒了,辫子割了"。这八个字是目睹了辛亥革命的少年瞿秋白对当时社会变化的体验之词,它形象地说明了辛亥革命的两大历史功绩:一是革了皇帝的命,一是革了辫子的命。

---

[1] 冯自由:《中华民国开国前革命史续编》上卷,中国文化服务社1946年版,第29页。

在中国，不懂得皇帝的权威，就不会懂得辛亥革命打倒皇帝的伟大历史意义。从秦始皇到宣统，在2 132年的时间里中国的历史是同皇帝连在一起的。1902年梁启超在《新史学》中说："二十四史非史也，二十四姓之家谱也。"因而力贬"只知有朝廷而不知有国家"的古典史学，倡导"史界革命"，重建近代新史学。"五四"以后，更多的人看到这一点，并予以掊击。但在"天下者君主一人之天下"的中世纪中国，在皇权观念沦肌浃髓的时代，用皇权来记录历史却是一种必然。这种事实本身正说明了皇权所有过的沉重力量。

作为人主，皇帝是世俗的权威；作为天子，皇帝是神圣的权威；作为君父，皇帝又是伦理的权威。一言以蔽之，朕即国家，朕即法律。皇帝高踞于权力金字塔的顶端。地方听命于中央，中央听命于皇帝。韩愈在《原道》中说："君者，出令者也；臣者，行君之令而致之民者也；民者，出粟米麻丝、作器皿、通财货以事上者也。君不出令，则失其所以为君；臣不行君之令而致之民，则失其所以为臣；民不出粟米丝麻、作器皿、通财货，以事其上，则诛。"[1]皇帝君临天下，臣是他的奴仆，民则是他的奴隶。对于臣民来说，雷霆雨露皆天恩。臣民的一切都是皇帝赐予的，甚至连处死也称之为"赐死"，被杀还要"谢主隆恩"。皇帝本是圆颅方趾之属，却无人敢以圆颅方趾之属视之。他掌握着生杀予夺的大权，主宰着历代臣民命运的悲欢；他操纵一切权力又凌驾于一切人之上。所谓"天下之事无大小皆决于上"[2]。在皇帝之下，没有独立自由的个体，只有臣民而不可能有国民。《宋史·刘攽传》说："王安石在经筵，乞讲者坐。攽曰：'侍臣讲论于前，

---

[1] 韩愈：《原道》，见《韩昌黎先生集》第11卷。
[2] 司马迁：《秦始皇本纪》，见《史记》第6卷，中华书局1959年版，第258页。

不可安坐,避席立语,正是古今常礼。君使之坐,所以示人主尊德乐道也;若不命而请,则异矣。'"这种乐于俯伏而视抬头为怪的议论,以其可鄙的媚态说明了君权之下人性的畸形。

当然,不同的朝代、不同的皇帝会有不同的作为,其专制的程度也不一样,但专制的实质却是始终如一的。随着历史的推移,明代君权达到了高峰。明太祖朱元璋汰中书省,废丞相,令六部直接听命于自己,创廷杖制度,置廷杖于殿上,臣下晋见皇帝,动辄挨杖,"天下莫不骇然"。清承明制,君权登峰造极,甚至连军机大臣也"只供传述缮撰,而不能稍有赞画于其间"[1]。同时为维护赫赫皇权而深文周纳,大兴文字狱。明清时期,文忌之多,文网之密,文祸之惨,株连之广,都是前所未有的。致使众多文士学人不敢轻谈时事与政治,埋首经籍,"为考证而考证,为经学而治经学"。有位老臣梁诗正积数年之经验曰:"不以字迹与人交往,无用稿纸亦必焚稿。"这句话以一个臣僚的战栗之情说明了君主专制之狠之毒。

在漫长的历史里,农民战争曾不止一次地把皇帝拉下马。然而即使造反的事业也体现了皇权主义。从陈胜、吴广到李自成、张献忠,都没有撞破王朝更迭的机制,只成为王朝周期性更迭的历史中介。秦汉易代之际的项羽和刘邦以"天下苦秦久矣"而起,但对于帝王之威风却心向往之,一个说"彼必可取而代也",一个说"大丈夫当如是耶"。阶级是对立的,生长阶级的社会土壤却并不是对立的。于是代替皇帝的仍然是皇帝。明末清初,出现过一批贬抑君权的知识分子,顾炎武、王船山、黄宗羲、吕留良、唐甄、金人瑞是其中之大有名者。在他们留下的议论和著述里,黄宗羲的《明夷待访录》和唐甄的

---

[1] 赵翼:《军机处》,见《檐曝杂记》第1卷,中华书局1982年版,第2页。

《潜书》是最具民主性光彩的作品。黄宗羲说:

> 古者以天下为主,君为客,凡君之所毕世而经营者,为天下也。今也以君为主,天下为客,凡天下之无地而得安宁者,为君也。是以其既得之也,屠毒天下之肝脑,离散天下之子女,以博我一人之产业,曾不惨然,曰:"我固为子孙创业也。"其既得之也,敲剥天下之骨髓,离散天下之子女,以奉我一人之淫乐,视为当然,曰:"此我产业之花息也。"然则为天下之大害者,君而已矣。[1]

对君权的怀疑和批判是这一时期卓识之士共同思考的题目。他们以前此未曾有过的深度揭示出君主专制制度的许多致命弊病。唐甄甚至说:"自秦以来,凡为帝王者皆贼也。"[2] 其思路追迹所及的已不是一代的治国得失,而是自秦始皇以来整个封建君主专制主义统治的历史。这种思想一方面反映了君权达到高峰之后的历史反思,另一方面则反映了那时社会经济发展中产生的市民意识。虽然他们只能在古籍中寻求社会的出路,但这并不是倒退,他们毕竟天才地看到了中世纪行将临近的黄昏。然而,易代之后,清王朝株连惨酷的文字狱又中断了这种思想,中国社会仍旧沿着皇权赓续的轨迹缓缓而行。

历史进入近代以后,西方近代民主思想逐渐传入中国。从不满君主专制、羡慕民主政治到反对专制政体、建立民主政治的要求,从忠君爱国到抑君爱国再到叛君爱国,先进的中国人逐步把目光和心思从唐虞盛世转到了中国之外的另一个世界,在中西比较中以新的思维对传统的专制政治进行了深刻的反思。他们从救亡图存出发,用进化论来论证民主政治取代君主专制的历史必然性,以天赋人权论、社会契约论、自由、平等、博爱等西方近代民主思想为理论武器,

---

[1] 黄宗羲:《原君》,见《明夷待访录》,中华书局1981年版,第2页。
[2] 唐甄:《室语》,见《潜书》下篇(下),中华书局1963年版,第196页。

对君主专制主义展开了猛烈的批判,力图在中国建立一个西方早已出现的民主政体。戊戌维新就是在中国建立君主立宪政体的尝试。而辛亥革命更以暴力推倒了帝制,代之以民国,为2 132年的历史打了一个用铁和血铸成的句号。只有漫长的历史才能称量出这个句号的真正意义和重量。它是一条分界线。在此之后,帝王由人主、天子、君父变成了人民的公敌。"敢有帝制自为者天下共击之"成为一种时代意识。随着帝制的取消,附生于帝制的种种丑恶制度也被次第扫除,例如世袭制度、太监制度等。

与"皇帝倒了"紧密相连的是纪年的改革。中国历代都采用帝王纪年,帝号即年号,如秦始皇几年、汉高祖几年之类。汉武帝开始于帝号之外另立年号,自此这种办法一直沿用到清末的"宣统"。20世纪初年,革命党人既以推翻清朝为己任,自然不愿使用清帝的年号;他们又有建立民主共和国的要求,也就不愿因袭过去那种以帝王个人为转移的纪年。当时拟议或运用的新纪年方法有:(一)以"天运"纪年,即在惯用的干支上冠"天运"二字;(二)在干支上冠"中历"二字的纪年;(三)以清朝入关、明朝灭亡为纪年起点;(四)以"周召共和"纪年;(五)以公元纪年。但用得较多的是黄帝纪年。[1] 黄帝是中华民族的远祖,以黄帝纪年取代清帝的年号,显然包含着轩辕子孙对于"鞑虏"的否定,包含着反满种族革命的思想。1903年7月,刘光汉在《国民日日报》上发表了一篇《黄帝纪年说》,文后有《附黄帝纪年表》《附黄帝降生后大事附表》,申述应采用黄帝纪年的理由说:

> 民族者,国民特立之性质也。凡一民族不得不溯其起原。为吾

---

[1] 参见拙著《近代史思辨录》,广东人民出版社1984年版,第108—115页。

四百兆汉种之鼻祖者谁乎？是为黄帝轩辕氏。是则黄帝者，乃制造文明之第一人，而开四千年之化者也。故欲继黄帝之业，当自用黄帝降生为纪年始。吾观泰西各国莫不用耶稣降生纪年，回教各国亦以摩哈麦特纪年，而吾中国之纪年，则全用君主之年号。近世以降，若康、梁辈渐知中国纪年之非，思以孔子纪年代之。吾谓不然，盖彼等借保教为口实，故用孔子降生为纪年；吾辈以保种为宗旨，故用黄帝降生为纪年。

这段话概括了当时许多人的意见。在与清帝对抗的各种纪年中，以黄帝纪年为正宗。武昌起义后，许多人又感到用黄帝纪年并不恰当。当时有署名"老圃"之人，作《论黄帝纪元》一文，认为"自革命以来，各省民军皆用黄帝年号，此为一时权宜计，固足以唤起国民之种族思想。然为永久计，若欲以此为民主国之纪元，则与新民国之民主主义大相刺谬"。因为"我国所谓黄帝，无论其功德如何，要为专制政体之皇帝"，共和政府"方排斥之不暇，宁有崇拜之理"，更以黄帝"年远代湮"，无确定生年，用作纪年，无可征信。[1] 于是，孙中山在就任临时大总统时，即电告各省都督："中华民国，改用阳历，以黄帝纪元四千六百九年十一月十三日，为中华民国元年元旦。"阳历的采用，不同于历史上的改元更朔。但民国初年出的历书是阴阳合历，一边用阳历，一边有阴历，农时二十四节气仍旧保留。这种与社会生产需要相结合的历法，是合理的。当时王闿运有一副对联："男女平权，公说公有理，婆说婆有理；阳阴合历，你过你的年，我过我的年。"即反映了民国初年的社会风貌。阴阳合历的民国纪年法取代清帝的年号，表达了民主观念对帝王观念的否定。纪年的改革是"皇帝倒了"

---

[1] 参见《中国革命记》第12册。

的结果,但对中华大地上远离革命风暴中心的人们来说,正是纪年的改革才使他们千真万确地相信皇帝已经倒了。

在当时人的心目中,与"皇帝倒了"相并而提的是"辫子割了"。辫子本是女真人的一种风俗习惯,而非"汉官威仪"的应有之物。但随着满族的兴起和努尔哈赤的向外拓展,留辫与不留辫,遂由风习问题一变而为满汉民族间的一个严峻的政治问题。1621年,努尔哈赤攻下辽沈后,即大规模地强迫汉人剃发留辫。1644年,清兵入关,在攻占北京,尤其是攻占南京之后,厉行剃发令,"叫官民尽皆剃头",违抗者"杀无赦"。当时不仅有"留头不留发,留发不留头"之令,而且还有"一个不剃全家斩,一家不剃全村斩"之令。[1] 汉人自古注重冠服,"披发左衽"是最不能容忍的奇耻大辱,更何况"身体发肤,受之父母"。剃发留辫因其违背了汉民族的历史传统和思想感情,曾演化成满汉民族间的一种激烈对抗,于是而有"扬州十日""嘉定三屠"等民族惨剧。清朝统一后,剃发留辫凭借政权的力量由满族的风习变成了满汉民族共同的风习。既是一种风习,也就有相当大的稳定性和凝固性,不容易改变。戊戌维新期间,康有为进呈《请断发易服改元折》,以辫子不利于打仗、不便于用机器、不利于卫生,且为外人耻笑为言,力主"断发"(即剪辫),认为不如此不足以"易视听",不利于变法维新。辫子是一束头发,然而它又维系着家家户户同王朝和传统的一种历史联系,因此剪辫子与否不啻是一种严肃的政治抉择。19世纪末20世纪初,民主思想勃兴,留辫成了效忠清王朝的标志,剪辫则往往与反清革命相系结,带有鲜明的排满革命意识,是革命的标志。

---

[1] 参见于墉:《金沙细唾》,见《清史资料》第2辑,中华书局1981年版,第158页。

武昌起义后,各地革命党人即动员群众剪辫。1912年3月,南京临时政府大总统令内务部:"兹查通都大邑,剪辫者已多。至偏乡僻壤,留辫者尚复不少。仰内务部通行各省都督,转谕所属地方,一体知悉。凡未去辫者,于令到之日,限二十日一律剪除净尽。"[1]以行政的命令推行剪辫,具有非同寻常的意味。在此之前,社会上对没有辫子的人,"最好的是呆看,但大抵是冷笑,恶骂。小则说是偷了人家的女人,……大则指为'里通外国',就是现在之所谓'汉奸'"[2]。在此之后,剪辫非但是正当的,而且是一个必须执行的命令。于是,剪辫渐成一种新风尚,留辫者则为社会舆论所不齿,"非讥之为豚尾,即詈之曰满奴,甚欲削夺其选举权,以实行强迫手段"[3]。鲁迅曾不止一次地说过,他感谢辛亥革命,就是因为从此可以不带辫子而自由自在。辛亥革命前后的两种迥然不同的情形说明,辫子比皇帝更直接地使每个普通老百姓感受到革命浪潮的冲击。

剪辫与否本身不会给社会生活带来多大影响,但在近代中国它显然又带有观念变革的意义。各种各样的中国人曾在辫子面前表演过各种各样的本相。孙中山割辫子于1895年广州起义失败之后,显示了一个革命先行者同王朝的决裂。黎元洪割辫于武昌起义的枪口逼迫之下,显示了一个旧官僚在推拽之下的政治转折。袁世凯割辫于就任民国大总统之前夕,显示了一个"名义上是共和主义者,但内心却是专制君主"[4]的人舍鱼而取熊掌的权衡。梁启超有个厨子在买菜途中被人割了辫子,因此而大哭了几天,这是一种生于积习,既

---

[1]《中华民国史档案资料汇编》第2辑,江苏人民出版社1981年版,第32页。
[2] 鲁迅:《病后杂谈之余》,见《鲁迅全集》(6),人民文学出版社1958年版,第150页。
[3] "闲评一",载《大公报》1912年11月20日。
[4]〔美〕保罗·S.芮恩施:《一个美国外交官使华记》,商务印书馆1982年版,第9页。

说不清又剪不断的恋旧之情。而吃过很多洋面包的辜鸿铭在辛亥革命很久以后还拖着辫子,自诩"残雪犹有傲霜枝",傲然走上北京大学的讲台。这又是一种自觉的遗老意识。形象虽然如此众多,但社会观念的变化毕竟已成为时代潮流。谁敢帝制自为就成了人人讨伐的对象;谁还拖着辫子,抱着老皇历自居于潮流之外就成了封建余孽。"封建余孽"四个字出现于辛亥革命后,鲜明地反映了这场革命矛头所向的威力。

三、社会习尚的改革

社会习尚的改革,当时称作"旧染污俗,悉行蠲除"。"旧染污俗"代表了历史沉积中的丑陋一面。但它们又为千百万人所接受,并在社会变迁的过程里表现为一种无意识的顽固力量。因此,变政难,移风易俗更难。而革新政治又是与风习的改良紧密联系在一起的。1912年4月1日,孙中山在南京参议院解职辞中说:"又凡政治、法律、风俗、民智种种之事业,均须改良进步,(中国)始能与世界竞争。"唯其如此,辛亥革命后的改革社会风习之举,对于中国近代社会的新陈代谢就具有不可以区区视之的意义。

南京临时政府成立后,颁布了一系列革除"旧染污俗"的政令,推进社会风习的改良。与此同时,宋教仁、蔡元培等发起成立了社会改良会,发表了宣言及章程,力主"以人道主义去君权之专制,以科学知识去神权之迷信",在章程中更把它具体化为三十六条:

一、不押妓;二、不置婢妾;三、提倡成年以后有财产独立权;四、提倡个人自立不依赖亲朋;五、实行男女平等;六、提倡废止早婚(男子十九岁以上、女子十七岁以上始得嫁娶)及病时结婚之习;七、提倡自主结婚;八、承认离婚之自由;九、承认再嫁之自由;十、不得歧视私生子;十一、提倡少生儿女;十二、禁止对儿童之体罚;十三、对于一切佣工不得苛待(如仆役、车夫、轿夫之类);十四、戒除拜门、换帖、认干儿女之习;十五、提倡戒除承继、兼祧、养子之习;十六、废跪拜之礼,以鞠躬、拱手代之;十七、废大人、老爷之称,以先生代之;十八、废缠足、穿耳、敷脂粉之习;十九、不赌博;二十、在官时不受馈赠;二十一、一切应酬礼仪宜去繁文缛节(如宴会、迎送之类);二十二、年节不送礼,吉、凶等事不为虚糜之馈赠;二十三、提倡以私财或遗产补助公益善举;二十四、婚、丧、祭等事不作奢华迷信等举动,其仪节本会规定后会员皆当遵守传布;二十五、提倡心丧主义,废除居丧守制之形式;二十六、戒除迎神、建醮、拜经及诸迷信鬼神之习;二十七、戒除供奉偶像牌位;二十八、戒除风水及阴阳禁忌之迷信;二十九、戒除伤生耗财之嗜好(如鸦片、吗啡及各种烟酒等);三十、衣饰宜崇质素;三十一、养成清洁之习惯;三十二、日常行动不得妨害公共卫生(如随处吐痰及随意抛掷污秽等事);三十三、不可有辱骂、喧闹、粗暴之行为;三十四、提倡公坟制度;三十五、提倡改良戏剧及诸演唱业;三十六、戒除有碍风化之广告(如卖春药、打胎等)及各种印刷品(如卖春画、淫书等)。[1]

这三十六条涉及"旧染污俗"的各个方面,概而言之,就是用人道主义和科学知识去替代那些相沿成习的非人道的、迷信的陋俗。就其本质而言,"旧染污俗"是对人性的压抑,而人道和科学则体现了人性的解放。尽管民初改革社会风习并没有最终完成这种解放,但它在久旱之后洒下了第一阵甘霖。

(一)禁缠足,禁鸦片,禁赌博。其中最有成效的是禁缠足。据俞正燮在《癸巳类稿》中考证,缠足弓鞋始于南唐而大盛于南宋,沿至

---

[1] 《社会改良会章程》,见《宋教仁集》下册,第378—379页。

20世纪初期,可谓源远流长。流淌于源流之中的,是一代一代妇女的血泪。在这个过程里,曾经饱受缠足之苦的一代,又把这种痛苦施于下一代。她们以自己的痛苦和替别人制造的痛苦,表现了可怕的历史惰性。康熙、嘉庆时期,曾禁止过缠足;戊戌变法期间的仁人志士也曾设会以劝阻缠足;晚清新政之中又公布过不准缠足的禁令。但扫除这一酷习则是在辛亥革命之后。1912年3月,南京临时政府大总统关于禁止缠足致内务部令:"至缠足一事,残毁肢体,阻阏血液,害虽加于一人,病实施于子姓,生理所证,岂得云诬。至因缠足之故,动作竭蹶,深居简出,教育莫施,世事罔问,遑能独立谋生,共服世务。"[1]这个命令以不容置疑的理由申论了缠足之害。革除缠足恶习,在经历了缠缠放放、放放缠缠的曲折历史之后,在民国初年逐渐成为一种时尚。"女子裹脚从此解放了,已裹的放掉,已经裹小的也放大,社会上很自然地一致认定,民国纪元以后生下的女儿,一概不裹脚。"[2]当天足被越来越多的人接受的时候,那些"涂朱傅粉穿耳缠足之习",也就自然而然地被"视同怪物"[3]。历史的惰性寄生于多数人之中,所以,只有多数人观念的改变才能战胜历史的惰性。

(二)改称谓。1912年3月2日,孙中山以大总统的名义发布命令:"官厅为治事之机关,职员乃人民之公仆,本非特殊之阶级,何取非分之名称。查前清官厅,视官等之高下,有大人、老爷等名称,受之者增惭,施之者失体,义无取焉。""嗣后各官厅人员相称,咸以官职;民间普通称呼则曰先生,曰君,不得再沿前清官厅恶称。"[4]称谓既

---

[1] 《临时大总统关于劝禁缠足致内务部令》,见《中华民国史档案资料汇编》第2辑,第35页。
[2] 黄炎培:《我亲身经历的辛亥革命事实》,见《辛亥革命回忆录》(2),第68页。
[3] 关卓然:《闺阁妆服记》,见《雪印轩丛书》。
[4] 《中华民国史档案资料汇编》第2辑,第31页。

是社会关系的产物,又是社会关系的表现。以官职、"先生"、"君"来替代"老爷"、"大人"之称,在当时的意义就在于用人格的平等来代替人格的不平等。它显示的是资产阶级自由、平等、博爱精神对于封建主义不平等的否定。当然,在后来的岁月里,官职又变成了不平等的象征。这种变化反映了在中国实现平等需要经历一个相应的历史过程。但革除"前清官厅之恶习"并不因此而丧失了自己的进步性,因为它正是这个过程中的一步。在称谓改变的同一过程里,涌现了一大批新词汇,这些新词汇不仅充实了人们的语言,更反映了时代、社会生活、人际关系的变迁。与此同时,一些旧词汇也被赋予新的意义和内涵。如"同志"一词,《易经》即有所谓"上下交而其志同",但辛亥革命前后流行的"同志"一词的内涵已有很大的变化,它强调政治信念的一致,因而已具有近代意义。

(三)废跪拜。1912年3月,内务、教育二部为丁祭事会同通告各省电文,说:"查民国通礼,现在尚未颁行。在未颁以前,文庙应暂时照旧致祭。惟除去拜跪之礼,改行三鞠躬,祭服则用便服。其余前清祀典所载,凡涉于迷信者,应行废止。"[1]以鞠躬之礼代替前此的跪拜、相揖、请安、拱手等旧式礼节,是民国初年礼仪改革的一个重要方面,它反映了礼节上的尊卑等级观念已逐渐被平等观念所取代,成为一种不言而喻的意识。包天笑曾不无嘲讽地描写过晚清北方的屈膝请安:

> 谈起请安,在北方,子弟见尊长,仆役见主人,下属见上司,都要请安。他们做官的人,很讲究此道,请安请得好,算是风芒、漂亮、边式。做大官的人要学会一种旋转式的请安,假如你外官初到任,或是

---

[1]《南京临时政府公报》第32号。

> 到一处地方,有许多比你低级的,环绕着向你请安,你要环绕着回礼,这种请安,名之曰"环安"。你要弄得不好,踏着自己的袍子,一个失错,向前跌冲,那就要失态了。还有所谓请双安的,屈两膝,身体一俯,也要讲究姿势,满洲妇女优为之,从前的官宦人家都要讲求那种礼节。[1]

这段话写出了一种世态。在这种世态里,丑陋竟变成了美的艺术。但是,自从1793年乔治·马戛尔尼(George Macartney)使华以来,中国的跪拜之礼却久已成为西方人眼中野蛮和落后的象征。两者之间,是历史留下的差距。因此,废除跪拜之意义不仅在于解放了两膝,而且在于跨过了野蛮与文明之间的历史差距。

(四)禁止贩卖人口、"猪仔",通令疍户、惰民等享有公权、私权。1912年3月2日到19日,临时政府在17天里发表了三道公报,在"重人权而彰公理"的名义下痛责"奸人市利买卖人口""拐贩猪仔",以及"贱民"制度:

> 前清沿数千年专制之秕政,变本加厉,抑又甚焉。若闽粤之疍户,浙之惰民,豫之丐户,及所谓发功臣暨披甲家为奴,即俗所称义民者,又若薙发者并优倡隶卒等,均有特别限制,使不得与平民齿。一人蒙垢,辱及子孙,蹂躏人权,莫此为甚。……

并明令规定:

> 以上所述各种人民,对于国家社会之一切权利,公权若选举、参政等,私权若居住、言论、出版、集会、信教之自由等,均许一体享有,毋稍歧异。[2]

---

[1] 包天笑:《钏影楼回忆录》,第291页。
[2] 《大总统通令开放疍户惰民等许其一体享有公权私权文》,载《南京临时政府公报》第41号。

在这个通令之前,孙中山曾以大总统的名义令内务部禁止贩卖人口,"其从前所结买卖契约,悉予解除,视为雇主雇人之关系,并不得再有主奴名分"。在此之后,又令外交部妥筹禁绝贩卖人口、"猪仔",其中说:"除令广东都督严行禁止'猪仔'出口外,合亟令行该部妥筹杜绝贩卖及保护侨民办法,务使博爱、平等之义,实力推行。"[1]尽管贩卖人口一类伤天害理之事并没有因此而绝迹于中国,但却从此结束了"贱民"被看作别一种人的历史。

(五)倡女权。妇女解放、倡导女权的思想和活动在中国早就有了,但那大都是男人们的声音。以妇女谋求妇女自身的解放,却是秋瑾勇敢地冲出家庭首先挥舞起来的旗帜。在她之前,天地会、太平天国只有苏三娘、洪宣娇那样的著名女流;掀起维新运动的公车上书1300余人中还不曾有妇女;即使整个维新运动中,也只有像李闰支持丈夫谭嗣同维新那样的女子。他们都没有脱离水浒型或正统型的巾帼形象。只有到20世纪初年,民主思潮在中国勃兴,妇女才有从"香闺绣榻"中走出来的机会,才陶铸出秋瑾、何香凝这样站在时代前列的杰出女性。辛亥革命时期,因女子参军而出现过女子国民军、女子北伐光复军、女子军事团、同盟女子经武练习队、女子尚武会等团体。虽然她们以"追木兰、良玉之芳尘"[2]为号召,但当她们以"专制达于极点,满清之气运告终;共和程度既齐,汉族之河山当复"[3]为宣言的时候,她们已经远远超越了花木兰和秦良玉的"芳尘"。在同一时间里,因女子争取参政而产生过女子参政同盟会、女子同盟会、女子参政同志会、中华女子共和协进会、神州女界共和协济社等团体。如

---

[1]《南京临时政府公报》第27号、第42号。
[2]《女子军事团警告》,载《民立报》1911年11月18日。
[3]《女子北伐队宣言》,载《时报》1912年1月16日。

果说参军表达了近代妇女的义务意识,那么参政则表达了近代妇女的权利意识。中国从来只有"天下兴亡,匹夫有责"之说。但 1912 年 1 月 11 日的《民立报》却传出了发自女界的另一种声音:"天下兴亡,匹妇有责"[1]。一字之差却使人顿生换了人间之慨。这是前此所不可能有的变化。

(六)易服饰。在古代中国,"衣服有制"。正朔服色,向来被视为国家根本之所系,是传统礼仪制度的重要内容。因此,变易服饰并不仅仅是个人的志趣爱好问题,而是一种政治斗争和文化冲突的外在表现。它的更新,往往是社会制度和风俗习尚变迁的一个标记。正因为如此,近代一些力主革新的进步人士常常把易服饰同政治变革相联系。早在 1892 年,宋恕便提出"易西服"的主张,他说:

变法之说,更仆难终,请为相公先陈三始:盖欲化满汉文武之域,必自更官制始;欲通君臣官民之气,必自设议院始;欲兴兵农水火之学,必自改试令始。三始之前,尚有一始,则曰欲更官制、设议院、改试令,必自易西服始。[2]

"易西服"即用"西服"来取代长袍马褂。但宋恕把"易西服"视作"更官制、设议院、改试令"的前提,显然别有深意。他想借此以扫除"千年积重",造成一种向西方学习的人文环境,推进政治的革新。但那个时候提倡"易西服"无异于"用夷变夏",因此比倡设议院更为世俗所不容。宋恕深有体会地说,我"与人谈'三始',犹有然之者;谈'一始'(即易西服),则莫不掩耳而走,怒目而骂,以为背谬已极,名教罪

---

[1] 《中华女子共和协进会征求女子意见书广告》,见《辛亥革命在上海史料选编》,上海人民出版社 1966 年版,第 917 页。
[2] 《上合肥傅相书》,载《万国公报》第 101 册。

人"[1]。戊戌维新时期,康有为在时呈的奏议中曾不止一次地提及"易服"。他认为"王者改制,必易服色",中国"守旧者固结甚深,非易其衣服不能易人心,成风俗,新政亦不能行"[2]。这种近乎形式主义的看法背后,却有其深刻的道理。中国以礼教立国,服饰决不仅仅是民族的外观,而带有深刻的礼的烙印,从服饰上映衬出来的是特权、等级和道德信念。晚清时期,不少开明的中国人已经承认长袍马褂不如西服便利。但在当时,满街都是长袍。更多的人把西服看作二毛子或假洋鬼子的表征。

帝制取消之后,随之而来服饰也发生了根本性的变革。那些曾经象征着等级尊卑的服饰被弃若敝屣,"宫廷内外,一切前清官爵命服及袍褂补服翎领朝珠,一切束之高阁"[3]。而"西式装服"则随机大畅,"人士趋改洋服洋帽,其为数不知凡几"[4],蔚然成为一种风气。西式服装的畅销是传统服饰被弃置后的一种必要补充,也是在没有"适当之服式"以替代传统服饰的情况下必然出现的社会现象,此其一。其二,服饰的政治意味逐渐被审美情趣所取代,其款式也由单一走向了多样,所谓"西装东装,汉装满装,应有尽有,庞杂至不可名状"[5]。一些"适于卫生,便于动作,宜于经济,壮于双瞻"的时代服装开始被研求和推广。孙中山一生既穿过长袍,也穿过西服。然而当他就任南京临时政府大总统期间,却既不穿西服,也不穿长袍。他穿的就是一种改制过的学生装。这种服装有西服的优点,但比西

---

[1]《上合肥傅相书》,载《万国公报》第 101 册。
[2] 康有为:《波兰分灭记》第 6 卷。
[3] 胡朴安:《中华全国风俗志》(3)下篇第 1 卷,《京兆》,第 27 页。
[4]《潘月樵请用国货》,载《申报》1912 年 3 月 4 日。
[5]"闲评二",载《大公报》1912 年 9 月 8 日。

服更合乎中国人的口味,且价格廉于西服。于是,在民国成立之后,它比西服更容易代替长袍马褂。孙中山不仅改革了传统的社会制度,而且改革了传统的服装。因此,他所创制的服装至今仍被称作"中山装"。

"自由尽是新风尚。"民国初年,社会习尚的改良在上述六个方面之外,还有破除迷信,革除旧的婚丧礼俗,倡导自由婚姻,等等。它是一股时代性的社会潮流。当时有人在《时报》上发表了以《新陈代谢》为题的文章,其中写道:

> 共和政体成,专制政体灭;中华民国成,清朝灭;总统成,皇帝灭;新内阁成,旧内阁灭;新官制成,旧官制灭;新教育兴,旧教育灭;枪炮兴,弓矢灭;新礼服兴,翎顶补服灭;剪发兴,辫子灭;盘云髻兴,堕马髻灭;爱国帽兴,瓜皮帽灭;爱华兜兴,女兜灭;天足兴,纤足灭;放足鞋兴,菱鞋灭;阳历兴,阴历灭;鞠躬礼兴,拜跪礼灭;卡片兴,大名刺灭;马路兴,城垣卷栅灭;律师兴,讼师灭;枪毙兴,斩绞灭;舞台名词兴,茶园名词灭;旅馆名词兴,客栈名词灭。[1]

社会的兴革、事物的新陈代谢是一个复杂的扬弃和汲取过程,并不像引文中所描写的那样立竿见影,但它却反映了革故鼎新潮流所向的威力和民初社会异乎往古的变迁。

四、实业的推进

提倡实业,振兴实业,是资产阶级革命派和立宪派共有的认识。早在革命与改良两大阵营的激烈论战中,革命派就声明革命不能没有破坏,革命一旦取得胜利,随之而来的必然是大建设。立宪派与工

---

[1]《时报》1912年3月5日。

商界有较广泛的社会联系,积极倡导实业,直接参与实业建设者更是不少。他们害怕革命带来破坏,引起外国列强的干涉,也主要是从实业建设着眼的。虽然革命与改良两派追求的社会政治理想不同,但他们都是从爱国出发,都想通过自己的努力把中国建设成一个富强的资本主义国家,所以对发展资本主义生产的要求是一致的。基于这一相同的要求,在民国创立之后,革命派、立宪派和工商界莫不怀着"破坏告成,建设伊始"的兴致,致力于实业。1912年初成立的"工业建设会"旨趣中说:

> 政治革命,丕焕新猷,自必首重民生,为更始之要义;尤必首重工业,为经国之宏图。夫社会经济,坠落久矣。金融也,交滞;机关事业也,悉成荆棘。孰为为之,迁流至于此极?彼农非不生之也,而粗粝之生货不投俗尚,商非不通之也,而舶来之精品又深欧化。是则农为前驱,而工不为之后盾,商为白战,而工不与以寸铁,工以成之之谓何!何昧昧焉而不提倡之也!不提倡工业,而适当工业的民族帝国之潮流,宜其社会经济悉漏卮于千寻之海壑而无极矣。往者忧世之士,亦尝鼓吹工业主义以挽救时艰而无效也,则以专制之政毒未除,障害我工业之发达,为绝对的关系,明达者当自知之。今兹共和政体成立,喁喁望治之民,可共此运会,建设我新社会,以竞胜争存,而所谓产业革命者,今也其时矣。[1]

政治和经济必须互相适应,是历史唯物主义的一个基本原理。经济的发展必然推动政治的变革,政治的革命也同样会促动经济的变迁。中国民族工业长期处于帝国主义和封建主义双重压迫的夹缝中,饱受压抑之苦的资产阶级渴望政治革命带来"产业革命"。辛亥革命的

---

[1]《民声日报》1912年2月28日。

胜利不仅使"当时人们特别感到解放的欢欣",以为发展实业的最佳"运会"到来了,而且确曾为资产阶级发展实业提供了封建专制政体下所不可能有的政治和经济两个方面的有利条件。

革命的胜利提高了中国资产阶级在社会上的地位。清末,资产阶级的社会地位有所提高,但总的说来仍然比较低下,官商之间存在着相当的隔阂。民国创立后,临时约法规定"中华民国人民一律平等,无种族、阶级、宗教之区别",资产阶级不再像以前那样居于"四民之末"。不少实业界人士进入国家政府部门和国会。如南京临时政府实业部总长张謇、交通部总长汤寿潜等,都是近代实业界之大有名者。在各地军政机构中,也有不少实业界头面人物直接参与政事。上海光复后成立的沪军都督府中,前上海自治公所总董、商团公会会长李平书,全国商团联合会会长沈缦云,前上海自治公所董事王一亭、虞洽卿、朱葆三等分别出任民政总长、财政总长、交通总长、洋商交涉使等要职。资产阶级社会政治地位的改变,使他们有可能利用自己掌握的部分权力制定有利于实业发展的新法令政策。

辛亥革命后,各级政府都比较重视实业,制定和颁行了一系列振兴实业的法令条例。如南京临时政府财政部拟定的《商业银行条例》,鼓励民间私人资本开办银行。1912年孙中山还亲自筹设中华实业银行,自任名誉总董。据统计,清末最后十余年创设银行不过17家,而1912年新设之银行即达14家。为改变前清有心于实业者"欲开发则不能"的窘境,实业部拟定了《商业注册章程》,准许各类商号自由注册,取消前清规定的种种注册费用。商人呈办厂矿企业,"只要资本实业","于民生主义,国计前途,大有裨益"的,政府即予以批准,"力为保护"。开办企业的种种限制的取消,使工商业的发展获得更多的自由。临时政府北迁后,工商部又颁布了《暂行工艺品奖励章程》，把专利权之授予严格限制于工艺品的首先发明及改良者，并规定了具体年限，从而废除了前此的封建性专利垄断。各地政府也都采取了一些相应的鼓励实业政策。湖北、上海、杭州、广州、福建等地政府都曾宣布废除厘金、苛税，积极倡导实业建设。湖北起义军还曾于1911年10月12日颁布公告，明确规定："虐待商人者，斩。扰乱商务者，斩。关闭店铺者，斩。繁荣商业者，奖。"[1]这个公告出现于南京临时政府成立之前，但它以简洁明了的文字反映了革命党人的经济政策。

除了颁布以振兴实业为中心内容的法令条例外，革命派和立宪派大都自觉以振兴实业为己任。武昌起义后，还在由美归国途中的孙中山就宣称："此后社会当以工商实业为竞点，为新中国开一新局面。"[2]他在就任临时大总统的时候和辞职以后，更积极倡导实业，认为"实业为民国将来生存命脉"。在前一种情况下，他号召："合汉、满、蒙、回、藏为一家，相与合衷共济，丕振实业，促进教育，推广全球之商务，维持世界之和平。"[3]在后一种情况下，他呼吁："兴实业实为救贫之药剂，为当今最重要之政策。"[4]与此同时，他和黄兴、宋教仁等一起积极从事各种实业建设。1912年，孙中山除筹设中华实业银行作为"振兴实业之总机关"外，并兼任全国铁路督办、中华民国铁道协会会长、上海中华实业联合会会长、永年保险公司董事长。黄兴也与其他革命党人先后创办国民银行、中华汽船公司、湖南五金矿业股份公司、富国矿业股份公司等实业。立宪派前此对收回利权、发

---

[1]《汉口中西日报》1911年10月12日。
[2]《民立报》1911年11月17日。
[3]《孙中山年谱》，中华书局1980年版，第140页。
[4]《孙中山年谱》，第145页。

展实业作过贡献,这时更是跃跃欲试,孜孜以求。张謇说:"今欲巩固民国,非振兴农工商各项实业不可!"[1]随后又提出"棉铁主义"等振兴实业计划。梁启超在结束长期的逋客生涯之后,1912年10月30日在北京总商会举行的欢迎会上说:"在今日尤为一国存亡之所关者,则莫如经济之战争"[2],大讲振兴实业之法。汤化龙、熊希龄、沈云沛、王清穆等人则分别组织经济协会、拓殖协会、中国实业研究会、中国实业会等实业团体。据不完全统计,仅1912年一年内创立的各种实业团体就有40多个。这些团体如中华民国工业建设会、工业建设会、中华实业团、民生团以及西北、安徽、镇江、苏州、黑龙江等地的实业协会,莫不以建设工业社会、振兴实业为旨归,号召人们群策群力地推进实业建设。他们还发行了《经济杂志》《中国实业杂志》《实业杂志》《中华实业丛报》《中华实业界》等专刊。1912年到1915年间新创办的这类实业报刊不下50种,其中大都以倡导实业为主旨。于是,振兴实业成为民国初年代表时代脚步的社会思潮,天下"群知非实业不足以立国,于是有志于实业者项背相望"[3]。据《农商部统计报告》提供的数字,这一时期所设工厂分别是:1910年986家,1911年787家,1912年1 502家,1913年1 378家,1914年1 123家。这些数字从一个方面显示了辛亥革命后实业有所发展的趋向。这种发展趋向从工人的激增也可以反映出来。中国近代产业工人的人数,辛亥革命前不过50万—60万人,1919年五四运动前夕即达到了200万人。透过产业工人人数的激增,不难窥见民国初年实业推进的

---

[1]　《民立报》1912年9月27日。
[2]　梁启超:《莅北京商会欢迎会演说辞》,见《梁任公先生演说集》第1辑,北京正蒙印书局1912年版,第37页。
[3]　陆费逵:《实业家之修养》,载《中华实业界》第1期。

步伐。

振兴实业与民族市场息息相关,南京临时政府在倡导实业的同时又积极倡导国货运动,嘉许和鼓励那些以本国原材料生产的工艺品。工商业者更相率以"挽回利权、杜塞漏卮"为标榜,组织国货维持会、维持土货会等团体,实力提倡国货,抵制洋货。一时间"提倡国货,挽回权利之说,洋洋溢溢万口同声"[1]。当时人多以购国货为荣、买洋货为耻。正是在这种风气下,不少国货工厂"生意发达,日不暇给",许多企业绝处逢生。如创办于1905年的南洋兄弟烟草公司,辛亥革命时因销行不畅,资本亏蚀颇多。"辛亥革命后,华侨爱国心大受鼓舞,国货畅销,仅爪哇一地月销'飞马'1 000箱左右。1912年获利4万余,1913年获利增至10万元,1914年为16万元。业务蒸蒸日上,发展迅速。"[2]又如针织业、织布业、制鞋业、火柴业等也在"国货"浪潮的推动下,获得长足的发展,出现了前此不曾有过的盛况。

由革命转向建设是历史的必然,即使在全国范围内还没有争取到足以进行建设事业的局面,提出来作为奋斗目标也是必需的。如果没有经济建设的目标,革命也就丧失了自己最终的意义。上述的事实表明:辛亥革命后,尤其是第一次世界大战时期,确曾出现过中国民族工业发展的"黄金时代",然而人们殷殷向往、已在招手的建设机会很快丧失了,中国并没有出现随政治革命而来的"产业革命"。个中缘由,过去只强调了帝国主义的侵略。帝国主义没有支持南京临时政府,这是事实,但更主要的原因在于封建政治势力的破坏,革命党人非但没有能力制约封建军阀,反而一步步受封建军阀的制约。

---

[1] 致远:《武汉机织业之勃兴》,载中华实业界第11期。
[2] 《南洋兄弟烟草公司史料》,上海人民出版社1958年版,第4页。

胜利的辛亥革命推动了实业的发展,而随之而来的军阀统治和军阀混战,又窒息了民族工业的生机。1913年3月,宋教仁曾敏锐地指出:

> 今革命之事毕矣,而革命之目的则尚未全达,是何也?不良之政府虽倒,而良政治之建设则未尝有也。故民国成立,已届年余,而政治之纷扰,无一定策画如故也,政治之污秽,无扫荡方法如故也。以若斯之政府,而欲求得良善之政治,既不可能,亦不可望矣。[1]

而没有"良善之政治",也同样不可能有真正的实业建设。

五、南孙北袁之间

南北议和之后,袁世凯代替孙中山就任中华民国的临时大总统。以孙中山为代表的革命派以十多年的奋斗推翻清王朝,但成为民国元首的却是反对革命的袁世凯。这种矛盾,后人论史或归于孙中山之拱手相送,或归于袁世凯之鼠窃狗偷。然而,1912年2月15日黄兴致袁世凯的电文中说:"本日午后二时,参议院全体一致公举先生为中华民国临时大总统,亿众腾欢。民国初基,赖公巩固。"[2]袁世凯是选举出来的,于法有据,因此不能简单地归之为孙中山的拱手相送,也不能完全归之为袁世凯的鼠窃狗偷。在"全体一致公举"和"亿众腾欢"的背后,是那个时候历史的选择。孙中山后来常以让位于袁为一大失误,清监国摄政王载沣在退位后的四十个春秋中,也常追悔罢了袁世凯的官而没有把他除掉。正反两面都视袁世凯为政敌,却都没有奈何他。这不只是袁世凯个人及其集团能挟持武力、财力以君临天下,也不仅仅是袁世凯善于玩弄权术,纵横捭阖,更重要

---

[1] 《代草国民党之大政见》,见《宋教仁集》下册,第488页。
[2] 《中华民国史档案资料汇编》第2辑,第84页。

的是中国那个时候的社会心理。

当议和之际,北方的孙宝琦致电各省都督:"今者南北意见两无归宿之途,深恐停滞日久,战祸方长,万一牵及外交,为患更深。"[1]南方的张謇则因"英人李治面告,东邻(日本)与宗社(党)一月前已有勾结"而忧虑。"夜长梦多,皆由不早统一之过。若再相持,危机愈迫,祸乱不可胜言。"[2]他们的忧虑共同反映了当时中国的一种社会心理。这种社会心理呼唤一个能迅速结束动乱、稳定政局的人物,一个在专制政体倾覆之后能重建和平与秩序的人物。

在当时人的心目中,与孙中山相比,袁世凯更像是这样的一个人物。孙中山的名声是同他的革命经历相联系的,而革命派又常常被目为专事"流血破坏"之业的"乱党",与历代草寇、盗贼无异。张謇说:"革命有圣贤、权奸、盗贼之异。圣贤旷世不可得,权奸今亦无其人,盗贼为之,则六朝五代可鉴。而今世尤有外交之关系,与昔不同,不若立宪,可安上全下,国犹可国。"[3]张謇是国内立宪派的头目,又是实业界的重要代表。这段话虽是他1905年的看法,但它出现于自订年谱当比一般报章更真实地体现了立宪派对革命的态度,反映了实业家惧怕革命的心理。武昌起义后,革命席卷全国,但并不能泯灭立宪派的这种态度和心理。何况革命的英雄能否成为治国之能人也还是一个未经证实的疑问。这种态度、心理、疑问,决定了立宪派与革命派的合作不可能是长久的,一旦要他们在激进的革命形象与稳健的立宪形象之间作出抉择的时候,他们便十分自然地倾向于后者。

---

[1] 《民立报》1911年11月25日。
[2] 《致唐绍仪电》(1912年3月4日),见杨立强等编:《张謇存稿》,上海人民出版社1987年版,第31页。
[3] 张謇:《啬翁自订年谱》下卷,中华书局1930年版,第58页。

而当时的袁世凯远不像后来那样臭名昭著、声名狼藉。他不仅手握重兵,并且有过庚子之变时在山东"保境安民"的形象;有过新政时期力倡立宪的名声;有过宣统时被满人排斥归山的历史。这种形象、名声和历史,比一百篇文章更能影响人心。黄远生说,袁世凯"使非数年间之废罢,则至晚清末造,其声望必不能隆然至于彼极"[1]。在这里,打人、整人是一宗政治资本,被打、被整也是一宗政治资本。所以那时"非袁莫属"的声浪不仅喧嚣于立宪官僚和外国公使、领事,而且在起义军和同盟会内部也有共鸣。不用说黎元洪、汤化龙这样一些人,就是章太炎这样的名气很大的革命家,于1905年11月由日本回国后,便与立宪官僚携手,挟嫌怨以分化同盟会。孙中山和黄兴是有功成不必由我的气度,屡说只要赞成共和而又有威望和魄力能统一中国,谁当总统都可以。早在孙中山得知武昌起义的消息,由美洲经欧洲回国,未入国门即致电《民立报》说:"今闻已有上海议会之组织,欣慰。总统自当推定黎君。闻黎有请推袁之说,合宜亦善。总之,随宜推定,但求早巩国基。"[2]当时任"中华民国军政府总司令"的黄兴更致书袁世凯说:"明公之才能,高出兴等万万。以拿破仑、华盛顿之资格,出而建拿破仑、华盛顿之事功,直捣黄龙,灭此房而朝食,非但湘、鄂人民戴明公为拿破仑、华盛顿,即南北各省当亦无有不拱手听命者。"[3]一个月之后,他在《复汪精卫电》中再一次称赞袁世凯"雄才英略,素负全国重望,能顾全大局",只要他"与民军为一致之行动,迅速推倒满清政府,令全国大势早定,外人早日承认",则"中

---

[1] 黄远庸:《社会心理变迁中之袁世凯》,见《远生遗著》第1卷,第1页。
[2] 《民立报》1911年11月17日。
[3] 《致袁世凯书》(1911年11月9日),见湖南省社会科学院编:《黄兴集》,中华书局1981年版,第82页。

华民国大统领一位,断推举项城无疑","全国人民决无有怀挟私意欲与之争者"。[1] 他们对总统人选都表示了超脱的态度。

而袁世凯则远未如此超脱。1912年1月1日,孙中山在南京就任中华民国临时大总统。次日,袁世凯就悻悻然来电责问。孙中山立即发出义正词严的复电,并以"孙逸仙君""袁慰庭君"相称,彼此大有不悦之色,揭示了孙袁矛盾的信息。情况的发展,迫使孙中山迅速由对清朝的斗争转为对袁世凯的斗争,而对袁斗争远比对清朝斗争复杂。孙中山对袁世凯的真实面目,有一个认识的过程。2月13日孙中山辞去临时大总统职,推举袁任临时大总统。8月24日,经袁世凯迭电邀请,孙中山赴北京与袁世凯会谈。与袁世凯接触后,孙中山又为袁的假象所迷惑,甚至为之解说,"绝无可疑",电促黄兴速去北京会谈,并说"统一当有圆满之结果"。然而孙中山对袁世凯确不那么信任,曾多方谋求给袁以约束。后来人论说这段历史时颇有责怪孙中山之意,但在当时形势下,孙中山不去位已很难,所以他曾自我慰藉地说:"维持现状,我不如袁;规划将来,袁不如我。"1914年10月二次革命失败后,孙中山曾就此事作过解释,说明自己不得不然的苦衷。"局外人不察,多怪弟之退让。然弟不退位,则求今日之假共和犹未可得也。盖当时党人已大有争权夺利之思想,其势将不可压。弟恐生出自相残杀之战争,是以退让,以期风化当时,而听国民之自然进化也。"[2] 这样,革命派指望袁能"服从大多数之民心,听义师之要求,以赞成共和"而接受了袁世凯。

同盟会内部尚且如此,而散居于城乡的几亿小生产者,千百年来的小生产习惯挡住了他们的视野,对机器大生产陌生,对民主共和漠

---

[1]《复汪精卫电》(1911年12月9日),见湖南省社会科学院编:《黄兴集》,第94页。
[2]《致邓泽如函》,见《孙中山全集》第3卷,中华书局1984年版,第126页。

不关心和不信任,更是难以对付。关于这一点,胡汉民在自传中的沉思是值得重视的。他说:

> 同盟会未尝深植其基础于民众,民众所接受者,仅三民主义中之狭义的民族主义耳。正惟"排满"二字之口号,极简明切要,易于普遍全国,而弱点亦在于此。民众以为清室退位,即天下事大定,所谓"民国共和"则取得从来未有之名义而已。至其实质如何,都非所问。革命时代本有不能免之痛苦,闻和平之呼声足以弛其忍受牺牲、继续奋斗之勇气,故当时民众心理,俱祝福于和议。逆之而行,乃至不易。夫以有热烈倾向于革命之群众,而不能使为坚强拥护革命之群众,此其责当由革命负之,而亦为当日失败之重要原因也。[1]

一般民众并非出于对"共和""民主"的自觉而"热烈倾向于革命"。民国与国民之间存在着一段客观上的距离,因而也就无法产生同构效应。而这不仅决定了当时的人心向背,也为后来袁世凯复辟帝制提供了现实的社会土壤和文化心理基础。

在孙中山与袁世凯之间,立宪派选择了后者,帝国主义也选择了后者,而更多的人则出于对"乱党"的不信任而在无意识中倾向于后者。帝国主义的选择是基于他们对南北形势的判断以及他们在中国建立起来的现实利益而作出的。在他们看来,支持袁世凯比承认孙中山更有利。袁世凯"在中国有信誉,在外国有好名声,是唯一可望从目前的动乱中恢复秩序的一个人"[2],并且"是中国人民中最受信任的代表"[3],因而博得了各国的信任。1911 年 11 月 15 日,还在袁世凯复出之际,英国政府即致电驻北京公使朱尔典说:"我们对袁世

---

[1] 《胡汉民自传》,载《近代史资料》1981 年第 2 期,中国社会科学出版社 1981 年版,第 60 页。
[2] 〔澳〕骆惠敏编:《清末民初政情内幕》上册,第 767 页。
[3] 《英国蓝皮书有关辛亥革命资料选择》上册,中华书局 1984 年版,第 60 页。

凯怀有很友好的感情和敬意。我们希望看到,作为革命的一个结果,有一个强有力的政府,能够与各国公正交往,并维持内部秩序和有利条件,使在中国建立起来的贸易获得进展。这样一个政府将得到我们能够提供的一切外交上的支持。"[1]所以他们不仅在政治上支持袁世凯,而且在财政上亦给予"热心"的扶植。立宪派则因为袁世凯有过立宪的名声而拥护袁世凯。与其说他们的选择是出于个人好恶,不如说是出于现实利益的权衡。立宪派相信袁世凯既不是曾国藩,也不是华盛顿(张謇如是说),但他具备了孙中山所缺少的财力、武力和帝国主义列强的支持。因此,在他们的心目中,袁世凯不仅是"统一"和"秩序"的象征,而且代表了民国外交的秩序,孙中山则逊其远矣。1912年1月4日,即张謇被南京临时政府任命为实业总长两天以后,曾与孙中山就政策问题作过一次长谈。他在这一天的日记中写下了"未知涯畔"四个字,表达对孙中山的不信任。所以,他们一面用怠工和抵制等方式以涣散临时政府,另一面又为袁世凯出谋划策,并制造"非袁不可""非袁不能收拾""非袁莫属"的社会舆论,希望袁世凯"奋其英略,旦夕之间,戡定大局"[2],在共和的形式下统一中国。

帝国主义列强和立宪派之选择袁世凯有其各自不同的目的,不可同日而语、相提并论。但正是在这重重的掣肘和压力之下,一往直前的孙中山引退了。十载戎马,忠诚于民主共和的黄兴,在南京临时政府建立一年前的黄花岗之役前夕,他大书"丈夫不为情死,不为病死,当为国杀贼而死",何其悲壮! 南京临时政府北迁后,1912年10月他从上海经鄂返湘,座舰夜航江心,思潮起伏,命笔作诗:"惊人事业随流水,爱我园林想落晖。"诗中已不无凄凉之感了。

---

[1] 《英国蓝皮书有关辛亥革命资料选择》上册,第58页。
[2] 张孝若:《南通张季直先生传记》,中华书局1930年版,第150页。

《泰晤士报》驻北京记者莫理循在当时说:"革命党人不信任袁世凯,认为他是清朝的支柱;满人也不相信他,认为他在策划倾覆清朝的阴谋。"[1]但是,同样的意思换一个角度却说明了不同的问题。因为革命党人不信任他,所以他可以得到反对革命的人们的信任;因为清朝不信任他,所以他可以得到反清的人们的信任。对立面的不信任正是自己可以信任的,本来两面不讨好的袁世凯结果却是两面都讨好,所以他在南京临时参议院上以17票(全票)当上了临时政府大总统,既取代了清朝也取代了革命。

---

[1] 〔澳〕骆惠敏编:《清末民初政情内幕》上册,第800页。

第十八章　山重水复

　　1912年6月,李大钊曾用饱蘸忧虑的笔触叙写过辛亥革命后中国社会的景况:"国基未固,百制抢攘,自统一政府成立以迄今日,凡百士夫,心怀兢惕,殷殷冀当世贤豪,血心毅力,除意见,群策力,一力进于建设,隆我国运,俾巩固于金瓯,撼此大难,肩此巨艰,斯固未可以简易视之。而决未意其扶摇飘荡,如敝舟深泛滇洋,上有风雨之摧淋,下有狂涛之荡激,尺移寸度,原望其有彼岸之可达,乃迟迟数月,固犹在惶恐滩中也。"[1]这段话出现于武昌起义八个月之后,但反映了随新旧鼎革而来的一个历史时期。辛亥革命促成了旧体制的瓦解和新体制的建立,中国历史因之而越出了改朝换代的旧轨。然而旧体制却留下了旧的社会心理。这种几千年岁月积淀而成的沉重惯性如同一种板结的地块,使新的体制难以把自己的根须扎进社会的深处。制度的鼎革并没有终结新与旧之间的冲突。[2]于是而有"两种特别的现象,一种是新的来了好久之后而旧的又回复过来,即是反

---

[1]《隐忧篇》,见《李大钊文集》上册,人民出版社1984年版,第1页。
[2] 一位西方观察家说:"1911年以来,特别是1949年以来,中国是许多冲突的舞台。"(《参考消息》1987年4月4日)这种看法是深刻的。

复;一种是新的来了好久之后而旧的并不废去,即是羼杂"[1]。新与旧的"反复"和"羼杂"交错地出现于辛亥革命之后,既反映了新的历史条件下出现的山重水复现象,又体现了中国近代社会新陈代谢的复杂性和艰巨性。

一、还是"乱党"

革命派缔造了民国的基石,袁世凯得到了民国的名器。这是当时中国社会选择的结果。但前者并不甘心于这种结果,后者并不满足于这种结果。于是,开始于清末的民主与专制之争斗注定在新的历史条件下展开新的肉搏。

1912年2月13日,民国的开创者孙中山向临时参议院咨请辞去临时大总统时,曾在咨文的末端提出三项条件:"一、临时政府地点设于南京,为各省代表所议定,不能更改;二、辞职后,俟参议院举定新总统亲到南京受任之时,大总统及国务各员乃行辞职;三、临时政府约法(此时尚未制定)为参议院所制定,新总统必须遵守颁布之一切法制章程。"[2]前两项意在迫袁远离旧势力的中心,"勿任天下怀庙宫未改之嫌,而使官僚有社城尚存之感";第三项则想用法律来抑制袁世凯的野心,俾共和之基础巩固于"民权主义"之上。孙中山在他任职的最后一段时间里主持制定了《中华民国临时约法》,其用意,"一以表示我党国民革命真意义之所在,一以杜防盗憎主人者,与国民共弃之"[3],表现了革命派在交出名器之前企图用约法限制袁世

---

[1] 鲁迅:《中国小说的历史变迁》,见《中国小说史略》附录,人民文学出版社1979年版,第414页。
[2] 《南京临时政府公报》第17号。
[3] 居正:《约法问题》,见《居正文集》上册,华中师范大学出版社1989年版,第95页。

凯的努力。然而,孙中山在辞去大总统并荐袁以自代之际,又为袁的假象所迷惑,一度认为民族、民权主义已经实现,因而舍去政治,专心致志于实业。孙中山在正式解职的当天发表演说:"今日满清退位,中华民国成立,民族、民权两主义俱达到,唯有民生主义尚未着手,今后吾人所当效力的即在此事。"[1]黄兴在辞去南京留守府的职务后,亦认为:"吾党从前纯带一种破坏性质,以后当纯带一种建设性质。"[2]注重实业固然是必要的,但却忽视了在政治上与袁世凯的抗争,约法实施也就丧失了必要的监督机制和实力保障。

与孙中山、黄兴不同,宋教仁认为:"今革命虽告成功,然亦只可指种族主义而言,而政治革命之目的尚未达到也。推翻专制政体,为政治革命着手之第一步,而尤要在建设共和政体。今究其实,则共和政体未尝真正建设也。"[3]征诸当时的实际,这种判断无疑是清醒的。在宋教仁看来,民国取代帝国之后,政治斗争的方式也要相应地改变。他说:"以前,我们是革命党;现在,我们是革命的政党。以前,是秘密的组织;现在,是公开的组织。以前,是旧的破坏的时期;现在,是新的建设时期。以前,对于敌人,是拿出铁血的精神,同他们奋斗;现在,对于敌党,是拿出政治的见解,同他们奋斗。"[4]基于这样的认识,他力倡责任内阁和政党内阁,表现了革命派在交出名器之后企图用合法的政党竞争来建设资产阶级民主共和政体的努力。相比之下,宋教仁在那个时候显示出更倔强的政治进取精神。因此,"国

---

[1]《在南京同盟会饯别会的演说》,见《孙中山全集》第2卷,中华书局1982年版,第319页。
[2]《在中国同盟会上海支部夏季常会上的演说》,见湖南省社会科学院编:《黄兴集》,中华书局1981年版,第240页。
[3]《国民党沪交通部欢迎会演说辞》,见《宋教仁集》下册,中华书局1981年版,第459页。
[4]《国民党鄂支部欢迎会演说辞》,见《宋教仁集》下册,第456页。

民党中人物,袁之最忌者惟宋教仁。唐解阁时,宋尊重阁制,联辞农林总长职,移住农事试验场。袁极力牢笼,饵以官,不受;啖以金,不受。日奔走于各政党间,发表政见,冀以政治策略,为有次序之进行,改革一切弊政,一时声望大哗。"[1]1913年初,由同盟会改组而来的国民党已在参、众两院870个议席里得到392席,于议会政党之中居绝对多数之势。[2] 宋教仁通过合法的政治斗争表现了自己所代表的力量。袁世凯曾想以巨金收买他,但宋教仁是个既有能力又有政治操守的人,并不愿做袁世凯个人的私党。因此,当宋教仁要用自己所代表的这股力量"钳袁"的时候,阴险奸诈的袁世凯便用非法的暗杀结束了他的生命。袁世凯的行为证明:在一个没有民主的社会里,非法比合法更有力量。然而,宋教仁的血又从反面告诉世人:在一个没有民主的社会里是不会有真正的共和民国的。于右任在宋教仁的追悼会上沉痛地说:"今日之追悼宋先生,实我全国国民之自悼也。盖宋先生已置生死度外,宋先生死而假共和之面目已揭破,可知民贼时时欲杀吾国民,破坏共和。"[3]马君武在会上亦发表演说:"宋先生之死,实死于官僚派之手。官僚派无整顿中国之能力,见有能整顿中国者,辄以残忍卑劣手段暗杀之。若国民一任其所为,民国将万无可望。故今后之竞争,乃官僚与民党之竞争。宋先生死后,中华民国是否与之俱死,当视能否战胜官僚派为断。今当竭尽心力与官僚派竞争,坚持平民政治,以竟宋先生未竟之志。"[4]"宋案"的发生,一

---

[1] 《石叟牌词》,见《谭人凤集》,湖南人民出版社1985年版,第411页。
[2] 除跨党者外,国民党在众议院596个席位中,独得269个,共和党得120个,统一党得18个,民主党得16个;在参议院的274个议席中,国民党独得123个,共和党得55个,统一党得6个,民主党得8个。
[3] 《于右任辛亥文集》,复旦大学出版社1986年版,第254页。
[4] 《民立报》1913年4月14日。

方面说明了宋教仁对袁世凯的制约作用,另一方面又使一度为袁所迷惑的革命党人终于看清了袁世凯假共和的真面目。于是,"宋案"直接触发了二次革命。

二次革命是革命派为保卫民主共和而对袁世凯所作的武力抗争。就其实质来说,这种抗争是辛亥革命的继续,有相当的规模,地域涉及江西、江苏、安徽、湖南、广东、福建、四川和上海等八个省区,革命派仍有很大的实力。但是,同辛亥革命相比,革命派又面临着时易势移的局面。袁世凯不是宣统,他践踏了民主共和,然而他又是民国元首。因此,他有着革命党人所没有的优势。一面越过国会,擅自以政府名义与英、法、德、俄、日五国银行团签订了2 500万英镑的"善后大借款",积极备战,诛锄异己;一面又以160万元的高昂代价,暗助共和、统一、民主三党合并成进步党,在国会中与国民党相抗,企图击垮国民党。同时,袁世凯又以威迫利诱等手段,收买国民党一部分党员脱党,另组政团,分化其部门。但进步党并没有实力击败国民党。5月24日,袁世凯发表"传语国民党人"的谈话:

> 现在看透孙、黄,除捣乱外无本领。左又是捣乱,右又是捣乱。我受四万万人民付托之重,不能以四万万人之财产生命,听人捣乱!自信政治军事经验,外交信用,不下于人。若彼等能力能代我,我亦未尝不愿,然今日诚未敢多让。彼等若敢另行组织政府,我即敢举兵征伐之!国民党诚非尽是莠人,然其莠者,吾力未尝不能平之。[1]

在这里,原告成了被告!醉心专制的巨奸大憝代表着四万万人民;而为四万万人民争民主共和的元勋却重新变成了"乱党"。自后人视之,这不过是袁世凯的大言不惭。但在当时的中国,这些话却显示了

---

[1] 转引自白蕉:《袁世凯与中华民国》,见孟荣源等编:《近代稗海》第3辑,四川人民出版社1985年版,第45页。

一种严酷的对比。比之南北武力之悬殊,这种对比更加可怕。从7月12日李烈钧在江西宣布独立举兵讨袁,到9月12日四川熊克武被迫离职取消独立,载着"乱党"之名的赣宁之役不过两个月就失败了。二次革命后,袁世凯下令通缉孙中山、李烈钧、柏文蔚、许崇智、陈炯明、廖仲恺、朱执信、邓铿、谭人凤、熊克武等革命党人,其中黄兴、陈其美、钮永建、何海鸣、岑春煊等五人被列为"宁沪之乱"的"首魁"。至此,民国的开国元勋成了袁世凯的通缉要犯。身历此役的革命党人孙中山、黄兴、陈其美、李烈钧等满怀悲愤地离开自己所热爱的祖国。这个结局包含着双重的悲剧意义:(一)革命派用鲜血和头颅创建了民国,但袁世凯取得名器之后,"民国"却容不得革命派;(二)革命派为四万万人求民主共和,但却没有为自己寻找一块可以立足依托之地。因此,斗争一旦失败,他们只得循着过去的轨迹流亡于异国他乡。

二次革命失败后一个月,袁世凯即用丘八威迫议员,由国会选举而成为正式大总统。1913年10月4日,袁世凯以国民党发动二次革命为借口,下令解散国民党京师本部,取消国民党议员资格,追缴证书会章,并通饬各地警察厅长及地方官,"凡国民党所设机关,不拘为支部、分部、交通部及其他名称,凡现未解散者,限令到三日内,一律勒令解散。嗣后再有以国民党名义,发行印刷物品、公开演说或秘密集会者,均属乱党,应即一体拿办,毋稍宽纵"[1]。这样,国会实际上已名存实亡。1914年1月正式解散了国会,2月又相继解散了各地自治会及各省议会。5月废止了《中华民国临时约法》,并公布了经

---

[1] 转引自白蕉:《袁世凯与中华民国》,见孟荣源等编:《近代稗海》第3辑,四川人民出版社1985年版,第65页。

过增修的《中华民国约法》,规定"大总统为国家元首,总揽统治权",取消责任内阁制和国会对总统行使权力的一切牵制,大总统实质上已拥有至高无上的专制皇帝的权力。12月,袁世凯又抛出了《修正大总统选举法》,规定总统任期改为十年,连任无限制,并有权推举继任人,书于嘉禾金简,藏之金匮石室。袁世凯不仅成了"终身总统",而且可以"传之子孙,以至无穷"。"袁在世界上,已经有了他所想要的一切。他在全国恢复了相当程度的秩序,他的话就是法律,他至少在中国得到和以往任何一个统治者所得一样大的权力。"[1]当民国丧失了国会和《临时约法》的时候,民国便只剩下一具躯壳。其时,距离中华民国成立还不到三年时间。袁世凯不但排除了国民党,而且丢弃了"袒袁"的进步党。在专制主义的权力面前,任何政党都被剥夺了存在的权利。对于资产阶级革命派来说,这短短的不足三年的时间是一个漫长而痛苦的过程。他们亲见了革命的成功,又目睹了民国的夭折;他们体会过胜利的欢欣,又亲尝了失败的痛楚。由此产生的种种反应因人而异,但又都真情毕露。戴天仇曾狂呼:"熊希龄卖国,杀! 唐绍仪愚民,杀! 袁世凯专横,杀! 章炳麟阿权,杀!"[2]表现了一种愤激的意气。《正式国会之殷鉴》一文则在法理和武力的比较之中表达了更深刻的反思:"纵使将来国会议员人人皆肩比卢梭,而驾孟德斯鸠,一入袁氏之武力世界中皆成无数木偶。"[3]同他们相比,宁调元、苏曼殊流露的是欲说还休的悲凉和酸苦。宁调元是很有思想的人物,他在狱中写了不少诗。《狱中书感》云:"拒狼进虎亦何忙,奔走十年此下场。岂独桑田能变海,似怜蓬鬓已添霜。死如

---

[1] 〔澳〕骆惠敏编:《清末民初政情内幕》下册,知识出版社1986年版,第542页。
[2] 戴天仇:《杀》,载《民权报》1912年5月20日。
[3] 《正式国会之殷鉴》,载《民权报》1912年9月11日。

嫉恶当为厉,生不逢时甘作殇。偶倚明窗一凝睇,水光山色剧凄凉。"《秋兴》云:"汉家陵阙对西晖,南眺潇湘烟雨微。眼见红羊成浩劫,若为黄鹄竟高飞。畏蛇畏药何时了?为雨为霜此愿违。起视东南生意尽,几人田宅拥高肥。"在悲凉和酸苦之中表达了一种愤世嫉俗的情怀。他在另一首《秋兴用草堂韵》中的两句诗"茫茫前路无归处,暮雨秋风江上舟",则反映了辛亥后一代人的迷茫与怅惘。苏曼殊是一个革命的浪漫主义诗人,他的诗更集中地体现了那个时代的悲哀:"相逢莫问人间事,故国伤心只泪流。"诗不是史,但诗中有史,它往往比其他文字资料更真切地反映特定历史条件下的社会心态。而曾经忝列进步党的著名新闻记者黄远生在目睹民国初年政坛的种种黑幕和丑恶的社会现象之后,终于幡然悔悟,对自己作了严肃的解剖和虔诚的忏悔:

> 吾之一身,有如两截:一为傀儡,一为他人之眼。要知此他人之眼,即吾真正之灵魂。吾之灵魂,实有二象:其一吾身如一牢狱,将此灵魂,囚置于暗室之中,不复能动,真宰之用全失;其二方其桎置之初,犹若槛兽羁禽,腾跳奔突,必欲冲出藩篱,复其故所,归其自由。耗矣哀哉!牢笼之力大,抵抗之力小,百端冲突,皆属无效。桎置既久,遂亦安之。此所谓安,非真能安,盲不忘视,跛不忘履,则时时处狱隙之中,稍冀须臾窥见天光,惨哉天乎,不窥则已,一窥则动见吾身种种所为,皆不可耐,恨不能宰割之,棒逐之。综之恨不能即死,质言之,即不堪其良心之苛责而已。[1]

黄远生并不是随波逐流、趋势附炎的小人,但他却写出了人性黑暗的一面,反映了在袁世凯专制独裁之下一个良知未泯者灵魂的

---

[1] 黄远庸:《忏悔录》,见《远生遗著》上册第1卷,商务印书馆1984年版,第124—125页。

苦痛。

在同一过程里,那些被迫流亡海外的革命党人,不以挫折而灰心,不以失败而退怯,而在失败和挫折之后重新振作起来,组织革命团体,"共图三次革命"。以孙中山为首的革命派组成了中华革命党,追随于黄兴之后的另一部分国民党人则组织了欧事研究会。这两个团体皆以反袁为己任。但国民党一分为二的背后,却是山重水复所带来的彷徨。这种彷徨反映了中国社会的彷徨。但他们被袁世凯目为"乱党",又说明他们仍在不妥协地为中国社会寻求新的出路。

二、两种复辟势力

民国初年的政坛诡谲变幻,暗潮翻滚。袁世凯扑灭二次革命后,由临时大总统而正式大总统而终身大总统,并进而企图"承天建极";而被推翻的清王朝并不甘心于这种命运,伺机"恢复祖业","光复旧物"。于是,在袁世凯和溥仪的周围聚集了两种形象各异而实质象同的复辟实体。这是两个呼之欲出的幽灵,它们寄生于民国而又与民国为敌:一个企图复清朝之辟,一个力谋复帝制之辟;一个拥戴溥仪复辟,一个推动袁世凯称帝。两种复辟势力所拥戴的具体对象不一,但它们植根于相同的社会土壤和由千百年的历史积淀而成的皇权心态。

辛亥革命推翻了清王朝,创立了中华民国,但在紫禁城里仍然保留着最后一代君主以及与之相称的全套帝王礼仪。按《关于清帝逊位之后优待之条件》规定:溥仪仍拥皇帝尊号,每年坐收400万元巨款,养尊处优于北京皇宫的小朝廷,依然沿用宣统年号,称皇道朕,依然可以称孤道寡地颁布上谕,英文教习庄士敦还穿着补褂,在"南书房"行走,民国政府还要以待外国君主之礼相待。在历史已经进入

20世纪之后,这里还满是19世纪留下的灰土和尘埃。它是一个国中之国,完整地保存着前清的皇朝体制。溥仪后来回忆自己的师傅陈宝琛时说:

> 在他嘴里,革命、民国、共和,都是一切灾难的根源,和这些字眼有关的人物,都是和盗贼并列的。"非圣人者无法,非孝者无亲,此大乱之道也",这是他对一切不顺眼的总结论。记得他给我转述过一位遗老编的对联:"民犹是也,国犹是也,何分南北?总而言之,统而言之,不是东西。"他加上一个横批是:"旁观者清。"他在赞叹之余,给我讲了卧薪尝胆的故事,讲了"遵时养晦"的道理。他在讲过时局之后,常常如此议论:"民国不过几年,早已天怒人怨,国朝二百多年深仁厚泽,人心思清,终必天与人归。"[1]

这是一种怀着深沉的失落感等待奇迹的孤臣孽子之情,而紫禁城小朝廷的存在又给他们伺机而动的希望。孙中山让位于袁世凯之后,共和民国在一切旧势力的进攻和腐蚀之下,变成了没有灵魂的躯壳,这就使那些力主"还政于清"的孤臣孽子和宗社党更加跃跃欲试。溥仪说:

> 到民国三年,就有人称这年为复辟年了。孤臣孽子感到兴奋的事情越来越多:袁世凯祀孔,采用三卿士大夫的官秩,设立清史馆,擢用前清旧臣。尤其令人眼花缭乱的,是前东三省总督赵尔巽被任为清史馆馆长。陈师傅等人视他为贰臣,他却自己宣称:"我是清朝官,我编清朝史,我吃清朝饭,我做清朝事。"那位给梁鼎芬在梁格庄配戏的劳乃宣,在青岛写出了正续《共和解》,公然宣传应该"还政于清",并写信给徐世昌,请他劝说袁世凯。这时徐世昌既是清室太傅同时又是民国政府的国务卿。他把劳的文章给袁看了。袁叫人带信给劳

---

[1] 溥仪:《我的前半生》,群众出版社1984年版,第89—90页。

乃宣,请他到北京做参议。前京师大学堂的刘廷琛,也写了一篇《复礼制馆书》,还有一位在国史馆当协修的宋育仁,发表了还政于清的演讲,都一时传遍各地。据说在这个复辟年里,连四川一个绰号叫十三哥的土匪,也穿上清朝袍褂,坐上绿呢大轿,俨然以遗老自居,准备分享复辟果实了。[1]

袁世凯要复的当然不会是清朝之辟,历史已经证实了这不过是那些醉心于清朝复辟者的一厢情愿。但袁世凯的姿态却使他们感到兴奋,一时复辟声浪大播。袁世凯"洪宪帝制"失败后,紫禁城中又出现一种新的"响城声":"袁世凯失败,在于动了鸠占鹊巢之念";"帝制非不可为,百姓要的却是旧主"。他们按照自己的逻辑进行思维,并从袁的失败中看到了清室复辟的希望,坚定了王朝复辟的信念。

在这股复辟势力中,既有以张勋为代表的武装力量,也有以善耆(肃亲王)、溥伟(恭亲王)、升允(原陕甘总督)、铁良等为代表的清室王公贵族势力,还有以劳乃宣、梁鼎芬等为代表的前清遗老。他们绝大部分在紫禁城之外而又对紫禁城心向往之。他们分居于青岛、大连、旅顺、天津、上海等地的租界或租借地,公开反抗共和民国,并与外来势力勾结,从事复辟武装活动。"其中有一支由蒙古贵族巴布扎布率领的队伍,一度逼近了张家口,气势十分猖獗。直到后来巴布扎布在兵变中被部下刺杀,才告终结。在闹得最凶的那些天,出现了一种很奇特的现象:一方面'勤王军'和民国军队在满蒙几个地方乒乒乓乓地打得很热闹,另一方面在北京城里的民国政府和清室小朝廷照旧祝贺往来,应酬不绝。紫禁城从袁世凯去世那天开始的兴隆气象,蒸蒸日上,既不受善耆和巴布扎布的兴兵作乱的影响,更不受他

---

[1] 溥仪:《我的前半生》,第89—90页。

们失败的连累。"[1]这确实是一种很奇特的现象,但比这种非常不协调的社会现象更具有讽刺意味的,是那些寄居于紫禁城之外的宗社党徒和其他前清遗老。他们身在租界而神驰于康乾同光之间,食民国之粟而缅怀帝国之恩。不平等条约所带来的租界,在清季曾被革命志士用为躲避缇骑缉捕之地,在民国却被前清遗老用为寄托复辟之所。对于后者,这有点像是历史的嘲弄。

民国取代了清朝,但又给反对民国的清朝复辟势力留有周旋的余地。所以,清室复辟活动自"颁布退位诏起到伪满洲国成立止,没有一天停顿过"[2]。与这个复辟实体相互倚伏而又相互排斥的是,麇集于袁世凯周围的另一股汲汲以谋帝制的力量。这是一些学识、经历和动机各不相同的文士和武夫。他们为袁世凯的实力与权势所吸引,他们又煽炽了袁世凯的帝王之想,拥着他从专制跨向君权。徐世昌说:方南北和议之际,"杨士琦主君主,人皆以为维持清室,不知杨之所谓君主者,非溥仪,乃项城也。同时,汪兆铭、杨度组织国事匡济会,杨度亦主君主,其意图正与杨士琦同,但两人各不相谋耳"。当南方迎袁专使到京后,"其某公子与左右亲昵者,密谋由曹锟所统第三镇驻京各营撞入东华门,强挟项城入宫正大位。惟不敢与冯国璋所统之禁卫军接洽。二十九日夜发动后,为禁卫军所遏,不得逞,遂抢烧东华门一带。事后宣称部队哗变,系因索饷之故,借以威吓南来专使"[3]。这是一个源头。于是而有"筹安会""全国请愿联合会""请愿团"和"选举"中华帝国皇帝。

---

[1] 溥仪:《我的前半生》,第95页。
[2] 溥仪:《复辟的形形色色》,载《光明日报》1962年7月9日。
[3] 《洪宪遗闻·徐世昌谈洪宪小史》,见《八十三天皇帝梦》,文史资料出版社1983年版,第298页。

两种复辟势力导致了"洪宪帝制"和"丁巳复辟"[1]两场历史丑剧。虽然这两场复辟丑剧很快灰飞烟灭,但历史中的丑剧又常常蕴含着迫人深思的内容。在袁世凯和张勋的背后,有着新朝的佐命元勋和旧朝的孤臣孽子,而他们后面又有着辛亥革命所没有革去的社会心态。"洪宪帝制"的祸首之一梁士诒说过:"中国官方的和商业的传统和习惯都强调个人的关系。就制度和一般法律原理来说,抽象的思想形式为我国人民所不理解。在皇帝的统治下,权力将会更加稳固,因此有可能彻底进行基本财政改革,如地产税改革等。要抵制官员中贪污腐化的发展,就必须要有对个人忠心和负责这样一个因素。中国人无法想象对一种纯粹抽象概念的个人职责。"[2]他的话表达了这种心态。一个西方外交官在护国军起事后评论说:

> 中国人是宿命论者。原先在他们看来使袁世凯拥有皇帝权力的帝制运动是不可抗拒的,因此许多人都压制住内心的怀疑和恐惧,但是当一个公开反对袁世凯的运动发动起来的时候,他们又纷纷聚集到新的旗帜之下,各地都出现了持不同政见的人。[3]

这个过程是难以用个人的品格来解释的。复辟的丑剧既显示了袁世凯和张勋的可鄙和可憎,又显示了旧的社会心态感染下不止乎一二人的晕眩和迷失。于是而有所谓"自筹安会发起变更国体之议,二十二行省计四百兆生民响应云集,投票公决,咸恭戴我皇上万世一系,并奉以完全主权,万众一心,山呼雷动。由是而军政两界,而国民代表,而绅学农工商各社会,相继以请愿书上矣。群情爱戴之诚,望若

---

[1] 一般称之为张勋复辟,这里采用溥仪在回忆录里的说法。
[2] 〔美〕保罗·S.芮恩施:《一个美国外交官使华记》,商务印书馆1982年版,第139页。
[3] 〔美〕保罗·S.芮恩施:《一个美国外交官使华记》,第141—142页。

云霓,归如流水,有沛然莫御之势"[1]。这些来自各省吁请袁世凯登极的请愿书,固然不能用来说明当时的全部实情,据说其中"大部系由北京的一小撮顾问准备好,发交各省,再发回北京的"[2]。但忠顺的奴才并不罕见。如陈宧,当他奉命带兵入川平乱的时候,"向项城辞行,竟行三跪九叩大礼。项城惊异道,何必如此。陈对以陛下登极大典,臣恐未必能躬预,故先行庆贺。项城即说,既改国体亦废跪拜礼了。陈又跪下,三嗅项城之足而退,据说是喇嘛对活佛的最敬礼"[3]。王朝已成为历史之后,与王朝相应的礼仪及心态却未曾改变。

汤芗铭、陈宧及北洋大大小小的军阀无论矣!曾是一代巨人的康有为,在背负着儒家的十字架遨游世界的过程里深深忏悔戊戌变法之孟浪。他带着这种感情千里奔赴"丁巳复辟",并在不成气候的复辟里找到了自己的归宿。直至复辟失败,他虽已暮色苍茫,也还在眷恋着被赶出紫禁城的清逊帝。巨人变成了侏儒,变成了"大言不惭之书生"[4]。君宪主义者杨度则通过为袁世凯谋帝制而为自己的政治理想谋,希望借助袁世凯而实现一展抱负之想。他因力倡君主立宪而成名,又因"洪宪帝制"失败而名裂。但这种结局却成为杨度转折的起点。他抛弃了君主立宪而走向孙中山。

人们常说,辛亥革命是一次既胜利又失败的革命。说它胜利,一条重要的理由就是皇帝不那么好做了,"任凭你像尧舜那么贤圣,像

---

[1]《孟恩远等敦请袁世凯早登皇帝位电》,见中华民国档案资料丛刊《护国运动》,江苏古籍出版社1986年版,第130页。
[2]〔澳〕骆惠敏编:《清末民初政情内幕》下册,第525页。
[3] 曹汝霖:《曹汝霖一生之回忆》,台北传记文学出版社1980年版,第120页。
[4] 梁启超:《反对复辟电》,见《饮冰室合集·文集》之三十五,中华书局1936年版,第17页。

秦始皇明太祖那么强暴,像曹操司马懿那么狡猾,再要想做中国皇帝,乃永远没有人答应"[1]。而还有那么多人主张复辟又从一个侧面说明了辛亥革命的不彻底。

三、军阀割据在形成

护国战争结束了"洪宪帝制",被一种武力拥上台的袁世凯又被另一种武力逼下了台。随着袁世凯的死亡,他一身而维系的那种专制主义统一也倾覆破碎了。然而,推翻袁世凯的人们并没有足够的力量建立起新的统一。于是,在旧的统一已被推倒和新的统一尚未来到之间,出现了一个军阀割据的时期。

军阀是一种封建势力,但又有着异乎寻常的特点。(一)在他们手里,本是国家的统治工具的武装、军队变成了一己私有之物;(二)私有的武装、军队又分割地方,形成了私有的地盘。没有无军队和地盘的军阀。因此,军阀统治的实质是实力之下的武治,它比寻常的封建统治带有更多的动乱性和黑暗性。人们常把曾国藩、左宗棠、李鸿章目为近代军阀的鼻祖。其实,曾国藩的湘军和李鸿章的淮军并不是完全意义上的军阀武装。因为湘军和淮军不完全是他们的私人军队,还得听命于清朝政府。他们也没有真正形成自己的地盘。李鸿章做了多年的直隶总督,两江总督多由湘军将领担任,左宗棠似乎以福建为地盘,但这些地盘不同于后来军阀的地盘,清朝政府还是可以随时调动的。追溯历史的渊源,从八旗绿营到辛亥革命之后的南北军阀,湘、淮军不过是个中间环节。那个时候的军制改革包含着后来产生军阀的可能性。但可能性并不是现实性。可能性转变为现

---

[1] 梁启超:《五十年中国进化概论》,见《饮冰室合集·文集》之三十九,第46页。

实性需要条件,而这种条件并没有在上一个世纪出现。在袁世凯没有做皇帝、没有塌台之前,还维持着一个统一的形势。已经存在的各股军阀势力之间的纷争,还没有完全暴露出来。袁世凯死后,留下了一个意想不到的真空,黎元洪继任总统,但实权却掌握在军阀手中。因此这个脆弱的同一体实际上已经分崩离析。军阀割据混战,正是在这种分崩离析的形势下出现的。

护国战争之后的中国,是北洋军阀和西南军阀两大军阀官僚体系的天下,"政客借实力以自雄,军人假名流以为重","政客"与"名流"大都依附于军人。北洋军阀主要来自于袁世凯的小站旧人。据统计,小站练兵时,大小参谋队官有 58 人。在民国初年,这一群人中先后出了 2 个总统,3 个总理,10 个陆军总长、次长,2 个巡阅使,23 个护军使、镇守使,以及众多的师长、旅长、团长。这些人组成了所谓"北洋袍泽"。当时人说:"民国所谓北洋军阀者,若大总统、副总统、执政、国务总理、各部总长、巡阅使、检阅使、各省督军、省长以及军长、师长、旅长都出自小站。"[1]这种说法不免有些夸张。但北洋将领"多袁旧人"却是事实。西南军阀则多由辛亥革命后的都督演变而来[2],他们中的一部分人曾参加过辛亥革命、二次革命或护国战争,有的人还曾参加过资产阶级革命派的政党,充当过革命的角色。如唐继尧,早先留学日本便加入同盟会,回国后曾参与策划和组织云南辛亥重九起义与护国运动。但在同北洋军阀的武力对抗和纵横捭阖中,他们自身也变成了军阀。他们以其自身的变化反映出中国社会

---

[1] 张国淦:《北洋军阀的起源》,见《北洋军阀史料选辑》上册,中国社会科学出版社 1981 年版,第 16 页。

[2] 从武昌起义到南京临时政府成立,各地先后称都督的有一百几十个,有的一省就有好几个。他们中的一些人始终站在革命行列,但也有的后来转化为军阀。征之当时的实际,这种转化,以西南诸省为多。

的山重水复。孙中山在护法运动失败后说:"南与北如一丘之貉",是就军阀的本质而言,他们对近代社会的破坏并没有什么两样。但北洋军阀和西南军阀又各有其特点,存在着明显的差异性。

(一)北洋军阀始终操纵北京政府,打着"统一"的旗号,颇有"挟天子以令诸侯"之势。袁世凯死后,北洋军阀分裂为皖、直两大派系,以及稍后以张作霖为首领的奉系军阀。[1] 其内部的勾结与对峙,主要是围绕着争夺中央政权而展开的。西南军阀以滇、桂、黔系为主体,包括川、粤、湘系在内。它具有相对的独立性,但始终是地区性的。就军阀的地位而言,它是从属的,形成的年代也比北洋军阀晚。

(二)西南军阀大多与辛亥革命、二次革命和护国运动有或多或少的关系,而北洋军阀一开始就是以镇压革命运动起家。这个差异与当时中国社会变迁的诸因素有关。在近代中国,新兴力量首先是从南方开始,而后由南向北。单就辛亥革命来说,黄花岗起义、武昌起义、四川保路运动,都发生在南方而后震撼全国。二次革命期间,反袁的力量主要在江西、江苏等地,也是南方。护国战争还是以南方为基础,从南方发动的。近代新的生产力、革新力量都从南方兴起,然后向北方推进。西南军阀与北洋军阀两大体系的内部组织结构,固然都存在着浓厚的封建宗法性,并依靠这种由血亲、同乡、同僚、故旧、师生等关系组成的宗法性关系网络,把持军事和民政。甚至可以说,一个个大大小小的军阀集团实际上就是一个个宗族性实体,军阀的凝聚就是"私的结合"。皖系军阀倪嗣冲督皖期间,其主要血亲不

---

[1] 奉系是依靠北洋军阀起家的,其兵源也有一部分来自北洋新军,所以一般把它列入北洋军阀官僚体系中。

下50人,"都蒙其提拔,掌握了安徽的军权、政权、财政等,组成一个倪氏统治安徽的大集团"[1]。桂系军阀集团由其首领陆荣廷家族及其妻弟兼把兄弟谭浩明家族为主体,"结成封建宗法性小集团,实行封建把头式的家长制专制统治"[2]。直系、奉系、滇系、晋系、黔系等军阀集团莫不安插家族、姻娅、同乡、同僚、故旧,分布要津,带有明显的家族意识和宗派意识,但从总体上说,北洋军阀具有更浓的封建性,南方军阀具有稍多的近代性。

(三)由于西南军阀和北洋军阀所处的地位不同,故而二者在对外关系上,也就不完全一样。北洋军阀控制中央政府,可以代表国家与帝国主义缔结卖国条约。皖系、奉系与日本相勾结,直系与英美关系比较密切。西南军阀和帝国主义的直接关系不太明显。就这一点而言,西南军阀的罪恶比起北洋军阀来要小得多。但也不能一概而论,必须把二者、二者内部的各派军阀以及各个军阀头目区别开来。

近代军阀出身于不同的社会阶层,大概言之,可以归为四类:(一)由清代职业军官转化而来;(二)起于行伍,脱颖而出者,如冯玉祥;(三)在国内外军校受过新式军事教育者,这部分军阀接受近代军事知识,受过近代军事训练,使用近代武器,指挥近代军队,带有更多的新质;(四)从土匪头目演变为地方实力派,如奉系军阀首领张作霖、桂系军阀头目陆荣廷。前者原是东北的红胡子,后者出身于绿林。五光十色的军阀头头的出身,是中国近代社会才有的。它既包含着来自传统的成分,又包含着传统以外的成分,由此产生的新旧

---

[1] 王传厚:《倪嗣冲在安徽的罪恶统治》,见《安徽文史资料选辑》第7辑。
[2] 陆君由、苏书选编:《陆荣廷传》,广西民族出版社1987年版,第262页。

杂陈是近代社会的一种特色。军阀都迷信武治,因此,军阀的时代是愚昧统制文化的时代。然而武治又并非全然没有意识形态。从袁世凯到蒋介石的新生活运动,都主张尊孔读经。山西的阎锡山倡办过"洗心社",他主张的是周公孔子之道;湖南的赵恒惕则发出"以湘治湘""联省自治"的口号,搞地方宪法,模仿美国的联邦制度。前者未必相信周孔,后者未必崇奉欧美。不统一的割据混战局面产生了不同的群体利益,不同的群体利益需要不同的观念。这个过程又以变态的方式反映了中国社会新陈代谢的复杂性和矛盾性。军阀头目的各种来源和光怪陆离的意识形态,及其所表现出来的复杂的历史社会现象,是中国近代社会新旧两种因素相互交织而又矛盾冲突的产物,他们因此而具有种种古代军阀所没有的特点。

从护国战争到1928年张学良在东北"改旗易帜",大大小小的军阀拥兵自雄,自成派系。或控制数省以为己有,或盘踞一省称"督军",或割据一省的某一地区称"镇守使"。"凡拥兵数千、号为师旅长者,皆得盘踞县邑,以为采地,大或连城数十,恣肆其间,兵力所至,闾里为墟。"[1] 大军阀往往网罗小军阀以壮声势,小军阀常常投靠大军阀以求自保。各派军阀或相互勾结,合纵连横;或矛盾冲突,明争暗斗。"一年三小仗,三年一大仗",大小兵燹连绵不断。据统计,在民国初年,光是四川内部各派军阀之间的战乱,即达400余次之多。在军阀的烧杀劫掠之下,百业俱废,民生凋敝,人民陷入了巨大的痛苦和灾难之中。湖南宝庆"城厢内外,及各乡百里间凡兵队经过驻扎之处,几使家无幸免,女无完节,户少炊烟,路断行人,伤人惨目,天日

---

[1] 章有义编:《中国近代农业史资料》第2辑,生活·读书·新知三联书店第598页。

为暗"[1]。环顾国中,如宝庆者不知凡几!频繁的战乱,又造成了政局的动荡。控制中央政权的军阀头目,像走马灯一样,不停地变换。从1912年至1928年的17年间,内阁变更了47次。正所谓"乱哄哄,你方唱罢我登场"!

军阀的割据和混战是世界各国的近代社会里所不曾有的特殊现象。毛泽东曾把这种现象产生的原因归为两种:一是地方的农业经济(不是统一的资本主义经济);二是帝国主义划分势力范围的分裂剥削政策,分而治之的政策。鸦片战争以后,西方资本主义的东来和民族资本主义的产生使自然经济因侵蚀而开始分解。但这个过程又是长期缓慢的、不平衡的。而资本主义发展的不充分却使分解了的自然经济因没有出路而再次重建。同时,落后的交通又成为一种天然屏障,使沿海的经济变化同内地的停滞闭塞引人注目地共存着。强有力的统一的资本主义民族市场远没有形成,地区与地区之间的经济联系不紧密。因此,占优势的仍然是地域性的农业经济。农业经济的自给自足性为军阀割据提供了生存的物质基础,而由于社会生产不发展,农业人口没有出路,又为军阀混战提供了富足的兵源。四川的人口多,所以军阀也多。自给自足的农业社会,经济上落后,军阀的兵源也来自这种经济形态。1912年,参议院曾规定全国常规武装的编制为50个师,每师1万人。但到1919年,调查公布的结果,军队人数已逾150万,比之实际人数,这还不过是一个缩小了的数目。军队人数的激增,固然反映了军阀势力的恶性膨胀,但这种膨胀又与分散的地域性农业经济、农业人口过剩有着直接的关系。落后

---

[1]《护法运动期间南北军阀在湖南造成的祸害》,见《湖南历史资料》1959年第3期,第115页。

的社会经济是军阀割据和混战的"温床",当帝国主义的分裂剥削政策渗入这种落后的时候,军阀之间的矛盾,同时又代表了帝国主义之间的矛盾,加剧的矛盾带来了加剧的割据和混战。

四、孔教会和灵学会

大冲击后的社会有逆流,也有回澜。逆流是对冲击的忏悔,回澜是对冲击的慎思。"棼乱秽浊"的社会现实导致了意识形态的混乱和回复。与政治上的逆转相对应,出现于辛亥革命后的孔教会和灵学会及其所代表的思想,可以说是社会前进之后的历史回流。

辛亥革命并没有自觉地围剿孔子,但辛亥革命所具有的反封建性质,又使它所造成的社会变化必然会直接或间接地触犯孔子。1912年3月,南京临时政府颁布的《临时约法》,规定"人民有信教之自由",实际上具有否定"定于一尊"的孔子的意蕴。同时,南京临时政府教育部还用行政命令的方式,规定学校不准读经,不准祀孔,从而把"大成至圣先师孔子"逐出了学校。广东、江苏、湖南、四川等地的学校,废除了尊孔读经,把孔庙改为学校或习艺所,停止了祀孔典礼。这种做法在孔子主义者看来简直是大逆不道。康有为在《复教育部书》中说:"自共和以来,百神废祀,乃至上帝不报本,孔子停丁祭,天坛鞠为茂草,文庙付之榛荆。钟虡璨顿,弦歌息绝,神俎圣伏,礼坏乐崩,曹社鬼谋,秦廷天醉。呜呼,中国数千年以来,未闻有兹大变也。"在他看来,孔子为中国改制之教主,为创教之神明圣主,孔子之教是"中国之国魂",中国一切文明,皆与孔教相系相因,中国人饮食男女,坐作行持,政治教化,矫为顿足,无一不在孔教范围之中。若废弃孔教,"则举国四万万之人,彷徨无所从,行持无所措,怅怅惘惘,不知所之,若惊风骇浪,泛舟于大雾中,迷罔惶惑,不知所往也"[1]。教化之与政治,如车之双轮而并驰,缺一不可。天下岂有无教主而可为国哉?世可无圣人,可无教主矣?若废孔教,"则一切文明,随之而尽也,即一切种族,随之而灭也"[2]。因此,他对废止祀孔祭天、尊孔读经强烈不满,他愤怒地说:

> 顷者四海横流,六经扫地,上丁竟废陈俎,庚子不复横经,《论语》已付烧薪,黉舍鞠为茂草。国家尊器而忘道,学子媚西而弃中,或疑为无用,而诮以迂愚,或目为过去,而不周时用。甚且妄人无忌,降黜圣号,谓为政治、教育、哲学之名家。儒冠欲溺,世相诟病,中风狂走,大浸稽天,吁可痛矣![3]

这种满带偏见的议论以一个孔子主义者的感情反映了革命之后中国社会对孔子的种种大不敬。他的话表达的是几千年孔学浸润之下凝结而成的顽固社会心理。这种心理比两百多年清王朝留下的"深仁厚泽"更能感染人心。正是基于这样一种情感和心理,康有为乃草创序列,命陈焕章、麦孟华"开会沪上"。1912年11月,陈焕章秉承师意,在上海联络硕学通儒沈曾植、梁鼎芬等,发起成立了孔教会,以"昌明孔教救济社会","挽救人心维持国运",并刊行《孔教会杂志》。

在当时以尊孔复古为己任的社团中,孔教会是一个最强有力的代表。它的发起者陈焕章既是万木草堂的学生,后来又获得了哥伦比亚大学的博士学位。这种一身而兼中西的双重色彩使他比三家村学究出身的陋儒要迷人得多。但孔教会的真正灵魂是康有为。他力倡以孔教为国教之说,并很快得到了孔令贻、王闿运、严复、宋伯鲁、劳乃宣、李佳白、古德诺、卫西琴、约翰·斯顿等中儒西哲,以及一些

---

[1] 康有为:《复教育部书》,载《不忍》第4期。
[2] 康有为:《孔教会序二》,载《不忍》第1期,《孔教会杂志》第1卷第2号。
[3] 康有为:《复山东孔道会》,见《康有为政论集》下册,第840页。

倾向尊孔的都督的响应。在一片尊孔读经、祀孔祭天、定孔教为国教的声浪之下，海内外一些重要城市纷纷成立孔教支会。据称"其支会遍布于各地者百三十余处，一时称盛"[1]。宗教是对超自然神灵的崇拜和敬仰，孔子不语怪力乱神，"敬鬼神而远之"，"未能事人，焉能事鬼？未知生，焉知死"？实际上已经拒斥了对宇宙本源的探寻和对彼岸世界的价值关怀，而径直进入人间此岸的经验世界，讨论君臣之道、忠恕之教、人伦秩序及君子小人之辨。孔子学说的内核是内圣外王，归根到底，是对人间此岸的规范。从这个意义上说，孔子不是教主，孔学也不是宗教。虽然孔学在中国有着宗教一般的权威，但以孔子为教主、以孔学为宗教又违背传统留下的圣人形象。章太炎曾因此而挖苦说："如昔三水徐勤之述其师说也，谓当大启孔庙，男女罗拜，祷祠求福，而为之宗主者，人人当舐足致礼，则是孔子者，乃洪钧老祖、黄莲圣母之变名，而主持孔教者，亦大师兄之异号耳。"[2]康有为怀念孔子，寄托的是厌恶共和的感情。"睹民生之多艰，吾不能忍也；哀国土之沦丧，吾不能忍也；痛人心之隳落，吾不能忍也；嗟纪纲之亡绝，吾不能忍也；视政治之窳败，吾不能忍也；伤教化之陵夷，吾不能忍也；见法律之蹂躏，吾不能忍也；睹政党之争乱，吾不能忍也；慨国粹之丧失，吾不能忍也；惧国命之分亡，吾不能忍也……此所以为《不忍杂志》耶。"[3]对于共和的厌恶之情，又掺杂着对民初弊政信而有据的指责，他要把辛亥革命以后中国社会产生的失落感引向复古之途。

与孔教会同时并存的另一个尊孔的强有力者是执国政的袁世凯。

---

[1] 卢湘父：《万木草堂忆旧》，第19页。
[2] 汤志钧编：《章太炎年谱长编》上册，中华书局1979年版，第458页。
[3] 康有为：《不忍杂志序》，《不忍》第1期。

康有为并不喜欢袁世凯,但袁世凯却对康有为的尊孔复古言行心心相印。1913年6月,袁在《通令尊崇孔圣文》中说:"天生孔子为万世师表,既结皇煌帝谛之终,亦开选贤与能之始,所谓反之人心而安,放之四海而准者。"辛亥革命后,"诐邪充塞,法守荡然,以不服从为平等,以无忌惮为自由,民德如斯,国何以立?本大总统维持人道,日夜兢兢,每于古今治乱之源,政学会通之故,反复研求,务得真理,以为国家强弱存亡所系,惟此礼义廉耻之防,欲遏横流,在循正轨,总期宗仰时圣,道不虚行,以正人心,以立民极,于以祈国命于无疆,巩共和于不敝"[1]。只有"宗仰时圣",用"礼义廉耻之防"来"遏横流""正人心",才能使"民国体制"垂诸久远。孔子是中国思想传统的最大权威,皇帝则是中国权力的最大权威,二者有着密不可分的内在联系,所以历代君主都借祀孔以巩固君权。袁世凯通令尊崇孔圣,其用心已彰彰在人耳目。大约半年之后,内务部又在《准孔教会批》中说:"鉴于世衰道微,虑法律之有穷,礼义之崩坏,欲树尼山教义以作民族精神。"[2]同这种"民族精神"相称的,还有《祀天典礼告令》《祭圣告令》等。袁世凯不仅恢复了祀孔典礼,而且恢复了前清的祭天制度,孔教与政治再度联姻。鲁迅后来曾多次以不无讥讽的口气说道:"从二十世纪的开始以来,孔夫子的运气是很坏的,但到袁世凯时代,却又被从新记得,不但恢复了祭典,还新做了古怪的祭服,使奉祀的人们穿起来。跟着这事而出现的便是帝制。"[3]如同一切儒者一样,袁世凯主张尊孔,但他怀念孔子,寄托的是帝王之想。两种复辟势力各

---

[1] 《袁大总统书牍汇编》第2卷,政令,第51—52页。
[2] 《内务部准孔教会批》,见《孔教十年大事》第7卷。
[3] 鲁迅:《在现代中国的孔夫子》,见《鲁迅全集》(6),人民文学出版社1958年版,第252页。

有怀抱,而又合力以作波澜,掀动了尊孔复古的历史回流。于是,有人力主把孔学列入宪法,在宪法中写上"中华民国以孔教为国家风教之大本"。这种不伦不类的倡议在遭到民主主义者的反对之后,以折衷的结果写入"天坛宪法"草案第十九条:"国民教育以孔子之道为修身大本。"汤化龙北上接长教育部之后,于中小学设修身课,"通电各省于学校配置经学钟点"。蔡元培在南京把孔子逐出了学校,汤化龙在北京又把孔子请回了学校。此间严复、梁启超一类名流还在孔学中找到共和之义。他们是一批化腐朽为神奇的能手。人所熟知的"民可使由之,不可使知之",经梁启超重新标点之后竟变成意思全然不同的"民可,使由之;不可,使知之"。严复则从另一角度对这句话进行了重新诠释。他认为,把孔子此语视为愚民主义,乃是浅学粗心之人所为。孔子所谓"民"是一切氓庶无所知者之称,"不可"二字亦不能与"毋""勿"等字等量齐观,全作禁止口气,"之"字所代不离道德、宗教、法律三者。因此,孔子此言,"不但圣意非主愚民,即与'诲人不倦'一言,亦属各有攸当,不可偏行。浅人之所以横生疑谤者,其受病一在未将章中字义讲清,一在将圣人语气读错"[1]。孔子,真乃圣之时者也。

然而,在孔子主义者神化和圣化孔子的同一过程中,另一部分知识人却深不以为然,据理抗争。于是孔子和孔学成了南京临时政府北迁后新旧之争的重要论题。曾主张"用国粹激动种姓"的章太炎发表了《驳建立孔教议》,指出"今人猥见耶苏、路德之法,渐入域中,乃欲建树孔教",是"师其鄙劣"。又说"学校诸生所尊孔,犹匠师之奉

---

[1] 严复:《"民可使由之不可使知之"讲义》,见王栻主编:《严复集》第 2 册,第 326—327 页。

鲁班,缝人之奉轩辕,胥吏之奉萧何,各尊其师"[1]而已。师匠并列,否定了知识界尊崇孔子的特殊地位。他在北京被监视期间,假化石桥共和党支部开国学会,门上贴"凡入孔教会者不准入会"字样,并大骂孔教会的康有为、陈焕章之流。[2] 其他如许世英的《反孔教为国教呈》、艾知命的《上国务院暨参众两院信教自由不立国教请愿书》等,则以"孔教"非宗教,把它列于宪法之中是违背信教自由、破坏五族共和(因各少数民族的信仰不同)等理由来反驳。此外,也有从历史进化观念来反对尊孔复古的。如蓝公武的《辟近日复古之谬》,即其一例。他说:"时代迁移,则古今易辙;文化相接,则优劣立判。居今之世而欲复古之治,以与近世列强之科学智识、国家道德相角逐,是非吾人所大惑不解者耶!……中国之礼教,所谓忠孝节义者,无一不与近世国家之文化相背反。设中国自安于固陋之习,不欲进于近世国家之文化则已,苟尚不甘长处于危亡之境,而欲力图其文化之发展,则凡足以为今日进步之阻者,不可不廓清而更新之。"最后更明确地指出:中国的出路"不在复古而在革新,不在礼教而在科学;不欲以孔孟之言行为表率,而欲奉世界之伟人为导师。……国人当谋所以革新国运发展文化之道,幸勿背道而驰,以自速其亡焉!"[3]这种论点越出了"孔教"是否应规定为国教之争执,从进步与反进步、科学与反科学立论,多少触及了日后新文化运动所争辩的问题。尊孔与反尊孔的论争,是辛亥革命后民主思潮激荡的结果。在中古时代,讨论孔子是不可想象的,因此这种讨论又是一种进步的社会现象。

同孔教会相比,灵学会则是一种土洋结合的东西。灵学又称心

---

[1] 章太炎:《驳建立孔教议》,见《章太炎政论选集》下册,第689页。
[2] 参见黄远庸:《记太炎》,见《远生遗著》第3卷,第225页。
[3] 《大中华杂志》第1卷第1册。

灵学、神智学、灵魂哲学等，本系西方之物，是英文 Psychic Philosophy 的汉译。它不是科学，但又以科学为名，19 世纪 80 年代英国物理学家劳奇撰著的《死后之生存》，就是一本在灵学旗帜下的作品。因此，西方的灵学同中国特有的鬼神迷信并不完全相同。中国灵学是在西方灵学影响下出现的，但又不同于西方灵学。中国灵学家在移植西方灵学（包括传心术即心灵感应、催眠术、灵力见鬼术、天眼通、灵魂摄影等）的过程中，又在西方灵学中自觉不自觉地渗入了中国固有的"神道设教""天人感应""修道成仙""灵魂不灭""因果报应"等根深蒂固的观念意识，以及"扶乩""求签""招神问鬼"等源远流长的民间迷信方式，从而使中国灵学具有中西杂糅、土洋结合的特点和区别于西方灵学的理论外观。1916 年中国留学生在日本神户组织的所谓"中国精神学会"，以及在国内最早大张灵学之帜的，1917 年由俞复、陆费逵、杨光熙、杨璿（瑞麟）等发起组织的盛德坛和灵学会，即西方灵学与中国固有的鬼神信仰结合的产物。1918 年初，他们出版了《灵学丛志》，"专研究人鬼之理，仙佛之道，以及立身修养种种要义"，以大张鬼神之说为己任，并狂言所谓"鬼神之说不张，国家之命遂促"。这本是一种愚昧的东西，然而它比科学的东西更容易影响人心。正是在《灵学丛志》和盛德坛的鼓吹之下，各种名目不一而实质相同的民间迷信团体纷纷出笼。如北京升平道社、同善社，天津醉红轩，河南广善社，湖南诚念社，无锡演化坛，广东省躬坛，许昌至善坛等。1919 年 7 月北京又成立了悟善社，并发行社刊《灵学要志》。至此，中国灵学南北呼应，风靡一时，成为"五四"时期中国思想界的一股浊流。民国大佬黎元洪和洋人庄士敦都是此道中的热心人物。就连受过近代教育的哲人严复也为之辩护：

> 神秘一事，是自有人类未行解决问题。往者宗教兴盛，常俗视

听,以为固然。然而诞妄迷信,亦与俱深,惑世诬民,遂为诟病。三百年科学肇开,事严左证;又知主观多妄,耳目难凭;由是历史所传都归神话。则摧陷廓清之功,不可诬也。然而世间之大现象之多,实有发生非科学公例所能作解者。何得以不合吾例,恫然遂指为虚?[1]

从认识论来说,"科学公例"所不能解释的地方,总是神秘主义和不可知论得以滋生的土壤;从那个时候的社会现实来说,当人们因社会动荡及其所带来的精神痛苦而无法掌握自己的命运时,人们就往往会向神灵世界祈求希望和慰藉。基于以上两点,灵学成为那个时候广有声势的社会意识。

孔教会和灵学会,前者代表了圣道,后者代表了神道。它们的出现和存在说明:在新陈代谢的历史进程里,最落后的东西又总是最顽固的东西。不科学的东西通过曾经相信过科学的人来表现自己,君主和专制通过曾经宣传或笃信过民主的人来表现自己,落后通过曾经先进的人来表现自己,才有分量,才有权威性。这种复杂性往往蕴藏在不易察觉的历史深处。

五、民国初年的社会危机

民国初年的中国社会弥漫着一种危机感:"哀哉!吾民瘁于晚清秕政之余,复丁干戈大乱之后,满地兵燹,疮痍弥目,民生凋敝,亦云极矣。"[2]"蒙藏离异,外敌伺隙,领土削蹙,立召瓜分,边患一也;军兴以来,广征厚募,集易解难,饷糈罔措,兵忧二也;雀罗鼠掘,财源既竭,外债危险,废食咽以,财困三也;连年水旱,江南河北,庚癸之呼,不绝于耳,食艰四也;工困于市,农叹于野,生之者敝,百业凋蹶,业敝

---

[1] 严复:《与俞复书》,见王栻主编:《严复集》第3册,第725页。
[2] 李大钊:《大哀篇》,见《李大钊文集》,人民出版社1984年版,第6页。

五也;顽梗未净,政俗难革,事繁人乏,青黄不接,才难六也。"[1]夭折的革命并没有带来人们期望的结果,但革命对旧制度的冲击所诱发的种种社会问题却并未随着革命的夭折而终结,相反随着政治的逆转而空前恶化,于是"隐忧"变成了现实,社会在变态中畸形。对此,孙中山目击身受。1918年,他在《建国方略·自序》中怀着痛苦的心情回顾以往的历史说:"夫去一满洲之专制,转生出无数强盗之专制,其为毒之烈,较前尤甚。于是而民愈不聊生矣!"[2]

这是一个充满黑暗和动荡的年代。在这个年代里,军阀横行,兵匪肆虐,死亡流离,道殣相望,疾首蹙额者,涟涟泣涕;鹄面鸠形者,嗷嗷哀鸣。地处中州的河南情形更糟,据时人记载,河南境内每年有十之八九的黎民百姓不能自活,弱者希人之余则流为丐,强者夺人所有则流为盗,丐与盗满河南。于是而有白朗起义。1911—1912年开始的白朗起义,最盛时达2万余人,纵横豫、皖、鄂、陕、甘五省,与袁世凯周旋了近三年时间。比之两个月就失败的赣宁之役,它的生命力更强韧。白朗军曾自称"公民讨贼军",传檄远近,直斥袁世凯"虽托名共和,实厉行专制"的罪行:"袁贼世凯,狼子野心,以意思为法律,仍欲帝制自为,摈除贤士,宠任爪牙,以刀锯刺客待有功,以官爵金钱励无耻,库伦割弃而不顾,西藏叛乱而不恤,宗社党隐伏滋蔓,而不思防制铲除,惟日以植党营私,排除异己,离弃兄弟,变更法制,涂饰耳目为事。摧残吾民,盖较满洲尤甚!海内分崩,民不聊生。"[3]把斗争锋芒指向袁世凯及北洋政府。但组成这支队伍的多数却是遣散的军队及无业游民。白朗起事之时,正值"共和告成,裁汰军队,白狼乃

---

[1] 李大钊:《隐忧篇》,见《李大钊文集》,第1页。
[2] 孙中山:《建国方略·自序》,见《孙中山选集》上册,人民出版社1956年版,第116页。
[3] 中华民国史资料丛刊《白朗起义》,中国社会科学出版社1980年版,第225页。

派部下招集被裁之兵士,购置军械,组织大队;又以豫省连年荒旱,民生凋敝,铤而走险者日益众。于是乌合景从,闻风归附⋯⋯"[1]他们集中地揭竿而起,反映了民国初年社会内在矛盾的激化。白朗部下的著名头目李鸿宾等十余人,多系军队出身,或系革退军官学生。由于这批人的加入,白朗军更富有战斗力。他们既是讨贼,也是求生存;既有正当性,也有动乱性。

在白朗的队伍之外,还有更多的散兵游勇。他们则全然是社会不安定的代表者和制造者。"战后之兵,蛮野浮动,在伍时既大肆劫掠,退伍后仍将流为盗寇,则今日之兵,即他日之匪⋯⋯"[2]兵化为匪,匪化为兵,兵又化为匪,民国成了名副其实的兵匪世界。失控的社会为他们提供了生存的土壤,而他们的存在又加剧了社会的失控和动荡。早在1912年4月12日,《神州日报》即载文指出:"今日足以为中国前途之隐忧者,军队问题外则会党是也。⋯⋯长此不治,则充吾二十二行省皆成会党世界。"后来的历史不幸地证实了这一预言。辛亥革命之后,湖南会党明目张胆,遍布乡间,拉人入会,掳掠村庄;陕西会党飞扬跋扈,居功自傲,广设码头,"办支应,理词讼,直代县官行政,甚至公然以地方主人自居,鱼肉良懦,苛派钱款,乡民畏惧,直似满人入关时驻防。同志见此情形,莫不扼腕太息,不意闹成会党世界"[3];贵州省遍开堂口,匪党横行,掳掠奸淫,全省糜烂,"盖匪焰益张,民生日蹙,商不得市,农将失时,学堂尽变山堂,军府都成

---

[1] 吕咨予:《白狼扰豫记》附《狼祸述闻》,见《白朗起义》,第321页。
[2] 李大钊:《隐忧篇》,《李大钊文集》上册,第3页。
[3] 郭希仁:《从戎纪略》,中国近代史资料丛刊《辛亥革命》(6),上海人民出版社1957年版,第78页。

盗薮,方且日夕密计大举劫掠,洗富室以饱囊橐,焚贫户以牵救护"[1]。此种行径,在当时极为普遍,几乎各省都时有发生。会党成为民国时期十分突出而又相当棘手的社会问题。丁佛言在《民国社会之大危机》一文中说:

> 中国人民除中上层及安良守分之农人,其余大多数概可谓制造土匪之好原料品也。如四川之哥老、两湖之会匪、江浙之洪江、山东直隶之义和团,加以各省无业之游民、地方饥寒之灾黎,其秘密结合不知数百年,其潜伏社会不下千百万。幸而国家无事,无所牵动诱引,彼辈也可稍安,一旦有事,即乘机而兴,揭竿而起。[2]

会党的积极性与破坏性始终是紧密地联系在一起的。他们曾参加过辛亥革命,但革命之后仍然动不思静;他们从土地上游离出来,但职业的惯性又使他们无法重新回到土地中去;他们在天下大乱之时卷入革命,并有力地支援了革命,但他们是按自己的意愿来理解革命的;他们各自都有严密的组织,然而在本质上他们又都是天然的无政府主义者。所以,当夭折的革命无以吸收和消化他们的时候,他们便非常自然地成了社会动乱的因素。

除了军阀、兵匪、会党外,民国初年从各阶层游离出来的大量人口,也是一个令人侧目的社会难题。1913年梁启超在给康有为的一封信中提到:"两月以来在西河沿一带旅馆运动官缺者七万余人,其人或在前清久任实缺,或在大学优等毕业,政府何法对付,惟有谢绝耳。"[3]五年之后,保定军校招生,200人的名额引来了7 000多报考

---

[1] 《戴戡周沆效秦廷哭上蔡锷书》,见《贵州辛亥革命资料选编》,贵州人民出版社1981年版,第57页。
[2] 丁佛言:《民国社会之大危机》,载《中华杂志》第2号。
[3] 丁文江、赵丰田编:《梁启超年谱长编》,上海人民出版社1983年版,第680页。

者。太多的人口和太少的饭碗，在这一矛盾中被淘汰的人们不能不变成加剧社会危机的另一原因。

社会危机是社会内部各种矛盾激化而呈现出的一种恶性状态，它以最严酷的方式把社会的种种积弊、病根和矛盾展示在人们的眼前，因此它又往往成为社会转机的起点，对于一个长期迟滞的社会来说尤其如此！就民国初年的社会危机而言，它在令人触目惊心地外化军阀统治的黑暗的同时，也无情地宣判了旧民主主义革命已走到了穷途末路。于是，人们在愤懑、叹息之余又开始了新的追求。

第十九章　新文化运动

1923年,梁启超在《五十年中国进化概论》中说:"革命成功将近十年,所希望的件件都落空,渐渐有点废然思返,觉得社会文化是整套的,要拿旧心理运用新制度,决计不可能,渐渐要求全人格的觉醒。"这段话正确地说明了"辛亥"与"五四"之间的内在联系:由辛亥革命所唤起的中国社会的希望,同民国初年中国社会的黑暗之间形成一种巨大的落差,巨大的落差产生了巨大的波潮,于是而有新文化运动。

过去把新文化运动称作启蒙运动。其实,在中西文化经历了70多年的撞击和交汇之后,出现于20世纪第二个十年里的这一阵波潮,其潮头已经越出了启蒙的本义。起自19世纪中叶的西学东渐过程,由器物(科学技术)而及于制度(君民共主和民主共和)。然而,橘逾淮为枳,在西方卓有成效的东西,到了中国却总是全然不成模样。其根由何在? 当革命派效法孟德斯鸠、卢梭、华盛顿的理想被军阀统治的丑恶现实撕成碎片之后,向西方寻求真理的人们开始由器物和制度层面楔入到文化心理层面,从中西之间的形而下的比较进入到形而上的比较。在孙中山埋头于"心理建设"的同时,鲁迅提出了改造"国民性"的思想;继陈独秀论《东西民族根本思想之差异》后,李大钊又再论《东西文明根本之异点》。这个过程从探索辛亥革命失败的一面开始,最终成为近代百年第二次民族反思。[1] "所谓新者无他,即外来之西洋文化也;所谓旧者无他,即中国固有之文化也。"[2] 在器物和制度之后,是西方近代文化同中国传统文化的整体对立。这种对立,促成了观念形态的革命,引发了中西文化的激烈论争。80年新旧之争一变而为民主和科学的巨响,随着大潮的泛起,涌来了各色各样的"主义"。

一、观念形态的革命

新文化是与旧文化相对而言,是对千百年来的历史沉积而成的旧文化的扬弃和超越。"五四"新文化运动出现于洋务运动、戊戌维新与辛亥革命之后,既是由前此70多年的历史呼啸而来,又是对这段曲折历史的深刻反思。它以辛亥革命后的中国社会现实为认识起点,进而追溯到几千年历史凝结而成的文化传统,并对这种传统进行了总体性的理性批判。[3] 这场带有摧毁性的批判矛头首先指向旧

---

[1] 近百年第一次民族反思是由中日甲午战争引发出来的,这一次反思导向随后的戊戌维新和辛亥革命。
[2] 汪叔潜:《新旧问题》,载《青年杂志》第1卷第1期,1915年9月。
[3] 对传统文化的批判并非始于"五四",早在戊戌时期,何启、胡礼垣即对"三纲之说"进行了全面的批驳:"君臣不言义而言纲,则君可以无罪而杀其臣,而直言敢谏之风绝矣;父子不言亲而言纲,则父可以无罪而杀其子,而克谐允若之风绝矣;夫妇不言爱而言纲,则夫可以无罪而杀其妇,而优俪相庄之风绝矣。由是官可以无罪而杀民,兄可以无罪而杀弟,长可以无罪而杀幼,勇暴寡,众暴寡,贵凌贱,富欺贫,莫不从三纲之说而推。是化中国为蛮貊者,三纲之说也。"(《〈劝学篇〉书后》)谭嗣同则更尖锐地指出:"二千年来之政,秦政也,皆大盗也;二千年来之学,荀学也,皆乡愿也。惟大盗利用乡愿,惟乡愿工媚大盗。二者交相资,而罔不托之于孔。"(《仁学》)。但这些批判仍然是局部的而非总体性的,且多着眼于政治,把孔孟之道与作为封建专制主义理论内核的"三纲"截然划开,把罪恶归诸后者。这与"五四"是有区别的。

伦理及其人格化代表。1916年,陈独秀说:

> 自西洋文明输入吾国,最初促吾人之觉悟者为学术,相形见绌,举国所知矣;其次为政治,年来政象所证明,已有不克守缺抱残之势。继今以往,国人所怀疑莫决者,当为伦理问题。此而不能觉悟,则前之所谓觉悟者,非彻底之觉悟,盖犹在惝恍迷离之境。吾敢断言:伦理的觉悟,为吾人最后觉悟之最后觉悟。[1]
>
> 盖伦理问题不解决,则政治学术,皆枝叶问题。纵一时舍旧谋新,而根本思想,未尝变更,不旋踵而仍复旧观者,此自然必然之事也。孔教之精华曰礼教,为吾国伦理政治之根本。其存废为吾国早当解决之问题,应在国体宪法问题解决之先。今日讨论及此,已觉甚晚。[2]

这种认识来自辛亥革命后的社会现实,又是中西文化对照的结果。于是,排孔成为观念形态革命的起点。

孔子是中国传统小农社会的精神象征,是两千年来中国思想界的最大权威。自汉武帝表章六艺、罢黜百家以来,孔子的形象虽历经改塑,但孔子学说的实质却一脉相承。在两千多年的历史里,孔学因与皇权结合而政治化,皇权因与孔学结合而伦理化。在这个过程中,贬抑皇权者代有人出,正面非孔者绝少;皇权虽不断更迭,而孔子的权威却日益稳固,从未动摇过。他由诸子百家之一而被定于一尊,又由一尊而被奉成"大成至圣先师";他的思想、理论、学说被封为"万世之至论",不仅支配着民族的认识、思维和社会行为,而且融化浸透到国民的价值信仰、情感态度、观念意识和风俗习惯之中,与民间生活浑然一体,无所不在,成为国民文化心理结构的重要因素。历史进

---

[1] 陈独秀:《吾人最后之觉悟》,见《独秀文存》第1卷。
[2] 陈独秀:《宪法与孔教》,载《新青年》第2卷第3号。

入近代以后，随着欧风美雨的东渐及社会生活的变迁，孔学遂由"向来不成什么问题"变成了"问题"，孔学的地位和权威因而衰微。谭嗣同对三纲之说的猛烈攻击，严复对中西文化的尖锐对比，梁启超的"新民说"，章太炎的非孔言论，都已触及孔子学说的痛处。20世纪初年，无政府主义者更直接地亮出了"排孔"的旗号，他们尖锐地指出："孔丘砌专制政府之墓，以涂毒吾同胞者，二千余年矣"，"欲支那人之进于幸福，必先以孔丘革命"[1]。1912年，南京临时政府教育部以"忠君与共和政体不合，尊孔与信教自由相违"[2]为由，明令全国各地中小学校，废止读经和拜孔之礼。自此，孔子的独尊地位已不复存在，附着于孔子的神圣光环逐渐脱落。民国初年孔教会的价值重建活动及祭孔崇圣之所以那么引人注目，也从一个侧面反衬出孔学衰微这一现实。但是，尊孔崇圣逆流的泛滥这一事实本身又说明与社会生活融为一体的孔学传统的坚韧与顽强。它决定了排孔的长期性与复杂性。

"五四"的排孔，既是针对民国初年尊孔崇圣活动而发，又是对前此反孔活动的继续和深化。它有如狂飙巨澜，无论是激烈程度还是批判的深度，都是前无古人的。对此，目前已有很多切近事实真相的论述和比较客观、公正的估定，不再赘述。不过，在这个被称为"全盘性的反传统主义"的排孔浪潮中，我以为有三点值得重视：

（一）"五四"前的反孔大多着眼于政治批判，如何启、胡礼垣、谭嗣同、章太炎等莫不如是。"五四"时期则更专注于文化批判，所谓"批评时政非其旨也"。批判重心的转移意味着一种认识上的突破，

---

[1] 绝圣：《排孔征言》，载《新世纪》第52号，1908年。
[2] 蔡元培：《对于教育方针之意见》，见《蔡元培选集》，中华书局1959年版，第14—15页。

即把排孔上升到对孔学内在缺陷及其实质的剖析与评判,从而在更深的层次上揭破两千多年来历代民贼"尊孔之大秘密"。易白沙的《孔子平议》公开点名批评孔子,指出:"孔子尊君权,漫无限制,易演成独夫专制之弊";"孔子讲学不许问难,易演成思想专制之弊";"孔子少绝对之主张,易为人借口";"孔子但重作官,不重谋食,易入民贼牢笼"[1]。自今人视之,这种剖析是肤浅的,但从孔学自身存在的缺陷角度揭示孔学与君主专制主义的内在联系,在中国历史上却是第一次。与易白沙不同,陈独秀、李大钊、吴虞等人则从压抑人性的角度剖析孔学的实质。他们认为,三纲五伦是孔学的核心思想,"孔教的教义,乃是教人忠君、孝父、从夫。无论政治伦理,都不外这种重阶级尊卑三纲主义"[2]。"孔氏主尊卑贵贱之阶级制度,由天尊地卑演而为君尊臣卑,父尊子卑,夫尊妇卑,官尊民卑,尊卑既严,贵贱遂别。"[3]这种严尊卑、别贵贱的纲常伦理实际上是一种"奴隶道德":"君为臣纲,则民于君为附属品,而无独立自主之人格矣;父为子纲,则子于父为附属品,而无独立自主之人格矣;夫为妻纲,则妻于夫为附属品,而无独立自主之人格矣。率天下之男女,为臣,为子,为妻,而不见有一独立自主之人者,三纲之说为之也。缘此而生金科玉律之道德名词,曰忠,曰孝,曰节,皆非推己及人之主人道德,而为以己属人之奴隶道德。"[4]"推己及人之主人道德"是对个性的张扬,"以己属人之奴隶道德"则是对个性、自由、尊严的扼杀。"看那二千余年来支配中国人精神的孔门伦理——所谓纲常,所谓名教,所谓道德,

---

[1] 易白沙:《孔子平议》,载《青年杂志》第1卷第6号。
[2] 陈独秀:《旧思想与国体问题》,见《独秀文存》第1卷。
[3] 吴虞:《儒家主张阶级制度之害》,载《新青年》第3卷第6号。
[4] 陈独秀:《一九一六年》,见《独秀文存》第1卷。

所谓礼义,哪一样不是损卑下以奉尊长?哪一样不是牺牲被统治者的个性以事治者?哪一样不是本着大家族制度下子弟对于亲长的精神?所谓孔子的政治哲学,修身齐家治国平天下,'一以贯之'全是'以修身为本';又是孔子所谓的修身,不是使人完成他的个性,乃是使人牺牲他的个性。"[1]在"五四"新文化诸健将攻击旧垒的激烈文字中,鲁迅的《狂人日记》是最沉痛者,也是最深刻者。它以文学的形式入木三分地揭露了礼教的"吃人"本质,影响至深且远。自此以后,"吃人的礼教"一语遍传海内。所有这一切,都体现了以个性解放为核心的近代人文主义精神。

（二）把真孔子与假孔子、真孔学（原始儒学）与假孔学（后世儒学）联系起来,反对把真假孔子、真假孔学截然划开,因而在本源上揭示二者的一脉相承,显示了"五四"排孔的彻底性。陈独秀在《答常乃惪》中说:"足下分汉宋儒者以及今孔教孔道诸会之孔教,与真正孔子之教为二,且谓孔教为后人所坏。愚今所欲问者:汉唐以来诸儒,何以不依傍道、法、杨、墨,人亦不以道、法、杨、墨称之?何以独与孔子为缘而复败坏之也?"[2]一向比较温和的胡适说:"正因为二千年吃人的礼教法制都挂着孔丘的招牌,故这块孔丘的招牌——无论是老店,是冒牌——不能不拿下来,捶碎,烧去!"[3]从戊戌的"托古改制"到"五四"的"打倒孔家店"是一种历史性的进步。在那时的中国,不排孔,不打倒孔子这个精神偶像,历史就无法前进。

（三）"五四"排孔专注重"孔子之道不合现代生活"这一观念,即所谓"本志诋孔,以为宗法社会之道德,不适于现代生活",并从现

---

[1] 李大钊:《由经济上解释中国近代思想变动的原因》,见《李大钊文集》下册,第178页。
[2] 陈独秀:《答常乃惪》,见《独秀文存》第4卷。
[3] 胡适:《吴虞文录序》。

代生活角度重新估定孔教的价值。"孔子生长于封建时代,所提倡之道德,封建时代之道德也;所垂示之礼教,即生活状态,封建时代之礼教,封建时代之生活状态也;所主张之政治,封建时代之政治也。封建时代之道德、礼教、生活、政治,所心营目注,其范围不越少数君主贵族之权利与名誉,于多数国民之幸福无与焉。"[1]"我们反对孔教,并不是反对孔子个人,也不是说在古代社会无价值。不过因他不能支配现代人心,适合现代潮流,还有一班人硬要拿他出来压迫现代人心,抵抗现代潮流,成了我们社会进化的最大障碍。"[2]"孔子于其生存时代之社会,确足为其社会之中枢,确足为其时代之圣哲,其说亦确足以代表其社会其时代之道德。"[3]然而,"道与世更",要用封建时代宗法社会之礼教来统摄人心,要独尊一说,"以为空间上人人必由之道,时间上万代不易之宗,此于理论上决为必不可能之妄想"[4]。这是"五四"排孔的重要原因,也是理论依据。凭借这种认识,"五四"新文化的先驱者对当时的尊孔浊流进行了有力的回击。

在西方,观念形态的革命开始于反对上帝及其在人间的代表,并在文艺复兴和宗教改革的旗帜下,激扬理性,强调人的个性与独立意识,肯定人的价值与尊严,把永生的上帝世俗化,让每个人都有与上帝直接对话的权利,让圣母也和平民百姓一样,赤身裸体地出现于人间。从根本上说,上帝是一种说教,而久已死去的孔子却凝结为几千年来的封建宗法体制,使人在举手投足之间无往而不感到他们存在。因此,排孔比反上帝更易搅动人心和世情。打倒孔家店,不仅冲击了

---

[1] 陈独秀:《孔子之道与现代生活》,载《新青年》第2卷第4号。
[2] 陈独秀:《孔教研究》,见《独秀文存》第1卷。
[3] 李大钊:《自然的伦理观与孔子》,见《李大钊文集》上册,第263—264页。
[4] 陈独秀:《孔子之道与现代生活》,见《独秀文存》第1卷。

维系传统小农社会的精神支柱，而且冲击了传统的是非标准和价值标准。胡适曾把"五四"的根本精神归结为一种"新态度"，并把这种新态度称作"评判的态度"，也就是尼采所说的"重新估定一切价值"。胡适说：

> 评判的态度，简单说来，只是凡事要重新分别一个好与不好。仔细说来，评判的态度含有几种特别的要求：
>
> （1）对于习俗相传下来的制度风俗，要问："这种制度现在还有存在的价值吗？"
>
> （2）对于古代遗传下来的圣贤教训，要问："这句话在今日还是不错吗？"
>
> （3）对于社会上糊涂公认的行为与信仰，都要问："大家公认的，就不会错了吗？人家这样做，我也该这样做吗？难道没有别样做法比这个更好，更有理，更有益的吗？"[1]

就其实质而言，"评判的态度"乃是一种充满怀疑精神的态度。正是在这种态度之下，那些世世代代习以为常的天经地义之物一个接一个发生了动摇，神奇化为朽腐，玄妙化为平常，神圣化为凡庸。在这个过程里，产生了为数众多而又前所未有的"问题"。从孔教问题、妇女问题一直到劳动问题、社会改造问题，从文字上的文学问题一直到人生观的改造问题，从贞操问题、婚姻问题一直到父子、家庭制度问题，从国语统一问题一直到戏剧改良问题，都在这个时候兴起。而每个问题又各自会带来一场争鸣。易卜生戏剧就曾引起过当时中国人对"娜拉出走之后"经久不息的讨论。对娜拉命运的关注，正寄托着他们从娜拉身上寻找中国女子解放出路的希望。问题和争

---

[1] 胡适：《新思潮的意义》，载《新青年》第7卷第1号。

鸣的层出不绝,是"五四"前后新文化运动的一种特色。这种特色反映了中国社会在观念形态变革之中的深思苦想。

观念形态的革命以批判传统为条件,但实现观念形态的革命又不仅仅在于批判传统。它表现为冲击旧文化与树立新文化的同一,破坏旧传统与正面重建的同一。著名的《敬告青年》一文在中国人面前列举了六种对比,明确地表示了自己的取舍褒贬:(一)自主的而非奴隶的;(二)进步的而非保守的;(三)进取的而非退隐的;(四)世界的而非锁国的;(五)实利的而非虚文的;(六)科学的而非想象的。[1] 同样著名的《文学革命论》则高张"文学革命军大旗","旗上大书特书吾革命军三大主义:曰推倒雕琢的、阿谀的贵族文学,建设平易的、抒情的国民文学;曰推倒陈腐的、铺张的古典文学,建设新鲜的、立诚的写实文学;曰推倒迂晦的、艰涩的山林文学,建设明了的、通俗的社会文学"[2]。以自主、进步、进取、世界、实利、科学替代奴隶、保守、退隐、锁国、虚文、想象,遂有人生观的革命和国民性的变革;以国民文学、写实文学、社会文学替代贵族文学、古典文学、山林文学,遂有从形式到内容的文学革命。新文化运动在除旧布新过程里所体现出来的这种破和立的具体同一,在白话文运动中表现得尤为显著。以白话取代文言,并不仅仅是一场反对文言文的文化运动,还是一场深刻的双重意义上的语言革命:一方面改变了传统的书面语,使书面语与口语统一起来,从而克服了传统语言的内在分裂;另一方面重建了全新的文学语言,使文学内容与形式之间获得了内在的和谐与统一。语言的变革并不仅仅是形式的变革,它与思维相联

---

[1] 陈独秀:《敬告青年》,载《青年杂志》第1卷第1号。
[2] 陈独秀:《文学革命论》,载《新青年》第2卷第6号。

系,因而又是一种思维层次上的变革。以清晰、精确的白话取代言约意丰的文言,其实质乃是用以精确性、严密性为特征的近代思维方式取代带有模糊性特点的传统运思方式。这种取代既是文学语言的重建,也是思维的重建。正是在这个意义上,人们常把新文化运动径称为"白话文运动"或"文学革命"。新文化运动所表现出来的这种对旧传统的否定与正面的文化重建具体同一,是维新变法和辛亥革命未曾有过的。其中若干内容,直到今天仍然灼有光华。

然而,在观念形态的破与立的历史进程中,新文化固然是凯歌行进,但旧文化却并没有由此而销声匿迹,而是在退守中进行着顽强抗争。两者的并存,导致了新旧力量的激烈对峙和"新旧思潮之大激战":一方面是新文化的呐喊,另一方面是旧文化的哀鸣;一方面是"毁孔子庙罢其祀",另一方面是"八部书外皆狗屁"[1]。大潮激起回响,在新旧交争之际,一部分曾经拥护过辛亥革命的人们因依恋旧传统而成为新文化的对立面。在这种背景下形成的新旧之争已不是明末清初的邪正之争,也不是甲午战争前的夷夏之辨,甚至也不完全是戊戌维新前后的中学与西学、维新与翼教、护圣之争,而是在更高层次上的新旧文化的冲突。

二、中西文化的冲突与论战

近代中国"两极相逢",中西文化冲突是这个时代的突出内容。从一定意义上说,一部中国近代文化史,就是一部传统文化与西方文化冲突交汇的历史,就是传统文化在西方近代文化的冲击和影响下向近代文化过渡转变的历史,也就是传统与西化相斥相纳的历史。

---

[1] 参见周作人:《知堂回想录》,香港三育图书文具公司1980年版,第331页。

费正清曾把中国的近代史形象地比喻成"两出巨型戏剧"：第一出是中西之间的文化对抗,第二出是这场对抗导引中国在"一场最巨大的革命中所发生的基本变化",并由此而把中国近代史理解为"最广义的文化冲突"[1]。这种说法虽不免过于宽泛,但不能说毫无道理。作为一对历史范畴,中与西是欧风美雨来华之后产生的对待之词,不单是区域名称,而且有着不同生活和不同文化的丰富内涵。二者迎面相遇,既是世界历史发展的必然,又包含着多重矛盾,表现为一浪高过一浪的新旧冲突。民国初年,黄远生曾著文勾勒出新旧思想冲突及其发展趋势的大致轮廓,其中说：

> 自西方文化输入以来,新旧之冲突,莫甚于今日。盖最初新说萌芽,曾文正、李文忠、张文襄之徒,位尊望重,纲纪人伦,若谓：彼之所有,枪炮、工艺、制造而已；政法、伦理以及一切形上之学,世界各国,莫我比伦。嗣后国势日削,祸辱臻迫,彼此比较之效,彰明较著。虽以孝钦顽嚣,亦不能不屈于新法。庚子之后,一复戊戌所变。其时新学髦俊,云集内外,势焰极张。乔木世臣,笃故缙绅,亦相率袭取口头皮毛,求见容悦。虽递嬗不同,要皆互为附庸,未有如今日笃旧者高揭复古之帜,进化者力张反抗之军,色彩鲜明,两不相下也。且其争点,又复愈晰愈精,愈恢愈广。盖在昔日,仅有制造或政法制度之争者,而在今日已成为思想上之争。此犹两军相攻,渐逼本垒,最后胜负,旦夕昭布。识者方忧恐悲危,以为国之大厉,实乃吾群进化之效。非有昔日之野战蛮争,今日何由得至本垒。盖吾人须知,新旧异同,其要点本不在枪炮工艺以及政法制度等等,若是者犹滴滴之水、青青

---

[1] 费正清：《剑桥中国晚清史》上卷,中国社会科学出版社1985年版,第2页。

之叶,非其本源所在。本源所在,在其思想。[1]

从"制造或政法制度之争"到"思想上之争",亦即从中西之间的形而下的论争进入到形而上的论争,是中西文化和哲学论争的一个转折,它从某种程度上规定了此后中西论争的基本态势。自此以后,新与旧、中与西能否调和,成为新旧两派斗争的一个焦点和主要形态。就其实质而言,20世纪三四十年代风靡思想界的"中国文化本位"与"全盘西化"之争,正是这种论争的极端形式,也可以说是这种论争的继续和逻辑延伸。

戊戌维新以前,中西文化绾接于"中体西用"这一命题之中。戊戌维新以后,一面是"用"的膨胀突破"体"的界限而日见其困窘;一面是"中体"依旧存在于世人心目和议论里。20世纪初期,在欧风美雨的冲击下,"中体"已经体无完肤,随之而出现了中西调和、折衷、融合的意识。1912年1月,中华书局创立之初,陆费逵等人即标识出其出版宗旨为"融合国粹欧化"。同年11月创刊的《学艺杂志》有《文学与国家关系》一文说:"求欧化而兼重国粹可也,弃国粹而偏重欧化不可也。数典而忘祖,舍田而耘,立见其效。"这种调和中西、融合新旧的意识在"五四"前后很快蔓延,成为一种广有市场的社会意识。当时反对新文化运动的人物林纾、辜鸿铭、杜亚泉、梅光迪、吴宓、黄季刚、梁漱溟、章士钊等,除个别全盘否定西方文化价值者外,一般都主张中西调和或"新旧调和之论",并用这种主张与新文化的倡导者对垒。这说明"五四"时期所谓东方文化与西方文化问题的论战,主要就是调和与反调和两派之间的论战。调和论者虽然仍以维护周孔

---

[1] 黄远庸:《新旧思想之冲突》,见《远生遗著》第1卷,商务印书馆1984年版,第154—155页。

之道和传统价值为依归,未脱"中体西用"的窠臼,但与前此的顽固守旧者相比亦有了可见的变化。杜亚泉曾看到这一点,他说:"今日之所谓新者,较之曩时讲求西艺、倡言新法者,固有进步;即所谓旧者,亦非曩时视欧美为夷狄、斥新学为异端者,所可同日而语矣。"[1]"新"的在变,"旧"的也在变。这种变化使二者之间的论战更像一场近代意义上的论战,具有更多可咀嚼的内涵。激烈的反调和论者主张"根本扫荡"旧思想旧传统,固然是在为新文化开路;而平和持中的调和论在力倡中西文化融合,并用中国固有的道德和文明去"救西洋文明之弊,济西洋文明之穷"的同时,在文化转型理论方面也提出了若干有价值的思考,如新文化能否在摧毁旧传统的废墟上重建?中西文化差异是不是时代的差异?中西文化是不是互有短长,可否取长补短?还有文化的传承问题,文化的延续性问题,等等。这些问题中,有的已成为常识,有的却是至今仍争论不休的问题。

与中西调和相类的另一种意识是附会中西。附会中西之说在19世纪就已产生,如"西学中源"说、"泰西近古"说等皆是。持这种说法者,终清代而不息,但有保守与维新之别,用心并不一致。保守者以此说来拒斥外来文化。维新者则往往是迫于某种信息和规范的压力,唯恐刺伤披发左衽的民族隐痛,蹈"用夷变夏"之嫌,不得已而采取权宜之计,为西学在中国扎根创造条件。诚如钱锺书所说:"盖引进'西学'而恐邦人之多怪不纳也,援外以入于中,一若礼失求野、豚放归笠者。卫护国故而恐邦人之见异或迁也,亦援外以入于中,一若反求诸己而不必乞邻者。彼迎此拒,心异而貌同耳。"[2]到了"五四"

---

[1] 伧父:《再论新旧思想之冲突》,载《东方杂志》第13卷4号,第4页。
[2] 钱锺书:《管锥编》第3册,中华书局1979年版,第970页。

时期,这种附会中西之说益见其完整。不仅儒家、道家、法家、阴阳家、杂家、名家都可以同西人学说一一对应起来,而且"如近世竟言实业,实业在英文为 Industry,而 Industry 训为勤,不过吾国'民生在勤'之古义。'民生在勤'看只四字,含义何等博大!苟我国有学者引伸此义,列为纲目,附以证明,则生计学之成科未始不在数百年前,而吾无其人。且在今不知利用祖宗所传之宝藏发挥而光大之,而诵习欧文眉飞色舞,语以相当华文之义,顿露鄙夷之态者,随在而有"[1]。应当说,这种附会之说已不同于晚清的"西学中源"说了,但其反对新文化运动的用意是昭然可见的。

调和与附会作为一种社会思潮,表现了传统文化面对着激烈的中西矛盾冲突而力求保全自身优越性的意向。它带着守旧性,然而它又攀结于民族感情的大树上,容易使人动情。因此,在新文化运动初期,力倡新文化的人们也未能全然脱却此境此情。李大钊说:"东洋文明与西洋文明,实为世界进步之二大机轴,正如车之两轮,鸟之双翼,缺一不可。而此二大精神之自身,又必须时时调和,时时融会,以创造新生命而演进于无疆。由今言之,东洋文明既衰颓于静止之中,而西洋文明又疲命于物质之下,为救世界之危机非有第三新文明之崛起不足以渡此危崖。俄罗斯之文明诚足以当媒介东西之任,而东西文明真正之调和,则终非二种文明本身之觉醒万不为功。所谓本身之觉醒者,即在东洋文明,宜竭力打破其静的世界观,以容纳西洋之动的世界观;在西洋文明宜斟酌抑止其物质的生活,以容纳东洋之精神的生活而已。"[2]从字面上看,这段话与中西调和论并没有什

---

[1] 章行严:《新时代之青年》,载《东方杂志》第 16 卷第 11 号。
[2] 李大钊:《东西文明根本之异点》,载《言治》1918 年第 3 期。

么不同,但他们是当时中国最深切地扪及了中西文化之差异的人物,所以,中西调和并不是他们的真正立足点。在同一篇文章中,李大钊曾概括东西文明根本之异点,认为:"东西文明有根本不同之点,即东洋文明主静,西洋文明主动是也。……一为自然的,一为人为的;一为安息的,一为战争的;一为消极的,一为积极的;一为依赖的,一为独立的;一为苟安的,一为突进的;一为因袭的,一为创造的;一为保守的,一为进步的;一为直觉的,一为理智的;一为空想的,一为体验的;一为艺术的,一为科学的;一为精神的,一为物质的;一为灵的,一为肉的;一为问天的,一为立地的;一为自然支配人间的,一为人间征服自然的。"这种概括并不精当,也无过人之处,但这种对比本身所包含的褒贬取舍却是明显的。因此,他主张"以彻底之觉悟,将从来之静止的观念、怠惰的态度根本扫荡"[1]。陈独秀似乎比李大钊更早地认识到这一点,他比较中西,深刻地揭示了东西洋民族根本思想的差异:(一)东洋民族"以安息为本位","恶斗死,宁忍辱","爱平和",于是而成为"雍容文雅之劣等",西洋民族"以战争为本位","恶侮辱,宁斗死","以鲜血取得世界之霸权";(二)东洋民族"以家族为本位,而个人无权利,一家之人听命家长",于是而有宗法制度之种种恶果,西洋民族"以个人为本位","彻头彻尾个人主义之民族也","个人之自由权利,载诸宪章,国法不得而剥夺之,所谓人权是也";(三)东洋民族"以感情为本位,以虚文为本位",于是而"貌为家庭和乐,实则黑幕潜张,而生机日促耳",西洋民族"以法治为本位,以实利为本位",其结果,"社会各人不相依赖,人自为战,以独立之生计,成独立之人格","社会经济,亦因以厘然有叙"。他把二者的不同称

---

[1] 李大钊:《东西文明根本之异点》,载《言治》1918年第3期。

作"若南北之不相并,水火之不相容也"。[1] 这种结论包含着与中西调和完全相反的认识。因此,新文化运动的主要人物虽然有时亦言调和,但当调和成为新文化传播的障碍时,他们都成为中西调和的激烈反对者了。在他们反对调和、附会的言论里,李大钊的一段话讲得好:东西文化,"一个是新的,一个是旧的。但这两种精神活动的方向,必须是代谢的,不是固定的;是合体的,不是分立的,才能于进化有益"[2]。他不仅区分新旧文化的不同性质,而且描述了新旧代谢的动态过程。所以,在这里"合体"并不是融合,而是新改造旧的结果。

自今人视之,倡导新文化的人们对中西文化的比较未必算得上是百分之百的正确,反而存在着明显的偏向。如常常把中西的问题视作是非的问题,甚至全盘否定中国固有的文化传统,在重新审视旧传统旧观念时也往往是批判的激情多于批判的理性,等等。但他们代表了那个时候最进步的认识。比之排孔,他们对中西文化关系的论述对于后人更富于启迪意义。

三、科学和民主

新文化运动的狂飙猛烈地冲击了以儒家为轴心的文化传统,因此从一开始便具有反传统主义的品格。但它并不仅仅是反传统主义运动,更重要的是一场现代价值的重建运动。在破坏旧传统与重建现代价值的过程中,新文化的倡导者们高举科学与民主两面大旗,用近代科学理性反对传统的实用理性,用近代人文主义反对传统的仁

---

[1] 陈独秀:《东西民族根本思想之差异》,载《青年杂志》第1卷第1号。
[2] 李大钊:《新的!旧的!》,载《新青年》第4卷第5号。

礼禁忌,力图建立以自我为价值主体的宇宙观和人生观,并以之取代以家庭为本位的传统观念。所以,民主和科学不仅是"五四"反传统的理论依据,而且是现代价值重建的目标,集中地体现了"五四"的时代精神。

必须指出的是,民主、科学并不是到"五四"时期才第一次出现于中国思想界的。"五四"以前的先驱者,就已提出过民主政治和科学技术的要求,也曾为此而不懈地奋斗过。对于我们这个封建历史漫长、缺乏民主传统、吃够专制苦头的国度来说,民主是个迷人的字眼,也是近代知识分子群体力追不舍的目标。从林则徐、魏源等人对"三占从二"的代议制的朦胧向往到资产阶级民权思想的奔腾,从戊戌时代的"托古改制"到辛亥时代的民主共和理想,从倡导民权抑制君权到批判、否定君权,从个别人的议论到群体的追求,从民主理论的成熟到民主政治的实践,都有清晰的轨迹可寻。对此,前面各章均有论述,不再重复。这里想着重谈一谈科学。

中国人对西方科学技术的认识与追求大致可以追溯到晚明时期。作为晚明实学思潮的一个流派,徐光启、李之藻、王徵等人已开始接触和研究舶来的西方自然科学。他们在继承中国古典科学的同时,大量翻译和介绍西方的应用科学,并取得了令人瞩目的成就。然而随着明清的易代,以及"禁教"和闭关政策的推行,这种研究很快复归沉寂。大约200年后,中国人在西方炮口的震撼下开始重新认识西方的科学文化,从鸦片战争时期的"师夷之长技"论到洋务运动时期对西方科学技术的引进,虽仍局限于技艺方面的仿效,但对科学的追求已露端倪。中法战争尤其是甲午中日战争之后,改良派在大力推行"变政改制"的同时,也强调和突出了兴办科学事业、开展科学研究的重要性。严复在《与〈外交报〉主人书》中说:"今吾国之所最患者,非愚乎？非贫乎？非弱乎？则径而言之,凡事之可以愈此愚、疗此贫、起此弱者皆可为。而三者之中,尤以愈愚为最急。"而"愈愚"必假物理科学而为之。因此,他严厉驳斥了那种视科学为末业的陈说,"其曰政本而艺末也,愈所谓颠倒错乱者矣。且其所谓艺者,非指科学乎？名、数、质、力,四者皆科学也,其通理公例,经纬万端,而西政之善,即本斯而立"。"西政之善本于科学"之说实际上已触及了科学与近代工业文明之间的内在关系,"迩者中国亦尝仪袭而取之矣,而其所以无效者,正坐为之政者,于其艺学一无所通,不通而欲执其本,此国财之所以糜,而民生之所以病也"[1]。也就是说,光搬用西方的"汽机兵械"和"天算格致",并非"命脉之所在"。中国与西方的根本不同在于西方"于学术则黜伪而崇真,于刑政则屈私以为公"[2]。因此必须学习隐藏在西方"坚船利炮"背后的"黜伪崇真"的科学精神和"屈私以为公"的民主精神。这可以说是"五四"时期提出的民主和科学的先声。在传播西学的过程中,严复特别重视科学精神和科学方法论,推崇培根的"实测内籀之学",即建基于实证、归纳方法之上的近代实验科学,认为"内籀"(归纳法)与"外籀"(演绎法)二者是"即物穷理之最要途术";主张用这些方法改造中国传统的思维方式,确立逻辑严密的近代科学思维方式。

从20世纪初年开始,几乎所有的新式学校都把科学列为必修课。先进的中国人一方面倾力于民主思想的传播及其在中国的实践,另一方面则创办各类科学杂志,如《亚泉杂志》《科学世界》等,"揭载格致算化农商工艺诸科学",并把科学技术的普及与政治制度

---

[1] 严复:《与〈外交报〉主人书》。
[2] 严复:《论世变之亟》,见王栻主编:《严复集》第1册,第2页。

的革新联系起来,认为政治的发达,必须由科学技术的发展来实现。"自其内部言之,则政治之发达,全根于理想,而理想之真际,非艺术(泛指科学技术——引者)不能发现;自其外部观之,则艺术者固握政治之枢纽矣。"[1]辛亥革命后,一大批留学生学成归国。他们注意到科学与工业文明之间的密切关系,更加注重传播科学技术,组织各种科学团体,如中国天文学会、中国农学会、中华药学会、中国医学会等。其中1914年成立的中国科学社及其刊行的《科学》月刊,曾对中国科学技术的发展有过重要的贡献。一般说来,科学是指人同自然环境之间的一种"求是"的认知关系,与政治革新本无直接的关系。但作为近代工业文明的基石,科学所体现出来的这种求是的认知原则,不仅与人的自由精神相通,而且与理性化的民主政治有内在的关联。在近代中国,正是通过科学所带来的实际效益来理解科学的重要性,是把它当作富国强兵的手段来理知、信仰和接受的。科学在这里不仅仅是指具体的应用科学,更重要的是指科学精神或科学思想。这与"五四"时期所提倡的"科学"的内涵基本一致。

然而,把科学和民主结合起来,作为衡量一切社会现象的价值原则,合之者则接受、信仰,反之者则摒弃、批判,却是新文化的倡导者首先挥舞起来的旗帜。1915年9月,陈独秀在《敬告青年》一文中说:"近代欧洲之所以优越他族者,科学之兴,其功不在人权说下,若舟车之有两轮焉。""国人而欲脱蒙昧时代,羞为浅化之民也,则急起直追,当以科学与人权并重。"[2]这里所谓"人权",即后来所说的民主,民主和科学成为新文化运动的两面大旗自此而始。越三年又四

---

[1] 杜亚泉:《亚泉杂志序》,载《亚泉杂志》第1期。
[2] 陈独秀:《敬告青年》,载《青年杂志》第1卷第1号。

个月,他于《〈新青年〉罪案之答辩书》中复着力张扬之:

> 追本溯源,本志同人本来无罪,只因为拥护那德莫克拉西(Democracy)和赛因斯(Science)两位先生,才犯了这几条滔天的大罪,要拥护那德先生,便不得不反对孔教、礼法、贞节、旧伦理、旧政治;要拥护那赛先生,便不得不反对旧艺术、旧宗教;要拥护德先生又要拥护赛先生,便不得不反对国粹和旧文学。……西洋人因为拥护德、赛两先生,闹了多少事,流了多少血,德、赛两先生才渐渐从黑暗中把他们救出,引到光明世界。我们现在认定只有这两位先生,可以救治中国政治上道德上学术上思想上一切的黑暗。若因为拥护这两先生,一切政府的压迫,社会的攻击笑骂,就是断头流血,都不推辞。[1]

这里所申明的民主与礼教的对立,科学与迷信的对立,以前所未有的深度扣及了中世纪同近代的根本区别。旧伦理、旧政治、旧艺术、旧宗教之所以必须反对,"宗教上政治上道德上自古相传的虚荣,欺人不合理的信仰"之所以必须破坏,根本原因在于它们对人权的戕害和对科学法则的无知,违背了民主和科学的精神。那么,新文化的倡导者所提倡的民主和科学的具体内涵是什么呢?它与"五四"前的先驱者所追求的民主、科学有无不同?如果有,那么差异又在哪里呢?正确理解这些问题,是我们估定民主和科学这两面大旗的关键;而正确理解民主和科学,又是我们重新认识新文化运动的一把钥匙。

如前所述,民主和科学一直是近代先进的中国人奋力追求的目标,"五四"提出的民主和科学是在前此的基础上发展起来并成为新文化运动的两面大旗的。它与"五四"以前的先驱者所阐扬的民主、

---

[1] 陈独秀:《〈新青年〉罪案之答辩书》,载《新青年》第6卷第1号。

科学既有联系,又有所不同。虽然新文化倡导者所要建立的依然是"西洋式的社会国家",与戊戌时代的"揖日追俄"和辛亥时代的"揖美追欧"在本质上并没有什么两样。但当他们用民主和科学来概括欧美工业文明的精神的时候,已经越出了仿效某个具体国家的具体建制的轨迹。他们不再热衷于讨论民主政治与君主专制的孰是孰非,而是转而探索民主社会在欧美为何可能,而在中国又为何屡屡失败。先是戊戌,紧接着是辛亥,这种悲剧的一再重演,根本原因究竟在哪里呢?于是他们的认识开始由制度层面楔入到文化心理层面,确信没有多数国民的民主觉悟,没有一种能赋予民主制度以真实生命力的广泛心理基础,是不可能真正建设和组织起"西洋式的社会""西洋式的国家"的。陈独秀说:

> 所谓立宪政体,所谓国民政治,果能实现与否,纯然以多数国民能否对于政治,自觉其居于主人的主动的地位为唯一根本之条件。自居于主人的主动的地位,则应自进而建设政府,自立法度而自服从之,自定权利而自尊重之。倘立宪政治之主动地位属于政府而不属于人民,不独宪法乃一纸空文,无永久厉行之保障,且宪法上之自由权利,人民将视为不足重轻之物,而不以生命拥护之;则立宪政治之精神已完全丧失矣。是以立宪政治而不出于多数国民之自觉,多数国民之自动,惟日仰望善良政府,贤人政治,其卑屈陋劣,与奴隶之希冀主恩,小民之希冀圣君贤相施行仁政,无以异也。……共和立宪而不出于多数国民之自觉与自动,皆伪共和也,伪立宪也,政治之装饰品也,与欧美各国之共和立宪绝非一物。[1]
>
> 吾国年来政象,惟有党派运动,而无国民运动也。……凡一党一

---

[1] 陈独秀:《吾人最后之觉悟》,载《青年杂志》第1卷第6号。

> 派人之所主张,而不出于多数国民之运动,其事每不易成就,即成就矣,而亦无与于国民根本之进步。[1]

应该说,这种自觉的理解和思考从戊戌时期的"开民智"就已经开始,戊戌政变后不久梁启超所力倡的"新民说"更深入了一步,而"五四"新文化运动则把这种启蒙理性推向一个新的更自觉的阶段。

为了唤起"多数国民之自觉与自动",新文化运动的倡导者高扬民主和科学的精神,在主张"以科学代宗教",用科学来根治"无常识之思维"和"无理由之信仰",激扬理性,破除愚昧和迷信的同时,更把民主具体落实到了人权。所谓人权,也就是个体的自主之权,思想自由、财产独立和人格平等之权。"举一切伦理、道德、政治、法律、社会之所向往,国家之所祈求,拥护个人之自由权利与幸福而已。思想言论之自由,谋个性之发展也,法律之前,个人平等也。个人之自由权利,载诸宪章,国法不得而剥夺之,所谓人权是也。"[2]欧美文明进化的根本原因在于"法律上之平等人权,伦理上之独立人格,学术上之破除迷信,思想自由"。然而中国几千年来的宗法体制却无时无刻不在束缚人性,否定人的价值,蔑视人的尊严。陈独秀曾历数以家庭为本位的旧伦理和宗法社会的罪恶,他说:"自古忠孝美谈,未尝无可泣可歌之事,然律以今日文明社会之组织,宗法制度之恶果,盖有四焉:一曰损坏个人独立自尊之人格;一曰窒碍个人意思之自由;一曰剥夺个人法律上平等之权利(如尊长卑幼同罪异罚之类);一曰养成依赖性,戕贼个人之生产力。"[3]要建设和组织起"西洋式社会国家",就必须确立平等人权之新信仰;要确立平等人权之信仰,对扼杀

---

[1] 陈独秀:《一九一六年》,载《青年杂志》第1卷第5号。
[2] 陈独秀:《东西民族根本思想之差异》,载《青年杂志》第1卷第4号。
[3] 陈独秀:《东西民族根本思想之差异》,载《青年杂志》第1卷第4号。

个人的独立人格的传统礼教和束缚个性的家庭制度"不可不有彻底之觉悟","以个人本位主义易家庭本位主义"。突出人权,呼唤人权,要求人权,是新文化运动的一大特点,也是为什么新文化倡导者们几乎毫无例外地集矢于儒家的节烈观、贞节观、忠孝观的主要原因所在。

在民主和科学的旗帜下,"举凡一事之兴,一物之细,罔不诉之科学法则,以定其得失从违;其效将使人间之思想行为,一遵理性,而迷信斩焉,而无知妄作之风息焉"[1]。一切经不起科学法则和科学理性审判的东西,即令它是"祖宗之所遗留,圣贤之所垂教,政府之所提倡,社会之所崇尚,皆一文不值也"[2]。一切违背科学精神和平等人权的观念意识、纲常名教、金科玉律、偶像崇拜、风俗习惯,"无论是古是今,是人是鬼,是《三坟》《五典》、百宋千元,天球河图,金人玉佛,祖传丸散,秘制膏丹,全都踏倒他"[3]。18世纪法国启蒙思想家曾以理性作为唯一的价值尺度,一切都必须在理性的法庭上陈述继续存在的理由或放弃存在的权利;"五四"新文化运动的倡导者强调"解在信先",反对盲从和武断,一遵理性。二者之间,虽然时代、国度不同,但启蒙者的心路却是相通的。如果说18世纪欧洲(主要是法国)的启蒙运动使人从神权的桎梏下解放出来,那么"五四"新文化运动则使中国人从以孔子儒家为轴心的传统文化的束缚下挣脱出来,追求个体从大家庭中冲决出来取得自由平等独立的权利和地位。虽然新文化运动的倡导者并没有最终完成这一使命,但他们所高扬的科学和民主精神,却深刻地影响和激励了"五四"一代及后此数代

---

[1] 陈独秀:《敬告青年》,载《青年杂志》第1卷第1号。
[2] 陈独秀:《敬告青年》,载《青年杂志》第1卷第1号。
[3] 《忽然想到》,见《鲁迅全集》(3),人民文学出版社1956年版,第36页。

的中国人。

80年来,中国人从"师夷之长技以制夷"开始,进而"中体西用",进而自由平等博爱,进而民主和科学。在这个过程中,中国人认识世界同时又认识自身,其中每一步都伴随着古今中西新旧之争。高扬民主和科学之旗,包含着80年中西文化论争所积累起来的认识成果,又体现了认识的一种飞跃。它由古今中西新旧之争而来,又是对古今中西新旧之争的历史概括。中国人由此而找到了一个最重要、最本质的是非标准,而后才可能有完全意义上的近代中国和近代中国人。在这个时候,陈独秀和李大钊还不是马克思主义者,但他们的主张代表了历史唯物主义的必然要求。所以,他们大倡民主和科学又是合乎马克思主义的。马克思主义不止乎科学和民主,但马克思主义当然包括了科学与民主。

四、各色各样的"主义"

"五四"时期,各色各样的"主义"蜂拥而入中国。在短短的几年之内,从新实在论到尼采主义、国家主义,从柏格森、倭铿、杜里舒以及康德的先验主义到马赫、孔德以及英美经验主义、实验主义,从资产阶级启蒙时代的民主主义、自由主义、个人主义、人文主义到旨在救治资本主义社会弊端的社会主义学说……都曾化为众多中国人的言谈和文章。它们展示了当时世界的各种主要思潮,为中华民族提供了一个比较与选择的机会。

对于各色各样的"主义",我们过去多见其同马克思主义对立的一面。其实,在这些"主义"传入中国之初,它们首先是作为新文化的一部分同旧文化对立的。因此,很多学说在不同方面都有过积极的历史作用。即如实验主义,除了它备受笔伐的政治影响之外,从胡适的《中国哲学史大纲》(卷上)到顾颉刚的《古史辨》,到俞平伯《〈红楼梦〉考证》,到陶行知、陈鹤琴的教育思想都有着实验主义深浅不同的痕迹。它们代表了中国学术、教育史上不同于中世纪的另一个时代。至于搞"新村"运动一类尝试的人,他们多半还是想在黑暗中以爝火萤光探照自己和民族的去路,终究比那种安于现状、无所用心要好。而曾经长期受到痛詈的尼采之超人学说,则不仅影响过王国维,而且影响过鲁迅、郭沫若和青年毛泽东。因为超人以个性解放否定了旧礼教的束缚,所以先进的人们欢迎超人。"五四"时期的激进青年傅斯年由衷地说过:"须提着灯笼,满街找超人;拿着棍子,满街打魔鬼。"他的话表达了那个时代年轻一代的普遍心理。因此,对于它们为是为非,不能一概而论,主要应从它们的政治趋势和实际作用来检验。

各种各样的"主义"寄托着各色各样的信仰。成千上万的中国人在寻找信仰的同时形成了百家争鸣。这是思想自由原则在思想界和知识界的贯彻。比之春秋战国时期,这个时候的争鸣更复杂、更壮观。诸多的"主义"在论争中起落,展示了百舸争流的绚丽境界。

第二十章　历史的选择

从辛亥革命到五四运动是一个历史转型期。一方面,二次革命、护国运动、护法战争以几度余波显示了旧民主主义革命的落幕;另一方面,发端于旧民主主义革命的新文化运动又直接启导和衔接了新民主主义革命。由此产生的不同历史现象的交叉,开始了近代中国新陈代谢的最后三十年过程。在这个过程里,各种各样的历史人物曾以自己的认识活动和实践活动表达了自己的选择。"这样就有无数相互交错的力量,有无数个力的平行四边形。而由此就产生出一个总的结果,即历史事变,这个结果又可以看作一个作为整体的、不自觉地和不自主地起着作用的力量的产物。"[1]这种"整体的、不自觉地和不自主地起着作用的力量"就是历史的选择,它体现了近代社会新陈代谢的必然性。

一、社会主义思潮的涌来和中国人的选择

"五四"以后,社会主义思潮成为新文化运动的主流。曾经身历

---

[1] 恩格斯:《致约·布洛赫》,见《马克思恩格斯选集》第4卷,人民出版社1972年版,第478页。

其间的瞿秋白事后叙写自己的感受说:

> 社会主义的讨论,常常引起我们无限的兴味。然而究竟如俄国十九世纪四十年代的青年思想似的,模糊影响,隔着纱窗看晓雾,社会主义流派、社会主义意义都是纷乱,不十分清晰的。正如久壅的水闸,一旦开放,旁流杂出,虽是喷沫鸣溅,究不曾自定出流的方向。其时一般的社会思想大半都是如此。[1]

即使是"隔着纱窗看晓雾",也不难窥见当日社会主义潮流掀动人心的力量。在那个时候的中国,社会主义名号之下统括着马克思主义、无政府主义、工读主义、新村主义、基尔特主义、合作主义、泛劳动主义,主义与主义之间往往相去甚远。但对于为中国社会寻求出路的人们来说,它们曾经是同样富有吸引力的救世真义。每一种主义的周围,都汇聚过有志于救治世病的知识分子。可以说,被民主和科学所唤起的成批急进民主主义者几乎在一夜之间纷纷成了社会主义者。

西方传来的社会主义思潮迅速地影响了"五四"前后涌出的一代出类拔萃之辈。这一事实有着深刻的社会原因。

其一,古有的大同理想成为一种现成的思想基础,沟通了中国人同社会主义学说之间的联系。大同之说久存于典籍之中:

> 大道之行也,天下为公,选贤与能,讲信修睦。故人不独亲其亲,不独子其子,使老有所终,壮有所用,幼有所长,矜寡孤独废疾者皆有所养,男有分,女有归。货恶其弃于地也,不必藏于己;力恶其不出于身也,不必为己。是故谋闭而不兴,盗窃乱贼而不作,故外户而不闭,是谓大同。[2]

---

[1] 瞿秋白:《饿乡纪程》,转引自《五四运动文选》,生活·读书·新知三联书店1959年版,第429页。
[2] 《礼记·礼运篇》。

在 19 世纪,这种东西明显地影响过小农构筑起来的太平天国,因此,古已有之的大同思想并不等于近代社会主义,但它画出了一种没有争斗、互爱互助的境界。由这种境界产生的理想主义是中国文化的一部分。"五四"前后的激进民主主义者们猛烈反对旧文化,但他们本身又多半是从旧文化中挣脱出来的人物。因此,大同理想本是熟知之物。1919 年 2 月,李大钊在写了《庶民的胜利》和《Bolshevism 的胜利》两个月之后,曾大声呼吁青年到农村去:"把自己的生活弄简单些,劳心也好,劳力也好,种菜也好,耕田也好,当小学教师也好,一日把八小时作些与人有益、与己有益的工活,那其余的工夫,都去作开发农村、改善农民生活的事业","日出而作,日入而息,耕田而食,凿井而饮。那些终年在田野工作的父老妇孺,都是你们的同心伴侣,那炊烟锄影、鸡犬相闻的境界,才是你们安身立命的地方呵"。[1] 他以改造农村立论,但却非常明显地透露出古代大同境界留下的历史回声。正是这种境界,使那个时候的中国人面对着社会主义思潮因似曾相识而心向往之。邵力子在批评张东荪的一篇文章里就说过:"'货恶其弃于地也,不必藏于己;力恶其不出于身也,不必为己。'这几句话确可以代表社会主义底神髓。"[2] 当然,同近代社会主义各流派相比,原始大同理想又是空泛的。但正是这种空泛又提供了多方面理解社会主义的可能性。因此,各派社会主义都可以与大同理想相衔接而在中国人当中找到自己的知音。刘仁静后来回忆:"那时,大家正在寻找国家的出路,追求真理,对社会主义还没有明确的认识。研究会的几十个会员中,除部分相信马克思主义以

---

[1] 李大钊:《青年与农村》,见《李大钊文集》上册,人民出版社 1984 年版,第 651—652 页。
[2] 邵力子:《再评东荪君的又一"教训"》,见《邵力子文集》上册,第 436 页。

外,有的相信基尔特社会主义,有的相信无政府主义。其实,在当时他们对基尔特社会主义和无政府主义也没有什么研究,只是从杂志上看了一些有关宣传品,认为有道理,合乎自己的胃口,以后看见别的主张更好,有的也就放弃了自己原先的主张。"[1]"合乎自己的胃口"说明了选择的主观性,其中无疑包含着由古老的大同思想所引出的仁者见仁和智者见智。

其二,甲午战争后到第一次世界大战之间中国资本主义缓慢而持续的发展,为西方社会主义思潮的传入准备了现实的基础。资本主义的发展,促成了资产阶级革命。但资本主义制度的内在矛盾又造成"机器所到的地方,手工业之破坏好象秋风扫落叶一般","中产社会渐渐都沦为无产者","社会上困苦的失业者已普遍都会与乡间了"。人们因之而认识到:"按资本主义生产制,一面固然增加财富,一面却增加贫乏。"[2]在西方,这种认识曾促生了近代社会主义;在中国,这种认识则引来了近代社会主义。20世纪初年努力于资产阶级革命的先进人物,就已经表现出追求资本主义,同时又向往比资本主义更合理的社会制度这样一种矛盾。孙中山说:"能开发其生产力则富,不能开发其生产力则贫。从前为清政府所制,欲开发而不能,今日共和告成,措施自由,产业勃兴,盖可预卜。然不可不防一种流弊,即资本家将从此以出是也。""夫吾人之所以持民生主义者,非反对资本,反对资本家耳,反对少数人占经济之势力,垄断社会之富源耳。"[3]这种矛盾因中国人目睹了第一次世界大战的资本主义危机

---

[1] 刘仁静:《回忆五四运动·北京马克思主义研究会和党的一大》,见《"一大"前后》(2),人民出版社1980年版,第114页。
[2] 《关于社会主义讨论(十三)·独秀复东荪先生底信》,见《五四运动文选》,第457页。
[3] 《民生主义与社会革命》《提倡民生主义之真义》,见《孙中山选集》上卷,人民出版社1966年版,第88、93页。

而加深。因辛亥革命之后中国社会的黑暗苦痛而加切。于是,在新文化运动的后期,社会主义便成为忧国之士高谈阔论的一个题目。

时光迁移,潮来潮去。"五四"前后搬入中国的种种社会主义学理虽曾一度汇成涌流之潮,极其明显地影响过那个时候的社会思想和学术思想,但在短短几年之后就波平浪静,了无痕迹了。只有马克思主义在风雨之中扎根于中国社会,掀开了新陈代谢的另一页。毛泽东说:"十月革命一声炮响,给我们送来了马克思列宁主义。"[1]他以文学语言描绘了中国人接受马克思主义同十月革命的关系。这种关系既反映了历史的造就,又是一个时代的人们比较和选择的结果。

在这个过程里,一方面是空想社会主义试验的失败,以及失败后的反省。1919年底成立于北京的"工读互助团",在那个时候的知识界产生过广泛的影响。团聚于其中的人们,有志于"平和的经济革命",以实现"各尽所能,各取所需"的社会思想。他们的工读实践曾经激起过许多热血青年的希望和憧憬,但从第二年秋天开始,这种和平改造社会的试验就在内外交困中一步一步溃散了:"团体发展一步,经济紧急一步;团体存在一天,经济困难一天。由经济紧急而经济困难,由经济困难而经济穷绝,以至于团体不得不解散。"[2]这个结局会带来幻灭的痛苦,然而认识的深化往往也开始于此。从工读互助团里走出来的施存统在饱尝苦辛之后说:"(一)要改造社会,须从根本上谋全体的改造,枝枝节节地一部分的改造是不中用的。(二)社会没有根本改造以前,不能试验新生活,不论工读互助团和新村。""既然免不掉现实社会的支配,当然要发生许多试验新生活的

---

[1] 毛泽东:《论人民民主专政》,见《毛泽东选集》第4卷,人民出版社1960年版,第1476页。
[2] 《呜呼工读互助团解散宣言》,载《时事新报》1921年2月3日。

障碍。如果要免除这些试验新生活的障碍,惟有把这些障碍根本打翻。而打翻这些障碍,惟有合全人类同起革命之一法。"[1]另一方面,是十月革命的成功证明了马克思主义的力量。吴玉章说,那个时候读到约翰·里德写的《震动环球的十日》,"通过这本书,我了解到我们北方邻国已经建立了一个社会主义国家,建立了一个劳农政府,伟大的俄国人民已经摆脱了剥削制度,获得了真正的自由解放。从前我在法国接触了社会主义各种思想流派,深深为社会主义理想所吸引。今天这个理想居然在一个大国内开始实现了,心中感到无限兴奋和鼓舞。"[2]他接触过各种社会主义,而在俄国胜利的是科学社会主义,这个事实本身就是一种引导抉择的评判。当时《广东新中华报》的一篇文章说得更直白:"马氏之言验矣!今日欧美诸国已悟布尔塞维克之不能以武力扫除矣!"[3]已被证实的东西不仅是一种理论,而且是一种事实。拥有事实的理论一定是能够征服人心的理论。因此,十月革命之后的苏俄非常自然地成为中国人接受科学社会主义的历史中介。成批从无政府主义、互助主义、新村主义、基尔特主义出发追求社会主义的人们,正是通过这一中介而最终成为著名的马克思主义者。他们的足迹,显示了一代人在探索中走过的道路。

从戊戌变法仿效日俄、辛亥革命仿效法美到"五四"之后仿效苏俄,表现了每个时期先进中国人的选择。但三者又构成近代中国社会变迁的环节,因此,这又是一种历史的选择。

---

[1]《星期评论·劳动纪念号》第 7 张,1920 年 5 月 1 日。
[2] 吴玉章:《回忆五四前后我的思想转变》,见《五四运动回忆录》上册,中国社会科学出版社 1979 年版,第 59 页。
[3] 杨匏安:《马克思主义》,载《广东新中华报》1919 年 12 月 4 日。

二、历史的矛盾和马克思主义的中国化

辛亥革命所设计和构筑的资产阶级民主共和国,反映了70年社会经济变化中蕴积起来的富国强兵、大倡实业、发展资本主义的要求。这种要求代表了历史嬗递过程中的一个应有阶段。因此,在辛亥革命失败后,它又合理地成为新文化运动的出发点。1916年12月,陈独秀有感于时事,愤慨地说:

> 呜呼! 欧洲自力抗自由新思潮之梅特涅失败以来,文明进化,一日千里。吾人狂奔追之,犹恐不及。乃袁世凯以特别国情之说,阻之五年,不使前进,国人不惜流血以除此障碍矣;不图袁世凯二世,又以国粹礼教之说,阻吾前进,且强拽之逆向后行。国人将何以处之? 法律上之平等人权,伦理上之独立人格,学术上之破除迷信,思想自由,此三者为欧美文明进化之根本原因,而皆为尊重国粹国情之袁世凯一世、二世所不许。长此暗黑,其何以求适二十世纪之生存? 吾护国军人,吾青年志士,勿苟安,勿随俗,其急以血刃铲除此方死未死、余毒未尽之袁世凯一世,方生未死、逆焰方张之袁世凯二世,导吾可怜之同胞出黑暗而入光明![1]

然而,曾不二年,这一要求还没有实现,新文化运动的发展已经引来了社会主义的思想体系。中国人由此而面临着一个很大的矛盾:在资本主义所代表的历史阶段实现之前,资产阶级革命并没有丧失其历史的进步意义;但社会主义思想体系来到中国,一开始就否定了资本主义。中国共产党第一次代表大会宣布:"我党纲领如下: 1. 以无产阶级革命军队推翻资产阶级,由劳动阶级重建国家,直至消

---

[1] 陈独秀:《袁世凯复活》,见《陈独秀文章选编》上册,生活·读书·新知三联书店1984年版,第159—160页。

灭阶级差别；2. 采用无产阶级专政，以达到阶级斗争的目的——消灭阶级；3. 废除资本私有制，没收一切生产资料，如机器、土地、厂房、半成品等，归社会所有。"[1]这是一个直接实行社会主义革命的纲领。它取法于十月革命，却超越了中国革命。

历史阶段是不可超越的，但超越历史阶段的愿望又产生于历史发展过程所形成的内因和外因之中。这是中国社会特有的一种矛盾。它在新文化运动后期的社会主义论战中已经初见端倪。1920年10月，陈独秀说：

> 有人以为由封建而社会主义，中间还必须经过共和时代，所以眼前还是政治问题要紧；又有人以为中国封建式的武人为患，是政治造成的，不是经济造成的，所以眼前只是政治革命要紧，还不须经济革命。我看这两种话都似是而非。由共和而社会主义虽是一定的轨道，然这轨道却不能够说必须要经过若干岁月才可以改变方向。西欧共和政治经过长久的岁月底原因：一是西欧的代议制度来源甚古，共和政治比较的容易支持；一是他们社会主义的思想刚与共和同时发生，当时都还迷信共和可以造成多数幸福。现在的东方各国却和他们情形不同，所以俄罗斯共和推倒了封建半年便被社会主义代替了。[2]

与他四年前呼喊铲除袁世凯一世、二世，倾慕"欧美文明进化"的言论相比，这些话已纯然表现了一种社会主义的急迫。当马克思主义还没有与中国革命实践结合为一体的时候，急迫性曾是具有感染力的情绪。因此，它继而表现为大革命失败后关于中国社会性质讨论中的一个派别，表现为共产党内部的盲动主义、冒险主义和教条主义。

---
[1] 《中国共产党的第一个纲领》，见《"一大"前后》(1)，第9页。
[2] 陈独秀：《国庆纪念底价值》，见《陈独秀文章选编》中册，第33页。

然而，以超前愿望规划的改造中国的行动，没有一次不在中国的社会性质和国情面前撞壁。这种撞壁不止一次地使艰难积聚的革命力量在失败中折损。

历史选择了社会主义，历史又以客观现实限制了主观愿望。这个矛盾，要求马克思主义中国化。于是，在这种选择和限制的统一中形成了新民主主义革命的思想和理论。这一思想和理论以反帝反封建的革命目标接续了旧民主主义革命未竟的事业，又以无产阶级的领导取代资产阶级的领导表现了新旧革命的嬗递。同时，它赋予资产阶级性质的民主革命以社会主义的未来前途，并产生了与之相适应的一整套方针、政策和策略。中国社会特有的矛盾因此而获得了一种理论上的解决。赋予资产阶级性质的革命以社会主义前途，承认了不可超越的历史阶段，同时又压抑了资本主义的未来发展。由此，新民主主义革命一面成为旧民主主义革命的继续，一面又成为社会主义革命的前导。沿着这条道路，中国人在千辛万苦之后取得了民主革命的最后胜利。但民主革命在政治上的胜利并没有带来一个产业革命和自由贸易的时代。由民主革命直接进入社会主义革命，曾是中国革命的特点和优点。然而这种优点又伴随着相应的弱点：当社会主义制度在中国建立之后，它所面对的是没有经受过资本主义大规模冲击的小农经济的汪洋大海。这片汪洋大海里深藏着和复制着几千年传统留下的影响。优点和弱点，两者都反映了三十年新陈代谢的历史结果。

三、曲折的历史轨迹

国共合作的北伐战争开始于"打倒列强除军阀"的悲壮歌声之中。它在另一种历史条件下继续了辛亥革命没有做完的事业。但辛亥革命是中等阶级的革命，北伐战争是国民革命。在大革命时期，

"国民"一词义近"公民",包罗了同封建势力对立的全体老百姓,其内涵和外延都超过了中等阶级。因此,从中等阶级革命到国民革命,又体现了历史在继续中的发展。

北伐战争推翻了北洋军阀,在这个过程里,共产党人和国民党人都付出过自己的鲜血。然而共产党人和国民党人又各有自己的选择。两者的不可调和终于导致了两者的分裂和对抗,于是而有"四一二"到"七一五"的屠杀。结果,因北伐的军事胜利而首先得利的并不是革命本身,却是叛卖了革命的蒋介石。这种包含着成功的失败,同辛亥革命的结局非常相似。人们常常把这一点归咎于陈独秀的右倾机会主义和蒋介石的假革命。其实,个别人物的活动提供的只是一种表象。在表象的背后,中国社会各种不同力量之间的冲突在更深刻的层次上制约着历史。1927年春季,与武汉政府东西对峙的蒋介石和上海商业联合会中富有财力的江浙资产阶级结成了一种政治经济联盟。3月底,商联会的代表团会见了蒋介石,表示只要他和共产党决裂,就给予经济支援。据《字林西报》报道:"代表团强调了上海'立即恢复和平与秩序'的重要性,并取得了蒋许下的'迅即调整劳资关系'的保证。"4月初,"商人和银行家垫付了第一笔为数三百万元的短期借款"[1]。差不多同一个时间,"国民党中央监察委员会吴敬恒、蔡元培、张人杰、张继、古应芬、李宗仁等见党国危机四伏",集会"检举共党借容共政策,在国民党内发展组织,实行篡窃国民党颠覆国民政府之阴谋"[2]。这些人所熟知的史实透露了那个时代的历史信息:发动"四一二"政变的时候,蒋介石无疑代表了帝国主义

---

[1] 〔美〕帕克斯·M.小科布尔:《江浙财阀与国民政府》,南开大学出版社1987年版,第14页。
[2] 苏志荣等编:《白崇禧回忆录》,解放军出版社1987年版,第43—44页。

和封建主义的利益;但是,当江浙财团拥护蒋介石的时候,他同时又得到了资产阶级的支持;当蔡元培这样德高望重的人物赞成"清党"的时候,他又得到了民主派的支持。在三民主义旗帜下进入革命的人们把蒋介石当成了三民主义的代表。于是,随着南京政府的成立,一个微不足道的人物竟成了当时中国的强有力者。

大革命失败之后,共产党人失去了城市。在退出城市的过程中共产党人又得到了农村。这种得与失,在一开始的时候并不是自觉选择的结果。南昌起义和广州起义,显然志在城市;即使是湘赣边界的秋收起义,也是在"第三次攻打长沙"的口号中举起暴动旗帜的。执著于城市,在那个时候是非常自然的。因为中国共产党人的面前只有一个榜样,这就是已经成功的俄国革命,而俄国革命正是从城市开始,并在城市首先胜利的。然而仿效俄国人成功的经验并没有在中国取得成功。于是,南昌起义和秋收起义保存下来的武装革命者,在经历了1927年的失败之后,于第二年春天汇聚于罗霄山脉的中段,开始了革命在农村的发展。

同城市相比,农村是落后的,但农村包围城市的道路却历史地成为中国民主革命走向胜利之路。这条道路最初虽然表现为失败后的退却,然而它包含着国情对于革命的制约,因此,它最终又成为一种自觉的选择。毛泽东是第一个代表这种自觉选择的人。他在这个时期的一系列著作中最早阐发了国情与革命,说明了马克思主义的一般和个别、普遍与具体。半殖民地半封建的中国,微弱的资本主义经济和严重的地方农业经济并存。这种经济不平衡造成军阀割据的政治不平衡。由于经济不平衡,自给自足的农村经济可以提供武装割据的物质基础;由于政治不平衡,处于统治阶级矛盾间隙的农村可以成为革命首先胜利的地方。中国独特的政治和经济基础,提供了武装的中国革命从农村包围城市的可能性和必然性。因此,从城市向农村的退却又是一种历史的进军。在这种进军的过程里,以土地革命为内容结成了工农的武装联盟。由此,民主革命获得了农民阶级前所未有的自觉支持。正是这种支持,使革命在十年内战中屡仆屡起,濒绝而又复生。由于共产党的领导,新式的农民战争不同于旧式的农民起义;由于农民参加了革命,土地革命战争又比辛亥革命具有更强韧的生命力和深厚的社会基础。万里长征的艰难曲折和最后胜利,既显示了从事这一事业的人们圣洁的理想主义,又显示了中国农民在苦难中从容辗转的天性和精神。在陈独秀和王明跌倒的地方,毛泽东站了起来。

从"九一八事变"到"七七事变",逐步上升的民族危机迫使中华民族在危机面前作出选择。共产党人肩负着民族革命和民主革命的双重任务。当日本帝国主义的侵略使中国面对着亡国灭种之境的时候,民族革命便成为一种主要矛盾。于是而有停止内战一致抗日的主张和行动。1937年7月8日,中国工农红军将领毛泽东、朱德、彭德怀、贺龙、林彪、刘伯承、徐向前为日寇进攻华北致电蒋介石,要求实行"全国总动员,保卫平津,保卫华北,收复失地"。次日,复致电国民政府,愿将红军"改名为国民革命军",作"抗日先锋,与日寇决一死战"。蒋介石是大地主大资产阶级的代表。但日本帝国主义进入华北和东南的结果直接危及了四大家族的财产和统治;英美帝国主义与日本帝国主义的矛盾又间接影响了他的向背;而中国人民抗日的怒吼又造成了难以抗拒的强大压力。于是而有1937年8月14日的国民政府的《自卫抗战声明书》:"中国为日本无止境之侵略所逼迫,兹已不得不实行自卫,抵抗暴力。"[1]比之"攘外必先安内"的旧

---

[1]《申报》1937年8月15日。

调,这当然是民族矛盾逼迫下的一种大幅度转变。由此,经历了十年国内战争的厮杀之后,国共两党组成了抗日民族统一战线。为了外御其侮而停止兄弟阋于墙,曾是一种由历史和文化哺育出来的深沉的民族心理。1937年以后长期居留于中国的西方历史学家傅吾康,曾在他后来的一部著作中这样描述过自己亲身经历的这一段中国历史:

> 抗日战争开始时,一种抵抗敌人到底的民族感和决心的浪潮弥漫了全中国。统一战线的口号首先克服了一切中国国内的纠纷。国民党政府监狱中所有的因共产主义或左派活动而被拘禁的人都释放了,其他逃亡到国外的人也回国为民族事业而听从分配。抗日战争被认为是1927年中断的革命战争的复活。甚至蒋介石也照孙逸仙的意思谈论战争对民族革命的重要性。因此,中国人对进犯的敌人所作的抵抗超出日本人最初的一切预料。[1]

虽说他所叙述的部分内容不免带有局外旁观者的粗疏,但他毕竟真实地写出了那个时候中国人的民族情绪。民族矛盾的上升激使民族心理高涨。因此,不同的政派作出了共同的选择。这种共同的选择引来了八年全民族抗战的时代。然而八年的岁月又是坎坷的。因民族矛盾而第二次合作的共产党人和国民党人,并没有因民族矛盾而化解彼此之间深刻的政治分歧。双方都在民族战争的旗帜下固守着自己的阶级立场。因此,在抗击日寇的同时,又常常发生国民党与共产党之间的摩擦和反摩擦。民族矛盾限制了阶级矛盾,但阶级矛盾又顽强地起伏于抗战中的中国。

八年抗战胜利结束之后,国共内战再度爆发。共产党要把抗日

---

[1] 傅吾康:《一百年来的中国革命,1851—1949》,第254页,转引自《外国资产阶级对于中国现代史的看法》,商务印书馆1962年版,第172页。

战争的胜利变为人民的胜利,变为民主革命的胜利。国民党要把抗日战争的胜利变为大地主大资产阶级的胜利。前一种主张见之于中国共产党第七次全国代表大会,后一种主张见之于中国国民党第六次全国代表大会。这两个同一年召开的代表大会预示了两个中国之命运的决战。在这场决战中,美国选择了国民党,但人民选择了共产党。而人民的选择总是体现了历史的选择。美国国务院的白皮书后来说:中华民国政府的失败,"不是因为援助不够。我们派往现场的观察员报告说,在至关重要的1948年,国民党军队并未由于缺乏武器弹药吃过一次败仗。国民党的抵抗力量之所以遭到极大削弱,实际上乃是战争初期我们派驻重庆的观察员所见到的那种腐败现象"。作为一种对比,白皮书又承认:"中国的人心掌握在共产党人手中。"[1]白皮书的作者并不喜欢这种对比,但他又不得不记录这种对比。

　　蒋介石曾自命为孙中山事业的继承人,然而真正继承并完成了孙中山事业的恰恰是中国共产党人。1947年,人民解放军由战略防御进入战略进攻之后,毛泽东饱含激情地说:"这是一个历史的转折点,是蒋介石的二十年反革命统治由发展到消灭的转折点,是一百多年来帝国主义在中国的统治由发展到消灭的转折点。这是一个伟大的事变。"他的话富有历史感地把新民主主义的胜利看成整个民主革命的胜利。辛亥革命是旧民主主义革命,但它的事业在北伐战争中得到了延伸,在解放战争中得到了最后的胜利。这是一个山重水复之后峰回路转的过程。在这个过程里有许多同

---

[1]〔美〕约翰·司徒雷登:《在华五十年——司徒雷登回忆录》,北京出版社1982年版,第259—260页。

人谋相联系的偶然性,而偶然性的背后则是新陈代谢不可抗拒的必然性。经历了110年的屈辱和多难之后,中华民族终于在世界民族之林中站起来了。

索引

人 名 索 引

(按汉语拼音排序)

A

艾知命　494
爱尼斯·安德逊　165
安禄　189

B

巴布扎布　479
巴多明　153
白居易　260
白朗(白狼)　497,498
白齐文　250
百龄　248
柏格森　524
柏贵　213
柏拉图　147
柏文蔚　81,474
班固　135
包尔腾　234
包令(John Bowring)　210
包世臣　171
包天笑　279,451
宝菼　84
贝尔纳　148
彼得大帝　418,439
毕永年　407
毕沅　124
卞三娘　201

宾凤阳　298
波朗　156
卜力爵士　308
不里尼乌斯(Caius Plinius Secundus)　144
布尔布隆(Alphonse de Bourboulon)　210

C

蔡承干　93
蔡锷(松坡)　79,302,315,338,360
蔡济民　71
蔡钧　16
蔡绍南　37,432,433
蔡锡勇　304
蔡元培　16,22,27,40,105,108,448,493,535,536
曹操　483
曹锟　105,480
曹亚伯　17
曹子俊兄弟　251
岑春蓂　58,431
岑春煊　46,67,84,294,413,474
柴潮生　168
长麟　156
长喜　177
陈宝琛　478

陈璧 367
陈独秀 329,502,503,505,506,515,519,521,522,524,532,533,535,537
陈范 19
陈鹤琴 525
陈化成 177
陈焕章 490,494
陈炯明 474
陈康祺 131
陈可良 251
陈其美(英士) 70,80,87,89,108,438,474
陈庆松 215
陈去病 18
陈少白 11,13,14,33,64,280,307,394
陈胜 191,442
陈守善 249
陈天华 17,18,26,350,389,396
陈孝芬 385
陈宧 482
陈毅 89
陈兆棠 52
陈作新 77
成吉思汗 160
程德全 80,87,89
程含章 170
程潜 395
程伊川 139
程婴 293
程正瀛 73

池仲祐 275
崇厚 231
崇祯 159
慈禧太后(西太后、皇太后、孝钦太后) 22,33,39,41,49,50,85,273-275,298,318,320,331,334,353-355,358,362,406,407,412,414,419

D

达·伽马 147-149
达尔文(达文) 240,418
达寿 48
大久保利通 269
大久保市藏 281
大隈重信 269
戴鸿慈 22,46,362,377
戴天仇 475
戴震 138
道光 182,187,196,211
德寿 15,42
邓铿 474
邓实 351
邓世昌 274
邓孝可 65,66
邓荫南 307
邓玉麟 71
邓之瑜 38,432
狄葆贤 282
狄德罗(底得娄) 346,375
笛卡尔 344,346
丁佛言 499

丁家立　374
丁日昌　245,321
丁汝昌　275
丁韪良　234
董福祥　325,332
董仲舒(江都)　136,137,139,289
笃斯加内里　149
杜里舒　524
杜亚泉　512,513
杜月笙　371
端方　37,40,46,63,67,71,377
段祺瑞　85,97,102,105,108
段宇清　79
段芝贵　95,97

E

额尔金　217
恩格斯　150,257,418
恩铭　40
恩寿　78

F

法磊斯(Everard Duncan Home Fraser)　330
樊守义　167
范源濂　106
方以智　140
费信　146
费隐　153
费正清　510
冯秉正　153
冯桂芬　186,224,236,357

冯国璋　84,85,93,95-97,105,114,480
冯汝骙　78
冯玉祥　486
冯云山　195
冯自由　12
孚琦　60
副岛种臣　268
傅兰雅　234
傅斯年　525
傅吾康　538
富礼赐　196

G

冈田朝太郎　365
刚毅　322,331
高书麟　162
高天梅　350
哥白尼　344
哥伦布　145-149
哥页(Peter de Goyer)　151
葛宝华　362
葛福　95
葛云飞　177
宫崎寅藏　14
龚春台　37
龚自珍(定庵)　140,172,188,299
巩珍　146
辜鸿铭　448,512
古德诺　490
古应芬　535
顾颉刚　525

顾炎武　125,442

关天培　176,177

管同　170

光绪(皇帝、皇上、上)　32,33,41,50,65,294,298,306,318,320,353-355,358,404,412,414

归有光　369

桂良　211,215,216,218

郭甘章　251

郭沫若　109,525

郭人漳　38

郭世勋　154

郭嵩焘　186,236,239,244,245,249,270,321

H

海龄　177

韩愈(韩昌黎)　139,441

汉景帝　135,138

汉文帝　135

汉武帝　136,138,444,503

何海鸣　474

何启　9,10,14,504

何如璋　280,281

何邵公　139,297

何香凝　453

何玉成　179

和珅　162

贺龙　537

赫胥黎　6

黑格尔　418

黑田清隆　271

洪亮吉　166,192

洪仁玕　183,206,223,224,280

洪秀全(天王)　9,127,186,189,190,193-196,198,200-202,205,206,224

洪宣娇　453

侯宝斋　66

胡汉民　38,60,81,389,395,411,466

胡礼垣　504

胡林翼　31

胡适(适之)　303,350,506,508,524

胡惟德　100

胡以晃　195

胡瑛　17,69

胡濚　149

胡祖舜　71

花木兰　453

花沙纳　215

华蘅芳　236,238

华盛顿　18,103,418,439,464,467,501

黄彬(紫文)　387

黄巢　187,397

黄帝　444

黄福　307

黄复生　41

黄和顺　432

黄季刚　512

黄建勋　274

黄江喜　307

黄爵滋　172
黄坤荣　73
黄蜡匠　432
黄明堂　39
黄申芗　394
黄兴（克强）　17,26,39,42,59,60,
　71,75,78,89,94,104-108,113,
　114,302,389,394,437,438,459,
　462,464,465,467,471,474,477
黄炎培　16
黄耀庭　307
黄远生　464,476,511
黄泽霖　80,81
黄忠浩　77
黄宗羲　18,140,375,442,443
黄宗宪　251
黄尊三　410,411
黄遵宪　23,182,281,283,303
惠伦　189

J

吉尔杭阿　211
吉文元　202
纪晓岚　139
季雨霖　69
嘉庆　162,165,187
建文帝　150
江继芸　177
姜桂题　105
姜守旦　432
蒋方震　360
蒋介石　487,535-539

蒋廷黻　271
蒋雁行　80
蒋翊武　69,71,72,75,95,395
蒋智由　406
蒋尊簋　360
焦达峰（焦都督）　70,77
解荣辂　417
金人瑞　442
金兆龙　73
经元善　279
井上馨　271
井勿幕　78,394
景梅九　78
居正　438

K

开泽（Jacob de Keyzer）　151
康德　346,524
康德黎　13
康格夫人　334
康熙　153,159,160,162,197
康有为　5-7,9,14,32,33,35,36,
　48,49,183,193,208,240,277,
　282,283,289-294,296-299,
　301,306,308,314,318,320,321,
　403,404,406,407,412,413,416,
　446,455,482,489-492,494,499
克林德（Klemens August Katteler）
　332,333
孔德　524
孔庚　395
孔令贻　490

孔子　136,139,199,296,297,299-302,489,491-494,503-507,523
奎俊　362
昆冈　355

L

拉柏特里　346
拉美特利　375
赖承裕　58
兰陵忧患生　341
蓝公武　494
蓝天蔚　86,95
劳乃宣　309,478,479,490
劳奇　495
老圃　445
黎澍　117
黎元洪　70,74-77,87,89,93-96,99,103,105,106,113,360,447,464,484,495
李秉衡　322,332
李春萱　396
李大钊　310,469,502,505,514-516,524,528
李根源　79
李光昭　170
李闰　453
李鸿宾　498
李鸿章　10,11,14,22,85,218,226,227,231,236,243-245,249,250,272-275,280,286,288,307,308,318,320,355,368,403,483
李纪堂　307

李稷勋　65
李佳白　490
李经羲　79,360
李开芳　202
李烈钧　78,395,474
李平书　80,458
李全　397
李善兰　236,238
李盛铎　46
李时珍　140
李斯　135
李松云　251
李泰国　221
李旺　432
李燮和　80
李秀成　206
李亚东　69
李之藻　140,236,517
李仲持　78
李准　52
李卓吾　139
李自成　159,187,397,442
李宗仁　535
立山　332
利玛窦　152,312
联甲　74
联元　332
良弼　42,101
梁鼎芬　478,479,490
梁启超(任公)　6,9,14,22,23,32,35,36,46,48,49,79,86,139,234,236,277,284,289,290,292-295,

299,301,303,308,320,329,335,
338,344,349,369,379,398,404－
406,410,434,441,447,460,493,
499,501,504,522
梁善济　417
梁诗正　442
梁士诒　100,113,481
梁漱溟　512
梁廷栋　180
梁廷枏　238
梁章钜　180
廖仲恺　27,474
列宁　7,23,29,111,253,255
林彪　537
林凤祥　202
林肯　418
林履中　274
林纾　349,512
林述庆　80
林述唐　394
林永升　274
林则徐　171,176－180,212,230,
　233,238,517
刘攽　441
刘邦　442
刘备　125
刘宾　132,133
刘伯承　537
刘彩文　132,133
刘承恩　93
刘春霖　371
刘大嘴　132,133

刘道一　37,394,433
刘复权　394
刘公　72,75
刘公允　132
刘冠雄　108,274
刘光汉　18,390,444
刘静庵（敬安）　69
刘坤一　44,323,355－358,364,373
刘铭传　243,244
刘仁静　528
刘少奇　7,110
刘申受　299
刘廷琛　479
刘文登　133
刘显世　81
刘相　133
刘项　135
刘学询　308
刘牙　133
刘尧澂　71,72
刘永福（木匠）　58
刘章　132
柳亚子　346
柳兆薰　204
龙济光　39,81
龙鸣剑　66
隆文　180
卢戆章　304
卢木斋　240
卢梭　18,346,418,475,501
卢循　397
鲁布立格（Rubriguis）　148

鲁迅 22,83,113,313,348,447, 492,501,506,525
陆费逵 495,512
陆皓东 10,11,13,439
陆荣廷 39,41,81,486
陆润祥 362
陆象山 139
陆元鼎 17
陆征祥 108
陆锺琦 79
鹿传霖 44,355,363
鹿完天 326
吕大森 17
吕公望 80,88
吕留良 442
吕思勉 129
罗伯斯庇尔 18
罗惇曧 317
罗惇衍 222,223
罗纶 65,66
罗佩金 79
罗孝全 194

M

马登·柏利 267
马福益 17,37,394
马赫 524
马欢 146
马季长（融） 139
马戛尔尼（George Macartney） 152, 154,155,165,175,182,452
马君武 18,26,99,472

马可·波罗 144,145,148
马克思 251-253,257,261,262
马毓宝 78
麦莲（Robert Miligan Mclane） 210
麦孟华 490
麦哲伦 147-149
毛庆蕃 50
毛泽东 9,35,54,83,111,488,525, 530,536,537,539
梅光迪 512
孟德斯鸠 18,418,475,501
孟浩然 127
孟森 216
密昌墀 64
明太祖（朱元璋） 442,483
明治天皇 439
莫理循 337,468
穆克登布 189

N

拿破仑 439,464
那桐 333,362,377
南怀仁 153
尼采 508,524,525
倪嗣冲 114,485
倪映典 59,433
聂士成 324,325
宁调元 37,351,475
钮永建 80,105,474
努尔哈赤 446

O

欧家廉　377
欧槼甲　299
欧阳蓴　90
欧阳永叔　139

P

盘恩　95
培根（贝根）　240,344
彭程万　78
彭楚藩　71,72
彭德怀　537
彭家珍　42,101
彭玉麟　239
平山周　14
蒲殿俊　65,66,82
璞鼎查（Henry Pottinger）　221
朴寿　81,82
溥侗　437
溥静　331
溥儁　320
溥伦　363,437
溥伟　479
溥仪　50,110,477,478,480

Q

耆英　221
琦善　180
启秀　332
钱穆　130,293
钱能训　78
钱锺书　513

乾隆　154,155,162,165,175,182
秦力山　318,405
秦良玉　453
秦日纲　195
秦始皇　121,127,128,135,137,199,441,443,482
秦孝公　121
秦载赓　66
秋瑾　40,41,80,322,350,375,394,453
裘廷梁　302
曲诗文（曲思文）　59
屈突仲任　125,126
瞿鸿禨　362,377,379
瞿秋白　315,440,527

R

让·斐纳　147
饶汉祥　75
任可澄　81
荣禄　355
荣庆　362,372,377,379
容闳　183,205,224,234
阮荣发　73
阮元成　162
阮芸台　139
瑞澂　64,66,69,71-74,84

S

萨镇冰　75,76,82
僧格林沁　216
杉山彬（Akira Sugiyama）　325,333

善耆 479
商鞅 121
尚其亨 46
邵力子 528
邵作舟 236
绍昌 377
绍英 46
沈葆桢 270
沈秉堃 81
沈恩孚 437
沈家本 364,366
沈缦云 458
沈彭年 437
沈瑞琳 229
沈寿康 236
沈瑜庆 83
沈云沛 460
沈曾植 490
升允 50,479
盛宣怀 61,63,236,244,426
施存统 530
施缙 189
十三哥 479
石达开(翼王) 195,203
石青阳 82
史坚如 15,42,307
史式徽 263
史英年 332
世续 362,363,377
寿耆 362,377
叔本华 346
舒赫德 163,164

舜 237,296
司马懿 483
斯宾塞(施本思) 18,240
松寿 81
宋伯鲁 490
宋江 397
宋教仁(遯初) 19,26,60,70,71,75,105,106,108,389,411,437,438,448,459,462,471-473
宋晋 242,243
宋恕 454
宋应星 140
宋育仁 479
苏曼殊 33,475,476
苏三娘 453
苏武 214
孙宝琦 25,46,82,406,413,463
孙宝瑄 297,347,408,409
孙道仁 82
孙德彰 9
孙发绪 75
孙家鼐 236,362,363
孙丕扬 159
孙武 70-72,75,77,95,395
孙毓筠 81
孙中山(孙文、孙汶、逸仙、总理) 7,9-14,25-34,38-42,45,59,60,78,89,90,92,97-108,113-116,186,198,208,280,307,308,389,390,403-405,407,416,432,437-439,445,447,448,450,453,455,456,458,459,462-467,470,

471,473,474,477,478,482,485,497,501,529,538,539

同治 268
托勒密 147

T

谭浩明 486
谭人凤 70,71,75,88,394,474
谭嗣同 6,278,289,293,294,453,504
谭延闿 49,77
汤 237
汤化龙 49,74-77,460,464,493
汤寿潜 49,80,87,89,90,358,458
汤芗铭 482
唐才常 15,78,306,407
唐继尧 79,395,484
唐群英 352
唐汝霖 251
唐绍仪 89,96,97,107,108,472,475
唐廷枢 251,252
唐在礼 106
唐甄 140,442,443
唐中宗 143
陶成章 16,40,98,389,394
陶凤集 87
陶启胜 73
陶希圣 139
陶行知 525
田汝成 133
铁良 48,80,88,101,359,362,377,379,479
铁忠 72,74

W

万福华 17
万武 394
汪大燮 48
汪精卫（兆铭） 42,86,97,105,389,464,480
王安石 369,441
王宠惠 99,108
王船山 18,442
王法科 25
王国维 345,374,525
王闿运 490
王克明 432
王明 537
王清穆 460
王人文 65
王韶光 180
王韬 10,183,205,236
王天杰 66
王文韶 44,355
王文雄 189
王锡朋 177
王先谦 17
王亚南 128
王衍梅 172
王阳明 139
王一亭 458
王懿德 211
王毓江 78

王照　304
王徵　517
王之春　17
王芝祥　81
韦昌辉（北王）　195,196,203
卫西琴　490
魏宸组　105
魏光焘　19
魏兰　394
魏其侯　136
魏源（默深）　178,179,224,238,517
温朝钟　432
温丰　260
温生才　60
温宗尧　87
文瑞　78
文悌　299
文祥　218-221,226,239,270,280
文雅各　263
文煜　243
翁同龢　275
倭铿　524
倭仁　242,244
吴春阳　81
吴广　191,442
吴健彰　250
吴禄贞　86,95,96,360
吴宓　512
吴佩孚　385
吴棠　242
吴虞　505

吴玉章　41,66,531
吴樾　42,46
吴兆麟　73,74,95
吴稚晖（敬恒）　304,535
伍廷芳　87,96,97,101,364,367
武安侯　136
武则天　143

X

西莫喀达　144
西王母　141
西乡从道　270
锡良　39
夏之时　82
咸丰　187,196,211,215,216,221
祥福　177
项羽　442
萧朝贵　195,196
萧克昌　37
萧一山　345
谢朝恩　177
谢持　41,82
谢清高　167
熊秉坤　71,73,74,396
熊成基　39,41,78,396
熊克武　41,474
熊希龄　108,460,475
熊芷斋　410,411
徐承煜　332
徐大椿　164
徐道复　397
徐瓜林　249

徐光启　140,236,517
徐广缙　212,221
徐继畬　238
徐建寅　238
徐勤　299
徐润　250,251
徐绍桢　88,89
徐世昌　46,62,85,362,478,480
徐寿　238
徐桐　321,322,325,331
徐锡麟　39-41,80
徐向前　537
徐用仪　332
许崇智　81,474
许鼎霖　98
许景澄　332
许九豌　79
许世英　494
许雪秋　38
宣统　441
玄奘　145
薛福成　214,236,238,264

Y

亚丹斯密　6
亚理斯多德(阿卢力士托德尔)　147,240
严复(又陵)　6,235,240,289,292,295,297,345,410,437,490,493,495,504,517,518
阎锡山　79,487
颜楷　65,66

扬契维茨基　323
杨炳南　167,238
杨沧白　82
杨笃生　17,405
杨度　46,97,406,480,482
杨坊　250
杨芳　177,180
杨光熙　495
杨光先　153
杨宏胜　71,72
杨继盛　277
杨荩诚　80,81
杨衢云　11,280,307
杨儒　358
杨士琦　480
杨斯盛　373
杨文鼎　65
杨秀清(东王)　194-196,201,203
杨璿(瑞麟)　495
尧　237,296
姚光第(述庭)　387
叶澄衷　253,254
叶德辉　57,299
叶名琛(叶相)　210-215,221
叶志诜　213
叶祖珪　274
伊丽莎白女王　150
怡良　211
义律　180
易白沙　505
易卜生　508
奕䜣(恭亲王)　218-220,226,

241,242,245,271,280,286
奕劻　44,45,51,63,85,86,100,318,355,359,362,363,367,377,379
奕山　180
荫昌　51,84,85,377
尹昌衡　82
英桂　242
英翰　268
雍正　153,160
永历皇帝（桂王）　16
于式枚　48
于右任　99,472
余保纯　180
余诚格　77
余栋臣　8
余介璋　78
俞复　495
俞平伯　525
俞正燮　449
虞洽卿　250,458
禹　237
禹之谟　37
裕谦　177
毓贤　322,332
元稹　143
袁昶　311,332
袁克定　98
袁世凯（慰庭、项城）　39,46-48,82,84-90,92-108,110,112-115,272,359,362,370-372,377,379,406,413,439,447,462-468,470-485,487,491,492,497,532,533
元世祖　144
约翰·里德　531

Z

载沣（摄政王）　50,51,63,85,86,98,332,363,377,414,462
载澜　331
载濂　331
载涛　51
载勋　331
载洵　41,377
载漪　320,331
载滢　331
载泽　46,50,51,63,362,377
载振　362,367
曾国藩　31,126,194,198,199,205,206,214,218,224,226,231,250,265,368,467,483
曾国荃　261
曾劼刚　245
曾湘帆　265
曾应贞　126
曾铸　24
增韫　80
詹大悲　64,69,75
詹天佑　235
张百麟　80,81
张百熙　362,372,379
张彪　70,72,74,84
张伯烈　64

张伯伦 308
张朝发 177
张东荪 528
张凤翙 78,395
张继 390,535
张继煦 344
张嘉祥 381
张謇 49,51,80,86,90,99,102,255,358,367,372,387,405-407,413,436,458,460,463,467
张澜 66
张鸣岐 60,64,81
张难先 69
张培爵 82
张佩纶 275
张鹏程 73
张人杰 535
张人骏 80
张绍曾 86,95
张树声 239
张惟聪 79
张文光 79
张文涛 73
张奚若 78
张献忠 397,442
张学良 487
张勋 80,88,479,481
张云山 78
张曾敫 360
张之洞 17,44,46,48,61,62,69,70,75,236,300,301,327,355-358,360,363,364,370-374,406,413,415
张子标 251
张作霖 485,486
章士钊(行严) 16,512
章太炎(炳麟) 16,18,19,33,98,99,279,389,403,405,407,408,464,475,491,493,504
赵秉钧 100,108,114
赵纯诚 81
赵尔丰 65,66,82
赵尔巽 360,478
赵恒惕 487
赵声 38
赵舒翘 332
赵翼 131
赵仲涵 236
郑成功 150,153
郑复光 230
郑观应 10,186,224,236,238,250,251,263
郑国鸿 177
郑和 146-149,157
郑金 12
郑康成(玄) 139
郑士良 11-13,15,307
钟天纬 240
周馥 45,46,406,413
周穆王 141
周廷弼 254
周文王 237,296
周武王 237
周作人 335

朱葆三　458
朱纯祖（丽生）　387
朱德　537
朱尔典　95,112,466
朱福铣　36
朱珪　162
朱槐之　58
朱晦庵　139
朱家宝　41,75,81
朱佩珍　386
朱其昂　387
朱庆澜　82
朱瑞　80,88
朱射斗　189

朱温　397
朱熹　161
朱学范　257
朱执信　474
诸葛孔明　244
祝大椿　6,251
庄士敦（约翰·斯顿）　477,490,495
卓培芳　251
邹容　18,19,346,396
左绍佐　321
左宗棠　218,226,231,243,368,483
佐原笃介　315

书名、报刊名索引

（按汉语拼音排序）

A

《阿Q正传》 113

B

《柏利提督日本远征记》 271
《贬妖穴为罪隶论》 202
《汴围湿襟录》 122
《变法通议》 6,289
《驳案新编》 132
《驳康有为论革命书》 18,19
《博物志》 144

C

《筹办夷务始末》 215
《出使日记》 245
《春秋》 294

D

《达衷集》 156
《大公报》 342
《大江报》 64,70
《大清律例》 365
《大清现行刑律》 365
《大清新刑律》 365
《大唐西域记》 145,146
《大学》 133
《道光洋艘征抚记》 179,217

《东华录》 165
《东华续录》 124
《盾鼻随闻录》 201

E

《俄罗斯大彼得变政记》 290
《俄事警闻》 22
《二十年目睹之怪现状》 349
《二十世纪之支那》 19,28

F

《法国革命战史》 18

G

《陔余丛考》 131
《高枏日记》 325
《革命军》 18,19,346,396
《革命逸史》 12
《格致汇编》 234
《各国律例》 177
《公羊传》 301
《共产党宣言》 182,262
《古今图书集成》 161
《古史辨》 525
《官场现形记》 349
《广东新中华报》 531
《癸巳类稿》 140,449

《国粹学报》 351
《国民日日报》 19,444

H

《海国四说》 238
《海国图志》 186,238
《海军实纪》 275
《海录》 167,238
《汉书》 136
《红楼梦》 140
《〈红楼梦〉考证》 525
《后汉书》 131,142
《湖北学生界》 18,344
《虎口余生记》 122
《华事夷言》 177
《皇朝经世文编》 178
《皇朝经世文补编》 178
《皇朝经世文后编》 178
《皇朝经世文续编》 178
《皇朝续文献通考》 124
《黄帝魂》 18
《黄书》 18
《火轮船图说》 230

J

《济阳江氏族谱》 126
《嘉定屠城纪略》 18,122
《建国方略》 497
《建天京于金陵论》 201
《江汉日报》 389
《江南传教史》 263
《江苏》 18,351,434

《江苏省明清以来碑刻资料选集》 134
《津门杂记》 263
《经济杂志》 460
《警世钟》 18,350
《警钟日报》 22
《镜花缘》 140
《旧唐书》 125
《救时揭要》 224,266

K

《科学》 519
《科学世界》 518
《孔教会杂志》 490
《孔子改制考》 6,289,296,300

L

《郎潜纪闻》 131
《老残游记》 349
《礼记》 197,200,497
《灵学丛志》 495
《灵学要志》 495
《岭海报》 32
《陆沉丛书》 18
《伦敦蒙难记》 12
《论语》 133,200,490

M

《马可·波罗游记》 145,151
《猛回头》 18,19,396
《孟子》 200
《孟子字义疏证》 138

《民报》 22,28,30,31,33-35,50,52,98,408
《民立报》 454,464
《民生日报》 32
《民约论》 346
《名学浅说》 345
《明史》 146
《明夷待访录》 18,442
《莫利斯皇帝大事记》 144
《穆勒名学》 345

N

《孽海花》 349

Q

《乾隆御制诗》 152
《潜书》 442
《青年运动的方向》 9
《清代通史》 345
《清秘史》 18
《清史稿》 189,220
《清议报》 320
《拳事杂记》 315
《劝世良言》 194
《劝学篇》 301

R

《攘书》 18
《仁学》 6,289,293
《日本变政记》 283
《日本变政考》 282,283
《日本国志》 281,282

《日本书目志》 282
《儒林外史》 164

S

《山海经》 141
《商报》 32
《商务报》 69
《上海县续志》 339
《上海县志》 386
《上海研究资料(续集)》 346
《尚书》 194,200
《少年时代》 109
《申报》 168
《神州日报》 498
《圣经》 193,194
《盛世危言》 10
《诗经》 194,200
《时报》 22,343,456
《时务报》 299
《实业杂志》 460
《史记》 146
《使东述略》 280
《死后之生存》 495
《四库全书》 161
《四洲志》 177,238
《宋史》 441
《宋书》 127
《苏报》 19,32

T

《太平广记》 125
《太平天日》 195

《泰晤士报》 334,337,468
《唐六典》 282
《天演论》 6,240,289,295,297,345

W

《外交报》 517
《魏书》 142
《武昌首义回忆录》 396

X

《西湖游览志余》 133
《西南日报》 80
《西学书目表》 234
《西洋番国志》 146
《校邠庐抗议》 224,236,357
《辛亥革命回忆录》 78
《辛亥革命前后的中国政治》 117
《新大陆游记》 23
《新湖南》 18
《新民丛报》 32,33,408,417
《新史学》 441
《新学伪经考》 6,289
《新中国报》 24,32
《星槎胜览》 146
《学艺杂志》 512

Y

《亚泉杂志》 518
《扬州十日记》 18,122,301
《一目了然初阶》 304

《义和拳教门源流考》 309
《译书汇编》 18
《意言》 166
《英夷入粤纪略》 180
《瀛环志略》 186,238
《瀛壖杂志》 185
《瀛涯胜览》 146
《原臣》 18
《原富》 6
《原君》 18

Z

《在中国做鸦片贸易罪过论》 177
《浙江潮》 18
《震动环球的十日》 531
《政论》 406
《知堂回想录》 335
《知新报》 299
《中国报》 32
《中国丛报》 169
《中国近代工业史资料》 254
《中国近代思想史讲授提纲》 117
《中国民族志》 18
《中国日报》 64
《中国实业杂志》 460
《中国新报》 406
《中国哲学史大纲》 524
《中华实业丛报》 460
《中华实业界》 460
《中外日报》 319
《中庸》 200
《周礼》 199,282

《周易》(《易经》) 200,226,276,289,294,451

《庄子》 388

《资本论》 251

《字林西报》 535

《左传》 200